中国创新人才培育途径与模式

创新方法研究会 著
中国科协创新战略研究院

商务印书馆
创于1897　The Commercial Press

图书在版编目（CIP）数据

中国创新人才培育途径与模式/创新方法研究会，中国科协创新战略研究院著. —北京：商务印书馆，2022
ISBN 978-7-100-20580-1

Ⅰ．①中⋯　Ⅱ．①创⋯②中⋯　Ⅲ．①创造型人才—人才培养—研究—中国　Ⅳ．①C964.2

中国版本图书馆 CIP 数据核字（2021）第 276855 号

权利保留，侵权必究。

中国创新人才培育途径与模式

创新方法研究会　著
中国科协创新战略研究院

商 务 印 书 馆 出 版
（北京王府井大街36号邮政编码100710）
商 务 印 书 馆 发 行
北京艺辉伊航图文有限公司印刷
ISBN 978 - 7 - 100 - 20580 - 1

2022年3月第1版　　　开本787×1092　1/16
2022年3月北京第1次印刷　　印张 30 $\frac{1}{2}$
定价：175.00 元

编写委员会

主　编：黄　晶

副主编：汪　航　陈其针　赵立新

编　委：（按姓名拼音排序）

柏燕秋　陈坤宇　陈　华　陈其针　种国双　杜　祥
樊　俊　樊静丽　黄　晶　何霄嘉　贾　莉　揭晓蒙
贾国伟　李鸿炜　李宇航　李堂军　刘家琰　刘晶晶
刘　禹　刘笑宇　罗　惠　彭雪婷　曲建升　汪　航
王　茜　王　乾　王　浩　王文涛　卫新锋　夏玉辉
熊　晨　严　利　杨春虹　杨　帆　杨　琳　杨　扬
易冰星　余丽红　张国栋　张　丽　张树良　张思光
张　贤　张新民　张艳欣　张家林　赵立新　仲　平
周顺杰

目 录

第一章 创新人才培育研究现状分析 ……………………………… 1
  第一节 人才分类及人才分类培育理论 ……………………………… 1
  第二节 创新人才的概念、内涵、特征、分类 ……………………… 4
  第三节 创新人才培育过程及规律 …………………………………… 15
  第四节 创新人才培育途径及模式 …………………………………… 18
  第五节 小结 …………………………………………………………… 27
  参考文献 ………………………………………………………………… 27

第二章 国家创新能力评估 …………………………………………… 30
  第一节 创新人才培育与创新国家建设的关系 ……………………… 30
  第二节 国内外创新能力综合对比分析 ……………………………… 38
  第三节 创新人才培育评价指标体系 ………………………………… 64
  第四节 创新人才培育评价结果分析 ………………………………… 74
  参考文献 ………………………………………………………………… 96

第三章 主要创新国家人才培育模式分析 ………………………… 99
  第一节 美国创新人才培育模式 ……………………………………… 99
  第二节 日本创新人才培育模式 ……………………………………… 130
  第三节 德国创新人才培育模式 ……………………………………… 154

第四节　瑞士创新人才培育模式 ……………………………… 171
　　第五节　以色列创新人才培育模式 …………………………… 184
　　第六节　丹麦创新人才培育模式 ……………………………… 194
　　第七节　新加坡创新人才培育模式 …………………………… 233
　　第八节　芬兰创新人才培育模式 ……………………………… 248
　　第九节　英国创新人才培育模式 ……………………………… 262
　　第十节　法国创新人才培育模式 ……………………………… 296
　　第十一节　韩国创新人才培育模式 …………………………… 311
　　第十二节　瑞典创新人才培育模式 …………………………… 326
　　第十三节　荷兰创新人才培育模式 …………………………… 339
　　第十四节　奥地利创新人才培育模式 ………………………… 364
　　第十五节　挪威创新人才培育模式 …………………………… 376
　　第十六节　爱尔兰创新人才培育模式 ………………………… 387
　　参考文献 ………………………………………………………… 404

第四章　中国创新人才培育现状与需求 ……………………… 408
　　第一节　中国创新人才培育条件和基础 ……………………… 408
　　第二节　中国创新人才培育现状 ……………………………… 410
　　第三节　中国创新人才培育进展分析与评价 ………………… 433
　　第四节　中国创新人才培育的需求与差距 …………………… 443
　　参考文献 ………………………………………………………… 450

第五章　中国创新人才培育启示与建议 ……………………… 452
　　第一节　深化改革人才创新服务体系，完善人才创新环境 …… 452
　　第二节　优化人才培育结构，着力培养高端智力资本 ……… 454
　　第三节　改革人才培育模式，推进基础教育现代化建设 …… 457
　　第四节　全面提升教育水平和质量，使全民教育理念深入人心 …… 461

第五节　拓展国际人才交流合作，提高人才资本积累存量…………465

第六节　创新绩效综合评价和激励机制，建立创新贡献评价机制…466

第七节　改革"小作坊"式的创新活动，向协同创新方向转变………469

附录 1：中共中央、国务院文件…………………………………471

附录 2：部门政策文件汇编…………………………………………474

第一章 创新人才培育研究现状分析

21世纪，各国经济、政治、军事和综合国力的竞争，归根结底是人才，尤其是创新型人才的竞争。创新人才队伍建设关乎我国创新型国家建设进程以及创新驱动发展战略的顺利实施。不仅如此，就人才的战略意义而言，创新人才决定着我国改革的成败和未来发展。近年来国内外关于创新人才及其培育的研究层出不穷。本章通过梳理国内外相关文献的重要观点及理论，从人才分类培育出发，总结创新人才内涵及特征，辨析创新人才类型，聚焦科技创新人才，分析创新人才培育过程和规律，借鉴国内外创新人才已有培育模式和培育途径，探索适应于中国特有的创新人才培育模式及具体途径，为中国建设创新型国家以及创新驱动发展战略的实施提供有价值的决策参考。

第一节 人才分类及人才分类培育理论

研究创新人才，首先要了解什么是人才，即人才的内涵。顾名思义，人才就是有才之人。具体而言，不同的人、不同的时代对于人才都有不同的界定方式。至今有无数人对于人才的界定表达过自己的观点。从三国时期刘劭的人才分类理论到近代邓小平、敢峰、叶忠海等领袖或学者所给出的定义，可以归纳出"人才"应具有的一些必要的品质：首先，人才要具有一定的专业知识和专业技能；其次，人才要通过创造性的劳动将其具备的知识、技能发挥出来；最后，在此劳动过程中应能为社会做出一定的贡献，实现其价值。因此，可以说，人才是指具有一定专业技能，进行创造性劳动，从而对社会做出贡献的人，既是某一方面或综合能力与素质较高的劳动者，也是社会经济发展的重要资源。

一、人才分类

根据人才价值理论，人才在社会生产中处于核心地位且越来越具有决定性的作用。当今社会，人才已毫无疑问地成为推动社会发展的重要因素。要想使人才得到更好的配置，将人才的效用发挥到最大，科学的人才分类方式必不可少。只有通过对人才类型科学地进行划分，才能因材施教并针对不同人才特征确定与之相应的人才培育方式，进而使人才得以充分培育，以实现才尽其用，同时也将为国家的人才强国战略、科教兴国战略和创新驱动发展战略的顺利实施提供强有力的人才保障。

人才的分类是否科学，主要看其分类依据是否合理，是否符合社会发展的趋势。现今我国人才分类的依据主要有从事的专业特性、思维类型、才能表现、才能特点、知识面大小等。最正式且通用的一种是根据人才所在的部门性质与人才才能的表现性质大体划分为党政管理人才、企业经营管理人才、专业技术人才、社会自主创业人才四大类。其中社会自主创业人才包括自由职业者、下岗人士、优秀创业人员及大学毕业生等。他们虽无固定职位，但仍通过其创造性劳动为社会做出贡献。现行中国人才分类方式与上述分类方式类似，即按照领域及从业特征可将人才分为六类：党政管理人才、企业经营管理人才、专业技术人才、高技能人才、农村实用人才以及社会工作人才。国际通用的则是标准化程度更高的职业分类法与等级分类法。中国的人才分类方式有待进一步与国际接轨。近年来中国部分城市进行了人才分类模式的探索。《构建纵横维度的地方全人才分类体系》中指出，相关探索较为突出的有深圳的全人才梯队形分类、广州的"三横四纵"领域型分类、佛山顺德的能力整合型分类、江阴的海内外双轨型分类。这些人才分类探索与实践都对我国人才分类模式的完善具有一定的借鉴意义（邵佳，2014）。

二、人才分类培育

大学人才培养目标的制定要能够解决社会需求多样性与培养模式单一性的矛盾、高等学校多样性与培养模式单一性的矛盾、学生特点多样性与培养模式单一性的矛盾。解决上述问题的途径就是实施分类培育。

所谓分类培育，是指在人才培育的基础上，顺应学生的个性化发展及多样性选择的内在要求与社会经济发展的外在需要，分类制定出不同类型人才的培育目标、培育途径及管理模式，使学生可以根据自身兴趣及职业规划，结合社会发展需要选择适合的专业或学科的人才培育模式。人才分类培育的最终目标是为社会发展提供所需人才，并最大程度健全学生人格，满足学生对个性化、多样化发展的追求。人才培育应聚焦"以人为本"的人才培养目标，兼顾人才培养的多元化和差异化，以相应的制度体系为核心，有效地组织和引导资源合理分配，从而保证人才培育行为的系统性和可持续性。

中国乃至国际对于人才分类及人才的分类培育理论尚在探索当中。中国应在现行六类基本人才分类法的基础上，借鉴国际的职业分类法与等级分类法将国家人才分类系统进行完善，并参考各大城市新型分类方式，形成具有中国特色的人才分类体系，催生人才分类培育新理论。

第二节　创新人才的概念、内涵、特征、分类

一、创新人才的概念

世纪之交，随着高等教育改革运动兴起，世界各国都开始把培养创新人才作为改革的关键。在之后的改革过程中，各国对于创新人才的认识都在随着时代的发展而进步、完善，以下主要介绍中国、日本、美国、法国等国家创新人才相关的各种起源性文件。

中国"创新人才"概念的讨论，最初是源于邓小平同志在各个不同时期和时机对人才培养所提出的创新要求。根据《新时期创新人才的培育现状与展望》可以发现：在1978年《解放思想，实事求是，团结一致向前看》的重要讲话中，邓小平同志第一次提出创新人才在社会主义建设中的基础性地位，认为"干革命、搞建设，要有一批勇于思考、勇于探索、勇于创新的闯将"；1984年邓小平在视察上海时，指出真正合格人才的标准不仅仅要看是否掌握新技术，是否善于学习，更要看是否拥有"善于创新"的精神品质（赵亮，2018）。1998年11月24日，江泽民同志在新西伯利亚科学城会见科技界人士。他指出应对科技突飞猛进、知识经济迅速兴起的挑战，必须坚持创新。创新是民族之魂，是国家兴旺发达的不竭动力，但创新离不开人才，更离不开教育。1998年12月，教育部制订的《面向21世纪教育振兴行动计划》中，更加明确规定："高等学校要跟踪国际学术发展前沿，成为知识创新和高层次创造性人才培养的基地。"（陈至立，1999）2005年3月28日，温家宝总理在国家科学技术奖励大会上宣布，要把中国建设成为具有国际影响力的创新型国家。创新型国家的建设需要培养和造就一大批拔尖创新人才。（刘彭芝，2018）《国家中长期人才发展规划纲要（2010~2020年）》（以下简称《人

才规划纲要》）提出中国要"以高层次创新型科技人才为重点，建设宏大的创新型科技人才队伍"，从而提高中国自主创新能力，建设创新型国家（国务院，2010）。党的十九大报告提出创新是引领发展的第一动力。中国要培养造就一大批具有国际水平的战略科技人才、科技领军人才、青年科技人才和高水平创新团队，加快创新型国家建设。综合上述内容可以看出，中国对于创新人才的讨论更多地集中于创新人才及培育创新人才的重要性，而在有关创新人才的界定及其分类标准的制定和实施方面还有待深化和统一。

20世纪80年代，日本开始实行第三次教育改革。根据教育发展与政策研究中心（1986）发布的《发达国家教育改革的动向和趋势》，1985年日本临时教育审议会提出创造性独立思考、有主见和有组织地参与各种活动的能力是新世纪必备的素质与能力。今后的学术教育要重点关注这些方面的能力培养。未来，教育不仅要使学生获得知识和信息，还要使学生自如运用知识及技能，培养创新能力。五年后，日本政府发布了题为《建立新的高等教育体系，向21世纪迈进的教育方针》的教育白皮书，提出新形势下，在加强基础能力训练的同时，学校应着重培养学生独立思考并判断的能力和适应环境变化的能力（教育部国家教育发展研究中心，1994）。

美国对于创新人才的研究则更注重探讨创新人才应具有的能力、特质及各高校应如何培育创新人才。根据对《美国和俄罗斯关于创新教育的研究》的调研发现，美国1991年出台的《国家教育目标报告》中指出，应培养大批具备较高的批判性思维能力、能够有效交流并解决问题的大学生。这不仅是当前的教育目标，还对于培养出会思考、有能力的社会劳动者，从而维护社会民主具有相当深远的意义（李春生，2002）。之后，美国于1998年发表的《重建本科生教育：美国研究型大学发展蓝图》的研究报告，更加明确地提出了探索、调查、发现是大学的核心。研究型的大学应能够通过一种综合教育，培育出一批思维清晰、熟练掌握语言、交流技巧高超、经验丰富多样，并能主动发现及渴望解决问题的特殊人才。这样的人才将是未来的领袖（博耶研究型大学本科生教育委员会，2000）。秦健（2018）在"发达国家科技创新人才开发的经验借鉴"一文中指出，进入新世纪后，美国政府开始重视科技创新人才，相继出台了一系列引进科技创新人才的战略措施，并在《美国创新战略》中就强调，美国应该着力培养高技能型人才，加深在科学、技术、工程与数学（Science，Technology，Engineering，Mathematics，STEM）方面的教育强度，进而恢复并持续保持美国大学入学率世界第一的地位等一系列战略目标。

20世纪末，法国把改革的重心放在了国民创新素质的培养上。1998年的大学改革研讨会上，法国国民教育、研究和技术部部长阿莱格尔与大学校长联席会签署了一份共同声明。声明指出，大学应鼓励创新，将创新融合于研究过程中，通过创新使研究取得进一步突破，与此同时培养具有创新精神的人才。1999年7月，法国议会正式通过了《创新与研究法》，明确将科技创新制度化，力求法国在新世纪的人才竞争中占有一席之地。

联合国教科文组织更早地表现出对培养创新人才的关注。1972年，联合国教科文组织国际教育发展委员会发表了题为《学会生存：教育世界的今天和明天》的研究报告。报告指出教育既能培育创造精神，也能压抑创造精神。为了培育创造精神，激发人类的创造潜能，教育必须要在保持并鼓励人类独创性、首创性的同时，不忽视集体的力量，不依赖现成的模式（联合国教科文组织国际教育发展委员会，1996）。1996年，联合国教科文组织国际21世纪教育委员会的报告《教育——财富蕴藏其中》也指出，教育最重要的目标是使所有人的创造能力与创造潜能都取得相应的成果，结出丰硕的果实（联合国教科文组织国际21世纪教育委员会，1996）。

可以看出，各国关于创新人才的概念来源主要是政策性文件，从国家发展的战略高度来对创新人才进行定义并提出要求。在此，需要强调的是，"创新人才"是中国学者及各界人士面向创新活动，旨在强调或凸显人的创造力或创新能力而提出的具有中国特色的人才概念或描述，而国际上并没有与创新人才（创新型人才）、创造型人才等类似表述相对应的概念，与之相关的概念和提法均是针对人才本身特质的诸如创造性思维、创造型人格等外延较窄的概念。

二、创新人才的内涵

要开展创新人才相关理论的研究，首先要分析"创新人才"本身的内涵。这是开展研究的逻辑前提。国内外学者由于文化背景的不同，对于创新人才一词内涵的理解有着较大的差异。下面将通过阐述国内外有关于创新人才内涵的不同观点，并对比国内外学者对于创新人才内涵的理解，以期对创新人才的内涵有更深入的了解，从而能够更好地培养创新人才。

（一）国内对于创新人才内涵的理解

20世纪80年代中期，中国已经开始倡导培养创造或创新型人才，但创新人才培养研究真正的繁荣与发展，却是在90年代以后，特别是江泽民同志于1998年在新西伯利亚科学城的讲话以后。从这时期开始，学术界各学者争相表达了自己对于创新人才的理解。对于创新人才的内涵见解可谓"百花齐放"。本节在此列出不同时期的几种代表性观点：

吴贻谷等（1985）在"论创造型人才的培养"一文中指出，创造性人才指的是富有独创性，具备创新能力，能够提出问题、解决问题，对社会物质文明和精神文明建设做出创造性贡献的人。这类人才基础理论坚实，治学方法严谨，科学知识丰富，勇于探索未知，愿为真理献身。他们是人类优秀传统文化遗产的继承者，最新科学研究成果的创造者，未来高素质人才的培育者。

冷余生（2000）在"论创新人才培养的意义与条件"一文中提出，创新人才应是具有创新精神和创新能力的人，是相对于不思创造、缺乏创造能力的比较保守的人而言。这同理论型、应用型、技艺型等人才类型的划分不是并列的，而是要求以上所有类型的人才都必须具有创造性。

徐颖（2013）在"我国研究生创新人才培养研究"中则将创新人才定义为"具备扎实的理论基础，系统而全面的综合素质，创新意识、创新精神、创新思维、创新能力突出的能取得创新成果的人"。

而在"论高校创新人才的培养"中，李远贵（2016）指出创新人才不仅要"具有创新意识、创新思维、创新能力、创新人格"，而且应"能顺利地完成创新活动，并富有创新成果"。

按照"高校创新人才培养体系的构建策略研究"所述，创新人才应是具有创新能力的人。而具有创新能力的人，则"会将理论知识运用到实际生产和生活中，通过长期实践，不断提高自身的应用实践能力，增强创新思维和创造性思想，进而创造出新思想和新事物"；"具有创新能力的人，能真正认识自己、了解自己，在反复尝试中不断磨炼意志、坚定信念，不断进步、发展、创造"（李培峦等，2018）。

从以上几种观点来看，中国学者主要致力于从创造性、创新思维、创新精神、创新能力等角度阐释创新人才。同时，也有个别定义涉及基础理论、专业素养、人格特征和情感等因素，但这并未成为主流。

除此之外，在国家政策层面，2010年，国务院发布了《人才规划纲要》，其中提出了中国人才队伍建设要突出培养创新型科技人才，努力造就一批具备世界先进水平的科学家、科技领军人才、工程师和高水平创新团队，注重培养一线创新人才和青年科技人才，建设宏大的创新型科技人才队伍。为贯彻落实《人才规划纲要》，中国组织实施《创新人才推进计划》，旨在培养和造就一批世界级科学家、科技领军人才和工程师、优秀创新团队以及创业人才，加强高层次创新科技人才队伍的建设。由此可知，在现行政策及其实施落实方面，中国对于创新人才的要求偏重于实用性，强调创新人才应具备的专业能力、创新能力。另外，也可以从中看出，当前中国创新人才的培养重点是科技创新人才。

（二）国外对于创新人才内涵的理解

国外对于创新人才的研究强调人的个性的全面发展，并没有提出与创新人才完全对应的概念，只提出了一些相关概念，如"创新思维"（Creative Mind）、"创新人"（Innovative Man）、"批判思维"（Critical Thinking）等。这些概念基本都是从心理学的角度对人的创新思维、批判思维进行研究。

20世纪，德国教育家雅斯贝尔斯提出大学应该培养"全人"的理念。在雅斯贝尔斯看来，所谓"全人"应具有基本的科学态度、独立性和个人责任感、广泛的知识、适宜的个性特征等。时至今日，德国大学仍然强调大学的探究性，强调培养人才的创造性、独立性、主动性。

美国教育家认为教育的目的不仅仅是培养人作为发展的工具，还是使人成为作为人的人、自由的人，即一个"完人"。大学教育的目的也是如此，通过发展人的理性，推动人完善德智体美，培养出真正的"完人"。美国许多优秀的大学都很重视创新人才的培养，鼓励学生获得某一领域或某一专业的基础知识和继续学习的兴趣，成为具有创造性的智力探索者，并培养学生创造性地发现问题和解决问题的能力。

在教育改革中，日本旨在培养面向21世纪的日本人，即具有宽广的胸怀、健康的体魄、丰富的创造力，具有自由、自律的品德与公共精神，成为立于世界之中的日本人；以及站在全人类的视野，培养能够在经济、科技、艺术、学识、文化、体育等各个领域为全世界做出贡献的日本人（刘宝存，2003）。

（三）国内外观点的异同点

从上述国内外不同观点可以看出，关于创新人才，国内的代表性观点是具有创新精神、创新意识、创新思维、创新能力，并且能够取得创新成果的人才；而国外对创新人才的研究则大都是从心理学角度出发，他们对创新人才内涵的理解主要强调人的个性全面发展，同时突出对创新意识、创新能力的培养。

国内外对创新人才内涵的理解有一定的共通之处，即都认为创新人才必须具有创造性、创新思维、创新精神、创新能力等素质，但更多的则是不同之处：1. 国内对于创新人才的概念有比较明确的界定，而国外只有一些如创造性思维、创新型人格一般外延较窄的概念；2. 国内对于创新人才的知识结构、个性特征关注较少，局限于宽泛的"创新"，而国外则更注重人的全面发展，强调个性的自由发展；3. 国内缺乏系统的理论基础，对创新人才的理解大都基于实用的需求，而国外则是把社会需求融合于全面发展的人才培养理念中，有较为完善的理论系统。

本书认为创新人才或创新型人才与研究型人才、应用型人才、科技型人才等不同人才并不是对立的概念，而是基于"创新是各类人才的共性"这一核心理念形成的对具有创新性或创造力的人才的综合性表述和界定。从综合创新人才本身的素质及其价值方面来看，创新人才应是具有创新精神、创新思维，能够主动探索未知，完善自身知识结构，并将所获能力运用于其创造性劳动中，取得创新型成果，为国家及社会做出一定贡献的人才。创新人才不一定是全方位的综合性人才，在某一领域表现出其突出才能的探索者就是该领域的创新人才。

三、创新人才的特征

一直以来，对于创新人才，人们都有一个认识的误区，认为高学历与创新人才可以画等号，殊不知高学历的人不一定是创新人才。博士里面也有平庸之辈，只注重一纸学历，未曾真正提升自己的人白白占据了教育资源，却不曾发挥其应有的价值。这样的人有再高的学历也不能称之为创新人才。

根据其内涵可知，创新人才都具备较高的专业素养、创新能力、创新思维。各类学者对于创新人才特征的观点可以归纳为以下几个方面：人格特征、知识结构、创新能力、创新思维。根据"基于人格特质的创新型人才素质模型分析"一文，多位心理学家提出了关于创新人才应具有的人格特征的描述，如美国心理学家戴维斯认为创新人才应具有以下十种人格特征：1. 独立性强；2. 自信心强；3. 敢于冒险；4. 有理想抱负；5. 不轻信他人意见；6. 易于被复杂奇怪的事物所吸引；7. 有基本的审美观；8. 幽默感；9. 兴趣爱好既广泛又专一；10. 具有好奇心。另外，美国心理学家吉尔福特曾把富有创造性的人的人格特点总结成以下八个方面：1. 高度自觉与独立，不肯雷同，追求个性；2. 求知欲旺盛；3. 知识面广，善于观察，细致入微；4. 工作中讲求理性、准确性与严格性；5. 好奇心强烈，喜欢深究事物的运行机理；6. 想象力丰富，直觉敏锐，喜欢抽象思维，对智力活动与游戏有广泛兴趣；7. 富有幽默感，文艺天赋卓越；8. 意志品质出众，能排除外界干扰，长时间地专注于某个感兴趣的问题之中。他认为创新型人才的显著思维特征在于发散思维，而克罗普里等专家则认为创新思维是发散思维和聚合思维的有机结合（房国忠等，2007）。根据《创新人才推进计划》遴选方式可以总结出，创新人才应坚持科学精神、品德高尚，具有较大的发展潜力、较高的专业技能、较强的创新创业精神。

因此本书认为创新人才应具有：合理的知识结构；完善的人格特征；强大的专业素养；独特、灵活、敏感的创新思维；对于未知的探索精神，有发展潜力；高尚的道德、良好的心理素质；实践能力、应变能力、合作能力，并能做出有益社会进步的贡献。

四、创新人才的分类

某些学者认为，培养创新人才与培养科技创新人才是相同的，这显然是不正确的。科技创新是创新的重点，但不是全部。创新应是全面的创新，不论是哪个领域、哪个门类，都需要创新；无论什么程度的创新，只要有所发明、有所发现，都是创新；无论何人、何时、何地，只要有所创新，我们就应提倡、鼓励。创新要成为一种文化、一种氛围、一种动力，推动着我们前行，推动着社会发展。因此创新人才是一个很广泛的概念，与常规人才相对应。根据人才是否具有创新性或创造性，我们可以把人才划分为创新人才和常规人才两种类型。按照人才掌握的专业技能方向不同，常规人才可分为理论型人才、应用型人才、技艺型人才等，但无论是理论型人才、应用型人才还是技艺型人才，都需要有创造性，都需要成为创新人才。所以，创新人才也可以按照常规人才的分类方式，将其分为理论型创新人才、应用型创新人才、技艺型创新人才等类型。

基于创新及其价值考虑，由于创新活动事实上涵盖所有领域，且不同领域创新活动的价值具有其特性和不可替代性，因此，本书认为，对创新人才的分类应当以创新活动本身的性质为基本依据，才能客观公正地反映不同创新人才的特征和价值。按照创新活动的性质，可将创新活动分为知识创新、技术创新、制度创新、对策创新和价值创新等基本类型。相应地，创新人才也可划分为知识创新人才、技术创新人才、制度创新人才、对策创新人才和价值创新人才。知识创新人才是能够在专业知识领域做出创新性贡献的人才，包括自然科学家、社会科学家等；技术创新人才是能够在技能技术领域做出创新性贡献的人才；制度创新人才是能够在政策制度方面做出创新性贡献的人才；对策创新人才是能够在处理具体事务领域做出创新性贡献的人才；价值创新人才是能够在价值观念领域做出创新性贡献的人才。知识创新为其他创新奠定了基础；技术创新对人类生活的影响最直接；制度创新可以为社会发展提供保障；对策创新与制度创新相辅相成，使社会运转更加良好；价值创新则是其他一切创新的最终源泉。

根据基本人才分类法，中国将人才分为党政管理人才、企业经营管理人才、专业技术人才、高技能人才、农村实用人才以及社会工作人才共六类。这六类人才担任着不同的社会职责，在国家发展建设过程中发挥着各自的优势，为社会做出相应的贡献。要想建设创新型国家，推动社会进步，必须培养各类基本人才的自主创新能力。因此，创新人才也可分为党政管理创新人才、企业经营管理创新人才、专业技术创新人才、高技能创新人才、农村实用创新人才以及社会工作创新人才。

不同类别的创新人才对于其素质要求不尽相同，在培育过程中应因材施教，选择最适合的培养途径，并分类培育。但不同类型的创新人才之间也互有联系，不可完全分割，因此在培育创新人才过程中也应注意对创新人才进行综合素质的培养，而不是只注重单科发展，导致"一条腿走路"，事倍功半。

本书认为，创新人才分类应以常规人才分类为基础，结合创新活动性质，借鉴国际等级分类法，制定详细的创新人才分类方法，并提出每一类创新人才相对应的培育途径，解决中国人才需求多样与培养方式单一的矛盾，为中国提高自主创新能力、建设创新型国家提供多样性的人才支撑。

五、科技创新人才

科技，即科学与技术。本质上，科学与技术是两个既相互区别又互有联系的概念。"当代科技创新的特点与科技创新人才的培养"提出，科学揭示客观本质和规律是如实地反映事物本质和规律的理论体系；技术是人类在认识自然、改造自然的过程中积累起来的劳动手段、工艺流程和方式方法的总和（常东坡等，2005），因此，科学创新和技术创新的内涵并不相同。科学创新以认识自然规律为主要目标，其创新成果可能对人类生活产生革命性的重大作用，而技术创新则是利用已有规律改造世界，其创造成果可直接提高人类生活质量和认知能力。

科技创新人才，顾名思义，指在科学与技术方面具有创新精神的创造型人才，也就是具有创新意识、创造性思维，掌握创新方法和形成创新能力的人才，因此科技创新人才是创新型和科技型的复合人才，既要有良好的专业素养，又要有高超的创新能力。这类人才应具备相应的专业特长和较高的个人素质，较强的个性与独特的价值观以及较强的创造性和合作精神。

作为创新人才的重点，科技创新型人才是推动经济增长的重要因素。世界科技迅猛发展，各国围绕科技创新人才的竞争更加激烈，创新人才尤其是科技创新人才已成为国家与区域竞争的焦点。关于科技创新人才的战略研究目前已成为国内外研究的热点问题。

2006年6月，胡锦涛同志在两院院士大会上提出，中国要把培养造就创新型科技人才作为建设创新型国家的战略举措，加紧建设一支宏大的创新型科技人才队伍。2010年，《人才规划纲要》指出要突出培养创新型科技人才，并以此作为人才队伍建设的主要任务。在此之后，不同学者纷纷提出有关科技创新人才的理解和界定，其中比较具有代表性的观点是，从狭义和广义两个角度对科技创新人才进行界定。狭义科技创新人才是指直接组织、参与科技创新活动或者为科技创新活动服务的所有人员；广义科技创新人才，是指所有与科技创新活动相关的人员，包括现有和潜在从事科技活动的人员（刘敏等，2010）。

马斌等（2011）在"中国科技创新人才培养与发展的思考"一文中指出，"科技创新人才"一词是中国特有的。国际通用的相关概念是"科技创新人力资源"。科技创新人力资源，在理论上是指实际从事或有潜力从事系统性科学和技术知识的生产、促进、传播与应用活动的创造性人力资源，与上文提到的广义的科技创新人才概念相近。

本书认为，科技创新人才是知识创新人才与技术创新人才的结合，既可以参与知识创新活动，也可以参与技术创新活动。科技创新人才一般是指现有的、直接参与科技创新活动的并且已取得一定成功的人员，但也可包括有潜力参与从事科技创新工作并做出贡献的潜在人员。科技创新人才是各国综合国力竞争的重要影响因素，各国都在积极培养并引进科技创新人才。中国应借鉴美日韩等发达国家的成功经验，结合国情，开辟中国特色的科技创新人才培育之路。

第三节　创新人才培育过程及规律

一、创新人才培育过程

从严格意义来讲，对于创新人才培育包括科技创新人才培育问题的探讨或研究应当基于正式的人才培养和教育过程而展开。基于此，创新人才培育过程一般包括以下三个阶段：1. 对学生从智力方面进行潜能开发；2. 从能力及技能方面进行培养；3. 从人格品质与素质方面进行培育训练，从而达到创新人才培育的目的。

创新人才的培育尚在探索中前进，各国都有其特有的探索过程。以美国为例，据"美国是如何培养创新人才的"所述，美国创新人才培育的探索过程包括开展创新理论的科学研究、确定创新教育的工作思路、建立创新人才的培养机制（王冰，2004）。在这个过程中，各国从培养目标的转变，培养形式和途径、培养模式的多样化以及教学改革等方面进行了许多有益的探索，但是还不完善，尤其是中国。尽管创新教育的方式与途径丰富多样，但实际规模有限，制约因素很多，存在许多问题有待解决。

（一）创新人才培育过程中存在的问题

中国传统文化中的群体本位、伦理主义和官本位等封建意识成为学校培养创新人才的阻碍，导致中国创新人才培养的现状不容乐观，各方面都存在着问题，如创新人才培养思想理念落后；人才培养的课程体系设置不合理、不完善；人才培养模式陈旧，不适应当前时代的发展需要；创新人才培养师资队伍匮乏，教师素质参差不齐；高校缺乏与企业、社会的合作，缺乏大学生创新创业的实践机会和场地；大学生没有创新创业的平台。这些问题严重制约着中国创新人才培养的质量和进度，亟待改革完善。

高校作为培育创新人才的关键场所，在培育创新人才的过程中同样存在着许多问题，包括价值观问题、教学僵化或过分活跃问题、学生心理问题等。这些问题的具体表现见表1–1：

表1–1　创新人才培育面临的主要问题

问题	表现
价值观问题	学校、老师只注重少数学生，忽视多数学生；偏重智育，忽视德育、体育；扼杀了学生的积极性和创造性
教学问题	教学僵化：老师上课呆板教条，过于形式主义；课堂上大量灌输信息，只为完成教学任务；课程体系老化，缺乏创新意识；教学模式单一；评价体系过时 教学过分活跃：只顾求新求奇，完全抛弃传统教学模式，毫无章法地求创新
学生心理问题	由于外部世界的不确定性以及内心的彷徨而导致的种种焦虑、自卑、不适应等心理障碍；中学与大学教学方式转变过大，无法适应
社会环境问题	创新环境差，缺乏激情澎湃的学术创新氛围，创新改革浮于表面

资料来源：Ren et al., 2018。

（二）创新人才培育的制约因素

中国与世界先进国家在创新型人才培育方面仍有诸多差距，主要体现在创新理念、对实践教育的重视程度、教学内容和教学方法、本科生参与科研的理念、创新环境等方面。中国的创新理念更重视理论方面的发展，缺乏实用性，对实践教育重视不够；学生亲自动手的机会少，忽视本科生参与科研的重要性；教学方法僵硬，缺乏激情澎湃的学术创新需求、创新氛围。这都导致中国在高校创新人才培育过程中还存在着许多限制因素。

制约因素主要体现在以下几方面：1. 观念层面的制约因素，如没有正确分辨创新教育与素质教育的异同；未能正确处理创新素质教育与基础知识教育之间的关系；未曾明确识别出不同高校、不同地区在创新人才培育中的特殊性。正所谓，观念有误则实践必败。2. 办学方面的制约因素，包括师资素质问题、课程深度问题、课程结构设置问题、办学物质资源缺乏的问题等。3. 人才培养环境层面的问题，包括制度环境与文化环境。中国尚未建立健全与创新人才培育配套的评价机制，制度环境不完善，同时也缺乏创新文化环境。这些都制约着中国创新人才的培养。

因此，中国创新人才培养过程中应重点关注上述制约因素，探索创新人才培育规律，有针对性地通过相应的培育途径与培育模式，化不利为有利，有效解决当前面临的问题，加快中国创新人才培养进程，为建设创新型国家提供有力支撑。

二、创新人才培育规律

培育创新人才与建设创新型国家的关键是探索并遵循创新规律。关于创新的规律，国内外相关研究已经积累了较为丰富的成果，包括创新的脑生理规律、创新的年龄规律、创新的群体连锁反应规律、创新的时代影响规律、创新人才的六种心智模式等。

创新的脑生理规律指的是人的大脑的四个组成部分——左半脑、右半脑、左半边缘系统和右半边缘系统，它们相互依存、相互影响，不完全独立，也就是说由它们组成的大脑是一个整体，不可分割。因而我们在开发学生的创造力时基于的脑生理基础是大脑这个整体，而不是单独去开发左脑或者右脑（张武升，2006）。为了培养人才，教育活动必须运用各种有效的材料、途径和手段，开发学生的左、右半脑和左、右半边缘系统，使它们有机协调，共同激发出创新的灵感火花，产生创新性的行为，为学生的创新性成长和培养提供条件。

创新的年龄规律对于创新人才培养具有深刻的启示作用：首先，从小学到大学期间是学习、积累的阶段；其次，要重视大学后人才的培养，为他们在最佳年龄段产生创新成果创造条件；最后，要为年轻的创新人才提供良好的社会教育环境。

创新的群体连锁反应规律中最深刻的、最有效的是师生连锁反应。这告诉我们要重视"名师出高徒"，提高老师综合素质，把善于创新的老师与学生组成团队，互相合作，共同进步。

创新的时代影响规律则告诉我们要珍惜当今的大好社会环境，抓住机遇，为建设创新型国家提供人才支持。

创新人才的六种心智模式认为创新人才需要六种心智，包括专门领域知识心智，内在动机心智，多元文化经验心智，问题发现心智，专门领域判断标准心智和说服传播心智。该模式启示我们教育改革中必须始终重视知识的学习，要加强对学生说服传播心智的培养，要避免学生心智压抑的问题，重视提升国民多元文化经验心智。

《国家中长期教育改革与发展规划纲要（2010～2020 年）》指出，创新型培育模式应适应国家和社会发展的需要。创新型培育模式应遵循教育规律和人才成长的规律，深化教育教学改革，创新教育教学方法，探索多种培育途径（Li，2018）。上述创新规律对于建设创新型国家、培育创新人才具有重要的指导意义。只有遵循这些规律，才能探索出科学合理的培育创新人才的新方法，才能将创新人才的培育进程稳步推进。

第四节　创新人才培育途径及模式

基于当今社会创新人才培育中存在的制约因素及其发展中存在的问题，本节开始探讨培育创新人才的新途径、新模式。在此之前，有必要强调创新人才培育途径与模式的不同之处。途径，简而言之就是方法，即解决问题、达到某个目标的具体方式。所谓创新人才的培育途径，就是指采取一定方法，为建设创新型国家提供创新人才的具体可行的培育途径；模式则可以理解为一种规范性，它是把事物进行定性化的概括与抽象的一种状态。所谓创新人才的培育模式，是指依据一定的教育理念及教育目标，采取一定的方法，遵照一定的程序，使受教育者达到预期目标的培育模式。

一、创新人才培育途径

（一）国内外创新人才培育途径探索

近年来国内外学者都在探索创新人才的培育途径，其中颇有一些值得中国各高校及社会参考的建议。这些建议大致可以分为从政府层面、学校层面、家庭层面及个人层面入手来培育学生的创新思维与创新能力，见表1-2所示：

表1-2 创新人才培育途径分类

培育途径\内容及环境	创新理念	创新实践	创新环境
政府层面	人才强国，科教兴国；创新发展战略	开展教育改革；创新制度设计；建立相应政策法规	营造适于创新人才培育的教育氛围；鼓励校企合作
学校与家庭层面	转变以考试为中心的教育理念；树立以学生为中心的教学理念；加强德育，培养人才	调整课程设置；举办创新活动；组织学科竞赛；制定激励政策；创造实践平台与搭建实践场所；增强校际合作	构建宽容、自主的学习环境；提升教师素质；推进教学模式改革；提供相应的物质支持
个人层面	调整创新学习思路，由被动转向主动	巩固专业知识，培养学习兴趣；积极参与创新实践活动	同学间互帮互助，共同营造创新的文化氛围

资料来源：Fu, 2018；Liu *et al*., 2018。

在政府层面，应建立健全创新人才发展规划体系，积极开展有利于创新人才培育的实践与改革，建立相应的政策法规，进行有利于人才创新的制度设计，形成有利于创新人才培育的教育、文化氛围，为创新人才培育提供政策、制度、文化等全方位的保障。

在学校与家庭层面，应转变以考试为中心的教育理念，摈弃僵化、重复的教学训练，合理调整课程，丰富学生的学习方式；通过创建物联网竞赛平台，整合教育资源，建立创新人才培养机制，为师生创造创新平台和环境；举办多种形式的创新活动，构建宽容、自主的学习环境，并制定适当的创新鼓励政策，激励学生自主创新，培养学生开放的思维和创新能力。另外，也要建立创新团队，提升教师、学校管理人员综合素质，推进教学模式改革，提高高等教育质量，提供良好的创新环境，如配备设备精良的实验室、馆藏丰富的图书馆等，全方位保障创新人才的开发与发展。

在个人层面，学生应珍惜社会、学校、家庭为其提供的优良创新环境，抓住机遇，在夯实专业知识的基础上，培养学习兴趣，积极主动进行创新实践，参与各类型创新活动，掌握相关创新技能，以争取成为真正的创新人才，为社会建设贡献自己的力量。

同时，对于不同层面和途径的创新人才培育而言，与之相对应的创新理念、创新实践、创新环境等均有所不同。理念是前提，理念要转变，实践要跟上，环境要构建，无论是政府、社会、学校还是个人都要与时俱进，转变传统理念，倡导创新精神，树立以实践为重点、以成才为目标的理念，创建良好的创新环境，为培育创新人才做好物质准备、环境准备、思想准备。

（二）科技创新人才培育途径探索

科技创新人才作为创新人才的核心群体，成为当今创新人才培育的重点。当今社会，科技创新人才竞争日益激烈，发达国家相继采取各种措施吸引全球人才，并大力开发、培育本国的科技创新人才。基于文化背景、国情政治等差异，各国采取的措施不尽相同。表 1–3 展示了美国、英国、日本在吸引、培养科技创新人才方面的相关战略举措。

表 1-3　发达国家科技创新人才战略举措

国家	战略举措
美国	政府加大科技资金投入力度：提高科研人员研究经费等
	政府千方百计扶助企业科技创新：通过税收优惠、经费支持等措施激励本国中小企业科技创新
	多方举措集聚科技人才：吸引海外科技人才留美
	多渠道全力打造优良的科技创新创业外部环境：推动科技投资主体多元化、多渠道化；"科技企业孵化器"
英国	制定科学的科技人才政策与人才战略：不限制人才流动，吸纳全世界精英人才，放宽海外技术人才移民限制
	全方位打造科技创新的外部环境：确保稳定的宏观经济环境，营造企业投资研究与发展的创新生态，以多种优惠政策体现的科技成果产业化制度环境等政策环境
	促进科技人才高效流动：具有全球视野的科技人才政策，以宽松的政策促进科技人才的流动
	建立并完善科技人才评价体系：接受各监督主体的评判，按照相关科研绩效对大学进行分级，将评价方法、程序和结果对全社会进行公开
日本	培养全面发展的科技人才：包括研究生教育注重培养通用型的人才，加强产业界技术人员的培养与能力开发，以及资助本科生发展多样化的职业方向等
	注重培养具有独创性的高层次科技人才，尤其是战略科技创新人才：建立公正透明科学的科研人员评价体系，建立激励杰出研究人员的专项奖励，营造职位相对稳定与鼓励人员流动相结合的环境等

资料来源：秦健，2018。

基于国内外有关创新人才培育途径的意见建议，借鉴发达国家科技创新人才开发的经验，中国科技创新人才培育工作应注意以下几点：

第一，要营造培育创新人才的良好社会氛围，促进构建"尊重知识、尊重人才"的人才环境；第二，要注重培育创新人才良好的人格修养和品德修养，使创新人才具备执着的追求和献身科技的精神；第三，应大胆改革中国传统教育体制，创建有利于创新人才培养的教育方法和教育体制，与此同时，进一步优化人才培养方案、拓宽专业基础，在保证培养方案科学合理的基础上，增加学生选课的自由度，提倡学生跨学科、专业选修课程，以进一步拓展学生知识面，优化其知识结构，提高其从事交叉学科专业研究的能力；第四，要进一步顺应科学技术创新发展的国际化、全球化的大趋势，广泛开展和大力加强国际间科学技术创新领域的交流与合作，特别是科学技术创新前沿领域的交流与合作，在联合攻关、协作创新中培育、锻炼、提高科技创新人才的能力；第五，建立相关政策制度，吸引海外科技创新人才，留住国内精英人才。

二、创新人才培育模式

培育专门人才是高校的核心职能，因此，高校是创新人才的重要培育基地，特别在新时期，培育创新人才已经成为高校的核心任务。从国际范围来看，高校创新人才的培育模式各式各样，各具特色，中国可以在借鉴国外经验的基础上，扬长避短，探索适合中国特色社会主义国情的独具风格的创新人才培育模式。

（一）国外高校创新人才培育模式

国外典型的创新人才培育模式主要有能力本位教育的美国模式、以培养学生创造力为主的日本模式及以德国为代表的双元制的人才培养模式。

美国的高等教育实行分权管理，结构多样、组织完备、层次分明、大学自治、学术独立、文化多样、保障健全、以人为本。美国高校拥有自治权，自由程度高，可以完全独立且自主招生，自主制定招生方案及录取条例。美国高校创新人才培育模式以考查学生具备的全部能力为教育目标，更注重对学生创新思维能力的考核。

基于本国国情，日本的人才培养则是以培养创造力强、身体强健、胸襟宽广的人才为目标。其高校创新人才培养模式重视对学生创造性、表现力的培养和思维训练，对学生创造力的培养得到了前所未有的注重。日本政府在《关于改善大学教育》的政府咨询报告中指出，每所大学都应该根据各自的教育理念与目的，顺应学术、社会发展的需求，制定并实施具有特色的课程，从事大学教育，为社会培养各种优秀人才。

以德国为代表的双元制的人才培养模式将传统的学徒培养和现代教育理念相结合，"双元"即学生在学校接受理论知识教育为"一元"，在企业接受技能培训为"一元"。通过校企结合，让学生可以在学习理论知识的同时在实践中检验知识的掌握程度，不仅有助于学生掌握专业知识和技能，也培养了其社交才能，而且方便企业根据自身发展需求有针对性地培养专门人才，双方互利互惠。

（二）国内高校创新人才培育模式

中国在1998年对人才培养模式的界定是：人才培养模式由高等院校对学生的能力及知识综合素质的构建所组成，从而体现出中国教育培养的思想和观念，并最终将人才培养模式定义为高校培养人才的目标、标准及方法。高校创新人才培养是国家创新体系建设的重要组成部分，近年来中国高等学校一直在针对创新人才的培育模式进行探索研究。现今主要有以"通才教育"为主的培养模式、以学生实践为路径的人才培养模式、以开展创业教育来提高学生创新能力的培养模式。此外，还有大学在教学方法上进行了一定的改进尝试，如启发式、实践式、研究式及合作式等，以此来促进学生创新能力的提升。表1-4所示即为中国各高校近年来对于创新人才培育模式的探索成果。

表1-4　中国高校创新人才培育模式探索

高校创新人才的培育模式改革		
知识资源创新	学科创新	发展交叉学科、边缘学科，创建高水平的学科群
	课程体系创新	适当开设综合课程；开设创新理论与技法的课程；开设现代信息技术课程
	教学内容创新	选取最新的优秀教材；实验课内容创新；将科研中的新成果、社会发展的前沿课程融入教学内容中；研读学科前沿知识

续表

高校创新人才的培育模式改革		
教学模式创新	学生角度	鼓励学生敢于提出自己的观点；线上视频、线上答疑、线上测试，将学生的学习延伸到课堂之外；给予学生更多的自主探究、实际应用的机会
	教师角度	要求教师在多元情境下，超越各种教学模式的特征与局限，将各种教学模式有效融合，转化为适应相应的教学内容和学生群体的教学方法，营造激发创新能力形成、学生个性化发展的学习环境
加强实践环节	实习基地群/校企合作	实施产、学、研结合，利用互联网为学生创新能力的培养搭建平台；将理论与实践结合，提高自身的创新能力
教学评价创新	多元化教学评价方式	重视学生学习过程的考核；采用闭卷考试或开卷考试，如课程论文、研究报告等多种形式；考试题目可以设计为开放型；建立创新学分机制

资料来源：李云晖等，2018；Qin，2018。

（三）国内科技创新人才培育模式

中国科技创新人才的培养取得了一定的成效，人才总量持续增长，人员综合素质不断提高，但也存在着一些问题，如科技创新人才规模较小[①]；高层次科技创新人才缺乏；科技创新人才流失严重；科技研究成果数量优势高于质量；企业科研技术人员占比少等。这些问题严重影响了中国科技创新活动的开展，阻碍着中国实现建设创新型国家目标的进程。作为科技创新的摇篮和重要载体，高校应当深刻认识到培养科技创新人才的重要性和紧迫性，切实为大学生创造良好的科技创新环境，为大学生科技创新活动提供物质及精神上的支持，与政府、企业合作，探索科技创新人才培育新模式，改善中国科技创新人才培育现状，培养出国家发展所需要的科技创新人才。为此，国

---

① 虽然科技创新人才的总量在持续增长，但是相比于我国庞大的人口数量，科技创新人才的规模仍然较小。

内学者就中国科技创新现状对科技创新人才培育模式进行了探索,主要观点如下:

"基于科技竞赛平台的本科创新人才培养路径研究"中提出,中国各高校应"组织、承办专业化竞赛项目,系统地构建立体式科技竞赛网络体系;推动科技竞赛内容与教学相融合;设立高素质指导教师团队;成立学生科技创新团队;出台激励政策,完善保障机制",以保证培育出更多更好的科技创新人才(姜晓玥等,2019)。

郑巧英(2017)在"推进科技创新人才队伍建设的实践与思考"中为中国科技创新人才的培育提出以下建议:制订培养规划,搭建成长平台,积极引进人才,建立分段式培养机制,丰富培养载体;探索培训模式,提升能力素质;强化学习培训机制,注重学用结合,加强锻炼交流;主动适新应变,顺应科技创新。

周才云等(2019)在"江西省科技人才发展困境成因与对策"中以江西科技人才发展的困境为出发点,通过研究其成因来寻求对策,从政府层面提出以下建议:加大财政支持;完善科技人才培养机制,建立良好的人才评价制度;营造良好的社会氛围,提高科技人才待遇;坚持"走出去",完善科技人才的交流平台。

本书认为,科技创新人才的培育应以高校为基础,企业为依托,政府为保障,三方合作为学生提供物质以及精神上的支持,创造重视科学技术、尊重科技人才、保护科技成果的社会环境,保障科技创新人才的切身利益,使其没有后顾之忧,更好地以自身所学为社会做贡献。

(四)中国创新人才培育模式改进建议

创新人才的培育是一项极复杂的系统工程,不是一日之功可以完成的。由于国内外文化背景的不同,中国创新人才培养模式与国外相比,存在着本质的差别。首先,在对学生的培养理念方面,国外的学生在选择自己喜欢的课程方面具有自主权,而国内则由于一直以来思想上的束缚,学校与家长尚无法将选择权完全交给学生,学生仅具有有限的自主权;其次,在课程设置方面,中国高校课程结构不够完整,更多地偏向技术培养,缺乏综合培养学生创新能力的课程,教育方法也不够先进;另外,在教育及教学方法上,中国学校注重系统授课,布置作业方面也多为有标准答案的线性作业,不能激发学生对所学知识的更深层次思考。因此,中国培育创新人才的模式有待改进。

为了更好地发挥创新人才的能力,提高创新人才质量,中国必须进一步改进完善创新人才的培育模式。尽管由于各个国家文化背景的不同,中国无法完全照搬世界顶尖学校的人才培育模式,但是基于国际视野,通过对各国创新人才培育模式的共性研究来寻找其共通之处,对于中国的模式改进也有重要的指导意义。

本章通过对国内外各学者相关论著的总结归纳,为改进中国创新人才的培育模式,提高创新人才能力,提出以下经验和启示:

其一,转换创新人才培养理念,加深对创新人才培养内涵和本质的理解与认识,为创新人才培养提供正确的思想基础;其二,设置完善的课程体系,科学规划专业设置、课程设置,减少专业设置的壁垒,降低跨专业门槛,规范交叉学科课程设置,完善课程选修制度;其三,改进教学体系,注重因材施教,教研结合,追求人性化、科学化;其四,建设创新人才培养师资队伍,要求教师在掌握好理论知识的同时,还必须加强自身的实践能力和应用能力;其五,加大办学开放力度,鼓励产学研融合培育,建立政校、校企、校社等跨领域的合作模式;其六,改进考核评价机制,使教师评价机制与学生评价机制都落到实处,真正为老师、学生服务,而不仅仅只是形式主义;其七,以创业为手段,注重教学与实践相结合,在具体实践中培养学生的创新能力,促进创新人才培养手段与方法的完善与创新;其八,利用互联网,构建创新人才培养实践平台,整合校内及社会资源,为学生提供更为丰富的教育资源;

其九，建立高校学生创新社团，将社团活动与创新创业活动结合在一起，加强校园文化建设，大力营造创新文化氛围；其十，建立和完善相关体制机制，将创新政策细化分类，让学生、学校、社会都能对创新有更深入的了解以促进创新政策的有效落实。

第五节　小结

创新是提高国家竞争力的有效手段和必由之路。创新驱动实质上是人才驱动。创新型人才匮乏将严重制约中国创新型国家建设和创新驱动发展战略的顺利实施。党的十九大报告把加快建设创新型国家作为新时代国家发展战略。中国必须持续加快创新人才队伍建设，才能为创新型国家建设提供基础人才保障。本章通过对国内外创新人才内涵及创新人才培育研究现状的分析以及相关研究成果与观点的梳理，聚焦科技创新人才，分析总结了中国创新人才培育发展现状及其存在的问题，并提出了相关的建议，以期为改进和完善中国创新人才培育模式、提高创新人才的综合能力提供决策参考。但事实上，特别对于中国而言，创新人才问题还是一个新兴的课题。各界都在探索之中，目前尚没有形成成熟和体系化的理论体系与研究成果，尤其是在创新型人才培养模式方面，相关探索和研究较为有限，并且缺乏具有推广意义的成功实践。

参 考 文 献

Fu, J.J., 2018. The Study on Cultivating Practical and Innovative Talents Taking Innovation and Entrepreneurship as the Guide — Taking the Nanchang Institute of Technology as an example. Paper for 2018 International Conference on Arts, Linguistics, Literature and

Humanities (ICALLH2018).

Li, M.C., 2018. Exploration and Practice of Cultivating Innovative Talents in Colleges and Universities from the Perspective of Ideological and Political Education. *Advances in Social Science, Education and Humanities Research*, (5).

Liu, Y.J., S.X. Song and X.C. Sun, 2018. Research on Innovative Talent Cultivation under the Background of Medical English Teaching Reform. Paper for 2018 5th ERMI International Conference on Art, Education and Social Sciences (ERMI-AES2018).

Qin, B.L., 2018. Research and Practice of Innovative Talents based on the Internet of Things Competition Mechanism. *Advances in Social Science, Education and Humanities Research*, (157).

Ren, H.Y., F. Zhou and H.R. Huang, 2018. Exploration on Cultivation of Innovative Talents in Architecture. *Advances in Social Science，Education and Humanities Research*, (177).

博耶研究型大学本科生教育委员会："重建本科生教育：美国研究型大学发展蓝图",《教育参考资料》, 2000 年第 19 期。

常东坡、赵国杰、王树恩："当代科技创新的特点与科技创新人才的培养",《自然辩证法研究》, 2005 年第 4 期。

陈至立:《面向 21 世纪教育振兴行动计划学习参考资料》, 北京：北京师范大学出版社, 1999 年。

房国忠、王晓钧："基于人格特质的创新型人才素质模型分析",《东北师大学报（哲学社会科学版）》, 2007 年第 3 期。

姜晓玥、石木舟："基于科技竞赛平台的本科创新人才培养路径研究",《智库时代》, 2019 年第 11 期。

教育部国家教育发展研究中心:《发达国家教育改革的动向和趋势》（第五集）, 北京：人民教育出版社, 1994 年。

教育发展与政策研究中心:《发达国家教育改革的动向和趋势》, 北京：人民教育出版社, 1986 年。

冷余生："论创新人才培养的意义与条件",《高等教育研究》, 2000 年第 1 期。

李春生："美国和俄罗斯关于创新教育的研究",《比较教育研究》, 2002 年第 11 期。

李培峦、刘叶青、李保安等："高校创新人才培养体系的构建策略研究",《洛阳师范学院学报》, 2018 年第 8 期。

李远贵："论高校创新人才的培养",《成都纺织高等专科学校学报》, 2016 年第 4 期。

李云晖、黄永辉、王克朝等："高校创新人才培养模式的构建",《边疆经济与文化》, 2018 年第 4 期。

联合国教科文组织国际 21 世纪教育委员会：《教育：财富蕴藏其中》，北京：教育科学出版社，1996 年。

联合国教科文组织国际教育发展委员会：《学会生存：教育世界的今天和明天》，北京：教育科学出版社，1996 年。

刘宝存："创新人才理念的国际比较"，《比较教育研究》，2003 年第 5 期。

刘敏、张伟："科技创新人才概念及统计对象界定研究——以甘肃为例"，《西北人口》，2010 年第 1 期。

刘彭芝："为新时代培养更多创新人才"，《成才之路》，2018 年第 4 期。

马斌、李中斌："中国科技创新人才培养与发展的思考"，《经济与管理》，2011 年第 10 期。

秦健："发达国家科技创新人才开发的经验借鉴"，《劳动保障世界》，2018 年第 35 期。

邵佳："构建纵横维度的地方全人才分类体系"，《品牌》，2014 年第 10 期。

王冰："美国是如何培养创新人才的"，《宁夏党校学报》，2004 年第 5 期。

吴贻谷、刘花元："论创造型人才的培养"，《湖南师范大学社会科学学报》，1985 年第 3 期。

徐颖："我国研究生创新人才培养研究"（硕士论文），中国地质大学（北京），2013 年。

张武升："关于创新规律与创新人才培养的探讨"，《教育学报》，2006 年第 4 期。

赵亮："新时期创新人才的培育现状与展望"，《企业改革与管理》，2018 年第 24 期。

郑巧英："推进科技创新人才队伍建设的实践与思考"，《上海铁道科技》，2017 年第 4 期。

国务院：《国家中长期人才发展规划纲要（2010～2020 年）》，北京：新华社，2010 年。

周才云、周心玥、蓝婧："江西省科技人才发展困境成因与对策"，《科技创业月刊》，2019 年第 3 期。

第二章　国家创新能力评估

第一节　创新人才培育与创新国家建设的关系

一、创新人才是创新国家建设的第一资源
——创新驱动本质上是人才驱动

（一）创新人才是实现国家创新发展的关键力量，创新人才培育事关创新型国家建设成败

培育创新人才是实施创新驱动发展战略和实现创新国家建设的重中之重。创新驱动的实质是人才驱动。2012 年 11 月，党的十八大提出实施创新驱动发展战略，明确"科技创新是提高社会生产力和综合国力的战略支撑，必须摆在国家发展全局的核心位置"。2015 年 3 月，中共中央、国务院印发《关于深化体制机制改革加快实施创新驱动发展战略的若干意见》；进一步地，2016 年 5 月，中共中央、国务院印发《国家创新驱动发展战略纲要》。2017 年 10 月，党的十九大报告把加快建设创新型国家作为新时代国家发展战略，明确"创新是引领发展的第一动力，是建设现代化经济体系的战略支撑"。创新发展的道路是中国实现长久发展、国家繁荣和民族振兴的必经之路，"人才是实现民族振兴、赢得国际竞争主动权的战略资源"，创新驱动的发展实质上是人才驱动的发展。

所谓创新型国家，即以技术创新为经济社会发展核心驱动力的国家。创新型国家的典型代表包括美国、日本、韩国等。这些国家对创新活动的投入较高，重要产业的国际技术竞争力较强，投入产出的绩效明显，科技进步和技术创新在产业发展和国家财富增长中有重要作用。创新型国家依靠科技创新形成日益强大的竞争优势，具备以下四个特征：一是创新投入高，国家的研发投入（Research and Development，R&D）支出占国内生产总值（Gross Domestic Product，GDP）的比例一般在 2%以上；二是科技进步贡献率高，一般达 70%以上；三是自主创新能力强，国家的对外技术依存度指标通常在 30%以下；四是创新产出高，拥有高效的国家创新体系。

创新人才的数量多寡和质量高低，是判断一个国家是否为创新型国家的核心因素。全球创新指数（Global Innovation Index，GII）（2020）[1]显示，当前创新型国家主要集中在西方发达国家。美国和西北欧国家名列前茅。在这些国家实现创新发展的进程中，包括政治、经济、社会、文化等在内的很多因素都起到重要推动性作用，但人才是其中最具有核心驱动力的关键因素。经济合作与发展组织（Organization for Economic Co-Operation and Development，OECD）的研究表明，创新指数领先国家的研发人员数量也位居世界前列，从而表明高质量的国际人才是经济增长的重要影响因素。缺乏高端人才的国家难以从人力资本获得经济增长贡献。

---

[1] 全球创新指数（2020）由世界知识产权组织于 2020 年 9 月 2 日在日内瓦发布，展示了 131 个经济体的年度创新排名，以及最新的全球创新趋势。报告显示，名列前茅者的排名同比保持稳定，瑞士、瑞典、美国、英国和荷兰领跑创新排名。中国排名第 14 位，与 2019 年排名一致，仍然是 GII 前 30 位中唯一的中等收入经济体。

(二)国家间竞争本质上体现为人才的竞争,高层次创新人才是关键所在

综合国力的竞争归根结底是人才竞争。当今世界,国与国之间的竞争已前所未有地把焦点聚集在高层次人才的竞争上[①]。谁拥有人才上的优势,谁就拥有实力上的优势。为了获得竞争优势,各国纷纷制定相应的引才措施促进人才流入,缓解本国人才短缺的问题。创新国家的较量归根结底是创新人才的竞争。在创新国家的建设过程中,创新人才起到至关重要的作用。随着竞争的白热化,国家竞争越来越体现为创新力量的比拼,不仅以创新人员的数量来体现,更加以各类高层次创新人才的质量来衡量。

人才是中国经济社会发展的第一资源和国家核心竞争力的重要来源。千秋基业须确立创新型人才引领发展的战略地位,具备创造能力并能够助力于国家的创新产出是对人才的基本要求。在人类社会发展进程中,人才始终是社会文明进步、人民富裕幸福、国家繁荣昌盛的重要推动力量。当前世界正处在大发展、大变革、大调整时期,世界多极化、经济全球化深入发展,科技进步日新月异,知识经济方兴未艾,加快人才发展是在激烈的国际竞争中赢得主动的重大战略选择。

科学技术是第一生产力,而高端创新人才作为科学技术的第一推动力量,是国家创新发展的关键性投入要素。国家核心竞争力由国家经济实力、企业管理和科学技术三大要素构成。这其中最重要的因素就是人才队伍建设,尤其是创新人才建设。随着经济全球化和知识经济的不断发展,世界进入高科技与信息化时代,国际舞台上的高科技人才竞争对国家利益的影响远超单纯的物质生产力,国际竞争的本质已变为人才竞争,越早地意识到人才的作用,越能在全球人才竞争中占尽先机。在知识创新、科技创新、产业创新不断加速的时代背景下,人才培养和知识生产力已成为战略性资源,是国家参与世界科学和全球经济能力的重要标志。

---

① http://www.npopss-cn.gov.cn/n1/2019/0419/c219470-31038866.html.

二、党和国家高度重视创新人才培育
——人才强国战略引领创新型国家建设

（一）创新人才培育是党和国家治国方略的重要内容，多层次、多领域、全方位开展人才工作

人才发展是党和国家制定经济社会发展决策的重要内容。党的十八大以来，以习近平同志为核心的党中央高度重视人才工作，强调把人才作为支撑发展的第一资源。习近平总书记以"千秋基业，人才为本"为出发点，以确保新时代事业发展的"源头活水"为落脚点，亲自部署和推进多项人才工作的重大战略，强调要"坚持党管人才原则""择天下英才而用之""在全社会大兴识才、爱才、敬才、用才之风""让人才事业兴旺起来"，提出要"以识才的慧眼、爱才的诚意、用才的胆识、容才的雅量、聚才的良方"把各方面人才聚集起来；要树立强烈的人才意识，"寻觅人才求贤若渴，发现人才如获至宝，举荐人才不拘一格，使用人才各尽所能"；要深化人才发展体制机制改革，"完善人才培养机制，改进人才评价机制，创新人才流动机制，健全人才激励机制"等。这一系列关于人才工作的重要论述涉及人才培养、引进、使用、激励等各个方面，极大地丰富了中国特色社会主义人才理论内涵，揭示了人才对民族振兴、国家富强的重大意义，体现了党中央对各级各类人才的关心重视，彰显了当下中国广纳天下英才的博大胸怀，为开创"天下英才聚神州，万类霜天竞自由"的工作局面提供了根本遵循。

创新人才培育是人才培育工作的重要内容。习近平总书记指出，"要更大规模、更有成效地培养中国改革开放和社会主义现代化建设急需的各级各类人才"；"要以培养造就高层次创新型人才为重点，加大企业经营管理人才队伍建设力度，统筹抓好高技能人才、科技教育人才、社会工作人才、农村实用人才、宣传文化人才等各类人才队伍建设，为建设创新型国家提供智力支持和人才保障"。党的十九大报告中也专门指出，为加快建设创新型国

家，需要"培养造就一大批具有国际水平的战略科技人才、科技领军人才、青年科技人才和高水平创新团队"。这些重要论述抓住了中国人才队伍建设的突出问题，进一步强调了"高端引领、整体推进"的工作方针，对于解决中国高层次创新人才匮乏、区域分布和产业结构不尽合理等问题，促进人才资源和经济社会发展相协调，具有重要的指导意义。

人才工作在中国各项政策制定和战略规划中也有重要地位。中国科技、教育和人才领域方面的"三大规划纲要"都对人才给予了高度关注。中国《国家中长期科学和技术发展规划纲要（2006～2020年）》在指导方针中明确指出"科技人才是提高自主创新能力的关键所在"，把"加强人才队伍建设"作为总体部署的重要内容，并单列一章对人才队伍建设进行阐述，明确"人才资源已成为最重要的战略资源"，提出要加快培养造就一批具有世界前沿水平的高级专家，充分发挥教育在创新人才培养中的重要作用，支持企业培养和吸引科技人才，加大吸引留学和海外高层次人才工作力度，构建有利于创新人才成长的文化环境。中国《国家中长期教育改革和发展规划纲要（2010～2020年）》提出了"到2020年，基本实现教育现代化，基本形成学习型社会，进入人力资源强国行列"的战略目标，并从教育角度为中国创新人才培养创造了条件。中国《国家中长期人才发展规划纲要（2010～2020年）》把突出培养造就创新型科技人才作为人才队伍建设的主要任务，提出实施产学研合作培养创新人才政策、实施有利于科技人员潜心研究和创新的政策、实施人才创业扶持政策、实施知识产权保护政策等重大政策，并推出创新人才推进计划、海外高层次人才引进计划等重大人才工程。

（二）中国创新人才队伍建设成绩斐然，开启人才大国迈向人才强国新征程

在党和国家的正确领导下，中国创新人才队伍建设取得了很大成绩，开启了从人才大国迈向人才强国的新征程。中国第二次全口径人才资源统计结

果表明中国人才资源总量稳步增长，全国人才资源总量达 1.75 亿人，人才资源总量占人力资源总量的比例达 15.5%，基本实现 2020 年 1.8 亿人、16%的规划目标。人才队伍的素质明显增强，主要劳动年龄人口受过高等教育的比例达 16.9%，高技能人才占技能劳动者的比例达 27.3%，农村实用人才占农村劳动力的比例达 3.3%；党政人才、企业经营管理人才和专业技术人才中大学本科及以上学历所占比例达 42.4%。人才投入和效能显著提高，人才对中国经济增长的促进作用日益凸显，人力资本投资占国内生产总值比例达 15.8%，人才贡献率达 33.5%。中国对海外人才的吸引力不断增强，截至 2016 年底，国家"千人计划"共引进海外人才 6 089 人，留学回国人才总数达 265.1 万人，其中 70%均为党的十八大以来回国的，形成了新中国成立以来最大规模留学人才"归国潮"[①]。

2017 年中国科技人力资源总量继续增长，达到 8 705 万人。R&D 人员总量有所增长，达到 403.4 万人，万名就业人员中 R&D 人员为 52.0 人。R&D 研究人员总量达到 174.0 万人，万名就业人员中 R&D 研究人员为 22.4 人。研发人力规模仍居全球首位，研发人力投入强度仍低于西方发达国家，但差距有所减小。

中国研究与试验发展人员数量继续增长，高学历人员比重上升，研发人员素质进一步提高。2017 年，中国参与研发活动的人员总数为 621.4 万人，比上年增长 6.6%，其中 67.7%为全时人员。在 R&D 人员中，女性 166.0 万人，比上年增长 7.5%；博士 41.7 万人，硕士 92.0 万人，本科毕业生 271.2 万人。研究生学历的人数占到总数的 21.5%。

2017 年，中国企业 R&D 人员总量达到 312.0 万人，占全国的 77.3%，比上年减少 0.3 个百分点。研究机构和高等学校的 R&D 人员分别达到 40.6 万人和 38.2 万人，两者合计所占比重为 19.5%，比上年有所上升；其他事业单

---

① http://www.mohrss.gov.cn/SYrlzyhshbzb/dongtaixinwen/buneiyaowen/201708/t20170830_276569.html.

位 R&D 人员为 12.6 万人，占全国的比重为 3.1%。

2017 年中国 R&D 人员中，科学研究人员所占比重有所上升，试验发展人员占比有所下降。基础研究人员为 29.0 万人，占 7.2%，比上年提高 0.1 个百分点；应用研究人员为 49.0 万人，占 12.1%，比上年提高 0.8 个百分点；试验发展人员为 325.4 万人，占 80.7%，比上年下降 0.9 个百分点。

中国研发人力投入强度保持着逐年稳定增长态势，万名就业人员中 R&D 人员数从 2010 年的 33.6 人上升到 2017 年的 52.0 人，年均增长 6.4%。万名就业人员中 R&D 研究人员数从 2010 年的 15.9 人上升到 2017 年的 22.4 人，年均增速 5.0%，比同期万名就业人员中 R&D 人员年均增速低 1.4 个百分点[①]。

三、面向 2035 的创新人才培育
——现代化的中国亟须培育大批创新人才

（一）产业转型和高质量发展对创新人才建设提出更高要求

当前，中国经济已由高速增长阶段转向高质量发展阶段，且正处在转变发展方式、优化经济结构、转换增长动力的攻关期，对各类创新人才有了更迫切的需求。未来十几年是中国推进现代化建设、实现第二个百年奋斗目标的关键时期，加之当今世界正发生深刻而复杂的变化，未来的中国将更加深度融入世界，中国创新人才队伍建设面临前所未有的新需求、新挑战和新机遇。在中国参与全球化的进程中，需要不断地在国际合作中创造新机遇，在国际竞争中建立新优势，在打造人类命运共同体中做出新贡献，从而也亟须造就更多、更优秀的人才。

未来的中国经济将迈向中高端水平。在经济发展的新常态背景和高质量追求下，要推动结构调整和产业升级，保持中高速增长，跨越中等收入陷阱，实现对先行国家的赶超；此外还必须加大人力资本投资，实现人口红利向人

---

① http://3g.163.com/dy/article/ECLQN4JS0514APO9.html.

力资源红利、人才红利的转变，培育发展新动能，建设创新型国家。未来的科技进步将更加迅猛，一些重大颠覆性技术创新正在创造新产业新业态，引领社会生产新变革，创造人类生活新空间。只有培养集聚大批拔尖创新人才，始终站在科技进步最前沿，才能抓住新一轮全球科技革命的历史性机遇，实现中国由"跟跑者"向"并行者"到"领跑者"的转变。

中国正处于历史上发展最好的时期，比以往任何时期都更接近现代化的目标，也更有条件实现现代化的梦想。但也要清醒地看到，当前中国创新人才发展的总体水平同世界先进国家相比仍存在较大差距，与中国经济社会发展需要相比还有许多不适应的地方。其主要表现在中国高层次创新人才匮乏，人才创新创业能力不强，人才结构和布局不尽合理，人才发展体制机制障碍尚未消除，人才资源开发投入不足等方面。时代越是向前，知识和人才的重要性就越发突出。当前很多国家为抢占先机、赢得主动，纷纷超前谋划和部署创新人才培育。中国也必须抓住机遇，立即行动，超前布局，加快推进创新人才队伍建设，建设创新型国家。面向 2035，未来十几年是中国创新人才事业发展的重要战略机遇期。我们必须进一步增强责任感、使命感和危机感，积极应对日趋激烈的国际人才竞争，主动适应中国经济社会发展需要，坚定不移地走人才强国之路，科学规划、深化改革、重点突破、整体推进，不断开创人才辈出、人尽其才的新局面。

（二）新的国际经济和技术形势对创新人才的需求更为迫切

近年来中美贸易摩擦不断，尤其是 2017 年美国对中国发起知识产权"301 调查"以来，美国的贸易霸凌主义导致双方贸易冲突升级。以知识产权为代表的创新资源是中美贸易冲突的关键性焦点，特朗普政府采取的一系列举措限制了中国对高端人才的引进和对国外技术、零部件的进口。2018 年 6 月，美国国防部通过的《国防授权法案》（National Defense Authorization Act），加强对关键领域人才流动的限制。修正案允许国防部终止向参与中国、伊朗、朝鲜或俄罗斯的人才计划的个人提供资金和其他奖励。2018 年 4 月 20 日，中国著名国际企业中兴公司召开发布会表示，美国的禁令可能会导致中兴通讯进入休克状态，因为主要产品的生产有大笔的通用器件不可避免地用到美国技术。中美贸易战在本质上就是争夺 21 世纪创新经济的领导权。在这样的背景下，中国急需加速培养国家高技术创新人才，降低对国外技术的依赖，并增加本国技术的竞争优势。

以移动互联网、人工智能、区块链等为代表的新技术的快速发展给企业变革、产业发展、国家竞争带来了巨大影响和冲击。一方面，世界各国的竞争高度依赖于技术，通过抢先在这些技术领域占有一席之地可以为国家未来发展奠定良好基础。另一方面，新技术的快速发展和应用也造成了低端劳动力的淘汰，客观上对高端劳动力提出了更高层次的需求，而创新人才是高端劳动力的重要体现。

从整体上来看，在内部发展需求和外部国际压力的双重作用下，在全球化趋势和技术快速演变的时代背景下，中国要实现未来的可持续发展，必须以建设世界科技强国为基础路径。而高层次创新人才的培育是建设科技强国的关键驱动力，是抢占重要科学技术领域制高点，赶超西方发达国家，建立本国经济技术竞争优势的倚仗。

第二节　国内外创新能力综合对比分析

一、国家创新能力评价实践广泛开展，其结果作为制定创新政策的重要依据

国家创新能力是国家创新体系社会功能的外部实现；国家创新体系是国家创新能力形成的组织载体（刘凤朝，2009）。国家创新体系的概念由弗里曼（Freeman，1987）在研究各国科技政策及其绩效的过程中提出。弗里曼

（Freeman，1995）系统分析了国家创新体系的概念，成为分析国家创新能力和创新绩效的重要概念框架。弗曼等（Furman et al., 2002；2004）认为，以罗曼（Romer，1990）为代表的内生增长理论、以波特为代表的产业集群竞争优势理论和以纳尔逊（Nelson，1993）为代表的国家创新体系理论是国家创新能力的理论基础。它们分别从不同视角阐述了影响一个国家创新能力的决定因素。内生增长理论把创新能力抽象地概括为 R&D 活动的努力及其对知识存量的有效利用，而其他两个理论则强调具体因素。波特（2002）强调"钻石模型"中相关因素对创新的作用。纳尔逊（1993）则从演化的角度强调国家创新政策、教育状况和制度环境对创新的作用。在此基础上，弗曼等（Furman et al., 2002；2004）进一步界定了国家创新能力的概念，并指出国家创新能力是指一个国家在较长的时期内生产并商业化世界新颖技术的能力；同时还提出关于国家创新能力的规范性研究框架，并认为国家创新能力由三大部分组成：国家创新的公共基础设施、国家创新的产业集群、创新基础设施和产业集群之间的联系。这一分析框架是国家创新能力研究的第一个规范性理论框架，得到了学术界的认可，成为国家创新能力测度的主流，并被后续研究者频繁引用。

在国家创新体系理论基础上发展起来的国家创新能力概念，突出从全球的角度考察国家层面的创新能力，以及国家在创新能力提升过程中的作用。国家创新能力的测量主要是为了监测和评价国家创新的水平与阶段，为政府制定创新政策、企业进行创新决策等提供参考。创新能力的评价为客观定量分析国家和地区在创新方面的表现奠定了基础。正确认识国家创新水平的基本情况，也能够深入剖析造成国家和地区创新表现存在差异的深层原因。国家创新能力的测度也是政府对创新活动进行宏观调控、制订发展规划和自主创新激励政策的重要依据。因此，建立科学的国家创新能力测评体系，正确认识中国国家创新能力演化规律和发展轨迹，与先进的创新型国家进行创新能力的动态比较和分析，寻找差距，对于加快建设有中国特色的创新国家至关重要（陈劲等，2009）。

目前，已经有一些国内外的组织在国家创新能力对比方面开展了评价实践工作研究。在国际层面，影响力较大的包括欧盟（European Union，UN）开发的欧洲创新记分牌（European Innovation Scoreboard，EIS），OECD 的科学技术和产业记分牌（Science Technology and Industry Scoreboard，STI），世界知识产权组织（World Intellectual Property Organization，WIPO）、欧洲工商管理学院（Institut Européen d'Administration des Affaires，INSEAD）和康奈尔大学联合发布的全球创新指数（GII），世界经济论坛（The World Economic Forum，WEF）的创新能力指数（Innovation Capacity Index，ICI）和《全球竞争力报告》，瑞士洛桑管理学院（International Institute for Management Development，IMD）开发的《世界竞争力年度报告》（World Competitiveness Scoreboard），联合国开发计划署（United Nations Development Programme，UNDP）开发的技术成就指数（The Technology Achievement Index，TAI），世界银行（World Bank，WB）开发的知识经济指数（Knowledge Economy Index，KEI）等。在国内层面，主要有中国科学技术发展战略研究院发布的《国家创新指数报告》、中国科协发展研究中心发布的《国家创新能力评价报告》、福建师范大学李建平等编写的《二十国集团（G20）国家创新竞争力发展报告》和《世界创新竞争力发展报告》等。

此外，国内外学者在国家创新能力评价理论方面开展了大量研究工作。刘和怀特（Liu and White，2001）构建出用于分析创新绩效的描述性模型，提出了创新流程的五种行为，分别是研究、生产、最终消费、连接和教育，并使用该模型对中国在不同历史时期的国家创新系统进行了比较分析。吴建南等（2016）从研发经费投入的角度对中美两国进行比较，发现中国研发经费投入规模不断增大，但经费投入结构、投入主体变化不大。刘凤朝等（2013）选取发明专利授权最多的十个国家作为研究对象，对国家创新能力的成长模式进行了研究。研究结果表明在国家创新能力成长过程中各国的技术布局以及技术适应能力起着重要作用。崔维军等（2012）对中国与美国、日本、俄罗斯、印度及巴西等国家的创新能力进行了对比分析，发现中国与美国、日本、俄罗斯等国家创新能力的差距比较大，但与印度、巴西等国基本持平。张杨等（2015）对金砖国家的创新能力进行了测度并分析了其影响因素。杨鞲鞲（2014）构建了国家创新能力的测量指标体系并对中国与主要创新国家的创新能力进行了对比。田志康（2008）构建了科技创新指标体系并对中国与世界主要创新国家进行了对比。

（一）国际组织开展的国家创新能力测评——科学技术和产业记分牌

科学技术和产业记分牌（STI）由 OECD 发布，提供了比较 OECD 国家和部分非 OECD 国家（主要是金砖国家）的科学、技术和产业活动绩效的分析框架。其最主要特点是综合反映了科学、技术、全球化和产业领域的业绩，重视人力资源和科学家的国际流动性，认识到信息通信技术对创新的支持作用以及全球化对国家创新能力的重要性。1996 年，OECD 从《1996 年科学技术和产业展望》（*Science, Technology and Industry Outlook 1996*）中选录部分内容，形成了报告《以知识为基础的经济》（*Knowledge-Based Economy*），较为系统地讨论了知识经济的发展趋势，以及知识经济测度的指标体系与统计数据。1997 年，OECD 开始正式发布 STI 记分牌，1999 年的《OECD 科学技术和产业公报》（*OECD Science, Technology and Industry Scoreboard: Benchmarking Knowledge-Based Economies*），采用一套数据简明且易于获取的测度知识经济的系统指标作为知识经济度量标准。此后，STI 记分牌每两年发布一次，通过收集国际数据对各项指标进行分析，找出各国自身发展的问题，为政策制定和政策评估提供了详细的参考数据。

2017 年 OECD 的 STI 记分牌利用国际可比数据揭示了经合组织和其他领先经济体的优势。报告展示了数字转型对科学、创新、经济以及人们工作与生活方式产生的影响，旨在帮助政府在瞬息万变的数字时代制定更高效的科学、创新和产业政策。报告提供通常用于监测科学、技术、创新及工业领域发展状况的指标；并以实验性指标作为补充，为指导政策领域提供新的见解。STI 记分牌的目的不是为了给各国排序或制定综合指标，其目标是为政策制定者和分析人员提供将经济体与其他类似规模或类似结构的经济体进行比较的手段，并监测实现理想的国家或超级国家政策目标的进展。它描述了 OECD 国家积极建立数据基础设施连接各行业，以及产生的结果和影响，并强调某些指标的潜力和局限性，同时指出进一步工作的方向[1]。

（二）地区开展的国家创新能力测评——欧洲创新记分牌

2000 年，欧盟创新政策研究中心根据欧盟委员会的要求制定了欧洲创新记分牌（EIS），作为测评欧盟高技术创新和技术进步的指标体系。2001 年，欧盟正式开始发布 EIS，利用创新指标体系对欧盟成员国的创新绩效进行定量比较，以美国和日本为标杆分析欧盟各国的创新优势与劣势。该指标体系在应用过程中不断完善，在 2001~2005 年只关注欧盟内部以及与美国、日本的创新能力比较；从 2006 年开始推出全球创新指数并对全球主要创新国家进行分析；2008 年增加了对金砖国家的探讨；2009 年金砖国家首次作为竞争对手与美国和日本共同出现在欧盟创新指数报告中；2010 年更名为欧洲创新联盟记分牌（Innovation Union Scoreboard, IUS），但是到 2016 年时又改回 EIS。2019 年版 EIS 是其第 19 版。EIS 是目前世界范围内规范程度较高的国家创新能力测度方案，其数据主要来自欧盟创新调查、欧盟统计局、OECD 和科学网（Web of Science）等，并通过科学的计算方法对数据进行处理，得到科学的测算结果。

根据 2019 年发布的 EIS，报告采用 27 项指标对欧盟 28 个成员国以及中国、美国、日本、韩国等国的创新绩效进行了比较，评估各国创新体系的相对优势和弱点，从而帮助欧盟各国确定其需要加强的领域。该指标体系包括

---

[1] http://www.sohu.com/a/213501489_735021.

框架条件（Framework Conditions）、创新投资（Innovation Investments）、创新活动（Innovation Activities）和创新影响（Innovation Impacts）四个方面，具体涉及 10 个二级指标和 27 个三级指标。

（三）研究机构与国际组织合作开展的国家创新能力测评——全球创新指数

2007 年，欧洲工商管理学院启动全球创新指数的发布，目前由康奈尔大学、欧洲工商管理学院和世界知识产权组织共同发布。GII 旨在从多个维度捕捉创新的特征，并为旨在实现经济增长、生产率提升和就业增加的政策提供参考。GII 的编制始于三个重要的动机：1. 创新在增长战略中处于核心地位；2. 创新的范围更加广泛，不局限于 R&D 和科技论文，还包括商业模式创新和社会创新；3. 创新使创新者和新生代企业家备受鼓舞（桂黄宝，2014）。GII 是目前全球范围内评估创新对经济增长和繁荣影响最全面的研究之一，经过多年的发展和优化，目前 GII 提供了覆盖多个经济体的详细数据。

2020 年的 GII 报告对全球 131 个经济体的创新能力进行了量化评估。评估指标包括知识产权申请、移动应用创新、教育支出和科技出版物等 80 项，涵盖 93.5% 的全球人口和 97.4% 的全球 GDP。GII 的数据来源于世界经济论坛、世界银行、联合国教科文组织等重要国际机构，并对创新能力的评估超越了传统的创新评估方法。通过寻找更好的方法和途径，制定更加科学的创新评估标准来更加全面地测量创新，为企业领导和政策制定者提供了解创新差距和改进方向的参考。2020 年 GII 报告显示，排名前 10 的均为发达国家，其中瑞士、瑞典、美国、英国、荷兰、丹麦名列排名榜的前 6 位。中国的最新排名为第 14 位，与 2017 年的第 22 位相比，排名前进了 8 位。在核心创新投入和产出方面，瑞士依然排名首位。而在包括专利申请、实用新型专利、本国商标申请、工业设计和创意产品出口这几个关键产出指标方面，中国位居第一。在全球"最佳科技集群"排名中，日本的东京—横滨地区和中国的深圳—香港地区分列前两位。

（四）国家开展的国家创新能力测评——国家创新指数报告

中国《国家中长期科学和技术发展规划纲要（2006～2020 年）》提出建设创新型国家的战略目标。在此背景下，为了更好地监测和评价创新型国家建设进程，中国科学技术发展战略研究院从 2006 年开始了国家创新指数的研究工作，并从 2011 年开始发布《国家创新指数报告》，目前已经发布到第 8 版。《国家创新指数报告》是在借鉴国内外关于国家竞争力和创新评价的理论和方法的基础上建立的评价指标体系，包含创新资源、知识创造、企业创新、创新绩效和创新环境 5 个一级指标与 30 个二级指标。《国家创新指数报告》的数据来源包括世界银行、经济合作与发展组织（OECD）、世界知识产权组织（WIPO）、世界经济论坛（WEF）等机构，并利用标杆分析法对 40 个主要的创新国家的创新水平进行测算和排名。

《国家创新指数报告 2019》显示，中国国家创新指数排名提升至第 15 位，比上年提升 2 位。当前世界创新格局依然较为稳定。根据国家创新指数评价结果的比较分析发现，40 个国家可以划分为三个集团，综合指数排名前 15 的国家为第一集团，主要由欧美发达经济体组成。发展中国家中仅有中国从上年第 17 位上升 2 位进入第一集团国家。第 16～30 位为其他发达国家和少数新兴经济体，属于第二集团。而第三集团的国家多为发展中国家。从结果来看，中国创新资源投入持续增加，创新能力发展水平大幅超越了其经济发展阶段，突出表现在知识产出效率和质量快速提升、企业创新能力稳步增强等方面。

二、国家创新能力评价指标体系对比

（一）科学技术和产业记分牌

STI 记分牌是一个动态的监测体系，根据科学、技术和产业的发展变化

表 2-1　科学技术和产业记分牌指标

一级指标	二级指标	三级指标
知识经济和数字转型	科学、创新和数字变革	2010 年和 2016 年全球固定和移动宽带普及率；移动宽带普及率，OECD，20 国集团（the Group 20，G20）和金砖六国（Brazil, Russia, India, Indonesia, China, South Korea, BRIICS），2010 年和 2016 年；机对机用户身份识别（Machine-to-Machine Subscriber Identity Module, M2M SIM）卡普及率，OECD，全世界和 G20 国家，2017 年 6 月；顶级 M2M SIM 卡连接，2017 年 6 月；2012~2015 年 ICT 相关技术的强度和发展速度；通信技术（Information and Communication Technology, ICT）的主要参与者；2000~2014 年的顶尖技术专利，2000~2015 年；嵌入人工智能的顶尖技术专利，2000~2005 年和 2010~2015 年；十大医疗技术与人工智能相结合，2000~2005 年和 2010~2015 年；OECD 和主要伙伴国家的研发，2015 年；被引用的科学出版物数量最多的经济体，2005 年和 2016 年；2005~2016 年选定国家近期科学卓越趋势，1995~2015 年 OECD 地区执行部门的研发支出，OECD 和选定经济体的研发，1995~2015 年；按资金来源划分的商业周期研发支出，OECD 地区，1995~2016 年；基础研究和应用研究以及实验开发的趋势在 OECD 地区，1985~2015 年；业务研发集中度：2014 年前 50 名和前 100 名；2014 年按企业规模和年龄分列的研发业务表现，2014 年按企业规模和年龄分列的研发资金的外部来源；2012~2014 年按规模划分的顶级研发公司的 IP 捆绑；按行业划分的顶级研发公司的人工智能研发；2012~2014 年度顶级研发公司开发的 20 项新兴技术；2012~2014 年；公司专利组合，2012~2014 年；知识产权公司专利，按行业划分，2012~2014 年；总部研发公司的人工智能专利，前 2 000 家研发公司的人工智能专利，2012~2014 年；2003~2016 年两年期与机器学习有关的科学出版物的趋势；与机器学习有关的科学专利地点，2012~2014 年；2003~2016 年两年期与机器学习有关的科学出版物的趋势；与机器学习有关的科学出版物，2006 年和 2016 年

续表

一级指标	二级指标	三级指标
知识经济和数字化转型	增长、就业和数字转型	2005 年和 2015 年机器人密集型经济体和金砖国家；2012 年或 2015 年制造业工作的机器人强度和 ICT 任务强度；各个部门在各个数字化方面的分散，2013~2015 年按数字强度四分位数划分的部门分类；2012 年或 2015 年数字化和数字化程度较低的行业的技能水平；数字密集型产业支能的额外劳动力市场回报，2012 年或 2015 年；2010~2016 年的人们获得和失去工作的地方；信息产业就业增长，OECD，1997~2015 年；经济合作与发展组织在 1995~2014 年期间维持商业部门就业需求的起源；OECD 信息产业维持就业非常规就业任务强度的份额；1995~2014；按技能划分的外国增加劳动力市场回归信息通信技术任务；各国 2012 年或 2015 年的性别工资差距；2012 年或 2015 年按性别分列的劳动力分解劳动生产率增长情况；2015 年信息产业的劳动生产率水平；1995~2015 年参加在职培训的雇员，2001~2007 年增长足迹；与信息通信技术相关的国内增值，2011 年；2011 年国内最终需求中与信息通信技术相关的外国增值内容；信息通信技术设备和知识资本资产的贡献对于以知识为基础的资本（Knowledge-based capital, KBC）增加的劳动生产率增长，2000~2014 年；KBC 和多因素生产率（Multi-Factor Productivity, MFP）对 KBC 增加的贡献增长，2000~2014 年；2015 年市场和非市场部门的 KBC 强度；1995~2011 年各经济体信息技术服务中心地位的变化；国内和国外信息技术中心的中心地位发生了变化，IT 制造业和服务，1995~2011 年；1995 年和 2011 年十大核心的 IT 中心
	今日创新：采取行动	互联网使用趋势，2005~2016 年；互联网使用趋势，按年龄分列，2005~2016 年；妇女在自然科学、工程和信息通信技术方面的大专毕业生，2015 年；科学界妇女，2015 年；女性发明人的专利活动，2012~2015 年；政府研发预算、选定经济体，2008~2015 年；政府研发预算，按社会经济目标，2015 年；政府部门划分的选定国家研发的科学研究、选定的国家，1996~2016 年；促进痴呆症研究产出的学科领域神经退行性疾病和美国商业天使交易，1996~2016 年；2017 年开放获取科学作者；2005~2016 年国际科学与创新合作，2002~2016 年科学作者；选定经济体的国际净流量；2015 年中小企业对企业研发的科学文献；2006~2015 年税收激励支持；2015 年商业研发强度和政府对企业研发的支持；政府对企业研发和业务总支出的变化，2016 年；2016 年按行业、欧洲、2015 年和美国划分的政府支出；按部门划分的选定国家的数字相关的风险资本投资，2016 年；2016 年按行业 OECD 和 BRIICS，2011~2016 年；2011~2016 年财产吸引股权融资的数字相关行业；承认直接资金来源变化，2016 年；科学出版物及其资金中的资金确认引文影响，2016 年

续表

一级指标	二级指标	三级指标
知识、人才和技能	知识投资	2014年高等教育和职业课程支出；按研发类型划分的2015年研发费用国内总支出；按投资产划分ICT投资，2015年
	高等教育和基础研究	2015年研发的高等教育支出；在高等教育和政府部门中进行的基础研究，2015年；2015年高等教育研发资金
	科学和工程人员	自然科学、工程和ICT的高等教育毕业生，2005年和2015年；按性别区分的信息和通信技术专业的高等教育毕业生，2015年；2016年工作年龄人口的博士学位
	研究人员	研发人员，2015年；按就业部门划分研究人员，2015年；女性研究人员，2015年
	数字时代的技能	2015年科学和数学领域的PISA表现最佳和最低；在2012年的技术丰富的环境中解决问题、准备好学习和创造性思维，2012年或2015年
	ICT回馈技能	ICT工作任务强度，2012年或2015年；劳动力市场将重返2012年或2015年的ICT任务；返回管理和通信任务的工作强度，2012年或2015年
	知识资本	按培训类型接受培训的工人，2012年或2015年；2015年固定和知识资本的商业投资；ICT奖金、选定的经济体，2000年和2015年；KBC投资，选定的经济体，2005年和2015年；
研究卓越与合作	研究卓越和专业化	科学生产的数量和质量，2005年和2015年；专业化和引用对科学选定领域的影响
	卓越的科学合作	国际科学合作，2015年；科学生产的引用影响和国际化合作程度，2012～2016年；10%被引用次数最多的国际科学文献和合作模式，2015年
	高技能国际流动性	国际流动学生就读于高等教育，2015年；国际和国内自然科学、工程和ICT博士生，2015年；按地点划分的受过高等教育的劳动年龄人口出生，2006～2016年
	移动中的科学家	科学作者的国际双边流动，2016年；2016年的流动性，2015年；科学作者的国际流动性
	研发全球化	根据资金来源，2015年由国外资助的企业研发；选定的外国控股子公司的业务研发支出，2015年或最新数据；欧盟委员会在欧洲资助政府和高等教育研发，2015年
	境外发明	2012～2015年ICT国际共同发明；2012～2015年按技术划分的发明人所在的经济体数量；国内对ICT发明的所有权，2012～2015年

续表

一级指标	二级指标	三级指标
研究卓越与合作	创新合作	企业与高等教育研究或研究合作创新机构，按规模，2012~2014 年；企业与供应商或客户合作进行创新，按规模，2012~2014 年；从事国际创新合作的企业，按规模，2012~2014 年
	企业研发	企业研发，2005 年和 2015 年；商业研发和政府对商业研发的支持，按行业划分的研发强度，2015 年
	顶级研发参与者	总部公司研发投资者每项专利的研发投资，2012~2014 年；顶级研发投资者的工业和技术专业化，2012~2014 年；ICT 部门顶级企业研发投资者每个商标的净销售额，总部所在地，2012~2014 年
	知识产权组合	ICT 相关专利，2002~2005 年和 2012~2015 年；ICT 相关商标，2012~2015 年和 2012~2015 年
企业创新	信息通信技术与创新	2015 年 ICT 设备和信息服务行业的研发支出，2012~2014 年；ICT 相关技术未主要参与者的专利，2012~2015 年；ICT 制造及其服务的创新业务，2012~2014 年
	混合创新模式	创新类型，按企业规模，2012~2014 年；新产品创新者，制造业和服务业，2012~2014 年；的新产品创新设计，2012~2014 年
	研发税收优惠	2015 年 ICT 商业研发直接政府资助和税收支持；通过直接资金改变政府对企业研发的支持，2006年和 2015 年；2017 年研发支出的税收补贴率
	政策环境和创新需求	风险投资，2016 年；中小型企业（Small and Medium-Sized Enterprises, SMEs）参与国际和公共部门市场，创新状况，2012~2014 年；按规模划分的企业，获得公众对创新的支持，2012~2014 年
	研发专业化	2015 年产业结构调整后的业务研发强度，由研发强度组制造的企业研发，2015 年；服务行业的研发，2015年
领导和竞争力	电子商务的采用	选定的 ICT 工具和活动在企业中的扩散，2016 年；选定的 ICT 工具和活动在企业，按技术分类，2016 年；行业扩散，2010 年和 2016 年；通过电子商务从事销售的企业，按规模，2015 年
	跨应用程序和部门的电子商务	企业使用云计算服务，按规模，OECD，2016 年；选定的 ICT 工具和活动在行业中的扩散，OECD，2016 年

续表

一级指标	二级指标	三级指标
领导和竞争力	创业动态	ICT和其他商业领域的进入和退出率，2013~2015年；ICT和其他行业中年轻企业小微企业的比例，2013~2015年；ICT和其他部门中，年轻的小型和小微企业之间就业增长的差异，2013~2015年
	技术优势	ICT领域的公开技术优势，2002~2005年和2012~2015年；卫生技术领域中的技术优势，2002~2005年和2012~2015年；环境相关领域的技术优势，2002~2005年和2012~2015年
	参与全球价值链	体现在出口总额中的区域出口的外国增值，2014年；体现在伙伴国家的出口中的国内增值，2014年出口总额创造的国内增加值的部门来源
	贸易和就业	2005年和2014年，工商部门的工作受到外国最终需求的支撑；2005年和2014年，信息和通信行业的工作受到外国人的支持最终需求；商业部门员工的薪酬份额持续存在受国内外最终需求影响，2014年
社会和数字转型	连通性	移动宽带普及率，按技术分类，2016年12月；宽带连接的家庭，城市和农村，2010年和2016年；宽带接入、固定或移动的中小型企业，2016年
	数字特征	在6岁或首次访问互联网的学生，2012年和2015年；2012年和2015年学校外学生在互联网上花费的时间；在OECD国家的学生中选择在线活动的扩散，按性别划分，2015年
	互联网用户	总的每日和移动互联网用户，2016年；2016年不同教育程度使用互联网的差距，女性互联网用户，按年龄分类，2016年
	用户的成熟度	在OECD国家互联网用户之间访问在线活动的扩散，按年龄和教育程度，2016年；在过去12个月内在线购买的个人，2009年和2016年参加在线课程的16~24岁个人
	跨境电子消费者	2014年开展跨境电子商务销售的企业；个人从国内外市场在线购买，2016年；企业对消费者交易，2009年和2015年
	电子政务	个人使用互联网与公共当局进行互动，年龄，2016年；因私密性和安全性而未在线提交官方表格的个人，2016年；使用互联网向公共机构发送发票的企业，按大小分类，2015年；过去12个月通过互联网提供其个人信息的个人，按性别和年龄分列，2016年
	信托	具有正式定义的安全策略的企业，按规模，2015年；在互联网上管理访问其个人信息的个人，2016年

不断进行调整和完善。2017 年的报告涉及 182 个具体指标。STI 的一个特点是不提供国家总体排名，关注世界科学、技术和产业的最新动向，设定具体层级指标进行分析，如 2009 年关注经济危机和可持续发展；2011 年关注知识与创新等，尤其是关注绿色创新和技术；2013 年关注以经济增长为目的的创新；2015 年的主题为面向增长和社会的创新；2017 年的 STI 记分牌的主题为数字转型，重点分析了数字转型对科学、创新和经济，以及人的生活和工作方式的影响，旨在帮助政府部门在快速变迁的数字时代制定更有效的科学、创新和产业政策。

（二）欧洲创新记分牌

欧洲创新记分牌从 2001 年首份报告发布至 2018 年，其具体指标由最初的 18 个调整至 27 个，分别在 2003 年、2008 年、2010 年和 2017 年进行过四次较大的调整（程如烟等，2018）。目前，该指标体系由 4 个领域 9 个大项 27 个指标组成。四个一级指标包括框架条件、创新投资、创新活动和创新影响。其中框架条件包括人力资源、有吸引力的研究体系和创新友好环境；创新投资包括资金与支持、企业投资；创新活动包括创新企业、联系和智力资产三个方面；创新影响包括环境影响和销售影响两个方面。

表 2-2　欧洲创新记分牌指标

框架条件	人力资源 ➢ 新的博士毕业生 ➢ 25～34 岁的人口中受过高等教育的人数 ➢ 终生学习 有吸引力的研究体系 ➢ 国际科学合著论文 ➢ 被引次数前 10% 的论文 ➢ 国外博士生	创新活动	创新企业 ➢ 有产品创新或者流程创新的中小企业 ➢ 有营销创新或者组织创新的中小企业 ➢ 中小企业内部创新 联系 ➢ 与其他机构开展合作的创新型中小企业 ➢ 公私合作论文 ➢ 私营部门对公共研发支出的联合资助

续表

框架条件	创新友好环境 ➤ 宽带普及率 ➤ 机会友好型创业	创新活动	智力资产 ➤ PCT 专利申请 ➤ 商标申请 ➤ 设计申请
创新投资	资金与支持 ➤ 公共部门的研发支出 ➤ 风险资金支出 企业投资 ➤ 企业部门研发支出 ➤ 非研发创新支出 ➤ 为员工提供培养升级其 ICT 技能的企业	创新影响	环境影响 ➤ 知识密集型活动的就业 ➤ 创新部门中快速成长企业的就业 销售影响 ➤ 中高技术产品出口 ➤ 知识密集型服务出口 ➤ 市场新产品和企业新产品的销售额

（三）全球创新指数

全球创新指数概念框架自 2007 年设定以来，不断根据全球创新发展趋势进行改进完善，到 2018 年形成如下表所示的概念框架。全球创新指数是一个动态的评估体系，其指标体系也是不断更新的。2018 年 GII 采用 5 个投入二级指标和 2 个产出二级指标，具体涉及 80 个变量，对 126 个国家或经济体的创新现状进行了衡量。创新投入指数体现的是五大创新活动的国家经济要素，分别是制度、人力资本和研究、基础设施、市场成熟度和商业成熟度。创新产出指数体现的是创新成果的实质证据，共有两个指标，分别是知识和技术产出、创意产出。在概念框架中，创新投入指数是投入指标得分的算术平均值。创新产出指数是产出指标得分的算术平均值。两类指标权重相同，总体得分是创新投入和创新产出的简单平均。从 2011 年开始，GII 专门列出创新效率指数，其按照创新投入产出指数的比率来计算，以对各经济体如何利用其支持环境推动创新取得的成果进行审查。GII 每年都有一个侧重的主题，2018 年为"世界能源，创新为要"（Energizing the World with Innovation），通过专门章节对能源领域的情况进行梳理分析。这也符合 GII 不断更新并改进创新衡量方式的一贯宗旨，以反映出当今世界创新的主要趋势和特征。

表 2-3 全球创新指数的指标内容

制度	政治环境	政治稳定性和安全；政府有效性
	监管环境	监管质量；法治；遣散费用
	商业环境	易于创业；易于解决破产
人力资本和研究	基础教育	教育支出在GDP中的占比；中小学生人均政府支出在人均GDP中的占比；预期受教育年限；阅读、数学和科学PISA量表得分；学生教师比
	高等教育	高等教育入学率；科学和工程专业毕业生占比；高等教育入境留学生占比；夸夸雷利·西蒙兹（Quacquarelli Symonds, QS）高校排名，前三位平均分
	研发	全职研究人员（百万人口）；研发总支出在GDP中的占比；全球研发公司，前三位平均支出，百万美元
基础设施	信息通信技术	ICT普及率；ICT利用率；政府网络服务；电子参与
	一般性基础设施	发电量，人均千瓦时；物流表现；资本形成总额在GDP中的占比
	生态可持续性	GDP能耗单位；环境表现；国际标准化组织（International Organization for Standardization, ISO）14001环境认证十亿购买力平价美元GDP
市场成熟度	信贷	易于获得信贷；给私营部门的信贷在GDP中的占比；小额信贷总量在GDP中的占比
	投资	易于保护中小投资者；市值在GDP中的占比；风险投资交易十亿购买力平价美元GDP
	贸易竞争力	适用税率加权平均百分比；本地竞争强度；国内市场规模，十亿购买力平价美元
商业成熟度	知识型员工	提供正规培训的公司占比；企业进行的国内研发支出总额（Gross Expenditure on R&D, GERD）在中的占比；企业供资GERD占比；高级学位女性员工在就业中的占比
	创新协作	高校产业研究合作；产业集群发展情况；海外供资GERD占比；合资战略联盟交易十亿购买力平价美元GDP；多局同族专利十亿购买力平价美元GDP
	知识吸收	知识产权支付在贸易总额中的占比；高技术进口净额在贸易总额中的占比；ICT服务进口在贸易总额中的占比；外商直接投资（Foreign Direct Investment, FDI）流入净值在GDP中的占比；研究人才在企业中的占比

（创新投入）

续表

知识与技术产出	知识创新	本国人专利申请量/十亿购买力平价美元 GDP；本国人通过专利合作条约（Patent Cooperation Treaty, PCT）途径专利申请量/十亿购买力平价美元 GDP；本国人实用新型申请量/十亿购买力平价美元 GDP；科技论文/十亿购买力平价美元 GDP；引用文献 H 指数
	知识影响	购买力平价美元 GDP 增长率/工人，百分比；新企业/千人口 15~64 岁；计算机软件开支在 GDP 中的占比；ISO 9001 质量认证/十亿购买力平价美元 GDP；高端、中高端技术生产占比
	知识扩散	知识的传播；知识产权收入在贸易总额中的占比；高技术出口净额在贸易总额中的占比；ICT 服务出口在贸易总额中的占比；FDI 流出净值在 GDP 中的占比
创新产出	创造性无形资产	本国商标申请/十亿购买力平价美元 GDP；本国工业品外观设计/十亿购买力平价美元 GDP；ICT 和商业模式创造；ICT 和组织模式创造
	创意产品和服务	文化与创意服务出口在贸易总额中的占比；国产电影/百万人口 15~69 岁；娱乐和媒体市场/千人口；印刷和其他媒体在制造中的占比；创意产品出口在贸易总额中的占比
	在线创造	通用顶级域/千人口 15~69 岁；国家代码顶级域/千人口 15~69 岁；维基百科每月编辑次数/百万人口；移动应用开发/十亿购买力平价美元 GDP

第二章 国家创新能力评估 | 53

（四）国家创新指数报告

国家创新指数报告为中国相关机构为评估创新型国家建设而开发的创新能力评价体系。这一指标体系主要对创新资源、知识创造、企业创新、创新绩效和创新环境进行分析。其特色是对创新环境进行了较多的考察，并用了10个二级指标进行考察，但这也为指标体系带来一定的局限性，因为创新环境的指标大多需要通过主观性指标来测量，会造成一定的主观性偏差，也使得数据收集的难度增加。

表2-4 《国家创新指数报告》指标体系

一级指标	二级指标	一级指标	二级指标
创新资源	研究与发展经费投入强度	企业创新	三方专利数占世界比重
	研究与发展人力投入强度		企业研究与发展经费的增加值之比
	科技人力资源培养水平		万名企业研究人员PCT专利申请数
	信息化发展水平		综合技术自主率
	研究与发展经费占直接比重		企业研究人员占全部研究人员比重
知识创造	学术部门百万研究与发展经费	创新绩效	劳动生产率
	科学论文被引次数		单位能源消耗的经济产出
	万名研究人员科技论文数		有效专利数量占世界比重
	知识密集型服务业增加值占GDP比重		知识密集型产业增加值占世界比重
	亿美元经济产出发明专利申请数		
	万名研究人员发明专利授权数		
创新环境	知识产权保护力度		
	政府规章对企业负担影响		
	宏观经济环境		
	当地研究与培训专业服务状况		
	反垄断政策效果		
	企业创新项目获得风险资本支持的难易程度		

续表

一级指标	二级指标	一级指标	二级指标
创新环境	员工收入与效率挂钩程度 产业集群发展状况 企业和大学研究与发展协作程度 政府采购对技术创新影响		

（五）国家创新能力评价体系的主要特点

上述国家创新能力评价体系的研制均体现出各自的背景意义、目标指向和适用状况。不同指标体系体现出不同的特点，但目前看来还没有任何一个指标体系可以完全涵盖用来表征国家创新能力的全部要素。不同指标评价体系由于定位不同，其采取的具体指标内容也不尽相同。至于在国家创新能力评价中使用的研究进路与方法，由于涉及较多不同层级、不同角度的指标，多通过构造分级指标对不同的子目标进行评价，逐级加权求和，最后汇总为一个综合指数，以得分高低进行排位与比较。全球创新指数和国家创新指数报告评价均采用这一思路。

总体上，根据上述几个创新能力评价体系可以总结出几个国家创新能力评价的基本共识。第一，创新指标的评价应综合考虑知识的显性内容和隐性内容，在此基础上需纳入知识的传播和商业化，以及相应的环境、设施和机制；第二，创新能力评价中一个假设是不同指标间是兼容的关系而不是替代的关系，因此这些指标是可以加总或者平均的；第三，尽管不同国家和地区在社会、经济和文化中存在巨大差异，但是创新能力评价一般认为国家和地区之间是存在比较意义的。

具体来看，创新能力评价的要素通常包括人、创新要素、环境和机制、市场和商业等内容。人的要素主要体现在教育、高素质人才等方面。创新要素体现在创新的投入、产出和效率方面,环境和机制主要涉及制度、基础设施、知识扩散机制等。市场和商业主要表现为进出口、贸易等方面。创新的投入指标和产出指标是创新评价的重要内容,其优点是数据具有可获得性、国际可比性和数据系列长。研发投入指标能显示出政府部门、产业部门对创新的重视程度。研发产出的重要指标包括专利、科技论文等。数据具有较好的可得性和可比性。

总的说来,当前国内外国家创新能力评价体系存在以下特点与发展趋势:

一是指标体系因其评价目的、评价对象等不同而不同,主要体现出评价主体的组织定位和价值诉求。国际组织和研究机构等从实践研究角度出发设计的指标体系更为复杂和完备,可以更为全面地反映创新的各个方面,但是也存在一些问题,比如很多指标的数据难以获得;定性调查数据由于调查对象代表性不足、样本数量不够多等与实际情况存在偏差;一些指标之间存在相关性等。2018年的STI记分牌考虑了182个具体指标。由于指标过多过细,且多为均量指标,很少有影响力指标,不易区分不同国家的贡献。相对而言,一些官方或者半官方评价机构从实用角度出发设计的评价指标体系更为简捷和科学。这不仅有利于数据的获取,同时评价花费的时间和成本也更低(程如烟等,2018),比如由中国科学技术发展战略研究院发布的《国家创新指数报告》。《欧洲创新记分牌》和《全球创新指数》主要用于评价世界各国的创新绩效和能力,其采用的指标集中于与创新相关的指标(程如烟等,2018)。全球创新指数的指标中约2/3为定量相对指标,约1/3为定性或合成指标。该报告的创新概念非常宽泛,个别指标倾向于反映西方价值观(如政治稳定性)和语言习惯(如维基百科编辑量)。国家创新指数报告的指标体系特点为定量和定性指标相结合,定量为主;规模和相对指标相结合,相对指标为主;反映国家创新卓越性和竞争力的指标偏少(玄兆辉,2018)。

二是指标体系处于不断变化与调整过程之中,力图体现出当前创新活动的时代背景。《全球创新指数》自创立以来,尽管整体框架变化不大,但指标也在不断调整，如 2016 年相较 2015 年有 3 项新增指标、5 项更改指标和 1 项替换指标。《欧洲创新记分牌》自 2001 年至 2017 年，其指标由最初的 18 个修改至 27 个，框架体系也发生了很大变化。

从整体和局部的角度来看，由于受到数据可获得性和指标可比性的限制，创新能力评价的指标体系往往将一些共性的指标用在指标体系中，而把各个经济体所具有的一些个性的因素剔除掉。这在整体看上是科学的，但对每个经济体来说就未必了。因此，用这些经济指标体系观察中国与其他国家创新能力发展水平的差距及其变化的同时，还应该在区域共用的指标体系基础上，添加符合中国特点的指标，使之更好地服务于中国的政府决策和市场需要（丁明磊，2007）。

三、国家创新能力评价结果

（一）欧洲创新记分牌

根据 2017 年的 EIS，中国的创新表现虽然领先印度较多，但是与主要西方创新型国家相比还存在较大差距。中国与美国、日本和英国在经济结构、商业指标与社会人口指标三方面都存在显著差异。在经济结构方面，由于中国受第一次人口红利的影响，存在劳动要素禀赋，在农业、工业部门劳动力数量明显高于欧盟区域，但是由于第三产业发展起步较晚，其人口比例数量低于欧盟区域。在制造业价值附加值方面，由于中国近年来产业结构转型，加之国家宏观层面依据《制造业 2025》的规划内容进行产业引导、调控，目前已初显成效。依据 EIS 报告的统计口径，中国目前位于创新中等水平，低于欧盟区域。近年来，中国在 R&D 支出以及商标及设计应用方面大幅度提升，使得其成为这些国家中创新能力提升最快的国家，但是科研方面的基础研究仍有待加强，在博士毕业生数量、25～64 岁的大学生数量方面的表现较弱。

（二）全球创新指数

在全球创新指数排名中，中国从 2016 年开始位列前 25 位，并持续上升至 2018 年的第 17 位，是唯一进入前 25 名的发展中国家，在 GII 排名中的攀升意义非凡，是全球创新领域的标志性事件。过去数年来中国在不同领域的创新能力愈加凸显。一些进步最大的指数是全球研发公司、高新技术进口、出版物质量和高等教育入学率。就绝对值而言，在研发支出及研究人员、专利和出版物数量等领域，中国现在位居世界第一位或第二位。其数量超过大部分高收入经济体。中国既是唯一与高收入经济体创新差距不断缩小的中等收入经济体，又是唯一一个跨越与高收入经济体创新鸿沟的中等收入经济体。按全球创新指数的划分，中国已经跻身全球创新领导者序列。通过分析中国相对领先和落后领域可知，中国的创新优势主要集中在四个方面：知识与技术产出（第 5 名）、商业成熟度（第 9 名）、人力资本与研究（第 23 名）、创意产出（第 21 名）。中国的弱势主要体现在创新投入方面，其中在制度方面排名较低，2016 年位列 79 名，2017 年位列 78 名，2018 年位列 70 名；监管环境和高等教育两个次级指标仅列全球第 100 位和第 94 位。这也反映出中国创新创业仍面临较大体制障碍，未来需要进一步加大制度建设力度，为创新营造良好生态环境。

（三）国家创新指数

中国国家创新指数排名从 2000 年的第 38 位，逐渐上升到 2018 年的第 17 位。中国科技创新发生了整体性、格局性的深刻变化。科技资源投入规模跻身世界前列。创新产出能力引领全球，成为世界创新版图中的重要一极，有望成为世界唯一进入创新型国家行列的发展中国家。但是，必须清晰地看到，中国创新也面临着大而不强的问题，与美国、日本和德国等国家相比还有很大差距。

（四）创新能力评价结果对比分析

表 2–5 主要国家创新排名情况

序号	国别	欧洲创新记分牌得分	全球创新指数排名	国家创新指数排名
1	中国	76.0	17	17
2	美国	100.7	6	1
3	日本	102.8	13	2
4	英国	121.5	4	11
5	印度	42.4	57	38

注：全球创新指数排名来自《全球创新指数 2018：用创新激励世界》（*Global Innovation Index 2018: Energizing the World with Innovation*）；

欧洲创新记分牌得分来自 EIS 2018，为 2017 年度测算结果，但是个别指标的期间为 2016 年、2015 年或 2014 年，得分以欧盟国家总体水平为 100 分进行加权，得分越高表明创新绩效越好；

国家创新指数来自《国家创新指数报告 2018》，数据年度为 2016 年。

根据当前的主要创新评价结果总的来看，中国的创新水平已经超过很多发展中国家和新兴国家，甚至明显优于一些发达国家。在 2018 年的全球创新排名中中国位列第 17 名，成为全球创新领域的标志性事件，尤其是在知识工人、高技术进出口、专利等方面处于世界领先地位。这反映出近年来在中国各级政府部门的大力推动下，中国国家创新水平不断提升，迈向创新国家的步伐不断加快。但是，当前中国与世界创新强国相比还存在一定差距，在原始创新能力、尖端创新技术和高层次创新人才方面还比较欠缺。通过从国家层面将中国的创新能力与世界创新强国进行对比，可以找出中国与其他国家之间的差距，为制定有针对性的决策提供证据支持。选择不同的评价指标对中国会得出不同的评价结果。从总量指标看，中国位列世界前列，已成为名副其实的创新资源大国、知识产出大国和经济绩效大国，但从人均等相对指标看，中国是一个排名落后的国家，甚至落后于许多发展中国家。只有通过一套相对完整的指标体系来观测和评价中国，才能得出相对更科学和客观的结论。在中国目前的发展阶段，创新对经济发展方式转变的作用，很大程度上体现在国家经济结构的高级化，突出表现在知识含量高和附加值高的商品增加、创造同样价值或财富所耗的资源减少与知识密集型产业比重上升等方面。这应是中国实施创新驱动发展战略的主要目标之一。

《全球创新指数》与《国家创新指数报告》等报告对国家综合创新实力有不同认识。全球创新指数评价全部采用相对指标（尤其是人均指标），导致一些几乎没有多少研发活动的小国或小的创新体（如中国香港等）排名靠前。在国家创新指数报告中，国家综合创新实力被认为是国家创新能力的一种表现，体现在创新活动（包括创新投入和创新产出）的规模上。因此该报告采用了总量指标。国家创新指数评价突出反映创新对经济发展方式转变的作用，力图从整个创新链来反映和评价国家的创新能力，因此在创新资源、知识创造、企业创新、创新绩效和创新环境五个方面选择指标。

四、创新人才的监测与评价是创新能力评价的重要内容

创新人才培养是创新能力评价的重要内容。充分了解创新背后与人相关的方面对于促进经济发展的政策制定和强化创新环境很有必要[①]。通过下表可以看出，主要的创新评价体系都对人才给予了高度关注，主要体现在学生培养、科技人员或研发人员、知识型员工或者知识密集型行业的员工等方面。

有关创新人才的评价对于中国建设创新国家有重要意义。通过对创新人才的培育进行监测与评价，可以充分了解中国创新人才的发展情况，更好地认识中国创新人才发展的优势领域和不足之处，明确中国在世界范围内创新人才发展所处的阶段，为政府制定和优化相关的政策提供参考。从上述主要人才指标评价情况国别来对比，我们可以发现当前中国创新人才队伍建设体

---

① https://www.globalinnovationindex.org/about-gii#reports.

现出以下的趋势与特点：

表 2–6 主要创新评价体系中的人才指标

一级指标个数	二级指标个数	三级指标个数	人才指标个数	人才指标内容
全球创新指数 2	7	80	8	预期受教育年限 中小学学生教师比 高等教育入学率 高等教育科学和工程专业毕业生占比 高等教育入境留学生占比 全职研究人员/百万人口 提供正规培训的公司占比 高级学位女性员工在就业中的占比
欧洲创新记分牌 4	10	27	6	新博士毕业生 年龄在 25～34 岁的大学生 终生学习 外国博士生数量 知识密集活动的就业数 创新部门快速发展企业的就业数
国家创新指数 5	30	—	3	研究与发展人力投入强度 科技人力资源培养水平 企业研究人员占全部研究人员比重
知识经济指数 4	12	—	3	成人识字率 中学毛入学率 高等教育毛入学率
科技竞争力指数 2	44	—	7	全日制工作 R&D 人员数 企业每千人全日制工作 R&D 人员数 科学工程领域学位授予占总学位授予比重 学校科学教育 青少年对科学的兴趣 获得诺贝尔奖数 人均获得诺贝尔奖数

续表

一级指标个数	二级指标个数	三级指标个数	人才指标个数	人才指标内容
知识经济状态指数　　2	24	—	6	中等学校入学比例 每年自然科学毕业生人数 知识工作者比例 每千人中每日报纸发行量 未来发展指数 每万人中研究生人数

表 2–7　主要人才指标评价情况国别对比

指标	中国	美国	日本	英国	印度	数据来源
研究与发展人力投入强度（排名）	33	23	17	20	40	国家创新指数报告 2018
科技人力资源培养水平（排名）	36	7	26	31	38	
企业研究人员占全部研究人员比重（排名）	7	4	3	25	27	
高等教育入学率（排名）	55	—	35	44	84	全球创新指数 2018
全职研究人员/百万人口（排名）	47	20	11	18	74	
新博士毕业生（加权值；EU2010=100）	10.8	80.8	61.5	153.8	5.7	欧洲创新记分牌 2018
研发人员/每 1 000 名就业（区间范围，‰）	<5	5～10	10～15	15～20	—	科学技术和产业记分牌 2017

（一）中国创新人才培育力度持续增强，但是仍相对落后于发达国家

近年来，在中国实施科教兴国战略、人才强国战略和创新驱动发展战略的背景下，中国的创新人才培育工作也得到充分重视，并取得较好的效果，但是仍然处于相对落后的阶段。平均每千人中研发人员数量不仅测度了国家

对创新人才的投入力度，还反映了国家从业人员结构状况，是社会创新活力的重要体现。相比而言，中国创新人才投入强度方面还较为落后，2017年每千人中研发人数为 2.9 人，但呈现逐年增加的趋势。中国研发创新人才的增长主要源于两个方面的因素，一是高等教育规模的扩大增加了创新人力资源的输出；二是随着经济社会的发展和全社会创新意识的增强，对创新人才的有效需求上升，提供了更多的研发就业岗位，但是与美国、日本和英国等国家相比还存在一定差距。OECD2017 年出版的科学技术和产业记分牌对中国每千名就业人员中研发人员数量的测算结果为小于 5‰，而美国、日本和英国的这一指标分别位于 5‰～10‰、10‰～15‰和 15‰～20‰的区间内。另外，根据全球创新指数 2018 对百万人口中全职科研人员比重的排名，中国位于第 47 名，不但拉低了中国在该指标体系的整体排名（第 17 名），还远远落后于美国（第 20 名）、日本（第 11 名）和英国（第 18 名）。

（二）中国创新人才结构分布相对合理，企业研发人员占据主导地位

研发创新人员在企业、研究机构和高等学校等不同机构类型间的分布反映了国家创新系统的特点。绝大多数研发人员长期稳定地集中在企业是世界主要创新型国家创新人才布局的共同特征，有利于最为活跃的创新人才直接投入经济建设的主战场；有利于国家技术创新能力的整体提升。美国作为世界上的主要创新型国家，其高强度的企业研发人员投入是其能够维持强大的技术创新能力和国际竞争力的主要因素，其他创新型国家如韩国、日本、瑞典等企业研发人员所占比重也较高。

近年来，中国企业研发人员数量不断增加，并且企业所占份额有较大提高。根据中国科学技术发展战略研究院发布的《国家创新指数报告 2018》，中国企业研发人员占全部研发人员比重在 40 个全球主要国家中排名第 7，虽然落后于美国（第 4 名）和日本（第 3 名），但是高于英国（第 25 名）和印度

(第 27 名)，而且拉高了中国在该指标体系中的整体排名。企业研发人员所占比重逐年增大，而高等学校和研究机构的研发人员虽然总量不断增加，但是所占比重逐年减少。这一分布结构说明中国创新人才的配置正在逐步向企业倾斜。企业研发力量和技术创新能力不断增强，有利于建设创新型国家和按照社会主义市场经济的规律满足经济与社会发展的不同需求。

（三）中国创新人才队伍建设潜能巨大，能够为创新型国家建设提供有力支撑

高等教育入学率和博士毕业生是创新人才的重要保障。近年来，中国高等教育入学和博士生培养水平不断提高，已经成为世界上高等教育规模最大的国家，为创新人才的培养提供了强大的供给能力。根据《全球创新指数2018》对高等教育入学率的排名，中国位列第 55 名。根据《欧洲创新记分牌2018》对新博士毕业生的加强测算，中国的指标值为欧盟国家2010年数值的10.8%。虽然从比例指标来看，中国的创新人才培育还处于落后阶段，但是在中国庞大的人口基础背景下，中国创新人才培育的总量指标处于世界领先水平，为创新国家的建设提供了良好支撑。

第三节　创新人才培育评价指标体系

一、创新人才培育评价原则

在全球化和知识经济高速发展的今天，一个国家、一个地区的核心竞争力，越来越表现为对智力资源、智慧成果以及知识产权的培育、获取和运用能力。而具有创新精神、创造能力的创新型人才是国家创新过程中最重要、最稀缺的资源，是新时期参与行业竞争、区域竞争、国际竞争的核心力量。

培养创新人才抢占创新制高点,是提高国家创新实力和发展活力的关键,已经成为国家人才战略的核心。因此,对国家创新人才培养活动进行评价研究,并做出简要分析具有十分重要的现实意义。

创新人才培育评价要遵循导向性、科学性、可操作性、系统性、代表性、可比性六个原则。

（一）导向性原则

测度国家创新人才培养现状是评价指标建立的目的。它通过定量化各指标,比较出国家创新人才培育的优点、短板及其原因,并对应指出提高国家培养创新人才能力的方向和途径,从而对国家培养创新人才能力的提高起到监控和导向作用。最终目的是通过引导政府、企业、高等学校和科研院所等共同努力来促进中国人才创新能力和国家核心竞争力的提高。

（二）科学性原则

科学性是指确定评价指标的过程中,要使指标体系能尽量反映出中国创新人才培育活动的真实状况,以在国家层面进行创新人才培育能力的国际比较,发现自身优势,挖掘发展潜力。为此,在评价指标选取和评价方法选择中应尽量做到科学合理、误差较小,使评价结果客观、真实,从而保证指标具有科学性和权威性。保证科学性应从两方面做出努力：第一,指标的选取必须有理论依据；第二,指标的名称、含义、内容、时空、单位和计算范围等方面必须科学明确,没有歧义。

（三）可操作性原则

可操作性原则主要包括几个方面的含义：第一,尽量减少指标所需基础数据与现行工作内容之间的改动,最好保持一致,以便考核评价；第二,定量化指标的数据应保证其真实、可靠和有效,而非数字指标可经过专家间接赋值或测算转化为定量数据（如等级）；第三，评价指标尽量精简，不宜过多，以便于在工作层面的操作执行。

（四）系统性原则

系统性是使创新人才培育相关指标的确立必须兼顾各方面的要求，不但要显示出创新人才培育的人力、物力、财力资源的支持和保障情况，还要反映出人才创新活动的成果产出情况，使创新人才培养活动的全过程中的关键方面得到关注和评价，并且相关指标既要有总量指标也要有均量指标，层层深入。而各指标间既要相互独立，又要相互联系，形成一个完整有效的评价系统。

（五）代表性原则

相关指标的选取不可能面面俱到，因此指标的选择要抓重点，抓关键。选择和设计既能反映出国家创新人才培养现状及其变动规律，又有较高影响力的有代表性的核心指标。

（六）可比性原则

评价的实质就是比较。确保指标具有可比性的前提是各评价指标的含义、统计口径、时间、地点和适用范围必须明确，使得评价指标在不同地区的时间或空间范围上具有可比性。并且可比性的实现一般采用相对数、指数、平均数和比例数的形式。此外，确定指标的优先顺序时，我们一般认为客观指标优于主观评价指标，而相对值指标优于绝对值指标。

二、人才相关指标的选取

国家创新人才培育意味着产生更多拥有更高创新能力的创新人才。创新人才的创新能力表征人才具有的创造力，能够提出、解决新问题，开创事业新局面，对社会物质文明和精神文明建设做出创造性贡献。国家对创新人才的培养主要表现在以下几个方面：一是一个国家实现创新人才可持续发展的水平，表现为一个国家国民的受教育水平；二是一个国家的创新人才的人力资源现状，表现为科技创新人才的产出水平；三是一个国家在创新过程中对创新人才的重视程度，表现为国家对人才的教育和创新过程的投入水平；四是国家创新人才的创新活动规模、水平的提高，表现为国家人才创新成果的产出。

参照《全球创新指数》《欧洲创新记分牌》《中国区域创新能力报告》《科学技术和产业记分牌》《世界竞争力年鉴》《全球竞争力报告》《国家创新指数报告》《国家创新能力评价指标体系》等国内外创新相关报告，我们提取出与创新人才培育直接相关的指标，并对这些指标进行了综合性梳理，最终将总计18个人才相关指标归纳为教育水平、人才产出、培育投入、创新成果四个方面。具体指标及分类如表2–8所示。

表2–8　创新人才培育相关指标

指标概括	指标	
教育水平	高等教育毛入学率（%）	
	国家QS高校排名	
	义务教育年限（年）	
	人均受教育年限（年）	
	完成学士学位或同等学力的百分比（%）	
	完成硕士学位或同等学力的百分比（%）	
	高等教育生师比	
人才产出	高等教育入境留学生占比（%）	
	科学和工程专业毕业生占比（%）	
	每百万就业人员研发人员数量（人）	研发人员总量（人）
	获得诺贝尔奖人数（人）	百万人均获得诺贝尔奖数（个）

续表

指标概括	指标			
培育投入	R&D 支出（亿美元）	R&D 支出占 GDP 比重（%）	人均 R&D 支出（美元）	研发人员人均 R&D 支出（万美元）
	政府教育总投入（亿美元）	政府教育投入占 GDP 的比重(%)	人均教育投入（美元）	
	企业 GERD 占比（%）			
创新成果	专利申请量（篇）	亿美元 GDP 专利申请量（篇/亿美元）	每百万居民专利申请量（篇/百万人）	
	三方专利数（篇）	亿美元 GDP 三方专利数（篇/亿美元）		
	引用文献 H 指数			
	科技期刊论文发表总数（篇）	每百万居民发表科技期刊论文数（篇 / 百万人）		

三、指标说明

创新人才培育相关指标共分为四个部分，包括教育水平、人才产出、培育投入和创新成果，总共容纳了 18 个人才相关指标。其中，大多数指标已更新至最新 2018 年数据，少数几个指标使用了往年数据。具体的指标说明如下：

（一）教育水平

1. 高等教育毛入学率（%）

高等教育毛入学率是指高等教育在学人数与适龄人口之比。国际上通常认为，高等教育毛入学率在 15%以下时属于精英教育阶段，15%～50%为高等教育大众化阶段，50%以上为高等教育普及化阶段。

指标数据来自世界银行的教育指标（https://data.worldbank.org/indicator?tab=all）。

2. 国家 QS 高校排名（前三位平均分）

将每个国家的前三所大学在"QS 大学排名"中的排位记分。如果在全球 800 强大学的 QS 排名中列出的大学不到三所，则所列大学中没有上榜的大学的得分全部记为 20，三所大学得分的总和仍然除以 3。其中，800 强大学的排名得分＝100－QS 中排名×0.1；一个国家 QS 高校排名得分＝（前 3 所大学排名得分总和）/3。

指标数据来自 QS 世界大学排名（QS World University Rankings，https://www.topuniversities.com/qs-world-university-rankings）。

3. 义务教育年限（年）

义务教育年限是儿童在法律上有义务上学的年数。为了使指标数据具有可比性，所有数据的收集都根据国际教育标准分类进行。

指标数据来自世界银行的教育指标（https://data.worldbank.org/indicator?tab=all）。

4. 人均受教育年限（年）

25 岁及以上人口接受的平均教育年限，是某一特定年龄段人群接受学历教育的年限总和的平均数。

指标数据来自联合国开发计划署数据库（UNDP，http://hdr.undp.org/en/indicators/103006#）。

5. 完成学士学位或同等学力的百分比（%）

25 岁及以上人口至少达到或完成学士学位或同等学力的百分比。

指标数据来自世界银行的教育指标（https://data.worldbank.org/indicator?tab=all）。

6. 完成硕士学位或同等学力的百分比[①]

25 岁及以上人口至少达到或完成硕士学位或同等学力的百分比。

---

① 中国的数据只收集到 2010 年单年份的数据，后续数据库中再无更新。

指标数据来自世界银行的教育指标（https://data.worldbank.org/indicator?tab=all）。

7. 高等教育生师比（学生数/老师数）

高等教育学校生师比是高等教育中每名教师的平均学生人数。该指标表明了一个国家致力于投资开发高等教育教学人力资本的力度。

指标数据来自世界银行的教育指标（https://data.worldbank.org/indicator?tab=all）。

（二）人才产出

1. 高等教育入境留学生占比（%）

来自国外在特定国家学习的高等教育学生人数占该国高等教育总人数的百分比。

指标数据来自教科文组织（United Nations Educational, Scientific and Cultural Organization，UNESCO）的统计研究所在线数据库（UNESCO Institute for Statistics database，http://data.uis.unesco.org）。

2. 科学和工程专业毕业生占比（%）

该指标统计了一个国家自然科学、数学、统计学、信息技术、制造业、工程和建筑业的高等教育毕业生占所有高等教育毕业生的百分比。

指标数据来自教科文组织的统计研究所在线数据库（UNESCO Institute for Statistics database，http://data.uis.unesco.org）。

3. 研发人员数量

为了表示国家研发人员数量情况，我们统计了国家研发人员的总人数和每百万就业人员中研发人员数量。其中，研发（R&D）人员是从事研究，改进或开发概念、理论、模型、技术、仪器、软件的专业人员。

研发人员指标数据来自教科文组织的统计研究所在线数据库（UNESCO Institute for Statistics database，http://data.uis.unesco.org）。

就业人员指标数据来自国际劳工组织的在线数据库（International Labour Organizations's Central Statistics Database, ILOSTAT database，https://ilostat.ilo.org）。

4. 获得诺贝尔奖人数（人）

诺贝尔奖从 1901 年颁布以来，受到全世界的广泛关注。在世界范围内，诺贝尔奖通常被认为是颁奖领域内最重要的奖项。本指标统计了一个国家 1901~2018 年间所有获得诺贝尔奖的人数，以及每百万人获得诺贝尔奖的数量。

指标数据来自诺贝尔奖官网（https://www.nobelprize.org）。

（三）培育投入

1. 研发支出情况

为了反映国家在研发（R&D）支出总量、均量等各层面的信息，本章用四个维度来反映国家研发支出情况。

其中，R&D 支出总量（GERD），用以描述国家在研发方面的总支出情况。使用 2011 年国际（Purchasing Power Parity，PPP）美元不变价计算。

R&D 支出占 GDP 比重（%），描述国家在研发方面的总支出占国家 GDP 的百分比。

人均 R&D 支出使用 R&D 支出总量除以人口计算，表示平均每个居民得到的研发支持，并使用 2011 年 PPP 美元不变价计算。

人均研发人员 R&D 支出使用 R&D 支出总量除以研发人员数，并使用 2011 年 PPP 美元计算。

指标数据来自世界银行的科学与技术指标（https://data.worldbank.org/indicator?tab=all）。

2. 政府教育投入

我们分别统计了政府教育总投入、政府教育投入占 GDP 的比重，以及人均教育投入三个维度来反映政府教育投入的总体情况。其中，政府教育总投入和人均教育投入使用 2011 年 PPP 美元不变价。并且，政府在教育方面的业务支出包括工资和薪金，不包括建筑物及设备的资本投资。

指标数据来自世界银行的教育指标（https://data.worldbank.org/indicator?tab=all）。

3. 企业 GERD 占比

企业研发支出总额占该国总研发支出（GERD）的百分比。

指标数据来自教科文组织的统计研究所在线数据库（UNESCO Institute for Statistics database，http://data.uis.unesco.org）

（四）创新成果

1. 专利申请情况

我们统计一个国家居民的专利申请总量、亿美元 GDP 专利申请量，以及每百万居民专利申请量三个维度的指标来反映一个国家的专利申请情况。

其中，居民专利申请是指向知识产权局或者第一命名申请人所居住的国家或者管辖区机关提出的申请。包括直接专利申请和专利合作条约（Patent Cooperation Treaty，PCT）申请。

指标数据来自世界知识产权组织的知识产权统计数据；国际货币基金组织的《世界经济展望》（http://www.wipo.int/ipstats/；https://www.imf.org/external/pubs/ft/weo/）。

2. 三方专利数

"三方专利"指标，通常是指向美国、日本以及欧洲专利局都提出了申请并至少已在美国专利商标局获得发明专利权的同一项发明专利。通过分析三方专利，可以研究世界范围内最具市场价值和技术竞争力的专利情况。我们使用三方专利数，以及亿美元 GDP 的三方专利数这两个维度的指标来反映该国的年度三方专利获得情况。

指标数据来自 OECD 数据库的创新与技术指标（https://data.oecd.org/rd/triadic-patent-families.htm）。

3. 引用文献 H 指数

H 指数可用于评估研究人员的学术产出数量与学术产出水平。一个国家的 H 指数是指该国至多有 H 篇论文分别被引用了至少 H 次。

指标数据来自 *Scimago* 期刊和国家排名（*Scimago* Journal & Country Rank，SJR，http://www.scimagojr.com）。

4. 发表科技期刊论文情况

本章使用一个国家科技期刊论文发表总数和每百万居民发表科技期刊论文数两个指标来描述一个国家发表科技期刊论文的情况。

其中，"科技期刊的论文"是指在下述领域出版的科学和工程类文章：物理、生物、化学、数学、临床医学、生物医学研究、工程和技术，以及地球和空间科学。

指标数据来自世界银行的科学与技术指标（https://data.worldbank.org/indicator?tab=all）。

四、指标处理及计算方法

本报告的测度方法参考《全球创新指数 2018》报告以及《欧盟创新记分牌》中的方法，具体计算步骤如下：

1. 识别和替换异常值

正异常值是指那些高于所有国家平均值的国家得分加上两倍于标准差的国家得分。负异常值是指低于所有国家平均值减去两倍标准差的国家得分。这些异常值被所有年份和所有国家观察到的各自的最大值和最小值所替代。

2. 计算缺失值

如果中间年份数据不可用，则用前一年的值替换缺失的值。如果在时间序列的开始没有可用的数据，缺失的值将被下一个可用的年份替换。如果所有年份的数据都缺失，则该指标将不计入汇总的创新指数。

3. 计算各指标实际的年均增长率

为了使各国的人才指标数据对比更客观，本章又进一步计算了指标的年均增长率。如果没有较多年份的数据则不再计算年均增长率。

4. 计算标准化后的值

所有年份的国家得分（在校正了异常值和可能的数据转换之后）的重新评分都是通过先减去最低分，然后除以最高分和最低分之间的差来计算的。计算公式如下：

越大越好的指标：$\dfrac{实际指标-\min}{\max-\min}\times 100$

越小越好的指标：$\dfrac{\max-实际指标}{\max-\min}\times 100$

因此，最大重新缩放的分数等于 100，最小重新缩放的分数等于 0。对于正异常值和负异常值，重新缩放的分数分别等于 100 或 0。

5. 计算人才创新指数

每一年，人才创新指数的计算方法为所有指标获得相同权重的再衡量得分的未加权平均值（如果所有 20 项指标均有数据，则为 1/20）。

第四节 创新人才培育评价结果分析

为充分了解中国的创新人才培育现状及与其他国家相比中国的创新人才培育水平，本章根据《国家创新指数报告 2018》[①]对国家创新能力的排名，

[①] 已发布的《国家创新指数 2019》中，中国排名上升 2 位，排在 40 个国家中的第 15 位。

选取出排在中国前面的 16 个国家，并将其创新人才培育水平与中国进行对比。这 16 个典型创新型国家分别是美国、日本、德国、瑞士、以色列、丹麦、新加坡、芬兰、英国、法国、韩国、瑞典、荷兰、奥地利、挪威、爱尔兰。

一、教育水平

人才培育的"教育水平"的衡量分为七个分指标，分别为高等教育毛入学率、国家 QS 高校排名、义务教育年限、人均受教育年限、完成学士学位或同等学力的百分比、完成硕士学位或同等学力的百分比、高等教育生师比。对 17 个国家各分指标的相对得分加和的简单平均计算得到各国家在教育水平方面的相对得分。从下图中我们可以看出，在 17 个主要创新国家中，美国的教育水平最高，其次是瑞士和德国；而中国排在最后一位，远低于 17 个国家的平均水平。

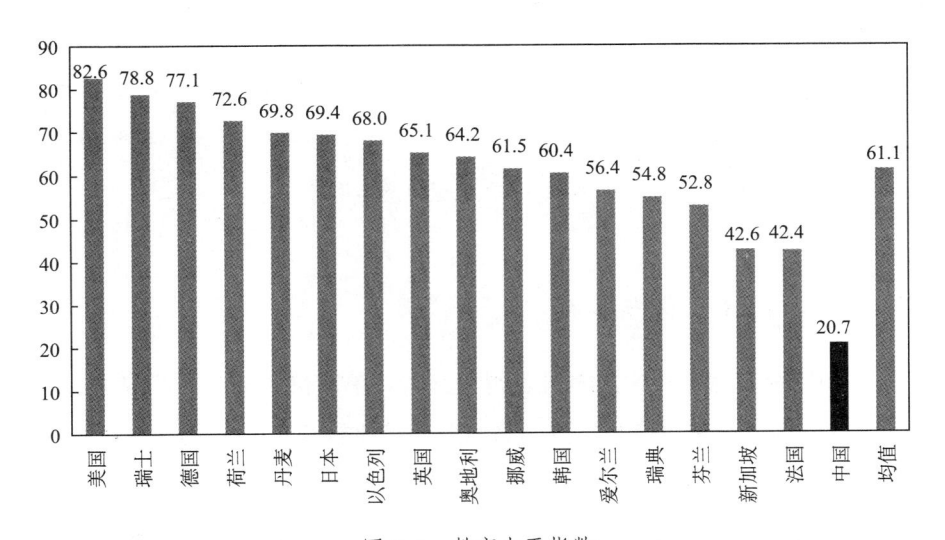

国家	得分
美国	82.6
瑞士	78.8
德国	77.1
荷兰	72.6
丹麦	69.8
日本	69.4
以色列	68.0
英国	65.1
奥地利	64.2
挪威	61.5
韩国	60.4
爱尔兰	56.4
瑞典	54.8
芬兰	52.8
新加坡	42.6
法国	42.4
中国	20.7
均值	61.1

图 2–1　教育水平指数

（一）高等教育毛入学率

从高等教育毛入学率来看，韩国的毛入学率达到 94.35%，是 16 个国家之首[①]，可见韩国高等教育的普及化程度之高。尽管中国处于 16 个国家中的最后一位（2017 年中国仅为 49.07%），表明中国正处于高等教育大众化阶段，但中国 2000~2017 年期间的年均增长率达到了 11.60%，排在首位，可见中国的高等教育正逐渐得到发展。越来越多的人开始入学高等教育学校。中国有望进入高等教育普及化阶段。

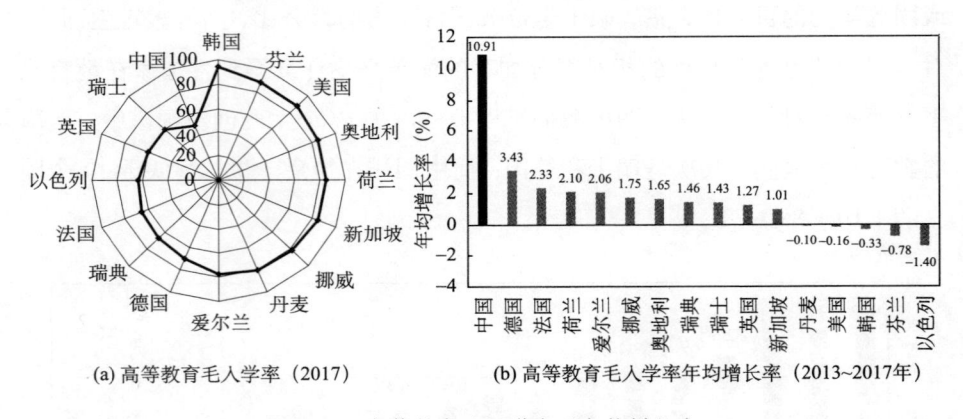

(a) 高等教育毛入学率（2017）

(b) 高等教育毛入学率年均增长率（2013~2017年）

图 2-2　高等教育毛入学率及年均增长率

（二）国家 QS 高校排名

从 2018 年国家的 QS 高校排名得分来看，中国位居美国、英国之后，位居第三的位置，可见中国的高校排名情况还是比较令人满意的。2018 年中国在 QS 高校排名中靠前的三所高校为清华大学、北京大学和复旦大学，其排名分别位列世界高校的第 17、30 和 44 位，基本处于较为靠前的位置，但是

---

① 日本数据缺失。

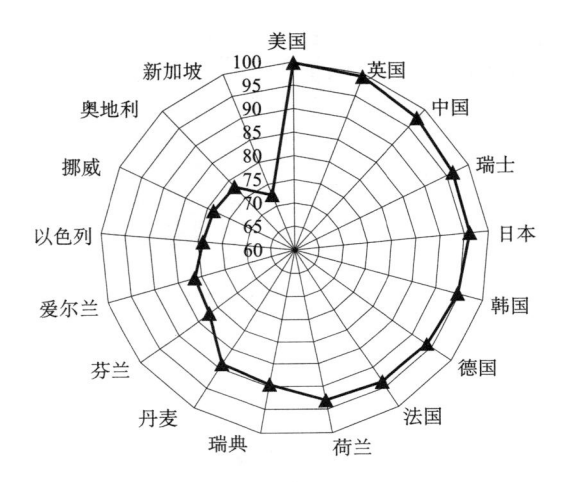

与美国的差距还较大（其前三所高校分列前三名）。

图 2–3　国家 QS 高校排名得分（2018）

（三）义务教育年限和人均受教育年限

从义务教育年限来看，前四个国家均为 13 年，而中国（排在倒数第二位）只有 9 年。从人均受教育年限及增长率来看，中国 2018 年人均受教育年限为 9.9 年，排在 17 个国家的最后一位，远低于德国的 14.1 年。但 2000～2018 年期间，人均受教育年限的年均增长率为 2.36%，位居 17 个国家中的首位，说明中国居民的受教育水平在逐渐提高。

（四）完成学士学位或同等学力的百分比

在完成学士学位或同等学力的百分比方面，中国位列 16 个国家的最后一名，仅为 3.58%。而排名第一的瑞士则为 36.95%，是中国的 10 倍以上，说明中国的学士学位普及程度远低于其他创新国家，因此中国今后应继续重视普及高等教育。

(a) 受教育年限（年）

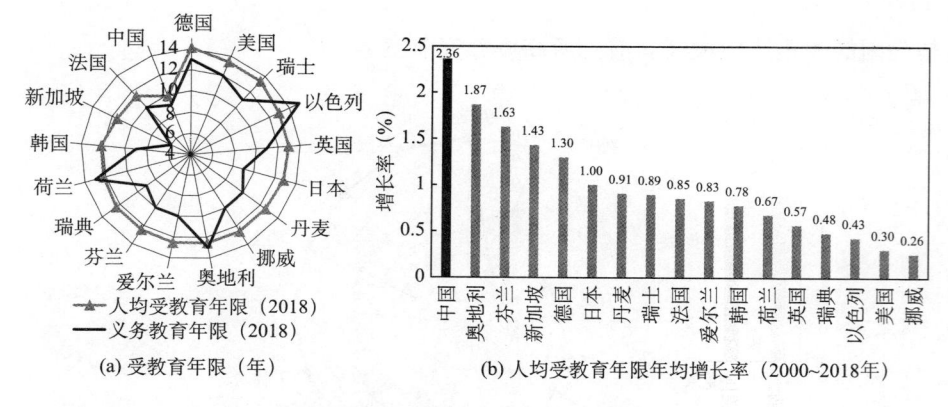

(b) 人均受教育年限年均增长率（2000~2018年）

图 2-4 人均受教育年限及增长率

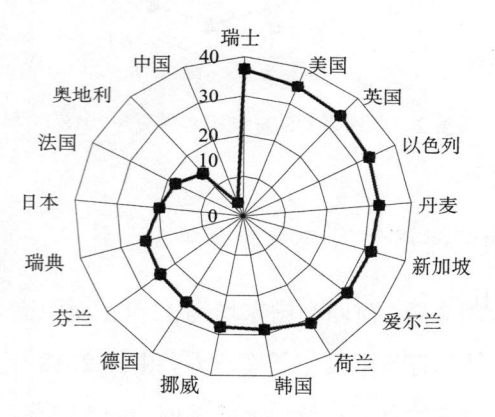

图 2-5 完成学士学位或同等学力的百分比（2018）

（注：中国、日本的硕士学位数据只有2010年的，故此处均为其2010年数据）

（五）完成硕士学位或同等学力百分比

同学士学位类似，在完成硕士学位或同等学力的百分比方面，中国位列17个国家最后，仅为0.38%。而排名第一的瑞士则为19.97%，说明中国硕士学历人口比例远低于其他创新国家，在高学历人才培养方面中国应进一步加强。

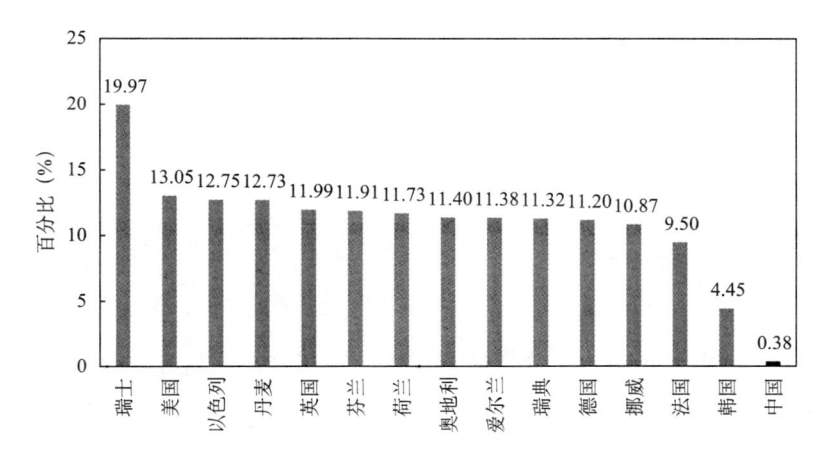

图 2-6 完成硕士学位或同等学力百分比（2018）

（注：中国的硕士学位数据只有 2010 年的，故此处为其 2010 年数据；日本、新加坡数据缺失）

（六）高等教育生师比

高等教育生师比体现了各国的教育资源配置情况。从图 2-7(a)中我们可以看出日本的生师比最低，比例为 6.88，即平均 7 个学生配置一个老师，而中国排在第三位，为 19.49，是日本的 2.83 倍，说明中国高等教育师资相对

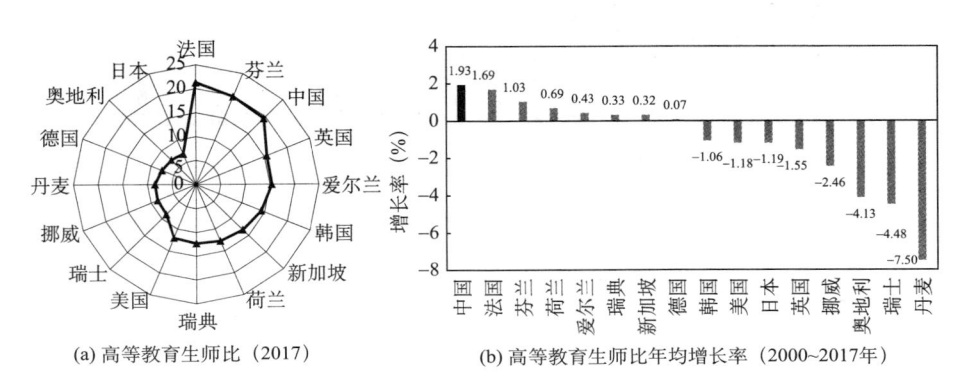

(a) 高等教育生师比（2017）

(b) 高等教育生师比年均增长率（2000~2017年）

图 2-7 高等教育生师比及年均增长率

（注：以色列数据缺失，故图中没有展示）

匮乏，学生接受到的教育资源受限。这可能会影响高等教育质量。同时从图 2-7(b)的 2000~2017 年期间年均增长率来看，中国的高等教育生师比增长率最快，可见中国高等教育师资匮乏情况在不断加深。

二、人才产出

"人才产出"可用四个分指标来表示，它们分别为高等教育入境留学生占比、科学和工程专业毕业生占比、研发人员数量、诺贝尔奖获得的情况。从 17 个国家人才产出总量方面的相对得分上看，中国排名第一，其次是美国和新加坡；从人才产出强度水平上看，中国排在倒数第二位，且低于 17 个国家的平均水平。

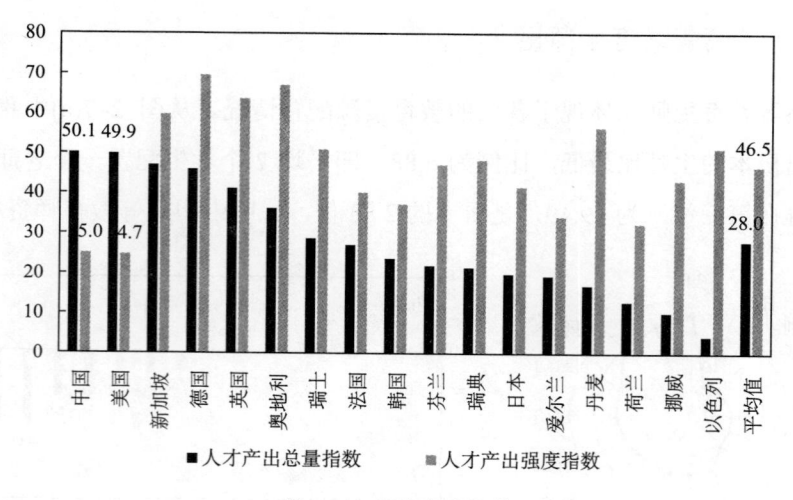

图 2-8 人才产出指数

（一）高等教育入境留学生占比

从高等教育入境留学生占比上看，中国 2018 年的占比排在 17 个国家的最后一名，仅为 0.40%，与排在第一位的新加坡有很大差距，这和中国在读学生数也有一定关系。从入境留学生占比的年均增长率来分析（见图 2-9(b)），可以看出中国的留学生占比的年均增长率为 8.10%，相对较高，排在 17 个国家中的第 4 位。这在一定程度上可以说明中国的高等教育声望逐渐提升。越来越多的留学生选择来中国留学。

(a) 高等教育入境留学生占比（2018）

新加坡 27.2、英国 18.3、瑞士 17.7、奥地利 17.5、荷兰 11.7、丹麦 10.7、德国 10.0、爱尔兰 9.6、法国 8.8、芬兰 8.1、瑞典 7.2、美国 5.2、日本 4.7、挪威 4.2、以色列 2.8、韩国 2.7、中国 0.4

(b) 高等教育入境留学生占比年均增长率（2000~2018 年）

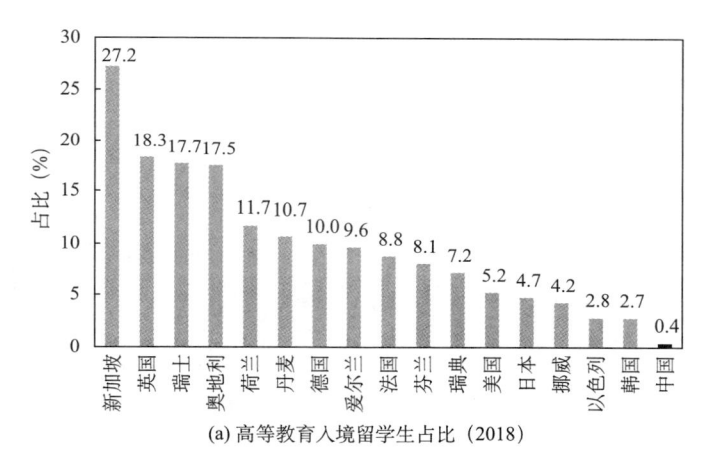

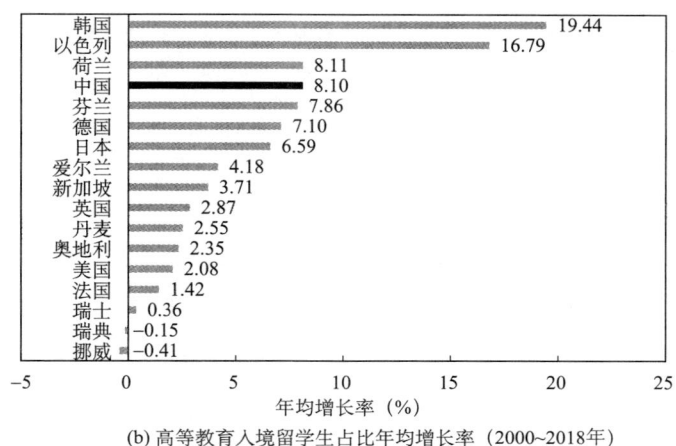

韩国 19.44、以色列 16.79、荷兰 8.11、中国 8.10、芬兰 7.86、德国 7.10、日本 6.59、爱尔兰 4.18、新加坡 3.71、英国 2.87、丹麦 2.55、奥地利 2.35、美国 2.08、法国 1.42、瑞士 0.36、瑞典 -0.15、挪威 -0.41

图 2-9 高等教育入境留学生占比及年均增长率

（二）科学和工程专业毕业生占比

科学和工程专业毕业生主要体现了未来将会从事科学和技术研究的人员比例。从图 2–10(a)中可以看出中国的毕业生占比情况较好，位列 17 个国家中的第一位，占比 35.83%，但年均增长率呈下降趋势（见图 2–10(b)）。这可能是由于随着高等教育的普及，中国的专业也越来越多元化，学生的专业选择也越来越多，因此呈现下降状态。

(a) 科学和工程专业毕业生占比（2018）

(b) 科学和工程专业毕业生占比年均增长率（2000~2018年）

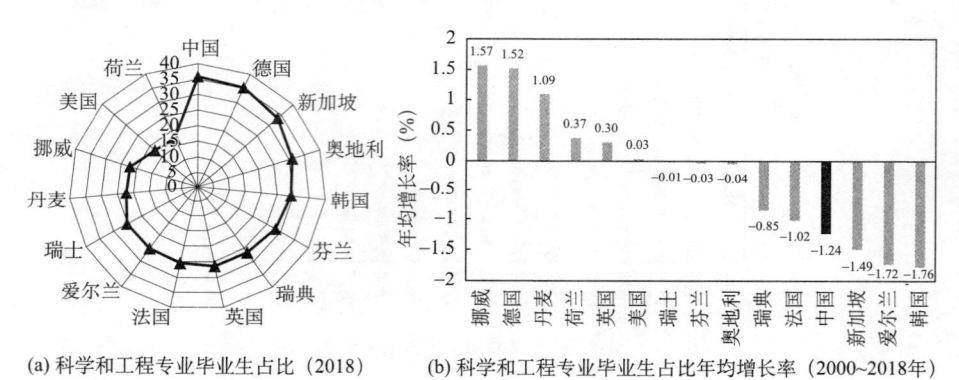

图 2–10　科学和工程专业毕业生占比及年均增长率

（注：以色列、日本数据缺失，故图中没有展示）

（三）研发人员数量

研发人员数量体现了一个国家创新人才的人力资源情况，从图 2–11(a)中可以看出，2018 年中国总共有 182.05 万人从事科研相关的工作，美国有 144.36 万人，远高于排在第三位的日本（67.45 万研发人员）。爱尔兰排在主要创新国家的最后一位。该国 2018 年共有 2.54 万的研发人员。而从 2000～2018 年的增长动态上看，中国的研发人员总量年均增长 5.59%，排在韩国（7.36%）、爱尔兰（6.34%）之后的第四位，显示出中国较强的研发人员增长势头。

虽然中国在研发人员的总量上排在主要创新国家的第一位，但是从均量上看（图 2-11(b)），中国每百万就业人员研发人员数量排在 17 国的最后一位。每百万就业人员中有 2 368 人从事研发工作，分别是排名第一位以色列的 12.01%，倒数第二位美国的 26.12%。这反映出在就业人员人均研发人员数上面中国与其他主要创新国家的差距较大。同时，从 2000～2018 年的年均增长百分点上可以看出，中国虽然小于韩国（6.54%），但是也表现出较大的增长趋势（年均增长 5.26%）。这表明越来越多的中国就业人员投入科学研究中。

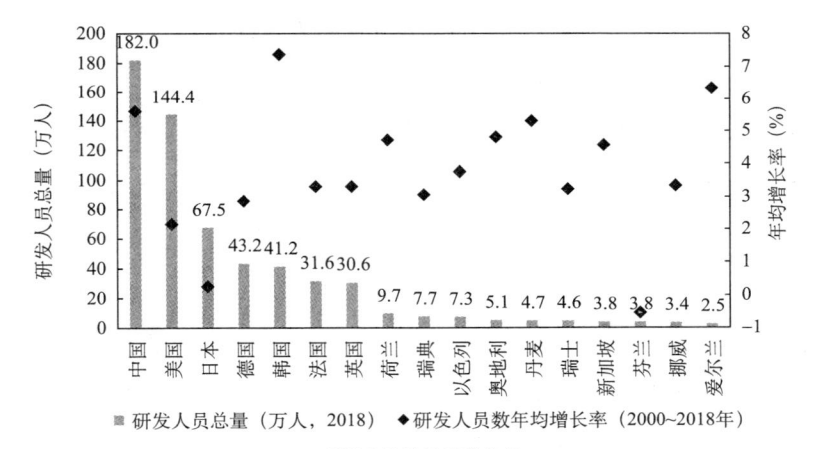

(a) 研发人员总量及增长率

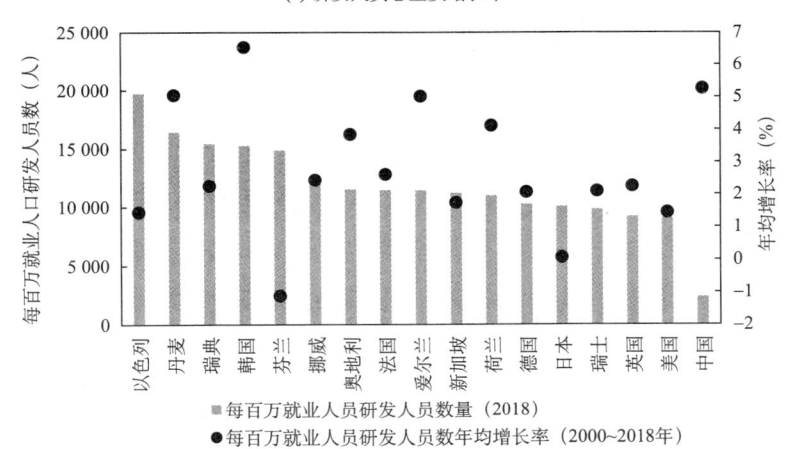

(b) 每百万居民研发人员数量及增长率

图 2-11　研发人员数量及增长率

（四）获得诺贝尔奖人数

诺贝尔奖一直是人们十分关注的一个奖项，甚至已经成为国家科技人才实力的象征。美国作为世界第一大经济体，自 1901 年以来一共有 387 个诺贝尔奖获得者，远远高于第二名英国的人数（130 人）。其中美国 2018 年获得诺贝尔奖项的一共有 6 人。中国国籍的诺贝尔奖获得者仅有两人，可见中国在这一方面与发达国家相差甚远。而从每百万人获诺贝尔奖数来看，瑞典排在第一位，说明瑞典的人才科研实力很高。而中国人口众多，却鲜少有获得诺贝尔奖的人，但是我们已经实现了零的突破，未来的前景还是很好的。

(a) 诺贝尔奖获得者人数（1901~2018年）

(b) 每百万居民获得诺贝尔奖数

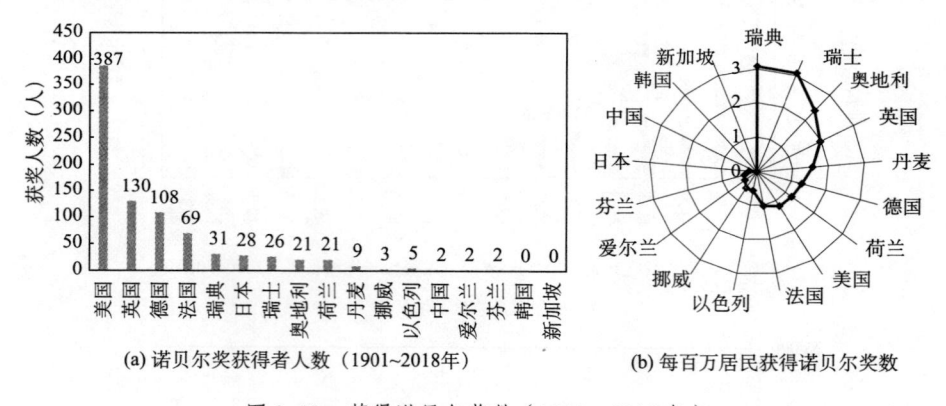

图 2-12　获得诺贝尔奖数（1901~2018 年）

三、培育投入

培育投入包括研发支出、政府教育投入和企业 GERD 占比三个方面的指标。从图 2-13 中可以看出，中国的培育总投入已经是 17 个国家中的第一，相对得分为 90.06。而对于培育投入占 GDP 比重来说，中国得分位于中游（50.71 分），排在 17 个国家中的第 7 位，表明中国在培育投入方面仍有进步空间。

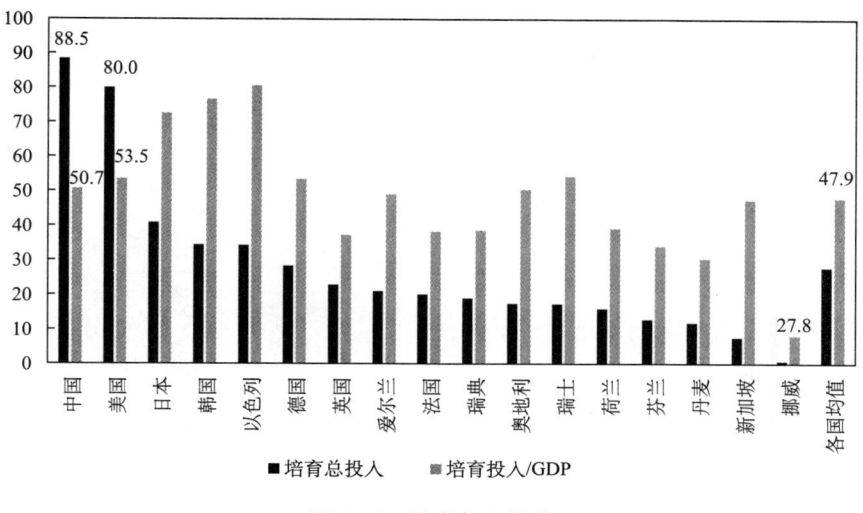

图 2–13　培育投入指数

（一）R&D 支出

从总量上看（见图 2–14(a)），主要创新国家中 R&D 支出最多的是美国，2018 年为研发共投入了 5 172.91 亿美元（2011 年 PPP 美元，下同）；其次是中国，2018 年总研发支出达 4 925.83 亿美元，较 2000 年增长了 10.84 倍。但由于中国人口众多，人均研发支出则排在最后一名，而瑞士的人均研发支出为各国之首，2018 年达到了 2 001.21 美元/人，而中国仅为 353.68 美元/人，与其他国家还是有较大差距（见图 2–14(b)）。但从研发人员的人均 R&D 支出来看（见图 2–14(c)），中国排名有很大提升，排在瑞士、美国、德国之后的第 4 位。其中，中国研发人员 2018 年人均获得的 R&D 经费支持有 27.06 万美元，是 2000 年的 4.45 倍，是排在第一位的瑞士的 73.71%（瑞士为 36.71 万美元）。

但是从 2000~2018 年期间 R&D 支出总量及 R&D 支出占 GDP 比重的年均增长百分点上可以看出（见图 2–14(e)），中国远远高于其他主要创新国家的增长水平。其中，中国 R&D 支出总量的年均增长率达到 14.72%，R&D 支出占GDP比重的增长率达到5.10%，说明中国对R&D活动日益重视，对R&D投资增速很大。同时从均量角度来说（见图2-14(f)）。中国的人均R&D支出以及研发人员人均R&D支出的年均增长百分点（2000~2018年）也远高于其他国家，分别达到14.09%和8.64%。

(a) R&D总支出（2018）

(b) 人均R&D支出（美元，2018）

(c) 研发人员人均R&D支出（万美元，2018）

(d) R&D支出占GDP比重（%，2018）

(e) 人均R&D支出年均增长率（2000~2018年）

(f) R&D支出年均增长率（2000~2018年）

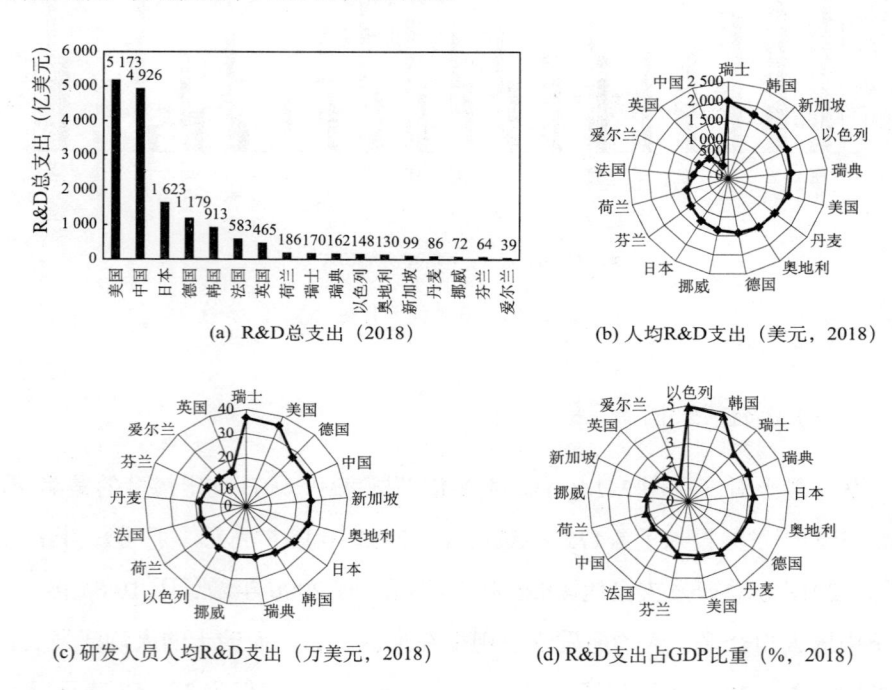

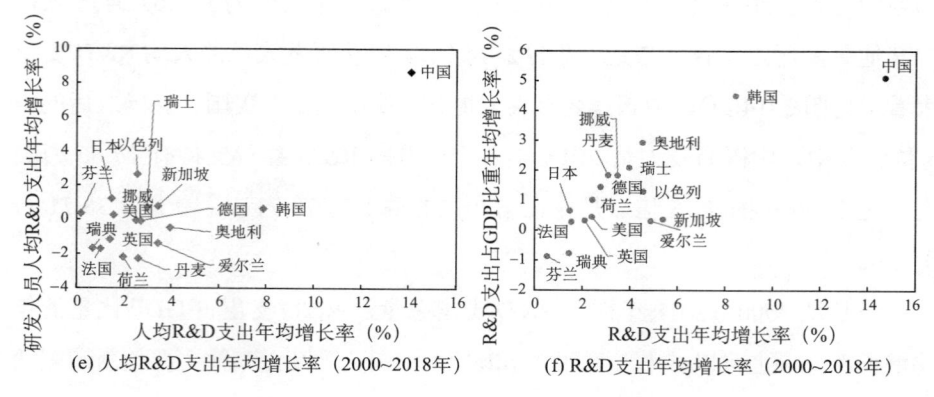

图2-14 R&D支出各国比较

（二）政府教育投入

政府对教育的投入情况，从投入总额上看（见图 2–15(c)），美国和中国排在绝对的第一、二位，远远高于其他主要创新国家的教育投入总额，在 2016 年分别支出了 10 300.95 亿美元（2011 年 PPP 美元不变价）和 8 597.15 亿美元用作教育投入，分别是第三名德国的 5.56 倍和 4.89 倍。但是从教育投入占 GDP 的比重上看（见图 2–15(a)），美国和中国的教育支出占 GDP 的比重分别为 4.96% 和 5.20%，排在 17 个创新国家的后 8 位。排在前三位的分别是挪威、瑞典和丹麦。它们的教育支出占 GDP 比重均超过 7%。而新加坡（占比 2.90%）排在 17 个创新国家的最后一位。从人均教育投入上看，排在前 6 位的国家是挪威、瑞典、丹麦、瑞士、芬兰和美国，分别达到 5 108.93 美元/人（2011 年 PPP 美元不变价）、3 587.56 美元/人、3 581.26 美元/人、2 949.30 美元/人、2 780.36 美元/人和 2 661.07 美元/人；而中国由于人口众多，排在 17 个主要创新国家的最后一位。其人均教育支出为 747.17 美元/人，是第一位挪威的 14.62%。

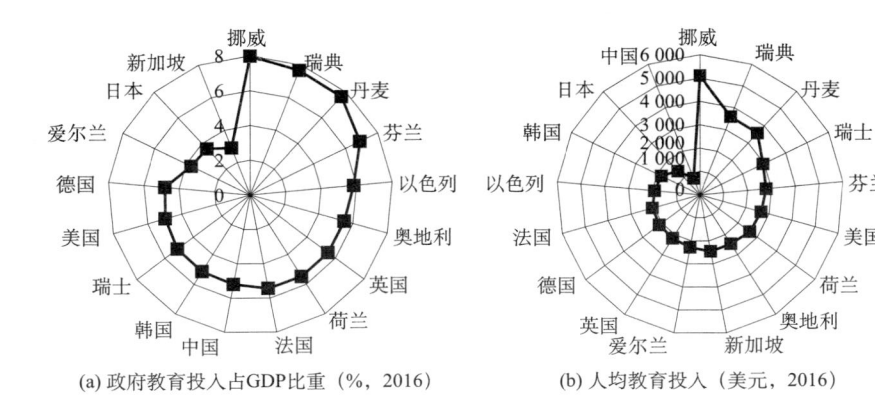

(a) 政府教育投入占GDP比重（%，2016）

(b) 人均教育投入（美元，2016）

(c) 政府教育总投入（2016）

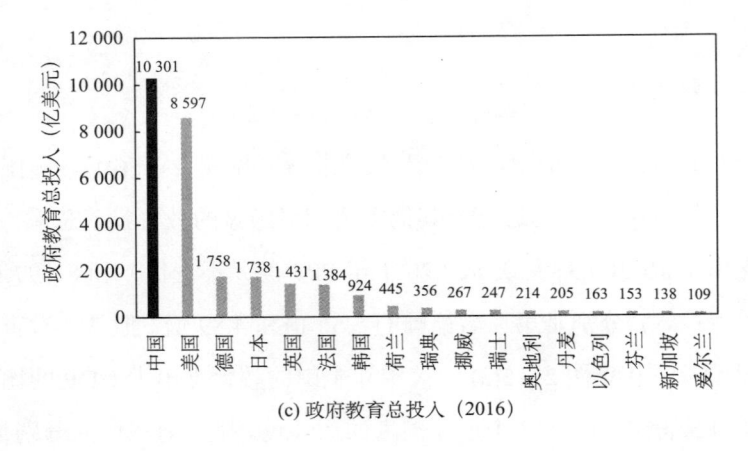

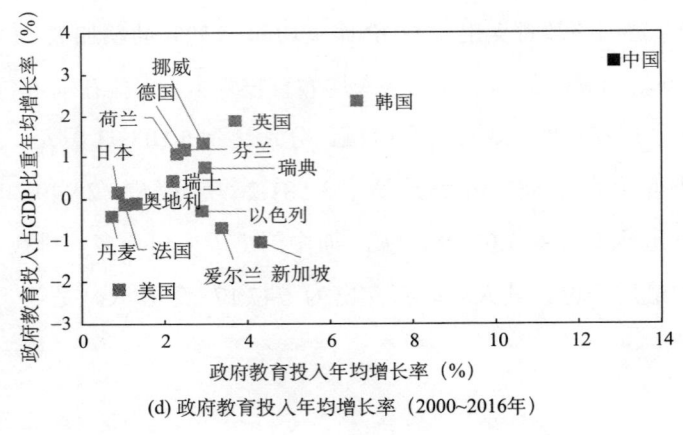

(d) 政府教育投入年均增长率（2000~2016年）

图 2–15　政府教育投入

从 2000～2016 年期间教育投入的年均增长情况上看，中国在教育投入总额、教育投入占 GDP 比重方面的年均增长幅度均是所有创新国家中最大的。其中，在教育投入总额方面，中国的年均增长率约为 12.86%，在教育投入占 GDP 比重方面年增长 3.31%。这说明中国对教育投入的关注持续加大，并且按照这种趋势，中国有望在未来继续实现教育投入的增长。这能够让更多中国学子受惠。

（三）企业 GERD 占比

从企业部门占国家总研发投入（GERD）的比重上看，2018 年第一名以色列的企业部门 GERD 占比达到 88.26 %，而除新加坡（59.69 %）、挪威（51.90 %）之外的其余主要创新国家占比也超过 60%。其中，中国的企业部门 GERD 占比为 77.42 %，是排在以色列、日本和韩国之后的第 4 名。但同时，从图 2-16(b)中可以看出在 2000~2018 年期间，中国的企业部门 GERD 占比的年均增长率是所有 17 个主要创新国家中最高的，达到 1.43%，而挪威是 17 个国家中占比减少最多的，实现了年均减少 0.82%的负增长。

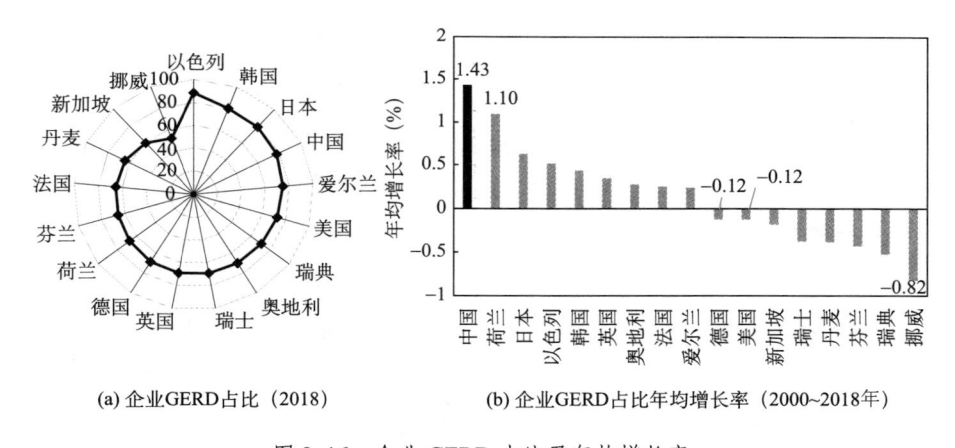

(a) 企业GERD占比（2018）

(b) 企业GERD占比年均增长率（2000~2018年）

图 2-16 企业 GERD 占比及年均增长率

四、创新成果

在创新成果产出方面，本章选取了包括专利申请量、三方专利数、引用文献 H 指数以及科技期刊论文发表数四个指标进行分析。从图 2-17 中可以看出中国在创新成果产出方面的表现十分优异。中国创新成果总产出排在第二位，相对得分为 61.45，但中国创新成果产出/GDP 的得分却较低，为 19.53

分，低于 17 个国家的平均水平，说明中国单位 GDP 的创新成果产出水平还不够高。

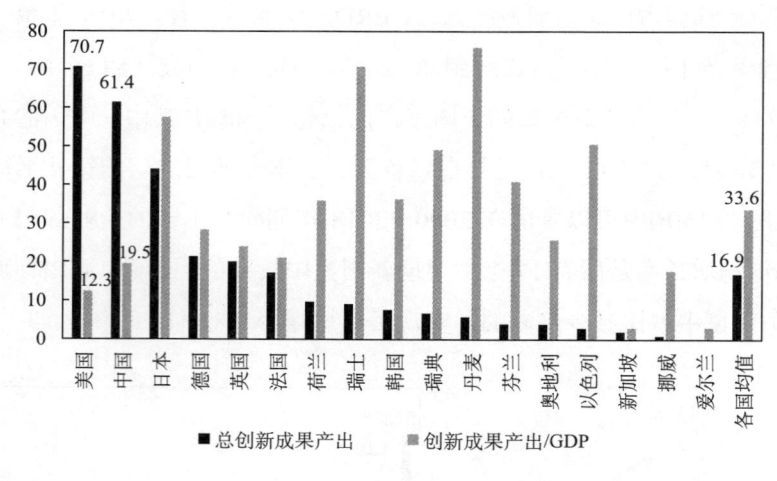

图 2–17 创新成果产出指数

（一）专利申请量

在图 2–18(b)中，2018 年中国专利申请总量达到 1 460 244 篇，与 2000 年相比增长了 55.22 倍，同时远高于其他主要创新国家的专利申请水平，是排名第二位美国的 2.83 倍，以及最后一名爱尔兰的 230.54 倍。但是从亿美元 GDP 产出的专利申请量来看（图 2–18(c)），韩国的效率最高，每亿美元 GDP 能产出 12.22 篇专利申请，是第四位中国（亿美元 GDP 能产生 6.48 篇专利申请）的 21.89 倍。其次是日本（9.26 篇/亿美元 GDP），瑞士（9.24 篇/亿美元 GDP）。而从每万居民专利申请量上来看（图 2–18(a)），瑞士排在第一位，每万人能申请 54.80 篇专利，其次是韩国（44.96 篇/万人）和日本（36.38 篇/万人）。而中国排在倒数第 3 位，每万居民中专利申请量为 10.48 篇。

从 2000～2018 年期间的年均增长情况上看（图 2–18(d)），中国的专利申请量，以及亿美元 GDP 专利申请年均增长率分别为 24.96% 和 13.03%，均是

17个国家中最高的。与之相反，日本在这两个方面的增长率都是主要创新国家中最低的，且均为负值（分别为–0.35%和–2.43%）。

(a) 每万居民专利申请量（篇，2018）

(b) 专利申请量（2018）

(c) 亿美元GDP专利申请量（篇，2018）

(d) 专利年均增长率（2000~2018年）

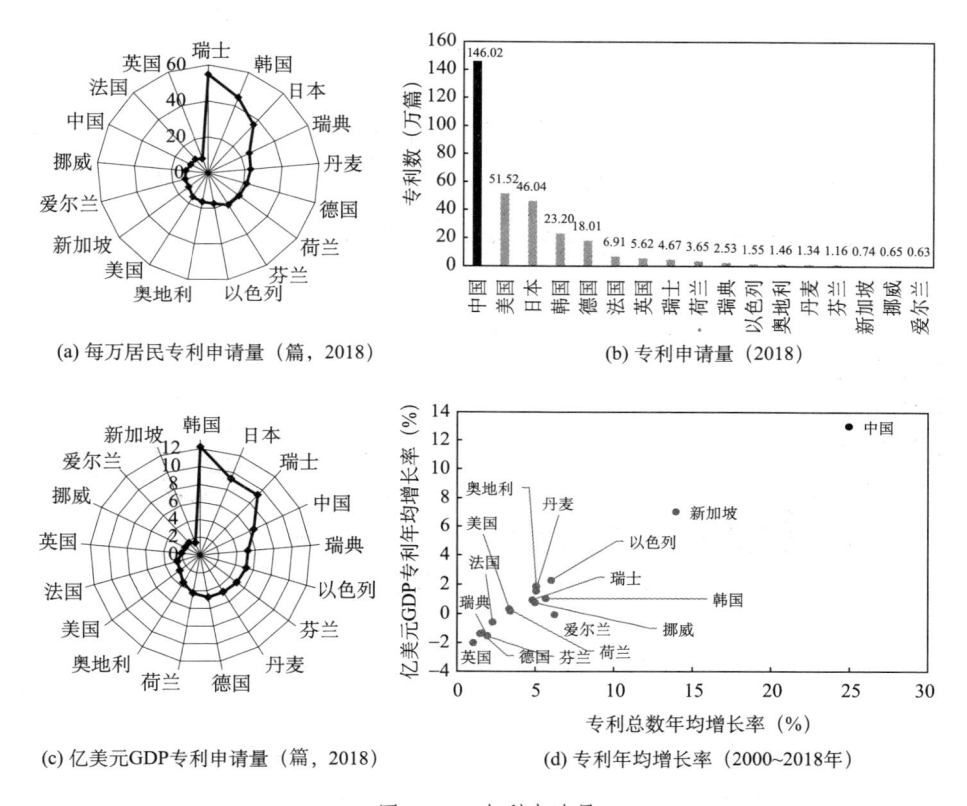

图2–18 专利申请量

（二）三方专利数

在图2–19(a)中，2018年三方专利数量排在前两位的国家是日本和美国，其三方专利总量分别达到18 645篇、12 753篇，同时远高于其他主要创新国家的三方专利授权水平。中国排在17个国家中的第三位，2018年的三方专利数量为5 323篇，是日本的28.5%，美国的41.7%。从亿美元GDP产出的三方专利水平来看（图 2-19(b)），2018 年日本的产出效率最高，亿美元 GDP 能产出 0.38 篇三方专利，是第 12 位美国（亿美元 GDP 能产生 0.07 篇三方专利）的 5 倍，以及第 16 位中国（亿美元 GDP 能产生 0.02 篇三方专利）的 17 倍。

从 2000~2018 年期间三方专利的年均增长情况上看（图 2-19(c)），中国在三方专利总量以及亿美元 GDP 的三方专利的年均增长率均明显高于其他 16 个国家，分别为 25.7% 和 13.7%，显示出突出的三方专利增长潜力。

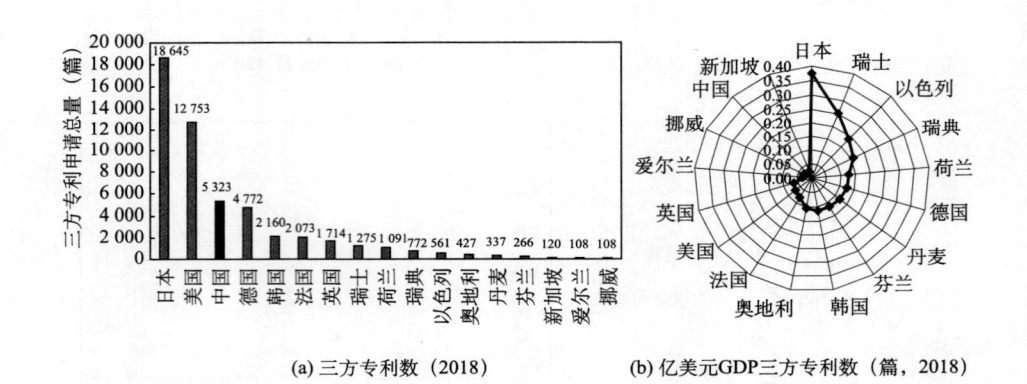

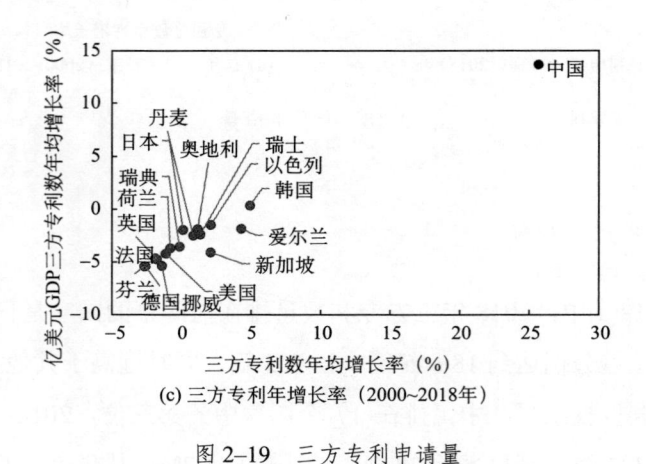

(a) 三方专利数（2018）

(b) 亿美元GDP三方专利数（篇，2018）

(c) 三方专利年增长率（2000~2018年）

图 2-19　三方专利申请量

（三）引用文献 H 指数

图 2–20(a)显示 2018 年 17 个主要创新国家中 H 指数超过 1 000 的国家有四个，分别是美国、英国、法国和日本。其中美国的引文 H 指数是所有主要创新国家中最高的，为 2 222，是第二名英国的 1.62 倍以及最后一名爱尔兰的 4.55 倍。而中国的 H 指数为 794，排在第 9 位。

从引文 H 指数的增长情况上看（图 2–20(b)），瑞士、英国、法国的 H 指数上升速度最快，分别在 2000～2018 期间年均上升 2.17%、1.97%、1.80%。而中国、韩国的 H 指数下降速度最快，年均下降速度分别达到 3.00%以及 2.35%，这说明中国在发表论文数保持增长（见科技期刊论文发表情况结果）的同时，更重视发文的质量。

(a) 引文H指数（2018）   (b) 引文H指数年均增长率（%，2000~2018年）

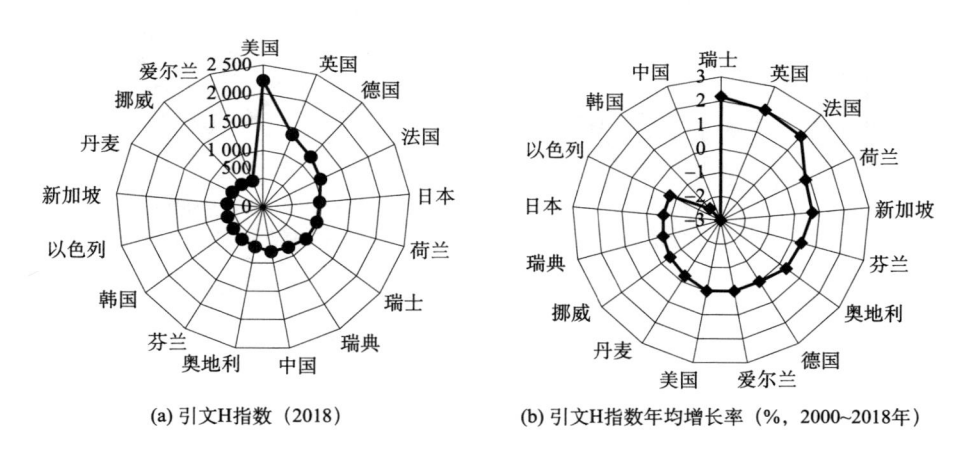

图 2–20　引用文献 H 指数

（注：德国、爱尔兰、美国只有一年的 H 指数数据，因此这三个国家的年均增长率缺乏比较意义）

（四）发表科技期刊论文情况

图 2–21(a)显示了 17 个国家 2018 年科技期刊论文发表的数量情况。可以看出中国和美国发表的科技期刊论文数远远多于其他国家。其中，2018 年中

国以 52.83 万篇科技期刊论文发表数排在 17 个国家中的第一位，而美国以发表 42.28 万篇科技期刊论文数量排在第二位。其次是德国、日本、英国、韩国等，而爱尔兰以 7 174 篇科技期刊论文排在最后一位。而从每百万人科技期刊论文的发表情况（见图 2-21(b)）可以看出，那些论文发表总量排在前七位的国家名次有不同程度的下降，中国下降最为明显，虽然发文总数最多，但每百万人的科技期刊发文数量却是 17 个国家中最少的，平均每百万人能产出 379.30 篇科技期刊论文。与之相反的是，发表科技期刊论文总数排在中末位的瑞士、丹麦、挪威在人均科技期刊发文量中却排在前三位。其中，每百万瑞士人能发表 2 510.89 篇科技期刊论文，是中国的 6.62 倍。

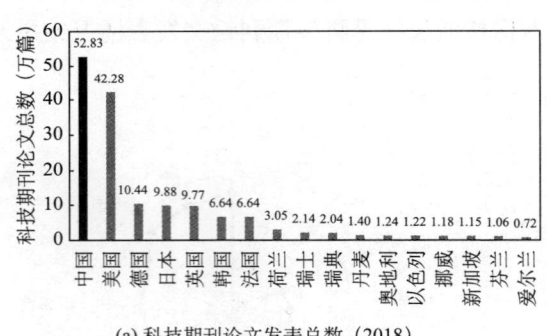

(a) 科技期刊论文发表总数（2018）

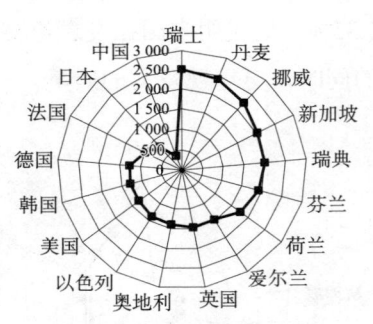

(b) 每百万居民科技期刊论文发表数（篇，2018）

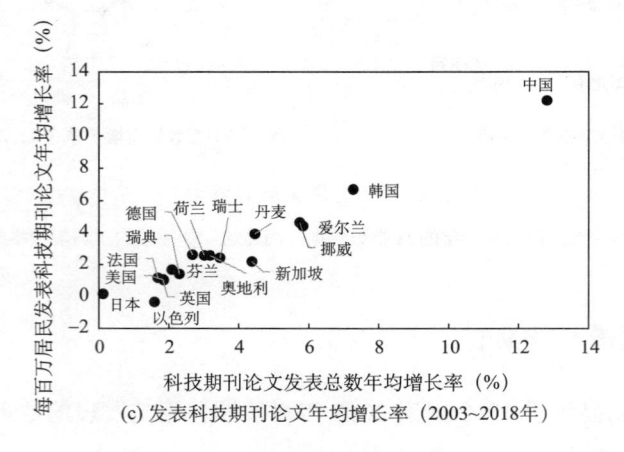

(c) 发表科技期刊论文年均增长率（2003~2018年）

图 2-21 发表科技期刊论文情况

而从科技期刊论文发表的年均增长率上看（见图 2-21(c)），中国是所有国家中科技期刊论文发表总量以及人均量年均增长最快的国家。在 2003～2018 年期间，中国平均每年发表的科技期刊论文数增长 12.81%，而每百万人平均发表科技期刊论文数增长 12.23%。以色列是每百万居民发表科技期刊论文数唯一减少的国家，每百万人年均减少 0.33% 的科技期刊论文发表数量。

五、创新人才培育评价综合指数

人才培育评价的综合指数反映一个国家人才培育方面的实力，其衡量方法是将 17 个国家在教育水平、人才产出、培育投入、创新成果四个方面的总量和强度得分分别简单加和后，计算平均值，得出创新人才培育评价的总量指数和强度指数。具体结果见图 2-22。可以看出中国创新人才培育总量指数排名靠前，仅次于美国，排在 17 个国家的第二位；但人才培育强度指数排在倒数第一位，且低于 17 个国家的平均水平。培育强度排在前三位的是瑞士、以色列和日本。

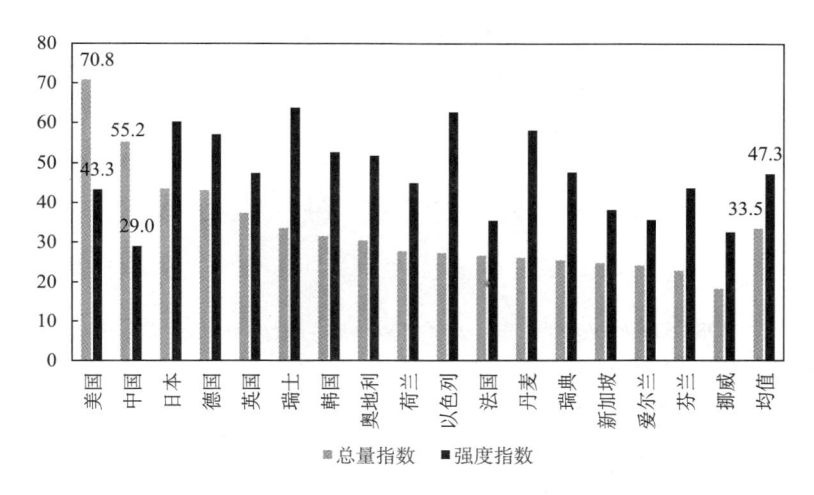

图 2-22　发表科技期刊论文情况

总的来说，在人才培育的教育水平方面，中国排在最后一位，远低于17个国家的平均水平。其中在高等教育毛入学率、人均受教育年限、完成学士学位或同等学力百分比、完成硕士学位或同等学力百分比方面，中国的排名均是17个国家中最低的。这说明中国在高等教育普及化方面需要做的努力还有很多，如在扩大高等教育招生人数的同时也要重视加强高等教育师资队伍建设。在人才产出总量方面，中国排在第一位，其中，中国的科学和工程专业毕业生占比、研发人员总数为17个国家中最大，表明中国在现有研发人才和储备人才的总量上有一定优势；但中国的人才产出强度不高，主要由于人口基数大，尖端人才缺口大，高等人才国际交流不足。中国的培育总投入很大，处于17个国家中的首位。而对于培育投入占GDP比重来说，中国排在17个国家中的第七位，且由于人口基数较大的原因，中国在培育投入人均量上总是17个国家中最低的。但随着时间的推移，中国越来越重视人才的培育投入。未来的培育投入前景还是相当可观的。在创新产出方面，中国在创新成果产出方面表现十分优异，总创新产出指数排在第二位。由于中国是最大的发展中国家，中国的单位GDP创新产出水平还不够高，未来还有很大的发展空间。中国人才培育评价总量指数位列第二，但强度指数排倒数第一，因此中国在创新人才培育强度方面还有很大改进空间。

参 考 文 献

Freeman, C., 1987. *Technology Policy and Economic Performance: Lessons from Japan*. London: Pinter Publishers.

Freeman, C., 1995. The "National System of Innovation" in historical perspective. *Cambridge Journal of Economics*, 19(1).

Furman, J. L., M. E. Porter and S. Stern, 2002. The Determinants of National Innovative Capacity. *Research Policy*, 31(6).

Furman, J. L., R. Hayes, 2004. Catching Up or Standing Still? National Innovative Productivity Among "Follower" Countries, 1978~1999. *Research Policy*, 33(9).

Liu, X. L., S. White, 2001. Comparing Innovation Systems: a Framework and Application to China's Transitional Context. *Research Policy*, 30(7).

Lundvall, B. A., 1992. *National Systems of Innovation: Toward a Theory of Innovation and Interactive Learning*. Printer Publishers Ltd.

Nelson, R. R., 1993. *National Innovation System: A Comparative Analysis*. Oxford University Press.

陈劲、陈钰芬、王鹏飞："国家创新能力的测度与比较研究"，《技术经济》，2009年第8期。

程如烟、姜桂兴、蔡凯："欧洲创新评价指标体系变化趋势——基于对《欧洲创新记分牌》的分析"，《中国科技论坛》，2018年第5期。

崔维军、郑伟："中国与主要创新经济体创新能力的国际比较：基于欧盟创新指数的分析"，《中国软科学》，2012年第2期。

丁明磊："国家创新能力的评价指标与国际比较研究"（硕士学位论文），大连理工大学，2007年。

桂黄宝："基于GII的全球主要经济体创新能力国际比较及启示"，《科学学与科学技术管理》，2014年第2期。

姜道奎："基于文献聚合的高层次创新人才队伍建设指标体系研究"，《科技与经济》，2012年第1期。

刘凤朝、马荣康："国家创新能力成长模式——基于技术发展路径的国际比较"，《科学学与科学技术管理》，2013年第4期。

刘凤朝、孙玉涛："国家创新能力测度研究述评"，《科学学研究》，2008年第4期。

刘凤朝：《国家创新能力测度方法及其应用》，科学出版社，2009年。

刘辉锋、孙云杰："从主要国际评价报告透视中国创新能力"，《科技管理研究》，2017年第15期。

迈克尔·波特著，李明轩等译：《国家竞争优势》，华夏出版社，2002年。

田志康、赵旭杰、童恒庆："中国科技创新能力评价与比较"，《中国软科学》，2008年第7期。

汪菁、沈佳文、刘孝斌："科技创新人才的创新能力评价及区域比较——基于全国31个省级行政区的实证研究"，《城市学刊》，2016年第5期。

魏守华："国家创新能力的影响因素——兼评近期中国创新能力演变的特征"，《南京大学学报（哲学·人文科学·社会科学）》，2008年第3期。

吴建南、徐萌萌、赵志华等："变与不变、同与不同：中美研发经费投入再比较"，《科学学研究》，2016年第10期。

续艳艳:"基于因子分析法的区域科技人才创新能力评价与分析——以全国 11 个省市为例",《科技资讯》,2011 年第 32 期。

玄兆辉、曹琴、孙云杰:"世界科技强国内涵与评价指标体系",《中国科技论坛》,2018 年第 12 期。

杨韡韡:"中国与创新型国家的创新能力比较分析",《创新与创业管理》,2014 年第 2 期。

张杨、汤凌冰、金培振:"金砖国家创新能力测度与影响因素研究",《中国软科学》,2015 年第 6 期。

张义梁、张嵎喆:"国家自主创新能力评价指标体系研究",《经济学家》,2006 年第 6 期。

中国科技发展战略研究小组:《中国区域创新能力评价报告 2018》,北京:科学技术文献出版社,2018 年。

中国科学技术发展战略研究院:《国家创新指数报告 2016~2017》,北京:科学技术文献出版社,2017 年。

中华人民共和国科技部:"国家创新能力评价指标体系(征求意见稿)",https://www.most.gov.cn/cxdc/cxdczbtx/201311/P020131204326192340968.pdf,2013 年。

第三章　主要创新国家人才培育模式分析

第一节　美国创新人才培育模式

一、国家科技创新能力总体评述

2017年美国人口为3.25亿人，GDP总量为193 906亿美元（当年价，下同），人均GDP为59 532美元，为高收入国家。美国是世界公认创新水平最高、创新成果最多、转化应用能力最强的国家。二战以来，美国一直保持着世界第一科技强国的地位，不仅造就了超过全球40%的诺贝尔科学奖获得者[1]，还创造并推广了计算机、互联网、生物医学等高新技术，取得了载人登月、火星探测等举世瞩目的科技成就，同时还孕育了苹果、微软、谷歌等知名的高新技术企业，打造了硅谷、波士顿、圣地亚哥等世界一流的高技术产业集群。

2018年美国国家创新指数在全球排名第一，2017年，其R&D经费投入5 432.5亿美元，R&D经费投入强度为2.79%。科研产出方面，科学引文索引（Science Citation Index，SCI）收录论文约41.9万篇，PCT专利申请数56 675件，高技术产业出口占制造业出口比重为13.82%[2]。根据2019年国家创新指

---

[1] 从1901年开始颁奖以来，诺贝尔奖得主有935位（包括908位个人和27个机构），其中375位来自美国，约占40.1%。在最近五年获奖者中美国得主的比例更高。

[2] 中国科学技术发展战略研究院：《国家创新指数报告2018》，北京：科学技术文献出版社，2018年。http://www.most.gov.cn/cxdc/cxdcpjbg/201812/P020181228501830006619.pdf.

数报告，美国国家创新指数综合排名第 1 位，与上年持平。一级指标中，创新资源排名第 2 位，较上年下降 1 位；知识创造排名第 3 位，与上年持平；企业创新排名第 2 位，与上年持平；创新绩效排名第 1 位，较上年提升 1 位；创新环境排名第 1 位，较上年提升 1 位。二级指标中研究与发展经费占世界比重、知识密集型产业增加值占世界比重、风险资本可获得性、员工收入与效率挂钩程度、创业文化、企业与大学研究与发展协作程度都排名第 1 位。

长期以来，美国一直是科研经费投入最多的国家，近年投入持续增长至约 6 000 亿美元/年。伴随着中国等亚洲国家研发经费的快速增长，美国的研发投入在世界总投入的比例从 2000 年的 37% 已降至 2015 年的 26%。尽管近年来美国科技领先程度略有下降，但美国仍是全球研发支出最多的国家，超过全球总量的四分之一。美国博士学位授予人数、高水平科技论文发表量和被引用量、风险投资总量等指标仍占全球首位。美国全球专利获取量约占全球的四分之一，保持着旺盛的创新活力和强大的竞争力[1]。

二、创新文化背景

美国的历史不过二百多年，能在发展中不断壮大自己，成为最具创新实力的国家，既有内在禀赋做基础，又有外在有利环境的影响。一方面，美国与欧洲文化具有天然联系，使得美国的科学发展充分汲取了欧洲科学传统的滋养，紧随世界科学发展的前沿，依靠其丰富的资源和巨大的市场优势快速实现技术突破并转化为生产力，得以在科学技术上赶超欧洲；另一方面，美国民族文化具备崇尚自由、敢于冒险、鼓励奋斗、开拓进取等特质。"西进运动"和爱迪生、柯达、福特、盖茨、乔布斯、马斯克等一个个"美国梦"的实现鼓励着一代又一代人投身创新事业。创新精神甚至已成为美国文化中最具代

---

[1] 美国国家科学基金（NSF）：Science and Engineering Indicators 2018. http://www.nsf.gov/statistics/seind18/.

表性的一个方面（樊良春，2018；岳文厚等，2017；埃文斯等，2011）。

一些学者认为美国的创新文化背景与其西方实用主义哲学背景有着深厚的关系（孙昌育、王苹，2001）。产生于19世纪70年代的西方实用主义哲学，重视"自由"在创新中的作用，反对崇拜权威，认为科学研究是一个不断探索的过程，需要自由的讨论和研究。该思想逐步发展成美国崇尚自由探索的科学精神，不仅成为科学界的共识，并得到政府和工业界的认同。

从注重启发式教育到创新型思维的养成，从研究型大学到国家重点实验室的科研体系建立，从基础理论研究到技术成果转化的创新链条形成，从知识产权和专利保护到市场激励的有效实现，从政府持续巨资投入到各类非政府组织和基金会有效补充，美国的创新文化在其国家创新体系（National Innovation System，NIS）演进发展中发挥了重要作用。自由、开拓、创新等成为国家创新体系演进发展的基础，并逐步形成了以企业为技术创新主体，大学和公立科研机构为知识创新主力，政府部门充分协调、引导和规范创新环境，非营利组织为有益补充、结构分散又良性互动的创新系统，成为美国保持创新活力、驱动创新发展的不竭动力。

三、战略规划与政策体系

（一）美国创新战略

为强化创新引领，美国政府先后于2009、2011和2015年发布《美国创新战略——推动可持续增长和高质量就业》《美国创新战略——确保经济的增长与繁荣》等创新战略规划[①]，将创新提升为国家战略，从保障研发投入平稳、

---

① A Strategy for American Innovation: Driving Towards Sustainable Growth and Quality Jobs; A Strategy for American Innovation: Securing Our Economic Growth and Prosperity. http://www.whitehouse.gov/administration/eop/nec/StrategyforAmericanInnovation; http://www.whitehouse.gov/sites/default/files/uploads/InnovationStrategy.pdf.

加紧前沿领域布局、倡导伙伴关系、营造创新生态和强化创新人才供给等方面加强部署，突出创新主体间联系，强化国家创新体系建设。

2015年版《创新战略》指出，联邦政府应在投资基础创新领域、鼓励私人部门创新和培养创新人才方面发挥更重要的作用，并为实现上述目标采取三项战略举措，包括创造高质量就业岗位和长期稳定的经济增长、推动国家重点创新领域取得突破以及建设创新型政府，具体包括六大方面。

一是投资基础创新领域，为提升美国创新能力打下坚实基础。具体措施包括：加大基础研究投入；建设高质量的科学、技术、工程、数学教育；吸引优秀人才移民以发展创新型经济；建设一流的现代化科研基础设施；应用先进信息通信技术。

二是鼓励私营部门创新，保护私营部门创新者权利，激发创新活动。具体措施包括：扩大鼓励创新的税收抵免；为创新企业家提供便利；构建鼓励创新的市场环境；向创新者开放联邦数据；拓展研究成果商业化渠道；支持区域创新发展；支持创新型企业参与国际竞争。

三是培养高质量的创新人才。具体措施包括：加强创新激励；通过"全民制造"倡议等方式挖掘创新型人才。

四是以技术创新创造高质量就业岗位，促进经济增长。具体措施包括：巩固美国先进制造业领先地位；加大新兴产业投资；构建包容性创新型经济。

五是推动重点创新领域取得突破，重点领域包括：突破各行业的重大创新挑战；"精准医疗"计划；通过"脑计划"加速发展新型神经技术；推动卫生保健领域的突破性创新；发展先进交通减少事故发生；建设智慧城市，及时识别城市隐患；推动清洁能源，提高能源效率；推动教育技术革命；推动空间技术突破；发展高性能运算；利用创新消除极端贫困。

六是建设创新型政府，借助人才、创新思维及技术工具组合，提供更好的公共服务。具体包括：采取创新措施提高公共部门运转效率；发展创新实验室，培育公共部门创新文化；完善政府电子政务系统；采取基于大数据的创新方法解决社会问题。

(二)美国创新实践与经验

长期以来,美国政府通过加大研发投入,建立完善的法规政策体系,采用灵活多样且有力的支持手段,以及有效的合作创新组织模式等推动国家创新体系建设和创新生态环境营造。主要包括以下几个方面:

1. 加强研发投入和科研基础设施平台建设

政府有责任和义务支持科技创新、促进科学技术为国家利益服务是美国各界的主流共识。美国当前的科技创新体系是以企业为主体。政府直接或间接地引导公私部门"各展所长"。政产学研合作开展创新活动,不断增强美国的科技实力和国家竞争力。

尽管近年联邦研发投入有较大幅度下降,但美国一直是全球研发投入最多的国家。2015 年,全美研发投入合计 4 951 亿美元,其中联邦投入 1 310 亿美元,考虑通货膨胀因素相比 2010 年下降 18%。尽管如此,联邦政府的公共研发投入仍是美国大学和国家实验室等最重要的研发经费来源。

私营部门是美国创新体系中最活跃的组成部分。私营部门研发投入占全国的 60%,承担着全国 70%以上的研发活动[1]。政府历来重视对私营部门的研发经费投入,每年联邦政府科研经费约有 1/4 投入企业[2]。1990 年,美国政府在商务部国家标准与技术研究院(NIST)设立了"先进技术计划"。在私

---

[1] A Strategy for American Innovation: Driving Towards Sustainable Growth and Quality Jobs. http://www.whitehouse.gov/administration/eop/nec/StrategyforAmericanInnovation. A Strategy for American Innovation: Securing Our Economic Growth and Prosperity. http://www.whitehouse.gov/sites/default/files/uploads/InnovationStrategy.pdf.

[2] The Corporate R&D Tax Credit and U.S. Innovation and Competitiveness, Jan.2012, http://www.americanprogress.org/wp-content/uploads/issues/2012/01/pdf/corporate_r_and_d_e_xec_summary.pdf.http://www.whitehouse.gov/sites/default/files/uploads/InnovationStrategy.pdf.

营部门提供资金配套的前提下，资助企业和由大学、联邦实验室、产业界组成的技术联盟开展的研发活动，先后为 824 个项目的 1 581 家机构提供了 24 亿美元的资助。私营部门配套研发投入 22 亿美元[①]。2007 年《美国竞争力法案》在 NIST 设置了"技术创新计划"，支持企业开展高风险、潜力大的创新性研究，同样要求企业提供至少 50%的配套经费[②]。2015 年，全美企业研发投入为 3 558 亿美元，承担研究活动支出为 3 332 亿美元。差额主要来自联邦政府资助。

美国政府历来重视国家科研基础设施和全国性信息资源共享平台的建设。科研基础设施方面，先后启动了能源部"国家科研设施计划"（National Scientific User Facilities）和国家科学基金"重大科研仪器与设施专项账户"，投入大量资金建成天文、量子物理、高性能计算、极地海洋科考等领域科研基础设施共计 60 多处/项，供企业开放使用（仲平，2012）。信息平台方面，1970 年美国商务部改组联邦科学技术信息交流中心，成立国际技术信息服务局，负责向全社会提供综合的数据库服务及联机检索服务；2012 年 3 月，美国政府发起"大数据计划"，拟投入 2 亿美元提升科研信息和数据的公开获取，加速全社会创新步伐。

此外，联邦政府还通过不断加大基础研究领域的公共投入，为企业在应用和产品领域的创新奠定基础。2006 年美国政府宣布在十年内将国家科学基金（National Science Foundation，NSF）、能源部（Department of Energy，DOE）科学办公室和商务部国家标准技术研究院（National Institute of Standards and Technology，NIST）基础研究经费投入翻一番，力促实现全社会研发投入强度达到 GDP 3%的目标。

[①] Advanced Technology Program, ATP, http://www.atp.nist.gov/eao/statistics.htm.
[②] The Technology Innovation Program, TIP, http://www.nist.gov/tip/.

2. 建立完善的法规和政策体系推动合作研发与创新

制定科技创新相关的法规是美国政府强化宏观调控、激励创新发展的重要手段。美国政府重视通过法规和政策营造有利于不同创新要素聚集、不同创新主体协同的环境和土壤。从沿革上看，20世纪50年代到60年代，美国逐步建立了支持联邦实验室、大学和企业开展基础研究的法律体系；70年代到80年代，美国科技立法逐步转向支持联邦研发成果的转化和创新型中小企业发展（王佳存，2009）；近二十年则转向建立"官产研"创新体系建设和培育和发展战略性高技术产业上。随着环境和形势的变化，美国不断地对这些法律法规进行补充和修订，逐步形成了世界上最完备的科技法律体系，为美国协同创新体系的建立提供了坚实的保障。

（1）颁布法律设置专门机构推动公私部门间研发合作，促进技术成果转化。1980年美国颁布《斯蒂文森-威德勒技术创新法》（Stevenson-Wydler Technology Innovation Act），要求联邦有关部门支持民间开展技术创新活动，规定在美国商务部内设立产业技术办公室，研究和推动各主体协同创新和联邦技术成果的转化。随后，美国不断推出与该法案相关的法律或修正案。1984年美国颁布《国家合作研究法》并于1993年通过《国家合作研究生产法》（National Cooperative Research and Production Act of 1984; National Cooperative Research and Production Act of 1993）修正案，允许两家以上的公司合作从事同一研发项目，而不受《反垄断法》的限制；鼓励成立由大学和产业界组成的技术联盟，推动建立纵贯基础研究、技术研发和产品应用的技术创新链。包括1986年的《联邦技术转移法》，旨在建立联邦实验室与企业合作研发的机制[①]，支持小企业投资转化联邦实验室的成果；1989年的《国家竞争力技术转移法》、1992年的《小企业技术转移法》、1995年的《国家技

---

① 允许联邦实验室与大学、企业签订合作研发协议（Cooperative Research and Development Agreements，CRADAs），开展研发与成果转让和推广合作。

术转移促进法》和 2000 年的《技术转移商业化法》等均旨在促进政府、企业和研究机构间科技资源的优化配置，推动协同创新。

科技型中小企业是实现技术成果产业化的重要环节，为支持小企业创新与发展，联邦政府依据《小企业创新进步法》和《小企业技术转移法》专门设立了"小企业创新研究计划"（Small Business Innovation Research，SBIR）和"小企业技术转移计划"（Small Business Technology Transfer Research Program，STTR）。前者要求国防部（DOD）、卫生部（Health and Human Services，HHS）、航空航天局（National Aeronautics and Space Administration，NASA）、能源部（DOE）等每年对外研发经费超过 1 亿美元的联邦部门必须参加，近十年每年投入约 20 亿美元资助中小企业开展研发等创新活动；后者专门支持小企业与大学、研究机构的项目合作，须由小企业和研究机构联合申请。自设立以来，两个计划共资助小企业研发项目 10 余万个，合计经费约 400 亿美元。近年设立的"癌症射月""精准医疗""先进制造"等创新计划均广泛邀请私营部门参与，合力推动重点领域创新领先优势。

表 3-1　美国促进创新环境营造的相关法律清单

名称及颁布年份	核心内容及原文链接
1980 年《斯蒂文森-威德勒技术创新法》(Stevenson-Wydler Technology Innovation Act, 1980)	要求联邦有关部门支持民间开展技术创新活动，规定在美国商务部内设立产业技术办公室，要求联邦实验室推动将其拥有的技术成果向地方政府和私营部门转化 http://www.csrees.usda.gov/about/offices/legis/techtran.html
1980 年《拜杜大学与小企业专利法案》(Bayh-Dole University and Small Business Patent Act, 1980)	规定了不同创新主体的权益，允许联邦机构和大学将发明授权企业，为企业、大学和研究机构及其研发人员开展创新活动提供了有效的激励和保护
1982 年《小企业创新进步法》(Small Business Innovation Development Act, 1982)	设立了"小企业创新研究计划"（SBIR），要求联邦主要研发部门增加经费支持高科技型小企业研发和成果转化 http://history.nih.gov/research/downloads/PL97-219.pdf

续表

名称及颁布年份	核心内容及原文链接
1984年《国家合作研究法》（National Cooperative Research Act, 1984）	允许两家以上的公司合作从事同一研发项目，而不受《反垄断法》的限制；鼓励成立由大学和产业界组成的技术联盟，推动建立纵贯基础研究、技术研发和产品应用的技术创新链 http://www.justice.gov/atr/foia/divisionmanual/204293.htm
1986年《联邦技术转移法》（Federal Technology Transfer Act, 1986）	修订《斯蒂文森-威德勒技术创新法》，允许联邦实验室与企业、大学、有关政府机构和非营利研发机构间开展合作研发 http://history.nih.gov/research/downloads/PL99-502.pdf
1988年《贸易和竞争力综合法案》（Omnibus Trade and Competitiveness Act, 1988）	设立竞争力政策委员会为增强企业竞争力提出国家战略和具体政策建议；在国家标准技术研究院设立"先进技术计划"（Advanced Technology. Program，ATP） http://www.reagan.utexas.edu/archives/speeches/1988/122788c.htm
1989年《国家竞争力技术转移法》（National Competitiveness Technology Transfer Act, 1989）	修订《斯蒂文森-威德勒技术创新法》，允许由其他机构承包运营的政府实验室与企业、大学、有关政府机构和非营利研发机构间开展合作研发
1993年《国家合作研究生产法》（National Cooperative Research and Production Act, 1993）	放松对企业合作生产活动的管制，允许开展联合研发的企业在应用联合研发成果方面开展合作 http://www.dartmouth.edu/~jtscott/Papers/NCRPAScott0306.pdf
2000年《技术转移商业化》（Technology Transfer Commercialization Act, 2000）	修订《斯蒂文森-威德勒技术创新法》和《拜杜法案》，提高联邦有关机构监测和授权联邦发明和专利的应用和推广 http://www.gpo.gov/fdsys/pkg/PLAW-106publ404/html/PLAW-106publ404.htm
2004年《合作研究与技术促进法》（The Cooperative Research and Technology Enhancement（CREATE）Act of 2004）	对美国法典专利篇（第35篇）103（c）款进行了修订，允许多主体共同申请和拥有专利 http://www.nacua.org/documents/CreateAct.pdf
2007年《美国竞争力法案》（America COMPETES Act, 2007）	加强STEM教育和人才培养；在NIST设置了"技术创新计划"，支持企业开展高风险、潜力大的创新性研究 http://www.govtrack.us/congress/bills/110/hr2272/text

（2）通过税收、知识产权保护、政府采购等政策，激励和扶持研发与创

新活动。1954 年颁布的《国内收入法》[1]规定大学和非营利性的研究机构均享受免税待遇。企业研究与开发投入可以作为生产开支在当年的应税收入中扣除。1981 年颁布的《经济复兴税收法》[2]确定实施联邦研发税收优惠政策，以企业超出过去三年的年平均研发投入部分的 14%~25%进行税收减免[3]，称为"企业研究与实验税收抵免"[4]。企业通过该政策每年可少缴税款数十亿美元，相当于每年联邦直接研发投入的近 1/3。该税收优惠政策到目前延期了十多次，是美国民主党、共和党为数不多的政策共识之一。

美国在立国之初便以立法形式对知识产权和技术专利进行保护，逐步建立起包括《专利法》《商标法》《反不正当竞争法》等在内的完善的知识产权法律体系。1980 年颁布的《拜杜法案》（Bayh-Dole Act）和 1984 年该法的修正案《专利与商标修正法案》规定了创新主体的权益，为企业、大学和研究机构及其研发人员开展创新活动提供了有效的激励和保护，提高了企业开展研发和创新活动的动力。2004 年颁布生效的《合作研究与技术促进法》[5]对美国法典专利篇（第 35 篇）103(c)款进行了修订，允许多主体共同申请和拥有专利，进一步促进了企业、大学和联邦实验室的合作研发活动。

政府采购方面，美国政府通过《联邦采购法》（1984 年）和《服务采购改革法》（1996 年）规定对于部分高新技术产品，包括软件、卫星通信、可再生能源技术等优先考虑本国供应商，尤其是小企业，对相关高新技术的发展和产业的培育启动发挥了重要作用（周阳敏等，2012）。

金融信贷方面，美国是风险投资发展最成熟的市场。根据美国风险投资

---

[1] Internal Revenue Code of 1954, https://constitution.org/uslaw/sal/068A_itax.pdf.

[2] The 1981 Economic Recovery Tax Act (P.L. 97-34), https://www.jct.gov/publications.html?func=startdown&id=2397.

[3] 该税收抵免政策经过多次延期，对研发投入范围和可用于抵免的比例经过多次调整。

[4] The Research and Experimentation Tax Credit.

[5] The Cooperative Research and Technology Enhancement (CREATE) Act of 004.

协会（NVCA）统计，尽管受金融危机影响，近年来每年交易仍超过 3 000 笔，完成投资 200～300 亿美元①。相对其他国家而言，美国的创新型企业更容易获得风险投资支持。此外，美国小企业管理局通过"7（a）信贷"等计划长期为中小企业提供一定比例的贷款担保。在符合条件的中小企业向金融机构申请贷款时，由金融机构受理并自主决定是否提供贷款。风险由小企业管理局和金融机构共同承担②。2011 年 1 月，美国政府又推出了"启动美国（Startup America）"计划，除投入 20 亿美元支持创新型中小企业跨越发展的"死亡之谷"外，还推出了若干鼓励中小企业风险投资的税收和金融政策。在政府有效监管和政策扶持下，风险投资已成为推动美国高科技小企业发展、加速技术产业化的重要催化剂。

（3）建立跨部门的协调机制，推进公私部门创新与合作。为统筹联邦各科技管理机构、私营部门、大学和非营利研究机构的创新资源，联邦政府通过发布国家创新战略、年度科技优先领域、建立跨部门协调机制等政策措施优化创新环境，引导创新要素的流动和组合。金融危机以来，美国政府先后发布的三版美国创新战略引导创新要素向实体经济聚集；白宫科技政策办公室（White House Office of Science and Technology Policy，OSTP）和预算管理办公室（Office of Management and Budget，OMB）的下年度预算优先领域近年来引导经费、人才等创新要素向先进制造、清洁能源、信息、纳米、生物、气候变化等领域聚集③；此外，针对具体的议题或是战略性技术领域，白宫还设立临时性的跨部门的协调机制，例如区域创新集群部际工作组、碳捕集与

---

① 美国风险投资协会网站，http://www.nvca.org/index.php?option=com-content&view=article&id=344&Itemid=103。

② 信贷计划，http://www.sba.gov/category/navigation-structure/loans-grants/small-business-loans/sba-loan-programs/7a-loan-program。

③ 2014 财年科技预算优先领域备忘录，http://www.whitehouse.gov/sites/default/files/m-12-15.pdf。

封存部际工作组①等，在联邦部门内部形成合力确保部门、行业间创新的协同性和高效性。

联邦政府重视技术创新服务体系建设。一方面通过国家标准技术研究院和小企业管理局等建立"制造业合作发展计划"②和"小企业发展中心"③，与大学、科研机构及地方政府合作，建立全国性的服务网点，直接向企业提供管理和技术方面的咨询、培训和金融等服务；另一方面，政府通过控制相关专业服务机构（或技术中介机构）从业人员的市场准入（包括审查资质和颁发执照），规范、监管专业人员的行为和行业自律；同时，采用简化并加速专利申请程序等手段间接地为企业创新服务。

3. 有效的合作创新组织模式

在近半个世纪的发展历程中，美国探索了一系列推动私营部门作为主体参与创新的合作和组织模式，其中较具代表性的包括合作研发协议（Cooperative Research and Development Agreements，CRADAs）、产业技术联盟（Industrial Technology Alliances，ITAs）和区域创新集群（Regional Innovation Clusters，RICs）④⑤。

（1）合作研发协议。1986 年美国颁布《联邦技术转移法》允许联邦实验室与大学、私营部门签订合作研发协议（CRADAs）以来，合作研发协议

---

① http://www.whitehouse.gov/administration/eop/ceq/initiatives/ccs.

② 制造业合作发展计划官方网站，http://www.nist.gov/mep/index.cfm。

③ 美国小企业管理局网站，http://www.sba.gov/content/small-business-development-centers-sbdcs。

④ CRS Report for Congress, Industrial Competitiveness and Technological Advancement: Debate Over Government Policy, 全文见 http://www.fas.org/sgp/crs/misc/RL33528.pdf。

⑤ 美国竞争力委员会（Council on Competitiveness），Collaborate: Leading Regional Innovation Clusters，全文见 http://www.compete.org/images/uploads/File/PDF%20Files/Final_Collaborate.pdf。

逐渐成为美国企业与政府开展研发与成果转化合作最主要的方式[①]。只要与部门宗旨一致，联邦实验室可以通过与私营企业签署合作研发协议，实现人力资源、服务和研发设施的共享，推动产业创新。通过与政府合作，参与企业不仅能够使用联邦实验室的优质资源，还有权获得合作开发的技术成果的部分所有权或是专属权。这一举措受到企业的广泛欢迎。

美国处于执行期内的合作研发协议共有上万项，其中约85%由美商务部、国防部、能源部和卫生部及其下属实验室与企业签订。2007～2009年，每年新签订协议分别为3 028、2 984和3 112项，基本稳定在3 000项/年。这些合作研发协议在发挥企业创新优势，转化并应用联邦实验室技术成果方面发挥了重要作用。

（2）产业技术联盟。1984年美国《国家合作研究法》允许企业间开展合作研发，并鼓励企业与大学、联邦实验室建立技术联盟。随着产品科技含量的不断提高和工艺的日益复杂，企业通过产业技术联盟合作开发新的技术工艺或产品具有很多优势：一是通过汇集创新资源减小研发成本和风险、缩短研发周期；二是突破反垄断法限制，开展研发等合作；三是培育和形成新产品市场；四是提升企业长远发展的创新竞争力。因此，20世纪80年代以来，在政府推动下，美国企业间发起的产业技术联盟以及以美国企业为首的国际产业技术联盟发展迅速，已发展到超过500多家，多集中于电子、化工、交通、通信等高新技术领域。其中，比较知名的包括美国半导体制造技术战略联盟、新一代汽车合作计划等，在提升产业技术基础、增加产业竞争力、扩大产业国际市场等方面起到积极作用，成为政府促进创新的重要政策工具（驻旧金山总领事馆科技组，2008）。

近年来，美政府先后推动成立了生物技术产业组织、中大西洋纳米产业联盟、增材制造创新研究院等一系列以企业为主，大学、联邦实验室等共同

---

① 其他方式还包括专利许可、技术援助、材料与技术标准开发、研发设施使用等。

参与的技术创新联盟,加速推动生物、纳米、先进制造等领域的技术创新与产业化。

（3）区域创新集群。创新集群是指以专业化分工和协作为基础的同一产业或相关产业的企业和相关研发机构,通过地理位置上的集中或靠近产生创新聚集效应,进而获得创新优势的一种开放的创新网络组织形式。随着科技和现代工业体系的发展,美国先后产生了硅谷、波士顿128公路、圣地亚哥等一系列引领全球技术创新与产业发展的区域创新集群。尽管这些创新集群都不是政府规划出来的,但联邦和地方政府在推动高素质专业（技术和商业）人才集聚,提供广阔宽松的创业空间、良好的法治环境和充裕的资金供应等方面发挥了举足轻重的作用。区域创新集群在汇集全美人才、技术、资金等创新要素方面有巨大优势并取得巨大的成功,已经成为世界各国竞相效仿的对象。

4. 创新人才战略——美国 STEM 教育战略

2006年,美国在《美国竞争力计划》中表示知识经济时代教育的目标之一是培养具有 STEM 素养的人才,称其为提升全球竞争力的关键。2007年通过的《美国竞争法》[1]以及近年来推出的多项加强 STEM 教育和人才培养的政策[2],均旨在强化美国本土创新人才培养,为包括企业在内的美国科技创新体系提供人才支撑。鉴于近年来美国本土创新人才的下滑趋势,联邦政府于2013年、2018年先后推出了《联邦 STEM 教育5年战略规划》《通往成功之路——美国 STEM 教育战略规划》,旨在通过向所有美国人提供终身的高质量 STEM 教育,实现美国 STEM 素养、创新和就业的全球领先地位,从而确保美国经济持久繁荣和国家长期安全。

---

[1] America Creating Opportunities to Meaningfully Promote Excellence in Technology, Education, and Science Act of 007 (America COMPETES Act).

[2] Science, Technology, Engineering, and Mathematics (STEM), http://www.whitehouse.gov/blog/2012/12/18/one-decade-one-million-more-stem-graduates.

2013年推出的《联邦STEM教育五年战略规划》提出了五大目标[①]：一是改进学龄前到高中的STEM教育，要新增10万名教师；二是要维持并增加公众及青年参与STEM的人数，将毕业前有STEM学习经历的高中生数量增加50%；三是改进本科生STEM教育，未来十年新增100万高校STEM专业毕业生；四是提升STEM教育公平，增加高校学习STEM的少数族裔和女性毕业生数量；五是改进研究生教育，培育适合未来的STEM从业人员。

2018年推出的《通往成功之路——美国STEM教育战略规划》指出，STEM教育已经发展成为综合的跨学科学习和技能发展方法，在中小学阶段学习STEM基本概念将是职业技术培训、大学教育和研究生学习以及提高工作场所技术技能的必要前提。《规划》提出了三个战略目标：一是为STEM素养建立坚实的基础，确保每个美国人都有机会掌握基本的STEM概念，包括计算思维并具有数字素养，以更好地应对快速的技术变革；二是增加STEM的多样性、公平性和包容性，为所有美国人提供终身获得高质量STEM教育的机会，特别是那些历史上在STEM领域和就业机会不足的少数族裔等人；三是为STEM未来劳动力做好准备，鼓励和帮助学习者追求STEM的职业生涯，做好多元化STEM素养人才库储备。

具体措施包括四个方面：一是发展和丰富战略伙伴关系，重点加强教育机构、雇主和社区之间的合作；二是吸引学生投身跨学科融合领域，培养具备创新创业能力的复合型STEM人才；三是培养具有数字和计算机素养的，使学习者掌握通过信息系统和数据工具解决复杂问题能力；四是增加工作的透明度和问责制。联邦政府STEM教育相关投资和行动必须科学决策，并定期监测相关目标的进展情况。

---

① FEDERAL SCIENCE, TECHNOLOGY, ENGINEERING, AND MATHEMATICS (STEM) EDUCATION 5-YEAR STRATEGIC PLAN, A Report from the Committee on STEM Education National Science and Technology Council, MAY2013, https://obamawhitehouse.archives.gov/sites/default/files/microsites/ostp/stem_stratplan_2013.pdf.

四、人才培育教育体制与机制

科技人才及其掌握的知识和技能的流动是协同创新体系中一种关键的流动；而且创新活动从研发到应用，再到产业化发展往往需要较长的时间。科技人才的持续供给显得十分重要。一直以来，美国高度重视人才对于创新的重要作用，把创新人才视为创新的核心和维持国家竞争力的重要资源。通过多种渠道加强本国科技人才的培养，吸引和网罗国际优秀创新人才，也为美国企业维持创新竞争力的国际领先地位提供了重要人力资源保障。

（一）STEM 教育计划

1. 建立跨部门协调决策机构——STEM 教育委员会

2010 年，按照《美国竞争力再授权法案》要求，美国在国家科学技术委员会下专门设立了 STEM 教育委员会，负责评估审核与 STEM 相关的计划、投资和活动，并协调部门间的 STEM 计划和项目，以确保减少浪费和协同增效。STEM 教育委员会由 OSTP、NASA、NSF 高级别代表担任联合主席，由教育部、能源部、商务部、农业部、交通部、环保署等十余家部门担任成员。

2. 充足 STEM 教育经费投入保障

美国是公认的教育强国，拥有成熟的创新人才培养体系。一是大量的教育投资，2012 年教育支出约为 8 228 亿美元，预计约占 GDP 的 5.2%；二是从基础教育阶段便开始注重培养创新意识，注重以人为本、因材施教；三是拥有世界上最完善的高等教育体系，有超过 4 000 所大学，不仅数量众多，而且门类齐全、定位明确，研究型、应用型、综合型以及就业培训型各司其职；四是低成本公共教育资源充沛，学校资源、公共图书馆、非营利教育机构等提供大量免费且可便捷获取的教育资源。

2010 年到 2019 年，美联邦政府对 STEM 教育计划的投资保持相对稳定。

联邦政府在 2010 财年向 209 个 STEM 教育计划拨款约 31 亿美元；2016 财年向 163 个计划拨款共计约 29 亿美元。2018 财年投入了 2.79 亿美元发展 STEM 教育；美国联邦教育部在 2019 财年通过补助金和研究拨款投资 5.4 亿美元，支持 STEM 教育[①]。

3. 种类繁多的 STEM 激励计划

"STEM 教育"覆盖从学前班到研究生院的所有年级。STEM 教育计划的主要目标包括为学生准备 STEM 课程，为 STEM 领域的高等教育学生提供助学金或奖学金，以及改进 STEM 教师培训。联邦 STEM 教育计划以两种方式创建：立法规定或由联邦机构建立。美国联邦政府每年在 STEM 教育计划上投入数十亿美元，以提高国家的经济和教育竞争力。STEM 教育计划的奖学金种类较多，针对研究生以上高层次人才的奖学金主要类别如下：

（1）国家科学基金会研究生研究奖学金项目（Graduate Research Fellowship Program，GRFP）[②]

GRFP 是美国历史最悠久的奖学金计划之一，旨在鼓励最好的基础研究并确保全面的研究计划，保证美国科学和工程人力资源基础的活力并加强其多样性。该计划用于资助 STEM 各领域的优秀研究生在美国认可的机构中攻读研究型硕士和博士学位。

自 1952 年以来，NSF 已经收到了超过 50 万份申请，共有 5 万多人获得该奖学金。获得者的博士学位完成率很高，超过 70%的学生在 11 年内完成博士学位。获奖者中的许多人成为知识专家，其中 42 人成为诺贝尔奖获得者、超过 450 人成为美国国家科学院院士，美国前能源部长朱棣文、谷歌创始人谢尔盖·布林和魔鬼经济学合著者史蒂芬·莱维特都曾是该奖学金获得者。

2020 财年 GRFP 计划支出达 83 亿美元，约占美国高校基础研究联邦预

[①] 刘雪宁："美国联邦教育部进一步投资 STEM 教育"，世界教育信息，2019，32(24)。
[②] https://www.nsfgrfp.org/general_resources/about.

算总额的27%。通过筛选的获奖者可得到三年内每年3.4万美元的生活津贴，以及1.2万美元的学费和教育费用补助（支付给所在机构），还可获得国际研究和专业发展的机会，并在任何经认可的美国研究生培养机构进行自由的研究[①]。

（2）国立卫生研究院国家研究服务奖项目（National Research Service Award，NRSA）[②]

国立卫生研究院（National Institutes of Health，NIH）重视生物医药研究领域的人力资源培养。2015年NIH在院外研究办公室下专门成立了生物医学研究劳动力处，致力于培养强大而多样化的生物医学研究人员队伍，其任务包括开发、维护、评估和改进NIH政策和计划，支持多元化生物医学研究人员的创新培训、职业发展和教育，并纳入对国家劳动力趋势和需求的分析。

NIH最大的青年人才培养计划是"国家研究服务奖项目"。

（3）能源部计算科学研究生奖学金项目（Computational Science Graduate Fellowship，CSGF）[③]

CSGF是DOE在20世纪90年代初设立的多学科计划，致力于培养领先的计算科学家，是一项吸引和培训计算科学家的前瞻性战略投资。CSGF计划旨在满足美国学术界和工业界对具有先进计算技能的科学技术专业人员日益增长的需求，解决相关领域特别是能源部国家实验室的计算专业技术人员短缺。大约30%的CSGF获得者曾在或正在DOE实验室工作。

CSGF现在由美国能源部科学办公室和国家核安全管理局共同资助，要求研究生完成超越传统学科范围的课程，在科学或工程学科、计算机科学和应用数学领域中开展实质性研究工作，以帮助他们成为能够跨学科沟通的科学家和工程师。CSGF获得者需在DOE实验室参加为期12周的研究。为了

---

① https://www.nsf.gov/about/glance.jsp.
② https://researchtraining.nih.gov/programs/training-grants.
③ https://science.energy.gov/ascr/facilities/csgf/.

实现 CSGF 的跨学科目标，这个实习必须在学生毕业论文之外的研究领域。CSGF 获得者带来多样化的技能和高水平的工作质量广受 DOE 实验室主管们的欢迎，他们将工业界、学术界和能源部等政府实验室与生物信息学、核工程和天体物理学等 30 多个重要学科联系起来。

该计划已支持 375 名研究生完成学业，当前该计划正为全美 25 所大学的 80 名研究生提供支持。该奖学金声誉卓著，竞争激烈，例如在 2011 年，共有来自 46 个州的 628 名申请人争夺 18 个奖学金名额。2016 财年 CSGF 计划共支出 1 150 万美元，其金额在 DOE 管理的 STEM 教育计划中仅次于核安全监管相关计划，居第二位。

4. 特朗普政府进一步加强 STEM 教育

特朗普政府执政以来，进一步加强了 STEM 人才培养相关计划和支持力度，主要体现在以下几方面：

（1）2017 年 6 月 15 日特朗普签署总统行政令以加强美国的学徒制[①]

"学徒制"指包括有偿工作部分和教学部分的培训安排，以使个人获得工作所需知识和技能。"职业培训计划"指促进职业技能发展并提高收入或就业能力的联邦计划，但不包括学生援助或学生贷款计划。

由于美国高等教育费用越来越令人难以负担，且许多大学未能帮助学生掌握获得高薪工作所需的技能，如今很多美国人发现身背沉重的学生贷款却没有与工作直接联系的技能。该行政令旨在改革美国的教育系统和劳动力发展计划，使技术劳动力适应瞬息万变的经济，填补现有和新创造的工作岗位。扩大学徒制度并改革无效的教育和劳动力发展计划将有助于解决这些问题，使更多美国人获得相关技能和高薪工作。

该行政令要求在劳工部设立"扩展学徒制工作组"，由劳工部部长任组长，教育部部长和商务部部长任副组长，成员来自美国公司、贸易或工业集

---

① https://www.whitehouse.gov/presidential-actions/3245/.

团、教育机构和工会等，总人数不超过 20 名。工作组的任务是确定学徒制和职业培训计划的战略和建议，利用现有拨款扩展学徒制，建立行业认可的学徒制，促进第三方制订学徒计划并扩大青年参与度。工作组应向总统提交相关战略和提案报告，并向白宫预算管理办公室（OMB）主任提交预算。

（2）2017 年 9 月 25 日特朗普签署《关于增加高质量科学、技术、工程和数学（STEM）教育的总统备忘录》[①]

大量数据表明编程技能和 STEM 知识对获得高薪工作至关重要，但全美范围内的能够开展高质量 STEM 和计算机相关教育的学校不足。近 40%的高中不教物理，60%的高中不提供计算机编程课程，无法为学生提供 STEM 和计算机科学方面的高质量教育和培训。该总统备忘录表明本届政府致力于鼓励全美学生参与高质量的 STEM 教育。

备忘要求教育部长将促进高质量 STEM 和计算机科学教育作为教育部的首要任务之一，并应优先帮助各地区招聘和培训能在 STEM 特别是计算机科学领域提供良好教育的教师。从 2018 财年起，在给予竞争性拨款资金时将其作为优先考虑之一。具体目标是要求教育部在现有拨款中每年投入至少 2 亿美元用于推进这项工作，在不新增政府支出的同时，提高现有资金的利用效率。此外，总统强调教育部须跟踪本备忘录下的资助计划的进展，要求受资助者表现出创造真正变革的能力，并带来可衡量的成果。

（3）2018 年 6 月 25 日首届"各州—联邦 STEM 教育峰会"在白宫召开[②]

2018 年 6 月 25 至 26 日，白宫科技政策办公室（OSTP）举办了首届"各州—联邦 STEM 教育峰会"，召集利益相关方帮助确认特朗普政府对 STEM

[①] https://www.whitehouse.gov/presidential-actions/presidential-memorandum-secretary-education/. https://www.whitehouse.gov/articles/president-trump-signs-presidential-memo-increase-access-stem-computer-science-education/.

[②] https://www.whitehouse.gov/wp-content/uploads/2018/06/Summary-of-the-2018-White-House-State-Federal-STEM-Education-Summit.pdf.

教育的承诺，并讨论即将开始联邦 STEM 教育五年战略计划制订。国家科学基金会和其他 16 个联邦机构参加了活动。

峰会聚集了联邦所有州和地区的相关人员。与会者就 STEM 教育如何对未来员工队伍产生积极影响及各州如何最好地利用联邦资源继续壮大 STEM 教育进行了探讨，并且讨论了联邦在支持 STEM 教育卓越方面的作用，以为新计划的制订提供信息。

特朗普政府致力于改善国家 STEM 教育议程，并将反映在 2018~2023 年计划中，以便各州有能力为未来的工作做好准备。关键措施包括建立教育和工作之间更牢固的联系、注重推动创新和创业、整合计算机科学教育，以及为少数群体提供更多的 STEM 教育机会。

根据 2010 年《美国竞争力再授权法案》，2018~2023 年联邦 STEM 教育五年战略计划将指导美国全国实施 STEM 教育培训，明确短期和长期目标，并给出联邦机构确保和验证各 STEM 教育计划效果的方法。

（4）2018 年 7 月 31 日发布的《2020 财年政府研发预算重点总统备忘录》（FY2020 Administration Research and Development Budget Priorities）[①]，将"研发优先实践"列入其中以进行预算支持，主要内容如下：为在 21 世纪经济发展中取得成功，美国劳动力需要适应所有就业部门技术性日益增强的工作和持续的技术培训。体验式学习，如学徒制、实习生、影子实习及其他雇主—教育者合作伙伴关系将有助于确保课程与工作需求保持一致。各机构应优先考虑让美国人重新获得当前和未来工作技能的举措。包括计算机科学在内的 STEM 教育将成为美国培育未来劳动力的基础，并应通过应对现实世界的挑战而融入教学当中。

---

① https://www.whitehouse.gov/wp-content/uploads/2018/07/M-18-22.pdf.

（二）推广荣誉教育等拔尖人才培养模式

拔尖创新人才是提升国家核心竞争力和实现经济科技发展的关键因素。高校是培养造就拔尖人才的重要基地。所谓本科生拔尖创新人才是指"既有健康的体魄和丰富的文化知识，又有高尚的道德修养和思想情操；既有较强的创新精神和创新意识，又有初步的独立进行科学研究的能力；既有优良的心理素质，善于独立思考，又具有合作能力的高素质人才"。美国高校优秀本科生培养模式即荣誉教育早在 20 世纪 20 年代就已出现，到 20 世纪 30 年代美国高校已有 100 多个荣誉教育项目；第二次世界大战后荣誉教育得到快速发展，为美国科技发展和人才强国战略提供了大量的具有创造性思维的优秀拔尖人才。

所谓荣誉教育是指专门为优秀拔尖的具有高水平高能力（High-Ability）本科生设计的个性化教育模式，也是在大众化教育时代以培养精英人才为目标的教育形式。一般说来，"大学和社区学院为了满足最能干学生的学习需求而提供大量的机会和经历。荣誉教育的目标包括选拔出那些能力卓越和志存高远的荣誉学生，为这些荣誉学生提供挑战自我的学术机会，让他们在最高水平上发挥自己最大的潜能"。美国许多四年制大学和两年制社区学院都设有荣誉教育项目。荣誉教育的组织形式也是多种多样的，有荣誉项目（Honors Program）、荣誉学院（Honors College）、荣誉与实验学院（Honors and Experimental College）、大一新生研讨班项目（Freshman Seminar Program）等。1966 年，美国的荣誉教育还成立了自己的专业。全国高校荣誉教育理事会（National Collegiate Honors Council，NCHC），专门为全国的本科荣誉项目、荣誉学院以及参与荣誉教育事务的教师、学生等提供支持和服务。截至 2010 年，全美共有 1 200 所高等教育机构加入了该协会。上述荣誉学院大都具有明确的培养目标，针对荣誉学生的选拔制度较为严格，同时会针对不同学科和领域开展多样化和个性化的课程设置和教育，并为荣誉学生提供丰富的、具有挑战性的荣誉课程和研究项目，从而提供全面的荣誉体验。通过集中式管理、开放性交流，为荣誉学生提供大量的创新活动和交流学习经验的机会，使得来自全世界不同国家、不同专业、不同兴趣爱好的优异学生形成了一个学术共同体，从而实现对于拔尖人才的特殊培养。

（三）推行青年科技奖评选激励措施

美国联邦政府除了投入巨资支持 STEM 人才培养，还通过评选青年科技奖的形式激励青年科技人才。典型奖项有：

1. 总统青年科学家及工程师奖（Presidential Early Career Awards for Scientists and Engineers，PECASE）[①]

PECASE 于 1996 年由国家科学技术委员会（National Science and Technology Council，NSTC）创建，用以表彰在其独立研究职业生涯开始时表现杰出的科学家和工程师，由总统在白宫颁发。PECASE 奖是美国政府颁发给处于职业生涯早期的青年科学家和工程师们的最高荣誉，体现了美国政府对科技人才培养的高度重视，并希望通过鼓励优秀科学家和工程师持续发展，维护美国在科技领域的领导地位。

PECASE 奖旨在促进科技创新的长远发展，提高公众对科学和工程职业的了解，肯定参与机构的科学使命，加强基础研究与国家目标之间的联系，并强调科技对国家未来的重要性。PECASE 获奖者必须是美国公民或永久居民。获奖者以及来自其所在机构的最长可达五年的科研资助以推进其研究。每人在其职业生涯中只能获得一次 PECASE 奖。该奖项最近一次颁发是在 2016 年 5 月，时任总统奥巴马在白宫向 105 名获奖者颁奖。

---

① https://www.nsf.gov/awards/pecase.jsp.

2. 沃特曼奖（Alan Waterman Award）[①]

为庆祝国家科学基金会成立 25 周年并纪念基金会首位主任艾伦·沃特曼，美国国会于 1975 年通过立法（公法第 86~94 条）授权国家科学基金会设立沃特曼奖，旨在表彰国家科学基金会支持的任何科学或工程领域的杰出青年研究员。除奖章外，获奖者将在五年内获得 100 万美元的赠款，用于开展数学、物理、生物、工程、社会等领域的高级研究。

沃特曼奖的候选人须是美国公民或永久居民，须在提名当年 12 月 31 日前不超过 40 岁，或处于获得博士学位 10 年以内。候选人应在科学或工程研究中表现出卓越的个人成就，具备足够的质量、原创性、创新性和对该领域的重大影响，并成为同行中的领导者。

国会立法规定沃特曼奖获奖人数每年不超过 3 人，但实际上每年通常只有一名获奖者，故奖项分量很重。获奖人往往学术声誉很高且是本专业内的领军人才。获奖者包括著名华人数学家田刚和陶哲轩、2001 年诺贝尔物理学奖获得者埃里克·康奈尔（Eric Cornell）以及 CRISPR（Clustered Regularly Interspaced Short Palindromic Repeats）基因编辑技术发明者之一的珍妮弗·道德纳（Jennifer Doudna）等。

（四）培养识别优秀创新人才的大学预修课程制度

美国大学预修（Advanced Placement，AP）课程于 1951 年由福特基金会启动，后由美国大学理事会（The College Board）接手管理，是在高中阶段教授的大学课程。开设课程由早期的 11 门发展为 30 余门，并在美国 15 000 多所高中里普遍开设。美国高中生通过选修 AP 课程并参加 AP 考试，成绩达标后可以获得大学学分。一般大学课程学习要花费数千美元，而参加 AP 考试只需要数十美金。

[①] https://www.nsf.gov/od/waterman/waterman.jsp.

据统计，拥有优异 AP 考试成绩的高中生在未来的大学学习中有更加出色的表现和发展。美国各大学已将 AP 成绩看作衡量学生学习和研究能力以及应付高难度大学课程能力的重要指标，因此 AP 考试成绩已经成为众多大学录取考虑因素中最为重要的依据之一。目前，已有 40 多个国家的近 3 600 所大学承认 AP 学分为其入学参考标准，并承认将相关课程转为大学学分，其中包括哈佛、耶鲁、牛津、剑桥等世界名牌大学。越是顶尖的大学，每位申请学生所提交的 AP 考试门数越多。

AP 课程制度有以下优点：一是有利于大学在统一的考试体系下快速识别有潜力的高素质人才；二是有利于高素质学生在高中阶段便能够接触更精深的大学课程，提前接受专业教育；三是有利于学生节省大学教育阶段的学费和时间，将之用于深化或拓展的学习中。

（五）有效的人才引进及跨领域流动机制

美国政府为网罗全球优秀人才采取了一系列措施。一方面，美国是国际留学生最多的国家。美国政府在教育部设立国际交流局，在奖学金和学费上给予外国留学生同等待遇，还通过国际开发署、福特基金会、洛克菲勒基金会等组织为第三世界国家优秀留学生提供种类繁多的奖学金。多年来非美国公民占美国大学博士授予总数都在 1/3 以上。例如 2014 年，超过 80 万留学生在美国获得了学士学位，约占全球总数的 19%。当年美国科学与工程领域博士学位的授予数约 4 万人，持有临时签证的外国留学生约 1.4 万人，主要来自中国、印度等亚洲国家，集中于工程技术、计算机、数学、经济学等领域。

另一方面，美国政府通过 1952 年、1965 年、1990 年和 2001 年对移民法的不断修订，放宽了技术移民的限额，消除了种族歧视的条款，强化了技术移民优先的政策，进一步为吸引和接纳全球一流的创新人才为美国服务创造了条件。

美国市场化经济运作已经渗透到包括学术和科研在内的各个领域。各类机构拥有完全自由的招聘权。各类人才拥有自由的选择权。横向或纵向流动通道顺畅，为各类人才提供充分的施展才能的机会。研发人员辞职经商，政府高官或是企业高管辞职到高校、智库或是研究机构者屡见不鲜。而且美国的人才竞争激烈，除少数终身职位外，普遍形成了"不进则退"的人才竞争机制，不仅为在位者施以压力，而且为年轻人才提供了发展的动力和空间。这种跨学科、跨行业、跨领域、跨部门的人才流动不仅有助于造就具有广阔视野和战略思维的综合性人才，而且以人才为载体，有助于跨学科、跨行业、跨领域的知识流动从而推动整体的创新。

五、创新人才培育特色与优势

美国在科技创新领域之所以能够傲视群雄，成为世界创新的龙头，与美国产业界强烈的创新意识和积极的创新活动、政府的高度重视和巨大的投入、全社会浓厚的创新文化氛围密不可分（周阳敏和宋利真，2012）。虽然美国是世界上信奉和推行自由主义市场经济最坚定的国家，但在推动国家科技发展、促进科技创新体系的建设和完善过程中，美国政府却突破其"大社会、小政府"的治理模式，不断调整自身对科技创新活动的干预方式和干预程度。通过建立有利于不同主体协同创新的法规政策体系，通过激励企业加大研发投入、扶持中小型科技企业创新与发展、鼓励企业间研发合作、保障创新人才供给、推动企业与大学研发合作以及私营部门转化联邦科技成果等措施和手段，激发了私营部门的创新活力，激活了创新要素在不同创新主体的优化配置与流动，逐步建立了"产业—政府—研究机构"协同的国家创新体系（梁伟，2008）。

科技人才培养是美国创新战略的重要组成部分，其特点体现在以下方面：

（一）以教育促创新，提升教育质量和促进教育普及

美国政府强调创新对于经济社会发展的重要性，并大力支持科技人才培养，以促进创新创业为未来竞争做好人力储备。《美国创新战略》指出，21世纪美国创新的一个关键基础要素是一支在知识密集程度越来越高的经济中能够取得成功的劳动力队伍。奥巴马政府承诺支持各级教育，使学生获得所需的技能，以便能够适应未来高收入、高回报的科技产业领域对科技人才的要求，特别是对 STEM 人才的要求。

2009 年美国发起"以教育促创新"倡议。根据对 OECD 国家的大量分析，美国学生和成人的数学与科学能力处于中下游。该倡议提出要在十年内提升美国学生的科学和数学成绩，使美国学生的科学和数学成绩从处于世界中游水平提高到世界前列。

"以教育促创新"运动不仅包括了联邦政府各部门的各项举措和共同努力，而且发动了大企业、基金会、非营利机构以及科学和工程团体的力量，得到社会各界的大力支持。这项全国性运动获得私营部门总计 10 亿美元以上的资金投入，并取得了重大进展，大大推动了 K12 年级的 STEM 教育。在奥巴马政府支持下，美国成立了由企业首席执行官（Chief Executive Officer，CEO）领导的联盟，以调动私营部门的力量和更多的参与。美国还创建了一家新的非营利机构——"改变方程式"，由 100 多名企业 CEO 参与，并有全职员工运营，专门致力于调动企业界力量，以提高美国 STEM 教育的质量。

美国政府高度重视各级教育，积极致力于早期教育、学前教育一直到高等教育的普及。美国政府注重增加教育投资，以利于将新技术和数字手段，包括高速互联网引入到课堂中，推动教育的现代化。通过现代化教育手段，美国希望学生能够掌握实际工作中需要的技能，如计算机等。奥巴马政府还积极推动学生贷款体系改革，增加政府佩尔（Pell）助学金的金额，并扩大受资助人数。仅 2008 年至 2014 年间，佩尔助学金的受资助人数就增加了 50%。

2008年受助人为610万人，2014年获得佩尔助学金人数约为880万人。后由于金融危机，佩尔助学金的购买力下降，佩尔助学金项目资助规模相对缩小。2015年受助人为820万人到2016年受助人只有766万人。

美国民主党政府提倡降低大学学费，并积极推动两年制社区大学免费。2015年1月宣布"美国社区大学希望倡议"（America's College Promise Proposal），呼吁两年制社区大学面向负责任的学生免除学费。该倡议要求各方共同努力，社区大学必须加强其教育计划，提高学生的毕业率；各州必须投入更多资金支持高等教育和培训；学生则要对自己的学习负责，获得更好成绩并努力完成学业。美国一些地区已经在推行社区大学免学费的举措，例如田纳西和芝加哥等。该倡议需要各州的支持。如果所有州都参与的话，预计将有900万学生受益。

（二）以STEM教育为核心，加强科技人力资源储备

近年来，美国政府以推进STEM教育为核心，积极致力于加强未来科技人力资源储备。不仅要增加美国STEM领域的学生人数，还要确保所有人都能参与进来，提高STEM教育计划的多样性。也就是说要使STEM教育普及到所有种族和所有背景的所有人群。为此，美国启动了"全民STEM"倡议（"STEM for All" Initiative），强调主动学习，鼓励所有学生，特别是女孩和少数族裔学生参与STEM学习。2013年美国政府推出的《联邦科学、技术、工程和数学教育（STEM）五年战略计划》明确了STEM教育的国家目标，不仅重视STEM优秀新教师培养，还强调要吸引更多高中生和大学生对STEM的兴趣，十年要新增100万STEM学历大学毕业生。STEM教育更好地融入了美国政府的其他各项教育举措，从"争先计划"（Race to the Top），到两党支持的《让每个学生成功法》（Every Student Succeeds Act，ESSA）。为鼓励更多人群接受STEM教育，美国政府还致力于扩大军队家庭的孩子接受STEM教育。在国防部的领导下，通过开展国家数学和科学计划，200所

学校 6 万名军队家庭的孩子将有机会学习 STEM 先修课程，100%实现该计划 2011 年启动时提出的目标。

美国政府加强 K12 年级 STEM 教师队伍的培养。2011 年 1 月奥巴马在国情咨文中提出到 2021 年新增 10 万名优秀 STEM 教师的目标。2012 年 7 月，投资 1 亿美元启动了"国家 STEM 杰出教师队伍"计划。美国呼吁通过该计划提高现有 STEM 教师的水平，支持最有成效的幼儿园到 12 年级 STEM 教师与同行分享经验，让杰出教师的知识和技能可以在全美的学校和教育工作者中传播。《联邦科学、技术、工程和数学教育（STEM）五年战略计划》带来了联邦重大投资。为支持培养 10 万名 STEM 教师的目标，2014 年教育部宣布从教师素质伙伴关系计划下划拨 3 500 多万美元作为 STEM 五年专项资金。奥巴马曾呼吁联邦各部门 20 多万科学家和工程师通过担任导师和参与辅导等共同致力于推动 STEM 教育。

美国联邦政府在 STEM 教育方面的努力得到了社会各界的大力支持和广泛参与，效果已经开始显现。有 280 多个组织参与了 STEM 教师的培养和培训，已新增 3 万名 STEM 教师，并为再培养 7 万名教师准备了必要的资源，朝既定的 10 万名 STEM 教师的目标稳步推进。美国国家科学基金会、工科院校大力推进工程师培养，美国大学工程专业毕业生的数量明显增加。2011 年 10 月总统就业与竞争力委员会提出的目标是每年新增 1 万名工程师。今天美国已经双倍实现了上述目标。每年毕业的大学生中有 2.5 万名工程师。美国科技人力资源的储备显示出快速增长势头。

（三）以学徒制和在职教育为主渠道，加强技术劳动力的供应

美国政府指出，今天和未来的职业需要更加高级的技能和培训。美国政府注重技术劳动力的供需结合，以学徒制和在职教育为主渠道，加强技术劳动力的供应，并积极致力于开辟新的技术劳动力培养和供应渠道。2015 年 3 月启动了技术雇用计划，旨在为 60 万个高收入的技术岗位培养必要的技术劳

动力。现在有越来越多的企业重视技术劳动力培养和培训，使得以往的一些弱势群体能够具备应有的技能，从而走上技术工作岗位。

学徒计划在劳动力培养和培训方面发挥着重要作用。注册学徒计划可以将求职者与急需的高薪职位联系起来。它向人们提供实际经验，允许人们"边学边挣钱"，这有助于工人获得现代经济所需的技能和知识。学徒计划在各个行业得到了普遍应用，从卫生保健到建筑，乃至信息技术和先进制造。学徒计划为满足这些行业的劳动力需求发挥了很大作用。90%以上的学徒在结业后能够找到工作，而且他们获得的薪水比较高，平均年薪可以达到 6 万美元[1]。有研究表明，学徒计划在提高生产率、减少浪费和促进创新方面效果显著。在学徒计划每投入 1 美元，雇主平均可以产生 1.47 美元的回报[2]。2014 年美国政府提出注册学徒数量翻番的目标，自此以来共有 290 所大学参与学徒计划，向完成学徒计划者授予学分，并支持积累学分攻读学位。2014 年至 2016 年的三年来美国的注册学徒数量增长是近十年中最快的。为提升产业竞争力，美国政府呼吁持续加大投资，以支持扩大学徒计划。美国 2016 财年支出法案中有 9 000 万美元资金用于扩大学徒计划，其中 6 000 万美元用于支持各州加强学徒计划，包括支持区域产业伙伴和创新战略，使学徒计划在各地能够实现多样化发展；3 000 万美元用于迅速增长的高技术产业开展学徒计划。美国政府通过支持"美国学徒计划"（Apprenticeship USA Initiative），重点支持各个州开展学徒计划，并强调通过启动新的学徒计划支持更多弱势

---

[1] Office of the Press Secretary of The White House. Presidential Proclamation – National Apprenticeship Week, 2016. https://www.whitehouse.gov/the-press-office/2016/11/10/presidential-proclamation-national-apprenticeship-week-2016.

[2] Office of the Press Secretary of The White House. FACT SHEET: Investing $90 Million through Apprenticeship USA to Expand Proven Pathways into the Middle Class. https://www.whitehouse.gov/the-press-office/2016/04/21/fact-sheet-investing-90-million-through-apprenticeshipusa-expand-proven.

人群，包括妇女、少数族裔人群以及残疾人群等参加学徒计划。学徒计划还特别重视对军人和退伍军人的支持和帮助。

美国于 2016 年 11 月同时开展"美国教育周"和"全国学徒周"活动，并敦促国会、州和地方政府，教育机构，产业和劳工领导者以及所有美国人支持学徒计划，并为国家做出更大贡献。在"全国学徒周"活动中，企业雇主、赞助者和业界领导者主办各类开放参观活动，充分展示学徒计划对于美国经济的重要价值。美国政府希望通过开展"全国学徒周"，肯定和赞扬"学徒计划"这种就业导向的培训模式，并希望进一步扩大人们参与学徒计划的机会。

（四）以科学普及为主要手段，面向未来提高全民科学素质

美国政府和有关各界高度重视科学普及和人们科学素养的提高。白宫在弘扬科学精神、传播科学思想、激励创新创造方面发挥了重要作用。白宫连续六年举办"科学节"，表彰那些在数学、科学和机器人竞赛中获胜的学生。白宫还举办了两次"天文之夜"活动。通过这些活动，大大激发学生学习科学、数学、工程、计算机等学科的兴趣。奥巴马政府于 2014 年开始举办白宫"创客节"，让热衷发明创造的学生和成年人会聚一堂，以展示他们利用必要设计工具和技能创造的大量发明。2015 年白宫举办了"创客周"。此外，白宫还举办"计算机科学教育周"，奥巴马总统出席"计算机科学教育周"的"编码时间"活动，成为首位写下计算机代码的总统。为了纪念此次活动奥巴马发表了一段视频，呼吁全国学生、家长和教师参加计算机编程。2016 年 2 月，白宫启动了第一届"国家实验室周"活动，坐落在 20 个城市的 50 个联邦实验室向学生们敞开了大门。

2016 年，美国政府在"全民 STEM"倡议之后又启动了"全民计算机计划"，致力于推动计算机科学教育的普及。2016 年 1 月，奥巴马呼吁采取全国性行动，让每一个学生都有机会学习计算机科学。全美一半以上的州表示

响应和支持这一号召,这在公众当中也引起了强烈反响。政府的号召激发了私营部门投入 2.5 亿美元支持计算机科学教育。国家科学基金会及国家和社区服务机构承诺投入 1.35 亿美元支持教师培训和研究。

另外,美国的大学、图书馆、博物馆是科学普及以及创新创业文化建设的重要力量。从东海岸到西海岸,从哥伦比亚大学到斯坦福,美国已有超过 150 所高校推出了大量举措支持学生创业。创客空间和各种类型的创新中心不胜枚举。创新创业课程丰富多彩。创客活动还融入毕业班设计项目中。同时,美国图书馆和博物馆的功能不断演变,它们近年越来越注重举办动手实践的创客活动,发展创客空间,开展创业培训,举办"创客月""创客节"等活动,激发学生和公众的创新创造力,对于推动创新创业文化、提高全民科学素质起到了重要作用。

第二节 日本创新人才培育模式

一、国家科技创新能力总体评述

2017 年,日本人口约 1.27 亿人,国土面积约为 37.8 万平方千米,GDP 总量为 48 721.4 亿美元(当年价,下同),人均 GDP 为 38 428 美元,为高收入国家。日本是世界公认的创新大国,它通过从美国、西欧大规模引进技术,并消化吸收实现再创新,迅速缩短了与世界先进技术水平国家的差距。到 20 世纪 70 年代初,日本在生产技术上达到了世界一流水平。自 20 世纪 80 年代以来"科技创新"始终是日本"科技立国"的核心理念,其具体内涵、实现路径和目标随着时间的推移,不断得到充实和完善。它经历了"技术立国"—"知识产权立国"—"IT 立国",直至当今的"超智能社会 5.0"(Society 5.0)。

2018 年日本国家创新指数在全球排名第二，2017 年 R&D 经费为 1 561.3 亿美元，占全球总量 9.9%，排名世界第三。21 世纪以来 R&D 经费年均增速为 15.9%，创新能力都在持续积累；R&D 经费投入强度为 3.20%；R&D 人员总量超过 80 万人年，占全球 7.2%，21 世纪以来呈下降趋势；SCI 收录论文 8.2 万篇；高技术产业出口占制造业出口比重为 13.81%。日本 PCT 专利申请数为 48 205 件，排名世界第二。且发明专利质量较高，并且能切实转化为收益。日本科技创新能力仍在快速增强之中。根据 2019 年中国科学技术发展战略研究院发布的《国家创新指数报告》，日本综合排名第二，与上年持平。一级指标中，创新资源排名第 4 位；知识创造排名第 2 位；企业创新排名第 1 位；创新绩效排名第 13 位；创新环境排名第 10 位。以企业为主体是日本创新模式的鲜明特点。企业创新分指数的二级指标中，日本是唯一五项指标均进入前 5 位的国家。企业研究人员占全部研究人员比重高达 72.6%。汤森路透评选的全球创新百强企业中，2017 年日本以 39 家企业排名第一，其次是美国 36 家企业，中国只有华为一家。

为了通过科技创新，实现"科技立国"的目标，日本充分结合国际及国内的发展沿袭及特点，营造出了浓厚的创新文化氛围，制订了前瞻性较强的战略规划，形成了操作性较强的政策体系，实现了"官产学"三位一体联动紧密的人才培养教育体制，确立了接近标准化的机制和措施。综合而言，日本极有可能通过科技创新的途径，实现超智能社会 5.0 蓝图，形成"一亿总 AI"的社会形态。这对中国的科技创新应有一定借鉴作用。同时，我们也应该看到日本科技创新能力的短板。制约日本科技创新能力的短板依然是日本人口高龄化带来的人力资源的不足。此外，日本科技人才队伍存在的主要问题有：青年研究人员职业多样化开发受阻、研究职业中性别鸿沟依然严重、研究人员国际交流不够活跃、产学研间的流动性不足。

二、创新文化背景

科技创新对日本来说，既有以效率优先来追求发展速度的历史渊源，也有解决资源不足等问题的现实需要。日本人特有的危机意识是其创新的内在驱动力。精益求精的"工匠精神"是科技创新的文化基因。

首先，日本科技创新有其历史渊源。自近代以来，日本作为后起的资本主义国家，一直是以赶超的姿态来发展经济的。效率优先是其发展经济的重要经验。早在20世纪80年代，日本就提出"科技立国"的理念，将科技创新提升到国家战略的高度，并一直延续至今。

其次，日本科技创新有现实需要。日本国土面积狭窄、资源不足、少子高龄化使人力资源不足的问题更加严峻。2011年"3·11大地震"后资源不足的问题进一步凸显。为了应对这些现实问题，日本寻求科技创新的新发展，以问题为导向，从根本上解决了日本面临的现实问题。

再次，日本科技创新意识与日本人的危机意识有着密切的联系。日本作为一个岛国，有着特殊的"岛国根性"。其中最鲜明的特点就是强烈的危机意识。自20世纪90年代初泡沫经济崩溃之后，日本虽然面临着一系列问题，但是在高科技领域一直保持着领先优势，比如近年来诺贝尔奖获得者的"井喷"现象。据统计，从1949年汤川秀树获得诺贝尔奖之后到2017年，日本共培养出26位诺贝尔奖获得者，其中22个为自然科学奖。尤其是2000年以来，获奖的人数迅速增加，平均每年一个，犹如"井喷"一般。2018年的诺贝尔生理学与医学奖的得主是日本科学家本庶佑。即使这样，日本还是将过去的三十年称之为"失去的三十年"，强化其面临的困境。日本特有的危机意识是科技创新的动力。

最后，日本的科技创新有着一定的文化基因，其中工匠精神是不可忽视的重要因素。日本人的工匠精神将危机意识产生的问题落到实处，精益求精，不断地完善、优化，是科技创新的可靠保证。与"工匠精神"一脉相承的日本科学文化精神是科技高速发展的文化基因。日本科学文化精神是在日本现代化过程中逐渐形成的。它一方面是传统文化积淀和改造的结果，另一方面又受到西方科学精神的巨大冲击。与西方以对知识的探求来"孕育"科学相比，日本则主要是以应用为主导来"抚养"科学。

三、战略规划与政策体系

"二战"以后，日本的科技政策经历了从"外国技术引进"到"确立自主技术"，再到"科技立国"，最后到"科学技术创造立国"的转型。"科技创新"始终是日本科技政策的核心理念，其具体内涵、实现路径和目标随着时间的推移不断完善。作为科技创新支撑，日本倾力制订前瞻性较强的战略规划，构建完善的政策体系。为了实现战略构想，日本将科技创新立国上升到国家战略层面，由内阁牵头，成立相关的指挥、统领机构，称之为"司令塔"，并出台了科学技术基本计划和综合战略，且以立法的形式从法律上予以保证。

（一）科技创新规划

在战略规划方面，20世纪70年代，日本提出"技术立国"战略，将重点从产业技术的引进模仿转变为强化自主基础性研究。1971年，日本展开第一次技术预见，以掌握未来30年技术发展的路径为目的，为科技规划和政策提供依据。1994年日本对第一次技术预见的评估显示，28%的预见完全实现，36%的预见部分实现，说明技术预见使得日本准确把握世界科技发展浪潮，并支撑了政府及时进行相关规划。同时，日本不断增加对基础研究的稳定投入，到1987年时已占到研发总经费的14.5%，并保持增加趋势。为推动前沿、重大领域突破，日本政府还主导了众多大型产业技术研发项目，其中以超大规模集成电路研发项目为典型代表。1976年日本通产省组织富士通、日立、三菱、日本电气和东芝五家大公司与日本工业技术研究院电子综合研究所和计算机综合研究所这两家国立研究所组成研究联合体共同实施该项目。到 1979 年，日本政府和企业总共投资了 720 亿日元（政府负担 40%，企业 60%），产出了 1 000 多项专利，成功地提高了日本在半导体领域的产业竞争力。到 1989 年，日本已经占了世界储存芯片市场的 53%（美国 37%）。

20 世纪 90 年代后，日本泡沫经济破灭，经济发展长期不景气，依靠原来技术引进推动经济发展的模式已经难以适应这一时期日本发展的需要。为了突破这种困局，日本提出了"科学技术创造立国"战略，出台了一系列的科技创新政策，使这一时期日本的科技创新无论在创新水平上还是在创新环境上都进入了一个大变革时期。政府采取积极的财政政策，公共领域的研发费用快速增长，特别是国立科研机构的研究费用增长迅速，然后通过科研经费引导并规划了科学技术发展的方向。同时，陆续出台了《研究开发力强化法》《独立行政法人通则法》《关于研究开发评价的大纲指南》《国立大学法人法》等相关法律，完善日本科技创新相关制度建设，对于人才培养，科研效率的提高，科研机构责任和义务的规范，科研评价体系的构建等，利用法律进行规范，推动科技创新制度迅速建立并完善。

这个时期，日本进一步加强对基础研究的重视和支持。1992 年，日本科学技术会议发表了《关于面向新世纪应该采取的科学技术的综合基本方针》，其中第 18 号答询把振兴基础研究列为日本科学技术政策的三个新目标之一。1994 年，科学技术会议又通过了《关于确保科学技术类人才的基本指针》。基础研究人才队伍的建设问题在这个指针里得到了充分的体现。1995 年，日本政府颁布了《科学技术基本法》。该法为日本科学技术政策提供了基本的框架，确立了科学技术创造立国的战略目标，为科学技术的振兴提供了强力的支撑。这是日本科学技术史和基础研究发展史上的一个里程碑。

（二）科技政策体系

日本的科技创新政策体系主要包括：科学技术基本计划；综合科学技术创新会议；科学技术创新综合战略；科学技术创新行政体制及预算。

1. 科学技术基本计划

根据《科学技术基本法》（1995 年法律第 130 号），日本从 1996 年开始，每五年出台一期《科学技术基本计划》作为阶段性科技规划，分析当时面临的挑战，明确发展目标，定位优先发展的重点领域，并从经费、人才、教育与研究中心建设、国际合作等方面全面推动基础研究发展。

为制订 2016 年之后的基本计划，2014 年 10 月安倍晋三亲自召开了咨询会议，即咨问第 5 号——"关于科学技术基本计划"，并在该会议上成立了基本计划专门调查委员会。在进行了近一年的调查讨论后，2016 年 1 月 22 日内阁决议通过第 5 期科学技术基本计划。第 5 期基本计划提出如下设想：一是持续的增长和地域社会的自主发展；二是确保国家和国民的安全与安心，实现丰富且高品质的生活；三是解决全球面临的共同问题和对世界发展做出的贡献；四是实现知识创新的持续开展。在此基础上，提出了"四大政策支柱"：一是着力推进超智能社会 5.0；二是优先解决国内和国际上迫在眉睫的问题，国家设定重要的政策课题，推进解决这些问题的科技创新体制；三是强化科技创新的基础能力，重点培养年轻人才，强化大学改革，打牢科技创新的基础；四是构筑科技创新的人才、知识、资金的良性循环体系。

2. 综合科学技术创新会议

2012 年底，日本提出要打造"全球最适合创新的国度"，急需进一步完善科技创新宏观决策体系。为适应新变化，保持制度优势，降低改革成本，日本政府推动科技政策中央咨询决策机构从"科学技术会议"到"综合科学技术会议"再到"综合科学技术创新会议"的演变，增强其作为指挥部的职能，构建"内阁主导"的"自上而下"政策形成机制，在决策与审议日本科技创新各项重大政策时具备统揽全局和横向串联的功能，破除各省厅间的纵向分割，一体化推进科技振兴及创新政策，实现了职能高度集中与资源的集中投入，弥补决策分散、缺乏协调性等不足，大力提升了科技创新的管理效率。"综合科学技术创新会议"的诞生，标志着日本科学技术政策与创新政策一体化推进体制的实现。

在组织机制上，综合科学技术创新会议主要由理事会及专项调查会构成，二者承担着不同的功能职责。理事会是科技创新决策的核心参谋。综合科学技术创新会议理事会由内阁总理大臣（即首相）担任会长，包括负责科技政策推进的担当大臣在内。该会议共有 15 名成员参与。理事会作为强化日本政府首相与内阁职能的重要部门，对内阁出台重要政策产生直接影响。原则上，理事会每月召开一次，由会长（首相）召集，从国家发展战略角度出发，对日本科技政策、规划及发展方向进行计划性立案和综合审议，促进日本科技创新发展。专项调查会是科技创新政策评估的权威机构。综合科学技术创新会议下设若干专项调查会，负责对日本各机构提交的科技创新战略规划进行评估，并提出具体研究方向建议。至今，专项调查会已先后批准成立了五个专项调查会，分别是科技基本计划专项调查会、科技创新政策推进专项调查会、重要课题专项调查会（根据不同领域划分）、生命科学伦理专项调查会、评价专项调查会。其中，科技创新政策推进专项调查会重点围绕日本营造科技创新环境、开展跨部门与国际合作等领域进行政策评价。

3. 科学技术创新综合战略

2016~2018 年，日本陆续出台"科学技术创新综合战略"和"综合创新战略"，既是对超智能社会的补充与诠释，也体现出具体建设过程的阶段性和有序性。《科学技术创新综合战略 2016》是根据第五期计划制订的首个综合战略，首先，从平台和技术两个方面对超智能社会的深化和推进进行了具体的要求，并重点强调了网络空间和物理空间的融合；其次，就人才、教育与科研、产业、创新技术在内的四个方面进行了详尽的布局。2017 年，《科学技术创新综合战略2017》继续围绕前一政策进行拓展、补充，重点强调了官民共同投资对促进超智能社会实现的重要性。2018年，《综合创新战略》在继续推进教育、科研改革的前提下，对超智能社会的推进落实于具体领域之中，如明确人工智能的人才培养计划、环境能源智慧改善和农业自动化生产。目前，日本所有的行业都在超智能社会5.0这个大框架下实施智能化战略。超智能社会5.0的目标，是要在每一个行业实现互联互通，以智能化技术手段提高劳动生产效率，提供高效的服务，响应社会的各种需求，然后产生新的商业价值。

四、人才培育教育体制与机制

早在20世纪70年代，日本科研实力追上当时科研实力最强者美国的时候，国际舆论就出现了日本技术"搭便车"的声音。20世纪80年代，日美之间的"技术摩擦"不断地加剧，对日本政府造成了巨大的压力，因此日本政府改变了以往的科研政策，不仅加大了对创新技术的投入，而且加大了对大学和科研单位的投入，特别是青年研究人才的培养和发达国家人才交流合作。这一时期，日本的产业界迎来了"科研创新繁荣期"。日本政府加大对科研创新的投入，更多的是希望能够提高自主创新能力，追上欧美发达国家，维持日本社会经济的发展，保证国家的核心竞争能力。在这些政策的影响下，日本的科技水平不断提升，科研机构和研究所的数量又有了大幅度的增加，企业研究人员的数量也是不断增加。到了该时期的末尾，日本的科研创新能力已经达到了国际水平。同时期的SCI论文数快速上升，高被引论文数也在平稳上升。

为解决信息技术及人工智能领域的人才短缺问题，日本大学通过加速发展IT及理工科教育，强化以人工智能为主的相关学科人才培养等方式持续推进大学改革，同时加大科研经费投入，保障技术人才培养。日本政府在《未来投资战略 2017》和《科学技术创新综合战略》中明确指出，伴随第四次产业革命的到来，创造高附加值的竞争力将由以往的"物"转变为"人"，并指出在人才培养方面，要加强青年人才的培育，为青年研究人员的职业发展道路扫清障碍、营造创新创业的环境，尤其是激发女性研究人员的科研活力与提高录用比例，同时确保科技人才国际化、多样化。

日本 2003 年《科技白皮书》对日本科技人才进行了详细的划分：专业技术人才、经营管理人才、科技成果转化人才、科技普及人才和技能型人才。可以看出，日本的科技人才十分重视其研究成果的实用性，也就是重视创新成果的转化。综合日本政府和学术界近几十年来对科技人才的创造力方面的界定来看，适应驱动创新的科技人才应当符合以下几方面的要求：一是要具有独创思维意识，二是要具备领域知识水平，三是要拥有全球战略视角。

信息技术革命的浪潮来袭，互联网技术使日本的科技工作者获得了更多与国外一流学者交流和学习的机会，也为日本的科技人才追赶国际先进提供了物质条件。日本教育改革的成效逐渐凸显。"官产学"相互之间的合作也逐渐变得密切，逐渐形成了以教育为基础动力，带动科研机构和企业共同参与驱动创新的良性人才发展机制。这种机制由驱动创新的科技人才的培养机制、引入机制和保护机制构成。随着驱动创新人才机制的形成，日本整个科技研发人员的结构有所改良，在职科研人员总数有所削减，但是其核心研究人员的比例却在上升，精简了科研团体。

2012 年，日本文部科学省出台"关于经济增长领域核心专业人才培养计划推进战略基本方针"，推出专业人才能力指标框架，全面实施战略性推进重点经济增长领域核心专业技术人才培养与质量提高计划。该计划选定的重点领域主要是环境与能源、医疗与健康、IT（云技术、电脑游戏制作）、农林食品、造型设计（服装设计、流行文化）、旅游产业等。指标框架包括业务能力和基本知识能力，旨在实现核心专业人才向拉动经济增长的重点领域平稳转移。通过高水平的核心专业人才和创新人才的群体公关，诱发创新，提升产业技术水平和创新能力，促进全生产要素经济增长率持续提高，为日本经济发展注入新的活力。

（一）"官产学"三位一体的培养机制

随着日本老龄少子化的不断加剧，提升本国科研人员的创新能力成为其缓解劳动力不足的重要途径。日本政府从教育入手，通过建立官产学合作教育培养机制，提升青少年的科学研究能力和成果转化能力，形成了政府、企业和学校良性互动的局面。政府、企业、高校各自发挥着相应的作用，形成三位一体的态势。

首先，日本政府在培养适应驱动创新的科技人才中发挥着重要的政策推动作用。政府在培养驱动创新的科技人才中发挥的重要作用是：制定与科研创新相关的政策和计划，为科研机构、学校和企业提供资金资助，促进国际学术交流以及对科研成果卓著的个人和团体授予相应的荣誉。《科学技术基本计划》制定了政府采取的促进科学技术发展进步的措施，也指明了日本的科技创新活动和适应驱动创新的科技人才的培养方向。这些措施解放了学校和科研机构，调动了企业向高技术领域转型的积极性，为日本国内的科技创新人才与国际领先科研人员接轨创造了条件。另外，在促进日本的国际学术交流方面，日本政府也发挥了重要作用。在国际环境、能源资源和经济领域，日本政府都表现得十分活跃，不仅仅是出于改善国家形象的目的，也是通过积极与其他国家的合作，促进国际交流，为本国科技人才走向世界创造条件。此外，日本政府还通过对取得国际性科学奖项的学者和优秀的创新企业授予荣誉称号来激励个人和企业从事创新活动。

其次，日本企业在培养驱动创新的科技人才中发挥着重要的科研实践作用。日本企业积极参与学校的人才培养，为培养驱动创新的科技人才提供了便利的实践场所、实验设施和资金支持。日本企业与学校的合作研究和合作培养已经形成横向培养的官产学一体的人才培养机制。日本企业在科研硬件方面的投入为科技创新创造了良好的条件。一方面，企业为学校的研究生（包括硕士和博士）教育提供的"工业实验室"已经成为理工科研究生教育的主要基地和科研中心。另一方面，日本企业为适应驱动创新的科技人才提供大量的科研经费。据统计，日本企业对科技的投入相当于政府对科技投入的一半。日本企业还通过在海外设立研究院、研究所和实验室，直接在海外培养适应驱动创新的科技人才。此外，在软件方面，日本企业也为高校的科技类人才提供了科研实践的机会。企业与高校的科研人才签订兼职合作协议，从高校引进适应驱动创新的科技人才进入企业，提高企业的创新能力和研发水平。日本的企业吸纳了日本一半以上的科技创新人才，为这些优秀人才提供了就业机会，解除了日本适应驱动创新的科技人才培养的后顾之忧。日本的科技型企业也为这些适应驱动创新的科技人才提供了交流和相互学习的机会，尤其是师徒制发挥了重要"传帮带"作用。师徒制对显性知识和隐性知识的转移有利于日本适应驱动创新科技人才的知识传承。

再次，日本高校在培养适应驱动创新的科技人才中发挥了基础培育作用。高校是培养适应驱动创新科技人才的摇篮。科技人才创新能力的培养，离不开教育这块基石。日本高校在培养适应驱动创新科技人才的过程之中，对基础教育、高等教育以及对在职研究人员的教育采取了不同的培养策略，实施"适材适所"教育，取得了良好效果。

最后，官产学的三位一体为培养适应驱动创新的科技人才发挥了强大的"动力场"作用。官产学的三位一体联动，最终是要促进集结人才、知识、资金于一体的"动力场"的形成。为了高效快捷地推进科技创新，官产学协同一致，构筑统一行动的"动力场"。文部科学省依据"世界领先的开发实证据点推进计划"，整合地域和国内外多领域最尖端的资源，展开研究开发和人才培养一体的复合型科技创新推进。

（二）学校教育体制

幼儿园阶段到博士阶段的课程围绕"超智能社会5.0"进行完善和修改，突出数理思考和数据分析运用能力的培养，打破就业年龄的限制，终身学习有目标指向性。在人才必备素质方面，适应"超智能社会5.0"的人才必须具备下列素质：一是发现问题、解决问题的能力、意志和领导能力；二是创造性、挑战精神、忍耐力和自我肯定；三是感性、换位思考、交际能力，以及包容多样性的能力。在软件方面，要培育应对超智能社会的运用信息的能力，更新教育内容。提高孩子们对理科科目的关心，拓展喜欢理科的孩子的视野，非常重要。对所有的孩子来说，科学素养非常重要。在硬件方面，要推进学校的智能教育环境，如电子黑板等大型提示装置、实物投影仪、无线局域网等。另外，要不断提高教师的智能运用能力，确保外部人才如博士研究生和硕士研究生的提携，协助学校的这些活动的展开。

学前教育阶段，日本文部科学省在《平成三十年科技白皮书》指出，幼儿期是人格形成的基础阶段，其重要性不言而喻。必须给所有的幼儿高品质的幼儿期教育。基于幼儿时期的特点，在户外和自然亲密接触是必不可少的。幼儿教师必须发挥作为"人"的作用。从减轻教师负担的角度出发，可以利用高科技手段辅助教师的工作。例如通过一些技术手段综合地多角度地掌握园内环境和幼儿行为。

基础教育方面，日本的中小学侧重于对青少年科学兴趣和好奇心的培养，如推行"生存能力"教育，不仅对提高青少年的生存能力和应对突发状况的能力有积极作用，更重要的是能够培养青少年的求知欲，增强青少年对于未知世界的探求欲望，激发青少年去思考解决问题，培养其学习兴趣。此外，还有许多其他提升青少年对科学技术兴趣的措施，如实施"爱好科学技术、爱好理科计划"，派遣科研人员到中小学讲学，资助青年教师的创意科学教育实践，改善中小学的实验设备等。这些举措都对科学技术的启蒙教育起到举足轻重的作用。

　　中小学阶段，日本文部科学省在《平成三十年科技白皮书》中明确指出：为了迎接超智能社会 5.0 造成的社会结构急剧变化，必要的知识也在激烈的变化当中。因此，义务教育阶段，不应该追求流行的最前端的知识，而是应该打牢学习的基础，包括读解能力。数学思考能力等基础的学习能力和综合运用信息的能力。这些能力是每一个儿童都需要切实掌握的。

　　高中阶段，《平成三十年科技白皮书》要求高中学生必须掌握人工智能、大数据分析等各种高科技知识，利用网络展开手段丰富的继续教育。学生应具备不分文理的丰富的素养。文科学生有必要掌握数理思考方法。理科学生有必要具备一定的人文科学素养。通过科技振兴机构的支持，培养学生的科学能力和科学思考能力。具体来说，推进不拘泥于"学习指导要领"的课程，也向其他学校推广实践成果。2017 年度，在全国 203 所高中推广特色课程。科技振兴机构把开设高中生国际科学技术人才培养计划的大学列为重点支持对象，并选定为"全球化高科技校园"（Global Science Campus，GSC）。并且从 2017 年开始，由大学给理科、数学方面能力特别突出的中小学生开设特别补习班，使其能力得到更充分地发挥。除此之外，学校、教育委员会和大学等科研单位相互协调，推进"初高中学生科研实践活动推进计划"，力争达到初高中学生能自主发现问题，用科学的方法持续自主地开展科研实践活动的水平。另外，为了全国自然科学专业的学生发表自主研究成果，在全国范围内进行切磋和企业相关人士交流，2018 年 3 月 3~4 日在东京都丰岛区举行特别峰会，从 263 组应征文件中选取 169 组进行发表。此外还积极组织日本学生参加数学、化学、生物学、物理、信息、地理学等国际科学奥赛。

　　大学阶段，《平成三十年科技白皮书》提出，大学改革的着眼点在于使之成为牵引未来社会经济的"知识据点"。文部科学省 2015 年 4 月从科技创新的角度出发提案大学改革，重视大学的"知识创出技能"。例如，国立大学在"提高地域企业的生产性""深化独特领域的研究""推进世界水准的最尖端研究"等方面,强化发挥各个大学的特色。该白皮书同时指出,日本高等教育要坚持保障大学办学的自主性,采取灵活有特色的办学模式,坚持跨学科、重实用、高标准。日本高等教育特别注重对跨学科领域创新人才的培养,因为创新活动经常发生在学科领域的交叉处。在日本的大学中有大量的选修课程和辅修课程。学生可以根据自己的需要选择相关的课程。同时随着日本大学之间合作的深入,各大学之间可以实现专家资源的共享,许多学校之间的交流也逐渐深入,学生经常可以听到来自外校名师的课程。不仅如此,在课程设置上面,学校具有高度的自主性,教师可以开设许多跨学科的课程,增强了日本学生跨界思考的能力。日本高等教育特别重视科学研究与生产实践的结合,主要体现在研究生教育中。日本大学招收的研究生,在经过基础理论训练之后,可以进入合作企业参与相关领域的研究开发工作,"工业试验室"已经成为日本理工科研究生的必修课。通过这种校企合作的办学模式,研究经费、场地和课题全部与实际的生产经营相一致,提高了日本研究生理论联系实际的能力。日本政府为培养本国适应驱动创新的科技人才开展了一系列的专项资助计划,资助对象以博士等青年研究人员为主,并且以世界顶尖的科学研究人员为标杆,大力栽培这些有潜力的青年学者。实施"创新年轻研究人才养成",支持包括长期实习在内的职业开发。开办"产总研创新学校",将博士后和博士课程学生纳入项目计划。日本高等教育对适应驱动创新的科技人才的培养一直以国际化要求为严格标准。实施"全国 COE 计划"(Center Of Excellence Project)、"博士课程教育领先计划",旨在培养在官产学各个领域都能发挥作用,领先世界水平的人才。日本《新时代的研究生教育》指出,必须完善日本研究生院的评价制度,使其与国际化、世界领先水平的科研机构接轨。《研究生教育振兴实施纲要》更是提出了要建设"具有国际竞争力"的科研基地,保证人才培养的高质量。

  日本还非常重视升职路径的多样化。为了创造研究者能充分发挥研究活动主动性的环境,强化大学等研究开发的管理,以及让科技人才向研究职位之外的多样化升职路径拓展，支持大学等关于研究管理人才的培养和长期聘用。科学技术振兴机构运营"研究者人才数据库"（JREC-IN），实施"研究人才升职路径信息活用支援事业"，旨在官产学联动，为研究者、研究支援人才发布求人、求职信息提供方便。经济产业省通过"中长期研究人才交流系统构筑事业"，培养不仅具备高度的专业能力，还拥有广阔的社会视野和项目管理等实践能力的高度理科系人才，并基于产学间的人才流动进行创新，以理科硕士课程、博士课程在读者为对象，提供在企业的研究现场进行中长期（2个月以上）研究实习的机会。

（三）企业培训体制

为培养创业人才，文部科学省 2014 年至 2016 年实施全球化创业家培养促进计划（Enhancing Development of Global Entrepreneur Program，EDGE），对转化大学等单位的研究开发成果，对创业的新兴企业、现有企业推进新商业创新的人才培养和创业家体系的构筑，以及项目式学习（Project Based Learning，PBL）创业家培养计划也在一定范围内推进，受到各界好评。

经济产业省作为落实安倍晋三首相 2015 年 4 月 30 日在美国硅谷的演讲"硅谷和日本桥梁计划"的一环，为了培养后继创新人才，建立和硅谷的合作关系，从全国选拔 20 名创业家和大企业的新计划担当者派往美国硅谷学习。通过在硅谷和当地投资家的现场交流，作为创新的关键人物培养。

（四）国家培育体制

日本政府决定从 2002 年 6 月开始实施大量培养科技人才国家战略。目标是到 2006 年，培养数万名精通环境、生物、纳米材料等尖端技术人才，确保企业需求的具有实战能力的技术人才，从根本上改变大学现有教育体制。这一战略计划由日本经济产业省和文部科学省负责，主要包括大量培养实战技术人才计划、万人终身教育计划和人才培养机构评价推进计划。日本人才培养计划的目标是培养综合型人才，文部科学省科学技术学术审议会人才委员会 2002 年 7 月就人才培养问题做出决议，为了多出成果，要大力培养知识面宽同时专业特长突出的"T"（横线代表知识面，纵线代表专长）型人才。综合型人才可从事科学管理、组织大型多学科项目攻关，深受产业界欢迎。

日本政府在每期科学技术基本计划中对人才培养机制也有相关规定。第 1 期基本计划为了构筑充分发挥研究者创造性的研究环境，在国立大学、国立实验研究机构导入"任期付任用"制度的同时，在 2000 年度之前完成"博士后万人支援计划"，实施对研究者的评价。第 2 期基本计划除了普遍实行任期制之外，重点针对国立大学、国家研究机构的研究岗位实行原则公开招募，任期制的时间由三年延长到五年，对年轻研究者的研究经费进行有重点的扩充。另外，重新展开下列工作：发挥优秀外国研究者和女性研究者的积极性，开拓博士研究工作之外的升职渠道，积极录用博士和博士后到民间企业工作。在第 3 期基本计划中，作为计划的一个基调，将人才培养和重视竞争环境列为重点。针对博士后的升职路径不够明确的看法，通过新导入的任期制教职制度，支持年轻研究者自立。另外，为了加强人员流动性，引入"年轻人一回调动原则"，控制本校出身的教员比例。作为女性研究者的录用目标，将比例提升至自然科学全体的 25%，引入产学联动的人才培养观点。第 4 期基本计划确定，为了充分发挥人才的能力，必须充实相关的支援机能，人才和支持人才的组织是非常重要的。通过下列措施根本性地强化研究生院教育，形成一流研究生院，设定官产学对话的"场"，对大学教师进行多方面评价。除此之外，在大学和国家研究机构阶段性地导入年俸制，促进年轻研究者和大学生海外留学。将女性研究者在自然科学全体的录用比例调高到 30%（表 3-2）。

对于年轻研究者，白皮书指出，要选拔优秀者攻读博士课程，让年轻研究者能兼顾任职和流动性，专心于研究活动，增大他们获得研究经费的机会，

表 3-2 日本《科学技术基本计划》重点领域布局和主要政策措施

《科学技术基本计划》	重点领域布局	主要政策措施	效果
第 1 期 (1996~2000 年)	生命科学、信息科学、环境科学、纳米与材料科技	1. 大学教员任期法（1997，准许大学引入任期制） 2. 大学等技术转让促进法（Technology Licensing Organization, TLO）（1998，明确 TLO 的法律地位） 3. 产业活力再生特别措施法（1999，规定政府委托研发获得专利的专利权人可以不是国家） 4. 产业技术力强化法（2000，允许大学教员在 TLO、大学风险企业等兼职） 5. 延长国立大学委托研究、共同研究成果的专利优先实施权	1. 基础性研究经费、竞争性资金所占比例增加 2. 改善陈旧的科研设备 3. 大学和国立研究机构开始引入任期制和评价体系
第 2 期 (2001~2005 年)	生命科学、信息通信、环境、纳米新材料、能源、制造技术、社会基础设施、前沿技术	1. 产业集群计划（2001，从技术研发到产业化的全过程实施官产学合作） 2. 知识集群事业（2002，依靠研发能力强的大学，建立区域技术创新系统） 3. 知识产权战略大纲（2002，知识产权基本法；2002，确立"知识产权立国"战略目标） 4. 大学知识产权本部事业（2003~2007，全面调整大学的知识产权管理体制） 5. 国立大学法人化（2003，国立大学法人化） 6. 信托业法（2004，促进产学合作的知识产权管理制度） 7. 共同研究税额扣除制度 8. 大学教员的发明补助上限撤销，还原率提高 9. 国立大学教员的兼职承认权限交于大学校长 10. 共同研究税额扣除制度	1. 对基础性研究和四个重点领域的研发投入明显增加，竞争资金大幅度增加 2. 各省厅制定评价政策 3. 大学制定知识产权权利归属、管理等方针，并设立官产学合作窗口 4. 多数地区参与了产业集群与知识集群事业

第三章 主要创新国家人才培育模式分析 | 147

续表

《科学技术基本计划》	重点领域布局	主要政策措施	效果
第3期（2006~2010年）	生命科学、信息通信、环境、纳米新材料、能源、制造技术、社会基础设施、前沿技术	1. 官产学合作高度化促进事业（2006~2007，向大学派遣产官学合作专业协调员） 2. 官产学合作战略展开事业（2008，重点推进有特色的国际产官学合作） 3. 研究开发力强化法（2008，追加人才活用措施） 4. 新成长战略（2009，提出2020年战略目标）	1. 产学共同研究、共同申请专利数以及专利许可收入都显著增加 2. 大学研究经费中来自企业的比例显著增大 3. 大学设立技术管理（Management of Technology, MOT）专业
第4期（2011~2015年）		1. 大学绿色创新创出事业（2011~2015，推进大学的环境能源技术实用化） 2. 创新体系调整事业（2011~2020，强化大学的地域贡献机能，增加就业岗位与经济效益） 3. 技术管理人员培养体系构建事业（2011~2017，全国范围内培养复合型MOT人才）	1. 增设创新战略协议会 2. 完善产官学合作成果评价机制 3. 推进区域性特色创新

整合适宜他们出成果的环境。文部科学省从 2016 年开始针对年轻研究者实施"卓越研究员事业"。该计划以全国官产学研究机构为基础，推进优秀年轻研究者挑战新的研究领域，使之安心地推进自主研究。通过本项计划，至少 212 名（数据截至 2018 年 4 月 1 日）年轻研究者确保安心地进行自主科学研究。

此外，为了推动国立大学录用优秀年轻研究者，从 2014 年开始，日本开始实行"国立大学改革强化推进补助金（国际大学年轻人才支援事业（特定支援型））"，截至 2017 年度，已经支援了 53 所相关单位。另外，依据 2013 年 12 月公布的"大学教员任期法律部分改正条例"（2013 年法律第 99 号），力争让研究者在合同存续期间提高研究业绩，容易获得适当的评价，获得稳定的职位。同时，在科研经费方面也给年轻研究者一定的倾斜。在科学研究经费助成事业中，制订"科研经费年轻研究者支援计划"。

日本在科技创新中相当重视对女性研究者的扶持力度。发挥女性研究者的主观能动性，调动女性研究者的科研积极性，是日本重振经济社会，推进男女共同参加社会建设的重要一环。在第 5 期基本计划期间，提高女性研究人员的新录用比例，并且针对初高中女生，激发她们对理科的兴趣，引导她们选择理科作为大学学习的目标。除此之外，还利用寒暑假时间，组织初高中女生到理工类的职场参观，体验工作等。文部科学省还出台一系列政策，保障女性研究者能兼顾研究和子女教育。科技振兴机构实施"初高中女生选择理科目标支援计划"，为在科技领域活跃的女性研究者和女中学生交流提供场所和方便。另外，日本学术振兴会还为由于生产育儿中断科研的女性研究者提供研究奖励资金，支持她们继续进行科研，实施"特别研究员事业"。经产省实施"理科类女性活跃促进支援事业"，在 2018 年 9 月召开了"理科女性活跃促进研讨会"，大学生、大学教师、企业人事负责人参加了研讨。此外，产业技术综合研究所组织全国 18 所大学和科研机关组成了信息共享网络，为女性研究者提供特别平台。

日本政府重视对科技人才创新成果的保护，构建了以《知识产权基本法》

为基础的知识产权法律体系，立法严谨详尽，具有较强的可执行性，对日本科技人才的创新成果保护起到了基础性作用。日本专门成立的技术成果转化机构也为日本科技人才的创新成果转化保驾护航。日本颁布了《防止技术流出指针》，对技术型人才流出进行了限制。

此外，日本政府、企业和医疗机构还重视科技人才的健康保护。关心科技人才的身体健康，既有利于提高科技人才的创新绩效，又有利于知识的传承和转移。政府主要通过一些干预措施和法律措施来对科技人才的健康进行保护。日本政府每隔5年就会进行一次工作压力情况普查，了解科技人才的工作压力状况。日本专门为"过劳死"设置了抢救电话专线，对工作中突发意外的科技工作者实施及时的救助。除此之外，日本政府还积极立法，提高"过劳死"的赔偿额度，修改相关法律，使法院在"过劳死"案件的审理中能够对员工的生命健康权利是否受到侵害做出更公正客观的判决。日本企业会定期组织员工进行身体健康检查，并要求员工制订个人健康研修计划。在企业设施方面，大多数的日本企业均设有减压室，供员工发泄不良情绪，保障员工的心理健康。良好的家庭环境也有利于保障员工的身体健康。日本企业还会委托员工家属关注员工的身体健康。除了良好的医疗保健制度以外，日本还成立了许多帮助科技人才养成健康生活习惯的亚健康医院。科学研究工作对身体和脑力的耗费都比较大，而且对于时间的要求相对较长，科技人才通宵加班工作在日本已经是常态，这对于科技人才的健康保护是十分不利的。在日本，由亚健康造成的"过劳死"已经引起了社会各界的广泛关注，九成以上的"过劳死"来自不健康的生活习惯。现在许多医疗机构已经关注到这一问题，并且专注于帮助日本的科技人才养成良好的生活习惯。

（五）人才引进制度

日本对科技创新人才的培养和积累，除了通过国内的各种教育实现之外，还高度重视与国际人才的合作以及对国际人才的吸收。

为了弥补本国在人才、研究设施等方面的不足，提高在前沿领域的创新能力，日本于20世纪80年代中期开始发起了一系列国际共同研发项目，包括1987年的人类前沿科学项目、1989年的超音速/高超音速技术项目和智能制造系统项目等，积极与美国、欧共体/欧盟、加拿大等西方发达国家或地区的研究机构或企业合作研发。

1995年以后，日本提出"科学技术创造立国"战略，发展重点从技术开发扩展为科学与技术全面发展，"立足现实、面向前沿、动态调整、夯实基础"成为新战略的鲜明特点，并在一定程度上体现在了20世纪90年代以来的诺贝尔奖成果中。这些成果中既有"高亮度蓝色发光二极管"这样基于国际合作产出的、面向应用的先进技术，也有中微子震荡现象研究这样的前沿性探索，还有细胞自噬机制和诱导多功能干细胞这样既有明确应用价值，又有较强前沿性的研究。这些成果的应用性与前沿性兼具，既有国际合作成果，也有日本国内产出，并且在领域上呈现出能源、材料、空间和生命科学的多元化格局特征。

2007年，日本文部科学省设立了"世界顶级国际研究中心计划"，通过重点、集中的支持，创造良好的研究环境，吸引和凝聚世界高水平的一线研究人员，形成以高水平研究人员为核心的世界顶级研究基地，希望借此提升日本的基础研究能力和国家创新能力。2012年，日本最大的基础研究资助机构——日本学术振兴会推出了"强强合作计划"（Core-to-Core Program），旨在加强日本的大学和研究机构与包括美国、加拿大、澳大利亚以及欧洲在内的共15个发达国家或地区在科学前沿领域的合作。通过建立并加强日本与这些国家或地区的研究网络，以在较长的时间内保持并提高日本大学和研究机构与其他科学先进国家或地区的合作水平，并且支持其国内外研究人员的短期合作，以建立国内外合作研究网络。

日本为了吸收并留住国际人才，创建了适应驱动创新科技人才的引入机制。一个重要的体现是不断放宽对高级人才的签证要求。

提高国家的适应驱动创新科技人才的数量和质量，一方面需要以国内教育为基础，在官产学一体中提高本国人口的科技创新能力；另一方面，还需要积极引入海外优秀科技人才为本国效力。日本在大力培养国内适应驱动创新科技人才的同时，还打破了保守思想的束缚，对海外优秀人才提供优厚待遇。日本对于适应驱动创新的科技人才的引入机制主要包括两种：海外引援机制和就地取材机制。

在海外引援机制方面，日本在第三期《科学技术基本计划》中重点明确了将生命科学、信息通信技术、环境技术和纳米技术与材料定为国家的重点发展领域。但是要攻克这几个领域的科学技术难关，单靠日本自己的科学技术积淀是较难实现的。日本的海外引援机制主要利用资金和良好的生活条件吸引海外适应驱动创新的科技人才来日本从事科研活动。

尽管日本失业率高居不下，但是日本仍然积极从海外引入人才，大力为外国优秀人才提供就业机会，努力为海外人才提供优厚的科研条件。日本政府专门为具有专业知识和技术的科技人才修改了相关出入境管理条例和移民法，同时在医疗和子女教育方面也为外国优秀科技人才提供了许多优厚的条件。同时还通过科技人才资格国际互认制度和国际间养老金互补制度，为有意移民日本的科技人才提供了保障。另外，日本还通过《特别研究员制度》为适应驱动创新留学生人才留在日本继续从事科学创新研究创造了条件。

在就地取材机制方面，日本政府和企业也积极采取各项措施，充分利用海外人才资源。人才引进毕竟需要耗费大量的资源，过多引入外国科技人才会给日本政府带来更多的财政负担。加上保守排外的日本文化，使很多世界顶尖的学者不愿意移民日本。日本结合自身实际情况，采取了在国外就地取材的人才引入政策，包括购买或资助国外实验室、在国外设立研发机构、购买或吞并外国企业、在国外设立奖学金等。

日本企业在海外设立科研机构最早开始于20世纪80年代，以松下公司为代表的一系列日本跨国大公司在海外设立了相当数量的研究所和实验室，主要从事技术研发创新和基础研究。日本这一人才引进机制有效地降低了获取海外创新知识的成本，对于帮助日本在科技上迅速崛起有着重要作用。

五、创新人才培育特色与优势

通过对日本科技创新文化背景、科技创新战略规划以及政策体系、人才培养教育体制和机制的考察及分析，可以发现：当今日本为了通过科技创新，实现相应目标，充分结合国际及国内的发展沿袭及特点，营造出了浓厚的创新文化氛围，制订了前瞻性较强的战略规划，形成了操作性较强的政策体系、实现了"官产学"三位一体联动紧密的人才培养教育体制、确立了接近标准化的机制和措施。

日本人才培养体制的特色在于"官产学"合作制度。从20世纪80年代开始，日本官产学之间形成互惠互利的合作，高校不用仅仅为产业供应人才，而教授与企业不是校企合作，而是私人合作。官产学是政府主导下的高校为企业提供服务。高校与企业之间联系更加紧密。政府在这一时期变成了中间人、联络者的角色，推出了一系列政策加强合作。在1996年"科学技术创造立国"的战略中，对官产学合作提出了新要求，希望大学和公立科研机构能够和企业一同开展基础研究，着力解决企业在科技创新过程中面临中的关键性基础课题。在这些政策的推动下，高校与企业之间合作的意愿逐渐增强。高校与企业合作可以在一定程度上解决了经费问题。高校的经费主要来自文部科学省的拨付，由于经济发展缓慢，经费增长也同样很缓慢。此时，高校研究者与企业科研人员相比，经费很少。企业资金的支持可以很好地推动大学科技创新能力的提升。由于社会环境的变化，民间对高校基础研究关注度提高，民间资金不断地投入高校中，这也推动了高校与企业之间的联系。

20世纪90年代之后，日本的经济一直没有恢复，一度被称为"失去的二十年"。但在科技创新方面日本却一直处于世界一流之列，世界上几乎所有的高科技企业与日本企业都有密切联系。为了进一步提高在高科技领域的创新能力，日本企业和大学以及公立科研机构全力推进在尖端科技领域的合作。其次，在社会生活领域方面，鼓励科研解决社会问题。基于此，文部科学省推出了尖端融合领域项目、独创性创新产出项目和举办开放式创新产出会议，推动官产学合作和社会生活领域的结合。2017年推出的尖端融合领域项目，主要是鼓励官产学协作，由基础研究逐渐拓展到研究开发，推动合作进一步地深化。目前开展的领域主要是医学，目标是构建未来的医疗体系，开发出前沿的医疗技术。独创性创新产出项目设立于2013年，起初是以推动大学的科研成果转化为目的，之后逐渐发展为企业以及大学研究者共同探讨未来社会发展动态，企业为大学优秀成果进行投资，并邀请大学对企业重要基础研究进行合作的平台。开放式创新产出会议的举办是日本振兴战略的补充，推动民间企业扩大对高校的投资，实现企业与高校组织之间的对接，培育创新团体。

在"官产学"合作制度的保障下，日本不断强化官产学之间的合作、联动。首先，是进一步完善大学等官产学合作联动体制。文部科学省支持大学建立多领域融合、包容多样性的对话型工作坊的开展。特许厅通过工业所有权情报，向大学派遣知识产权管理方面的专家。总务省通过构筑信息通信研究机构，推进官产学联动的研究开发和实证研究。农林水产省通过"加速事业化的产学联动支援事业"，在全国配置联络协调员，收集企业和研究的需求，做成研究计划予以支援。

其次，是强化官产学的共同研究开发。科技振兴机构为了促进大学等单位的研究成果的实用转化，一是实施"研究成果最适展开支援计划"，对大学以及国家研究机关等单位的需求发掘到实用阶段，给予不间断的支持。二是推行"战略科技创新创出推进计划"，以优秀研究成果为基础，设定题目，进行研究开发，新产业创出的基础，支援技术确立。三是推进"产学共创基础研究计划"，实施"产学共同实用化开发事业"，由国家出资，对企业利用大学研究成果时面临的大规模事业化开发成本等进行支援。

最后，是推进官产学网络的构筑。为了推进官产学网络的构筑，达成官产学的共同认识必不可少。在全国各地，召集相关人士用演讲和集会的方式，促进共识的达成。另外，在大学，召开成果报告会，出版发行定期刊物，组织各种学会，发表研究论文，做到成果共享。

政府主导型官产学合作模式使得企业的创新能力显著增强，区域经济活力明显提升，大学的产学合作体制不断完善，研究者的观念明显转变，政府的指导、协调能力增强，政策措施连续、配套。尤其是在复合型科技人才的培养方面，自 2003 年开始，日本在国公私立大学设置技术管理（Management of Technology，MOT）专业，结合产业的需要培养既懂技术又善经营管理的复合型人才。到 2009 年底东京工业大学、早稻田大学等 58 所大学设置了 MOT 专业或学院，其中东京大学、东北大学等 31 所大学在硕士和博士专业中设立了 MOT 方向，五年内培养了高端技术经营人才达 1 万人。MOT 人才进入社会后对产学合作的技术预测、技术市场化、先进技术发掘、技术战略制定、知识产权管理等实质性融合起到重要作用。大学和研究机构注重吸收一定比例的国外研究者，以确保人才的多样化和流动性。同时有 75% 的大学引入了大学生参加社会实践制度，提高了大学生运用知识、组织协调、知识产权保护等意识与能力，并注重鼓励大学生自主创业，实现了学生与企业的有效连接。

第三节 德国创新人才培育模式

一、国家科技创新能力总体评述

德国人口 8 315 万，是欧盟人口最多的国家，国土面积约 35.7 万平方千米，2017 年 GDP 总量为 36 774.4 亿美元（当年价，下同），人均 GDP 44 470 美元，为高收入国家。2017 年德国全社会研发投入强度（研发投入占 GDP

比重）达到 3.02%，首次实现《欧盟战略 2020》确定的 3%目标。德国政府的高技术战略自 2006 年实施以来，已让德国成为为数不多的提前实现《欧洲 2020 战略》确立的 3%目标的欧盟成员国之一。根据联合国教科文组织发布的《2015 年科学报告：面向 2030》，在所有欧盟国家中，只有德国在过去五年中真正增加了公共研发投入。大量的研发投入确保了德国创新能力的持续增长。

2018 年德国国家创新指数在全球排名第 5。2017 年 SCI 收录论文 11.5 万篇；PCT 专利申请数 18 951 件；高技术产业出口占制造业出口比重为 13.67%。根据 2019 年国家创新指数报告，德国综合排名第 6 位，较上年下降 1 位。一级指标中，创新资源排名第 9 位，较上年提升 1 位；知识创造排名第 28 位，较上年提升 2 位；企业创新排名第 5 位，与上年持平；创新绩效排名第 17 位，较上年下降 1 位；创新环境排名第 3 位，较上年上升 1 位。二级指标中宏观经济稳定性排第 1 位，产业集群发展状况排在第 2 位，政府规章对企业负担影响、风险资本可获性两个指标排在第 3 位。

2018 年 9 月，德国联邦内阁通过并发布《高技术战略 2025》文件，作为德国未来高技术发展的指导方针和德国政府为继续促进研究和创新而确定的战略框架。新一轮高技术战略明确了德国未来七年研究和创新政策的跨部门任务、标志性目标和重点领域，以"为人研究和创新"为主题，将研究和创新更多地与可持续发展和持续提升生活质量相结合。新战略将着眼于应对重大的社会挑战、加强德国未来的能力、创建开放的创新与冒险文化等三大行动领域，并提出与癌症抗争（国家十年抗癌计划）、发展智能医学、将研究与护理数字化互联（到 2025 年，所有德国大学附属医院都将提供能用于研究的电子病历）、大幅减少环境中的塑料垃圾（生产易于销售的生物塑料并完善塑料循环经济）等十二项具体任务以及相应的行动计划和标志性里程碑，内容涵盖健康和护理、可持续及气候保护和能源、零排放智能交通等六个重点领域。为此，联邦政府仅在 2018 年就将投入 150 多亿欧元。德国政府的新目标是到 2025 年全社会研发投入占国内生产总值的 3.5%，以进一步稳固德国研究和创新世界强国的地位[1][2]。

新技术是知识密集型技术。成功的关键在于顶尖的专业人才和开放的创新友好型社会。因此，德国需要积极发展数字教育和新的继续教育文化。政府将通过实施新战略，促进转化、增强中小企业的企业家精神和创新力，并密切关注欧洲与国际的互联和创新伙伴关系。新的重点措施包括设立一家创新机构"跨越创新促进署"，并通过税收优惠支持研发，着力支持中小企业研发。

二、创新文化背景

德国创新文化的确立始于对创新认识的改变。诚然，人类以往的许多发明创造，从火药到蒸汽机，乃至于计算机的发明，偶然的因素不可不说是成功的几乎不可缺的一个因素。但是，在全球化高度发展，高新技术突飞猛进的今天，靠偶然显然已不能给德国这样一个工业强国提供足够的动力。仅仅是拥有某些核心技术和强大的资本，已不能长久保持领先地位，只有不停地创新，不断地开发新技术，才能保证今天所拥有的富裕，才能继续履行像德国那样一个传统工业强国对世界经济发展的"责任"。

人们发现，那些坚持创新的企业，远比哪些固守成规的企业在当今的市场上更为成功。人们还发现创新的想法并不缺乏，所缺的只是如何去实现这些创新的想法，使之变成新技术，新产品。而管理就是德国式解决这一问题的法宝。只有合理完善的管理，才能加快创新的实现，才能使创新不再偶然。

从过去依靠"偶然是创新之母"的恩赐到通过主动的创新管理，即对整

---

[1] Leitfaden für die Zukunft, www.bmbf.de, 05.09.2018.
[2] Vorläufige Ergebnisse der FuE-Erhebung2017. www.stifterverband.org, 11.11.2018.

个创新全过程进行科学、合理的管理，使创新不再偶然。"要战胜偶然"成为当今德国推行的创新文化宗旨。创新，不再是个别精英的灵光一现，而是按照一个全新的理念，而是朝着工业4.0的明确目标，有条不紊地进行着的一个企业，一个行业，乃至一个国家，并且由许多人才和高新技术参与的日常的群体活动。资本与劳动力的结合不再能保证一个国家的持续领先。新技术的掌握和不停止的创新才是成功的根本已成为共识。于是就有了在一个企业或国家内进行闭合的创新项目，以及由不同企业和国家合作进行的开放式的创新项目。成功的创新管理和对创新项目的投资，体现了现代成功企业，乃至先进国家的一个基本要素。

创新文化也改变了对市场的认识。人们认识到了市场并不傻。事实上，即使是一个好的产品也不见得能打开它所需要的市场。尤其是在日益全球化发展的今天，其实是市场在引领产品的更新换代，而不是商品的生产方。西门子公司很早就开发和运行了自己的市场发展趋向监视系统，用来跟踪和评估市场发展的动向，为自己的创新研发提供依据。当年某企业没有意识到数字化技术将占领摄影技术领域，还是潜心致力于改进自己的胶卷彩色的质量，结果多年努力都付之东流，成为这一理念的活生生的反面教材。

创新文化也创新了人才管理的含义。人才管理不再是单纯意义而是对现有人才的管理，而是包含了按工业发展的需求来合理地培养人才。从儿童开始，对合适的人选进行创新能力的开发培养，在高等教育中有计划地推进科研和工业的结合，培养合适的专业人才以及对人才的合理使用。面对扑面而来的第四次工业革命，预计未来十年二十年间将大量运用人工智能的生产方式。如何合理应用人力，需要哪些相应人才已被列入创新的议事日程。届时会有众多的新兴职业诞生，而相应人才的计划培养，以及在不同范围内的交流，已经是刻不容缓了。德国自身在数字化革命初期的教训，恐怕不会重演了。不同的是，今日德国，除了自己培养的人才以外，也不会忘了引进人才的重要性[1]。

三、战略规划与政策体系

如前所述,德国在第三次工业革命初期,发现自己失去先机之后,立即调整了国家政策,推行新的支持创新经济的政策,实行国家的创新政治,全面促进创新经济。继当年引进大量劳动力以适应战后国家重建对劳动力的需求之后,又一次打开国门,大力引进急需的数字化技术人才。德国很快就赶上了以数字化、英特网为主题的发展潮流,并开始针对即将到来的物联网时代,开始对整个工业的未来进行全新的设计规划。德国政府宣布工业 4.0 将作为德国未来高科技工业发展的中心国策,并相应制定了支持创新的政策,以及以规划、培养和支持创新人才为中心的创新人才管理制度。

自 2011 年起每年的汉诺威工业博览会,工业 4.0 新标准就已经成为必然的主题。以物联网为中心,大力推进对工业的全面数字化、智能化。更新改造数字化系统的基础设施,实现由互联网到物联网的更新换代。利用物联网提供的大数据实时传输处理功能,全面运用 3D 打印技术,大量进行新型的人工智能的开发应用。工业 4.0 对未来工业生产的模式就是构建高智能,有学习和调节功能的模块,实现人、机器、原材料和产品之间完美的交流和合作,可随时随地按照顾客对产品的需要建立相应的组合投入生产或装配,以代替传统的固定的流水生产线。同时,一个全新的德国工业 4.0 平台也应运而生了,以促进工业 4.0 的推广。

今年更是提出了新的国家工业发展策略,2030 年试图把国家对工业发展的主动干预合法化。该策略回顾了德国战后重建和让全民共享富裕的承诺,

---

[1] BMWi, Bundesministerium für Wirtschaft und Energie. Investition in Forschung, Innovation und die Ausbildung von Fachkräften.

分析了当今国际社会高度全球化和美国特朗普政府对国际社会的影响，提出了偏离德国以往严格的市场经济原则，要求在必要的时候允许政府干预经济。提出联邦政府要参与重大产业的控股，尤其在某些重要产业的控股权有落到外国企业手中时，政府可进行干预或收购股权。并强调了国家支持创新的政策，强调科研和工业相结合，以工业 4.0 为目标，在 2030 年建成一个全新的数字化工业体系，迎接第四次工业革命的到来。并且，为了加强德国在世界经济中的竞争地位，国家将优先支持德国占据国际领先地位的工业部门，并鼓励中小企业进行整合，以提高在国际上的竞争能力。虽然，该策略在德国朝野受到了很大的批评，但这毕竟预示了未来德国政府将在经济政策上更为积极地起到调控作用。德国联邦工业联合会明确表示反对国家干预经济和工业，强调坚持纯粹的市场经济体制。相信自身能力足以完成工业 4.0 的创建。强调联邦政府应该做工业的后盾，保证德国工业与各合作国家以相同的条件，进行自由竞争。

可以预见，在未来的十年里，德国工业将出现翻天覆地的变化。物联网，工业制造的全面数字化、智能化，实时大数据，新型的创新管理和人才管理将陆续登场。也预示着将有一大批新型职业的诞生和传统劳动力市场的变革。但是，德国仍然摆脱不了它与生俱来的弱点。它虽然资本雄厚，但缺乏自然资源，并且也没有美国的美元优势和中国的巨大市场。所以，人们也已认识到一个有效的欧共体内部市场的建立将不仅对欧洲，对德国在第四次工业革命中的成功也至关重要。

四、人才培育教育体制与机制

（一）主要科研与创新机构举措

德国高等教育体系比大多数其他国家更为国际化。这归功于德国国际化进程的五个强大推进者的领导和支持：德国联邦教育与研究部、德国研究基金会、德国大学校长联席会议、德国学术交流服务中心、德国洪堡基金会。在近几十年中，这五个联邦层面的参与机构已经确立了广义的目标并制定了初步的国际化议程，并随后由州和地方层面的政府机构、研究院、基金会和学术机构贯彻执行。

德国联邦教育部（Bundesministerium für Bildung und Forschung，BMBF）是支配科研经费的主体。从2017年研发经费预算执行部门看，联邦教研部支配联邦层面58.3%的研发经费。其他10余个联邦部门支配比例合计约为41%。其中联邦经济和能源部（Bundesministerium für Wirtschaft und Energie，BMWi）负责创新政策和产业相关研究；管理能源和航空领域的科学研究及面向中小企业的科技计划，占经费的20.7%；农业部、交通部、环境部、卫生部等管理与本部门智能相关的科技计划约占经费的9.2%。

1. 加强对科学数据机构的资助与管理

2018年，联邦与州共同科学联席会议决定今后由德国研究联合会（Deutsche Forschungsgemeinschaft，DFG）负责德国科学数据基础设施的促进工作，即科学数据中心机构的遴选、评估及经费管理。计划在未来十年内，DFG将通过三轮招标选定约30家科学数据中心。每年用于资助这些科学数据中心的经费约为8 500万欧元。首批资助项目定于2020年6月正式启动。在管理方面，DFG主要负责科学数据中心的遴选和定期评估，德国科学评议会（Wissenschaftsrat）负责体系评估，联邦与州共同科学联席会议则保留了最终的资助决定权[1]。

2. 力促产学研三方合作

德国研究联合会（DFG）消息：德国这家最大的第三方研究经费提供者与欧洲最大的应用型研究促进机构弗劳恩霍夫协会（Fraunhofer-Gesellschaft，

---

[1] Nationale Forschungsdateninfrastruktur (NFDI): DFG übernimmt Auswahl und Evaluation der Konsortien. www.dfg.de, Pressemitteilung der DFG, 07.12.2018.

FhG）于日前签署了一项旨在加速大学科研成果转化的合作框架协议。根据这项协议，DFG 和 FhG 将各自发挥其高校基础研究以及与企业关系紧密的特长，联手用户单位或工业界，加速科研成果的转化。

双方的合作模式是：在 DFG 资助大学科研项目成果的基础上，由 FhG 物色合适的用户单位或感兴趣的工业伙伴，共同设立三方合作项目。通过合作协议确定各方权利与义务，申请参与合作的工业伙伴必须在相关领域具有一定的知名度，并对三方合作项目有一定的贡献。三方项目由 FhG 牵头，参与的高校按固定比例分享成果转换收益。

德国大学虽然拥有杰出的基础研究实力，但其成果不一定都能以有效的速度转换成经济和社会效益，其主要原因往往是供需双方无法找到合适的伙伴。这对中小企业和初创企业而言难度更大。德国研究联合会与弗劳恩霍夫协会的合作将对德国高校科研成果的快速转化起到积极的推动作用[①]。

3. 德国研究联合会新设十个特殊研究领域

德国研究联合会（DFG）评审委员会批准从 2019 年起新设十个特殊研究领域（SFB）项目，支持德国高校的尖端科研，其研究课题涵盖从微塑料至基本粒子物理现象学等不同领域。为此，DFG 将在未来四年内共投入 1.2 亿欧元。

SFB 资助项目已有五十年历史，是德国科研资助中最重要、国际影响最大的资助措施之一。自 1968 年以来，DFG 对具体的资助措施进行了多次改革，以适应形势发展的需要。如 1996 年起企业可参与应用型的 SFB 项目，1999 年引入了"跨区域"（Transregio）项目资助模式，方便多所高校联合申请，2006 年可以在 SFB 框架内设立博士生院，培养学术后备力量，2015 年 SFB 资助的区域原则过渡为高校原则，更大程度上促进了高校的联合申请。

---

① DFG und Fraunhofer vertiefen Zusammenarbeit beim Forschungstransfer, Pressemitteilung von DFG, 06.07.2018.

除了 2019 年新批准的 10 个新项目外，DFG 评审委员会还批准延长了 13 个现有 SFB 的资助期限。自此，获 DFG 资助 SFB 项目的总数共达 277 个[①]。

（二）国际人才培养

教育和科研是塑造未来、扩大市场、创造就业岗位的核心，加强国际人才培养将有利于德国与其他各国的合作伙伴关系，创造美好未来。在过去十年中，通过联邦、州和机构层面的共同努力，德国已经稳步成功推进其高等教育体系的国际化进程。这些努力的最终目的在于提升德国教育机构的排名，参与全球人才流通，在公民中培养更强的欧洲统一意识及促进低生育率和迅速老龄化的德国社会人口更加多样化。德国近期讨论并评估了高等教育机构国际化提高所带来的经济收益，以及这种情况将对地区和全国经济带来怎样潜在的影响。

德国科学联合会和麦肯锡公司发布的一份报告关注了国际学生对德国经济现在和未来预期的影响，指出要更加密切地关注德国大学如何解决学生留存率的问题，并提到国际学生在未来十年预计将为德国经济带来 43 亿欧元的收益。一项于 2015 年对 230 家企业进行的调查结果显示，45%的企业支持向外国学生收取学费，30%的企业反对这样做，选民对于向任何学生收取高等教育学费的做法一直以来都持反对态度。

德国在 2005 年提出设立"卓越计划"，并从 2006 年开始，从资助研究生院、卓越集群（Exzellenzcluster）和未来构想三方面加以实施，以加强精英大学和一流科研机构对具有国际影响力的优秀人才的吸引力。德国洪堡国际研究奖为获奖者五年内提供 500 万欧元（理论科学为 350 万欧元）的资助。

德国高校十分重视国际化的课程设置。2018 年，汉堡大学附属医学院开

[①] Zehn neue Sonderforschungsbereiche. www.dfg.de, Pressemitteilung der DFG, 6.11. 2018.

设中医研究生课程。在汉堡大学附属埃彭多夫医院汉莎美安中医中心与上海中医药大学的合作框架下，对德国和欧洲的西医医生全面普及中西医对待疾病的不同理念和方法，使其毕业后能提供中西医结合的医疗服务。学制为三年，采用在职学习方式，完成学业者将获得上海中医药大学颁发的相关专业医学硕士学位。该项目依托大学附属医院，将有助于学生进行中医研究。学生每年将在上海学习一定时间。上海中医药大学教师也将每年两次赴汉堡进行教学指导，每个学生配备中国导师和德国导师各一名。学习的课程包括针灸和推拿、古典中医文献、语言和文化基础、疼痛学和神经学、精神病学和心身医学、感染和自免疫疾病学等。

此外，继《非洲战略 2014~2018》之后，BMBF 再次发布新的《非洲战略》，并将"创造愿景"作为该战略的指导思想。该战略由来自德国和非洲教育和科研领域的参与方共同制定。BMBF 新《非洲战略》的核心内容是在非洲大陆培养技能、推动创新、促进研究成果转化和技术应用，将侧重五个行动领域：进行知识转化和创新、支持高等教育和科研后备、提升就业能力、充分利用德国参与的协同潜力和致力实现联合国可持续发展目标。BMBF 将为德非在这五个领域的合作提供至少 3 亿欧元的资助[①]。

（三）青年学者激励

2018 年，德国研究联合会（DFG）正式设立以哲学家和文化批评家瓦尔特·本杰明（Walter Benjamin-Programm）的名字命名的资助计划，专门资助获得博士学位的青年科学家在国内或国外的任何地方组建自己的第一个课题组，在助力其学术发展的同时方便他们处理好科研与家庭关系。该计划的一个亮点是青年科学家可以自由选择其科研地点。这既符合科研活动的内在逻辑，也可增强青年科学家学术活动的国际化程度，同时还能提高该资助项目的

---

① "Perspektiven schaffen!"–Neue Afrika-Strategie vorgestellt. www.bmbf.de, 12.11. 2018.

吸引力。

2019年度，共有10位科学家获得戈特弗里德·威廉·莱布尼茨研究奖，其中女性科学家有4人，占比40%。荣获此项被誉为"德国诺贝尔奖"的科学家分别来自人文社会科学（3人）、生命科学（3人）、自然科学（2人）以及工程科学（2人）。每位获奖者各得250万欧元奖金。获奖科学家在未来七年内可自由支配获得的奖金，主要用于改善研究条件、拓展研究领域以及培养优秀青年学者。

莱布尼茨奖以德国著名数学家、哲学家、历史学家戈特弗里德·威廉·莱布尼茨的名字命名，设立于1985年，次年起每年由德国研究联合会组织遴选，是德国最重要的科研奖项，也是世界上奖金额度最高的科学奖之一。迄今共颁布了368个奖项，其中自然科学获奖33%，生命科学获奖29%。共有395名杰出科学家获此殊荣，其中有7人在获奖之后又获得诺贝尔奖[1]。

1. 卓越计划

德国大学卓越计划是德国联邦教育及研究部和德国科学基金会发起的，旨在提高和促进德国大学科技研究和国际竞争力，培养年轻科研后备力量等。计划包括资助特定的杰出大学，资助在特定大学的杰出年轻科研人员的研究；加强大学间的项目合作；加强德国大学和国际学术机构、大学的合作研究。卓越计划的资助有三个层面：未来构想、卓越集群、研究生院（Graduiertenschule）。

最初，精英计划的目标是改变德国从UMTS-Lizenzen中每年需要拿出约4.7亿欧元（四年合计金额约19亿欧元）资金推动大学发展的现象。2005年6月23日，德国达成了允许较小或高度多元化的大学和研究的支持的妥协。德国研究基金会和德国科学委员会组织、管理和科学意见也充分被采纳。卓

---

[1] Leibniz-Preise2019: DFG zeichnet vier Wissenschaftlerinnen und sechs Wissenschaftler aus. Pressemitteilung von DFG, 06.12.2018.

越计划是一个多步骤的多轮申请和审查程序（在 2005/2006 年的第一轮首批，2006/2007 年第一轮二批，2011/2012 年的第二轮），对主要国际专家提交的提案及草案的质量进行评估，并提出建议和资格评定。最终决定由德国研究基金会和德国科学委员会发布。

卓越计划被看作主题竞争的研究概念。正因为如此，建立在联邦制改革教学区的不同的大学教育质量和不同强度在评选过程中没有发挥作用。卓越计划只有在研究生院教学的特定方面，比如对结构化的博士训练有一定的重要性，而不是作为一个本科硕士阶段学习的高校参考指标，因为授课、学习方向是没有可比性的。

2. "精英"三大要素

全德境内约 100 所大学都可以参加竞争。评选有三个类别：

（1）大学可以突出其培养科研后备力量，涉及对社会发展有价值课题的研究生院；

（2）另一个类别是所谓的"学科评选"，各大学可以推荐自己最有特色的跨学科研究中心；

（3）最后一个类别是评比"面向未来方案"，参选大学要提出如何将本校建成国际一流大学的具体方案。

迄今所有入围的大学几乎都在方案中多多少少地强调，要在教学和科研中注重培养女性，推动外籍学生融入，以及致力于发展跨学科的研究。只有未来方案得到了评委会的首肯，一所大学才能入选"精英"。不过即使没有获得"精英"的称号，大学还是可以通过在单一类别中胜出而获得政府资助。

3. 非终身制

过去有人常抱怨，评选所谓的精英大学会造成大量资金流向科研，而教学领域则受到冷落。因此有些大学在制定未来发展战略的时候，不仅仅重视科研人员，也把学生和教职员工纳入规划。提供更有效的组织管理和信息服务，调整图书馆和服务机构的开放时间以方便师生，以及引入教学质量管理等因素都起到一定的作用。

精英大学的评选结果不是永久性的。在 2006 年的评选中，卡尔斯鲁厄大学、慕尼黑科技大学和慕尼黑大学首批获得精英大学的称号。2007 年，海德堡、弗赖堡大学、康斯坦茨、哥廷根、柏林自由大学和亚琛工业大学也跻身于精英行列。但在 2012 年，卡尔斯鲁厄、弗赖堡和哥廷根大学不敌竞争对手，又失去了"精英"头衔，同时，科隆、不来梅、蒂宾根、柏林洪堡大学和德累斯顿工业大学新晋为官方认可的顶尖学府。在接下来的五年中得到政府资助，直到 2017 年。届时将进行下一轮"精英"大学评选。

4. 地位

影响：卓越计划的实施在一定程度上提升了德国大学的科研水平和国际影响力，促进了学术交流，使德国大学再度进入世界各国的视野。为中国创建世界一流大学提供有益的思考与借鉴。

5. 存在问题

由于财力的限制及传统观念的束缚，卓越计划的实施未能使德国大学实现飞跃。德国的精英大学与世界一流大学还存在不小的差距。

（四）专家平台构建

1. 德国的洪堡国际研究奖计划

洪堡国际研究奖计划又称"洪堡教授席位"计划，设立于 2007 年。每年颁发一次。每次最多资助 10 位国际顶尖人才来德国开展科研工作。至今，洪堡国际研究奖共颁发 3 次，有 21 名科学家获得奖励，其中德国归国科学家 8 名，获奖科学家大部分来自美国和欧盟其他国家。

（1）洪堡国际研究奖的目的

洪堡国际研究奖是德国科技奖励中奖金最高的奖项，奖金高达 500 万欧元（理论科学为 350 万欧元），资助期为五年。德国政府希望通过设立洪堡国际研究奖，创造优质的科研条件和待遇，引进国际尖端人才，借此获得国外研究经验，嫁接优势科研资源，帮助德国调整科研重点，带动科研进步，提升科研水平，增强德国科研的国际定位和竞争能力，扩大德国研究机构与国外的联系。洪堡国际研究奖不设学科限制。获奖标准主要取决于科学家的科研水平和对德国科研的引领作用。另外，洪堡国际研究奖对科学家的国籍没有要求，只要是在科学上有造诣即可引进。但是，对于德国科学家来说，必须在国外研究机构有终生岗位，并且最少有五年不间断的国外研究经历。

（2）评审过程与标准

洪堡国际研究奖候选人必须经德国大学和科研机构（即人才接收单位）推荐，个人无法申请。推荐书的主要内容包括被推荐者的科研水平，引进人才的作用以及推荐单位长期留住人才的方案。推荐书由洪堡基金会召集的评选委员会进行评选。评选出的获奖者在获奖后有最多一年时间与接收单位进行任职谈判，就任职相关问题达成一致，只有完成任职谈判，获奖者才能请求洪堡基金会拨款。

德国科研机构推荐洪堡国际研究奖候选人时需提交的材料由推荐书和一系列附件组成。推荐书内容包括被推荐者的简单情况、履历、科研能力、成就以及推荐单位的科研情况、引入人才的具体规划和长期留住人才的方案（通常是提供一个W3教授席位或研究主任岗位，注：W3即以前的C4）。作为推荐书的附件，推荐单位还须提供下列材料：

①被推荐者十年内所有发表论文的目录及五篇最重要论文的复印件。

②推荐单位对被推荐者的评价，包括被推荐者的国际声望、研究成果在领域内外的影响、近几年来出版物的情况、目前和计划开展的科研活动以及对其今后科研工作的预期。

③参考评价表，被推荐者须自己选择三位专家（其中一位必须是德国专家）填写洪堡基金会参考评价表，对被推荐者的学术水平、学术贡献和出版物情况进行评价。三位专家不能来自被推荐者所在单位和推荐单位，为更好地体现被推荐者的国际声望，最好来自不同国家。

④推荐单位的科研现状，包括科研特点、科研结构和科研设备情况（重点是被推荐者所属专业）。

⑤推荐单位科研战略目标以及被推荐者在实现目标任务方面的作用。

⑥被推荐者将来融入推荐单位的方案，包括说明推荐单位所能提供给被推荐者的科研条件（科研场所、设备、人员、使用基础设施等）、五年资助期限之后推荐单位能提供的职位（一般是与 W3 教授相应的岗位）以及推荐单位制定的被推荐者本人与家庭融入当地科研和生活的其他具体措施。

⑦推荐单位管理部门的声明，保证在被推荐者获奖后承担雇主责任，以获奖者的名义来管理奖金，并执行有关经费规定。

⑧被推荐者声明，保证获奖后在推荐单位开展科研活动。

洪堡国际研究奖评选委员会由 22 位成员组成，其中，主席 1 人、专业评委 13 人、非专业评委 5 人、非投票评委 3 人。主席由洪堡基金会主席担任，专业评委都为重要科研领域的国际知名专家（其中 3 名来自国外），非专业评委为联邦教研部、德意志研究联合会、赫尔姆兹大研究中心联合会等各大机构的领导，非投票评委来自联邦外交部、德意志研究联合会和洪堡基金会。洪堡基金会每年在 4 月和 10 月组织评选委员会召开会议，对提交的申请进行评选。

评审过程中，被推荐者的科研水平、被推荐者与推荐单位科研活动的融合程度，及对推荐单位研究目标和国际化目标的贡献，如保持和加强推荐单位科研活动的国际领先地位、促进与国际顶尖科研团队的合作、扩大推荐单位国际知名度等非常重要。

（3）资金的使用

洪堡国际研究奖奖金的支配和使用权属获奖者本人。奖金的管理由洪堡基金会委托获奖者接收单位负责，为此获奖者必须与接收单位达成协议，并在获奖后一年内申请领取奖金，开展研究工作。

奖金归获奖者支配。获奖者可以使用奖金开展自己感兴趣的研究，支付所有的科研支出（包括设备费、消耗品费用、人员费、差旅费等），也可以从奖金中获得收入。收入的高低由获奖者与接收单位之间商定，因为是奖金的形式，收入的商定可以不受德国法律有关规定和收入标准的限制，但最高不超过每年 18 万欧元。获奖者的其他收入，如接收单位支付的额外工资或其他收入来源不计算在限额之内。获奖者还可以将奖金中的一部分提供给接收单位设立奖学金，邀请国外学者来德国参与团队的研究活动。奖学金的标准应参照德国学术交流协会和洪堡奖学金的相关标准。

接收单位可以从奖金中提取 15%作为管理费用，以补偿管理工作带来的日常开支。此外，接收单位也可以利用管理费用为获奖者及其家庭融入德国科研和生活提供方便。

如需用奖金购置科研设备，可由接收单位根据获奖者的要求负责操作，产权属于接收单位。如超过 410 欧元（不含增值税），须在接收单位进行资产登记。资助期结束后，设备原则上留在接收单位继续使用，设备转移需双方事前商定，并得到洪堡基金会的书面认可。接收单位应保证设备的正常运行。获奖者在受资助期间对设备拥有完全的使用权。

获奖者在奖金使用过程中承担奖金所涉及的税收、海关、劳工、社会保险等方面的法律责任，接收单位承担奖金管理操作过程中产生的责任。

奖金使用的审计工作由接收单位负责，如接收单位不具备条件，须委托专业机构代为办理，费用在管理费中支出。在最终结算后未使用的款项须汇回洪堡基金会。洪堡基金会或其委托机构有权随时对奖金的使用情况进行抽查。

（4）科研成果与其他管理工作

获奖者在奖金资助期间取得的科研成果，其公布和出版需注明由洪堡基金会和德国联邦教研部资助。对于有经济应用前景的科研成果，洪堡基金会鼓励获奖者在成果公布前申请专利，接收单位应提供相应协助。申请的专利法律上作为职务发明处理。

获奖者开展科研工作须遵守德国有关科研道德和良好科研实践的法律法

规及相关规定，对科研目标和项目的改动需及时通知洪堡基金会，在进行涉及人体、动物、基因、伦理的试验时应严格遵守有关规定。涉及军事技术向国外转移应遵守德国外贸法的有关规定。获奖者在资助期间如在同一科研方向上申请和获得其他资助，应立即通知洪堡基金会。接收单位须保证获奖者的研究自由，并提供与教授席位相应的所有权利。

每年 4 月 30 日前，获奖者须对上年度的工作进行总结，向洪堡基金会提供一份简短的工作总结报告和经费使用说明。在资助期结束后的 4 个月内，获奖者须提供完整的工作总结报告和详细的经费使用说明。洪堡基金会将组织专家对此进行评估。

综上所述，德国洪堡国际研究奖在吸引和资助国际顶级人才方面是一项很有特色的措施，值得我们借鉴和学习。第一，资助以研究奖金的形式来进行，资金使用相对比较灵活，在德国错综复杂的法律法规面前，可以给接收单位提供空间，大幅度提高引进人才的待遇和科研条件。第二，引进人才需经接收单位推荐。接收单位长期留住人才的方案也是评选的重要标准，保证了资助期满后引进人才的稳定。第三，资助期只限五年，保证了公共经费的合理退出，不会背上长期资助的包袱。第四，接收单位与获奖者之间是雇主与雇员的关系，有利于引进人才与接收单位的融合，带动接收单位的科研进步。第五，获奖者的科研自由得到保证，资金管理、科研条件可以依托接收单位，解除了获奖者的后顾之忧，使获奖者能将全部精力投入科研活动中去。

五、创新人才培育特色与优势

德国有着传统的强大工业技术底蕴、资本、创新技术运用的经验和卓越的管理体系。在传统坚实的基础教育体制的基础上，加强了对高智商儿童的支持和培养。更在高等教育领域里，结合科研和工业的力量，设计和培养未来工业发展需要的人才，并建立了人才数据库以支持人才管理。在培养适合未来需要的创新人才方面逐渐投入大量的资金和人力。在发展高精尖技术和未来工业 4.0 生产体系的同时，设计并已开始通过各种新兴学科培养下一代适合未来新型工业生产体系的各种人才。以满足未来工业持续创新和新型产品生产的人才需求。德国式的创新管理和创新人才管理将使德国至少在其传统工业领域里引领世界。德国制造会是世界市场上不可或缺的一部分。

第四节　瑞士创新人才培育模式

一、国家科技创新能力总体评述

瑞士国家很小，国土面积只有 41 285 平方千米，人口仅有 847 万（2017 年），却有 20 多位诺贝尔奖获得者。20 年前瑞士国家还没有强大的创业文化，但是经过政府二十年的努力，瑞士从 2011~2018 年连续保持全球国家竞争力第一的纪录。今天瑞士已经是美国硅谷之后，欧洲大陆的一个科技创业创新的高地。

2018 年瑞士国家创新指数在全球排名第 3。2017 年 R&D 经费投入 229.2 亿美元（当年价，下同）；R&D 经费投入强度为 3.37%；SCI 收录论文 3.3 万篇；PCT 专利申请数 4 488 件；高技术产业出口占制造业出口比重为 11.40%。根据 2019 年国家创新指数报告，瑞士在全球综合排名第 4，较上年下降 1 位。五个一级指标中，创新资源排名第 7 位，较上年下降 1 位；知识创造排名第 6 位，较上年提升 2 位；企业创新排名第 9 位，较上年下降 3 位；创新绩效排名第 3 位，较上年下降 2 位；创新环境排名第 2 位，较上年提升 1 位。二级指标中万名研究人员科技论文数、单位能源消耗的经济产出、职业培训质量、市场垄断程度都排名第一；研究与发展人力投入强度、知识产权保护力度、员工收入与效率挂钩程度都排名第二。

瑞士的研究和创新部门依托于其高质量的教育体系[2]。瑞士拥有高等教育资质的人口比例并不是很高,这与瑞士职业培训的重要性密切相关。瑞士高等教育体系提供了广泛多元的选择。学位教育严格依照国际标准设有本科及研究生学制,所有的高校除教学活动外,也积极参与研究、再教育、培训以及向第三方提供服务。大学毕业生并不是唯一推动瑞士总体创新和竞争力的核心驱动力。接受过职业学徒制培训的技术人员也至关重要。他们对创新的推动和实施起着重要作用。每年大约 64 900 名学员成功完成基础培训,大约 25 500 名的技术专业人员获取了高级职业文凭。企业和行政部门可招录到许多具有联邦公认资格的熟练技术工人。职业教育培训对于培养符合资格的专家非常重要。这些专家能够独自在整个价值链上工作,是瑞士研究创新能力的体现。

在创新领域,瑞士企业整体来说表现更为突出。尤其是瑞士的中小型企业的出色成就使其他参照国与瑞士拉开了差距。中小企业与大公司的研发合作,成为大公司高度专业化的重要组成部分。这反过来又允许中小企业将其自身的研发活动融入整个公司的价值链中,更精准地触达特定目标市场。

二、创新文化背景

瑞士联邦政府主管国家教育、科研与创新事务的国务秘书德拉布朗乔曾在 2013 年 9 月 12 日中国大连举行的夏季达沃斯"构建创新生态系统"论坛上指出:"一个国家不应该有一个专门促进创新的政策,很少有国家的创新政策是很成功的。瑞士之所以创新辈出,就是因为没有创新政策。"瑞士科学院的科技政策专家就"创新生态系统"这一概念以及政府在其间的定位问题指出,政府、科研机构和企业组成的创新体系、国家创新发展战略及其采取的相关促进措施,已经具有组成"生态系统"的"生物"与"环境"的表征。所不同的是政府在创新生态系统中担负着产生"物质流"的作用,即优化创新环境。所使用的工具要么是"政策",要么是"服务"。瑞士联邦政府选用的常为"后者"。瑞士创新文化崇尚"不要立太多规矩束缚创新",具体表现为:

一是鼓励市场自由竞争。瑞士拥有竞争激烈的市场经济环境,原因在于其主要的驱动力为个体的自主创新,并且同国际标准相比,政府的监管和干预较少。劳动力、资本、商品和服务等市场在很大程度上是由竞争驱动的;同时由于各种多边和双边协议的签订,使其进入国际市场的渠道更加自由和公开。这些利好条件使得瑞士的商业环境具有很高的灵活性和流动性。瑞士也有明确的法规保护知识产权,对于研究创新领域无特殊的优惠待遇,总体而言其财政环境有很强的吸引力。与其他国家相比,瑞士开展业务的框架条件处于中等偏上水平。

二是公共研究及创新推广遵从由下至上的原则。企业或个人研究团队自发进行研究和创新活动,并承担相应的责任和风险。推广体系的核心在于其由瑞士国家科学基金会和科技创新署共同出资,多个项目自由竞争,择优分配资金。依照国际标准,瑞士并不倾向由上至下的方式去分配有资格获得资金支持的项目。此外,国家规定研究资金并不直接授予公司。

三是注重商业、学术、职业之间的灵活互补。瑞士研究创新体系的特征在于其商业活动及高等教育部门从业者的灵活性及适应性。所有创新成果可以通过科学和商业网络得到快速传播。作为教育研究中心,瑞士努力保持其强大的魅力来吸引全球的优秀人才以及专业人士。国家提倡建立一个在职业和学术培训选择互补基础上的教育体系。同时,瑞士教育体系在职业和学术教学领域之间也具有高度的灵活性。这些要素有助于培养合格的专家,使他们能更好地配合整个价值体系的工作。这也是大力推动瑞士研究和创新成果发展的重要因素之一。

四是联邦政府主要定位于公共研究和创新的推广。联邦科技创新推广法案规定了联邦政府的研究和创新推广任务的范围和组织,其中包含联邦政府进行的各类国家和国际推广任务。此外，该法案还明确了推广机构的任务分配、工作程序以及相关职责。按照瑞士联邦对其高等教育领域的资金支持与配合法案的要求，联邦政府与州政府协同工作，大力支持对研究活动的投入，以确保瑞士整个高等教育领域的优质水平和竞争力。这对一些下游的创新活动必然是非常有利的。

三、战略规划与政策体系

瑞士在相关全球排名中处于领先位置。良好的研究与创新体系以及必要的核心要素确保了极高的效率。除了创新体系之外，影响创新能力的另一个关键因素是研究者如何利用研究和创新政策并在体系内互动。这在很大程度上取决于研究和创新政策本身。

（一）战略目标

瑞士坚持创新面向国家战略需求，强调科研战略性和目标导向，构建技术立国的创新战略体系，制订战略研发计划，实现国家战略目标。为优化科学布局和科研机构，部署了国家研究重点计划和重点领域项目，灵活组建联合攻关团队和科研中心。为解决国家和社会的实际需求，部署了国家科研计划、国家研究项目等导向性项目，坚持问题导向，体现国家意志。其选题和资助经过各个环节和程序最终由瑞士联邦议会确定，国家科研基金会组织实施。为推进产学研合作，瑞士部署重点研究计划，组织高校、院所和企业开展合作研究，促进基础研究与应用研究成果向新技术、新产品开发转化。为增强在材料、人口健康、能源和环境方面的基础研究与应用研究能力，瑞士建设散裂中子源、同步辐射光源、缪介子源等国家重大基础设施，同时依托高校院所，成立跨学科研究中心。

（二）政策重点

促进瑞士的教育和研究。教育政策基本上建立在两大支柱上：职业教育与培训、学术教育。对于经济整体来讲，这可以很好地将不同的条件主体融合在一起，一方面是实践和应用型，另一方面是以科学和学术为基础，兼顾了商业领域的实际情况。推动研究的重点是基础性研究，但不能忽略应用型研究的发展。原则上，寻求资金的项目越接近市场需求，国家给予的支持就越少。事实证明，分配给瑞士国家科学基金会的年度联邦资助比瑞士创新促进机构所收到的资助高出约七倍。

（三）决策原则

主要取决于研究者的首创精神、竞争原则和应用的定量评估标准，自下而上的原则占主导地位。个人研究团队或公司将主动进行研发和创新活动，并承担责任和风险。个人项目在经过竞争激烈的申请程序后，经过偏向卓越性的评估审核，才能获得国家资助。商业偏向的应用型研究通常会避免自上而下的项目资金申请方式。国家研究能力中心的示例表明：在基础研究领域，不排除以政策为主导的侧重点，强调关键战略主题。然而，关键主题总是突然出现，并成为建立在积极趋势上的后续计划的一部分，反过来呈现出的是自下而上发展的结果。自上而下原则也与盛行的观点相辅相成，即创新主要是企业行为的产物，因此，也是公司的根本任务。私营机构肩负创新过程的主要责任。企业需要在监管框架内，拥有足够的自由发挥空间完成其创新任务。而国家在创新过程中的作用多是辅助性的，如创造有利条件和有吸引力的创业环境、有效的教育制度、高素质的教育和研究基础设施（经过授权的）。国家创新举措的目的是，为人才在活动范围内提供最多的机会，发挥其最大的能力，在特定领域创造出具有国际竞争优势的成就。很明显的是，与其他国家相比，瑞士对于创新型企业、研究人员和技术工人等具有更大的吸引力。

（四）推动模式

一是强调创新的关键驱动力是竞争。竞争对手不仅是公司，也可以是大学和非大学研究机构。创新政策旨在允许和尊重创新体系中现有或新形成的公共和私营机构之间的竞争关系。确保国家参与教育和研究时，尽可能不去影响竞争。承认和维护大学的自主权是一个必要条件。二是强调创新政策旨在提高企业和大学人员的灵活性和适应性，提高吸收新想法的能力，并为随之而来的结构变化提供支持。这包括推动最新技术的快速实施和传播（扩散型商业政策）。考虑到它们的经济重要性、创造附加值以及就业机会的预估潜力，同时，鉴于根深蒂固的结构性问题和瓶颈，技术和出口导向的中小企业以及初创企业是创新政策措施的主要关注群体。三是强调在大型公司和中小企业、供应商和客户、公共和私人研究创新机构、教育机构，协会和政府交织的网络中，创新会经常出现。创新政策旨在帮助促进和改善这种网络中的协作关系。良好的框架条件为大学和私营机构之间的研究与创新合作创造了重要基础。绝大多数合作直接发生在合作伙伴之间，不涉及任何联邦直接参与或资金支持。

（五）政策倾斜与优惠政策

瑞士的企业发展政策，没有"内资"与"外资"之分，也不对企业进行是否是高新技术性质的定性。瑞士没有高新技术产业园，只有规划形成的公司聚集区。对区内的企业，瑞士联邦政府既没有政策上的倾斜，也没有鼓励优惠政策。瑞士联邦政府不把政府采购作为促进企业发展的一种工具，而是作为刺激企业自由竞争的一种手段。政府采购采取招标制，而不是定点制。企业凭借产品质量和价格优势竞争政府采购订单。瑞士政府不用制定"定点采购目录"的方法将任何企业排除在外。瑞士这种企业平等和自由竞争地位，受国家相关法律保护。瑞士政府经济主管部门的有关人士指出，瑞士对企业发展有扶持措施，主要体现在促进外贸出口方面，在内贸方面没有保护性政策。瑞士经济界人士认为，政策倾斜或优惠政策实际上是赋予某些企业"特权"，将不在政策保护内的企业置于了"不平等"的地位，不利于企业通过创新提高产品质量和竞争能力，也容易滋生腐败。

（六）当前缺陷

瑞士创新政策的协调性仍有待提升，也就是说由于牵扯到不同职能部门的利益，任何决策的变化所带来的负面影响都要采取不同的方式进行应对。不同的机构和研究人员都掌握着瑞士的技能资源，其覆盖了联邦、州、市三个国家行政级别上和国际上的各个国家及团体。协调工作需要大量的时间和费用，这是影响创新政策有效实施的阻碍之一。由政治和商业支持者共同制定，并受到广泛认可的创新政策在瑞士基本不存在或处于非常初步的阶段，例如最近出台的清洁技术总体规划、绿色经济行动计划，或是包含在新区域政策中以加强区域创新体系为目标的战略（RIS战略），类似此类规定都不符合当前做法。瑞士大部分创新促进政策并非显而易见。不同创新机构和参与者的政策反映出了不同的重点，例如，经济增长、研究卓越性、能源效率或可持续性。由于创新活动旨在实现这些目标，创新政策由一个较分散的体系驱动，在这种体系中各参与者和机构追求其自己的目标。在与创新成果相关的政策领域所做出的努力，间接为瑞士卓越创新成绩的产生做出了贡献。

四、人才培育教育体制与机制

瑞士人才供给政策制度主要包括高等教育制度、现代学徒制度及职业教育制度等方面，注重促进人才国际流动和交流。各类人才供给制度相辅相成，共同构成多元化、层次化的完善人才输送体系。

开放的人才政策引智，创新文化氛围浓厚，形成开放包容的人才政策和文化环境，会聚世界一流的人才是科技强国的关键。瑞士人口较少，所以特别重视基础教育、全球引智、提升人才质量。国民预期受教育年限较长，约为16年。政府把引智列为国家战略，设立外国专家引才计划、吸纳跨国公司高端人才税收优惠政策等；实施"柏宇计划""青年研究人才促进计划""人文社科博士计划"等，提升青年学术研究人才质量；设立"瑞士科技交流之家""瑞士政府奖学金"等项目吸引国内外顶级学术研究人才和高质量的外国留学生；聘请世界各国的科学咨询专家。据《2017年世界人才报告》，瑞士人才竞争力位居全球第一，创意产出第二。创新创业人才占比全球领先，每万人就业人员中从事研发活动的人员有143人，中国仅为22人。2015年第三产业就业人员占比是中国的两倍。

建立灵活多样的"双轨制"教育培训制度。瑞士实行职业教育和高等教育两种形式并行的"双轨制"，年轻人经过九年义务制教育从初中毕业后，大约20%的人会选择高等教育，进行传统意义的读高中、参加会考、升大学；而70%的人会自主选择直接进入职业教育与培训，完成职业技术学校和学徒公司合作完成的学徒制教育。这种职业教育与培训通常在提供学徒岗位的企业中进行，辅以职业学校的理论辅导。经过四年的职业培训，他们能够成为熟练的技术工人。这批经过职业教育培训的学生步入社会后，只要取得相关职业资格证书，就能找到一份收入不菲的工作，而且他们还可以进一步选择进行高等教育。学徒出身的年轻人可以在职业教育和高等教育之间灵活切换，一样能跻身企业高管或政府高官，成为社会精英。这种双轨并行的教育制度，不仅能够保证学徒们找到体面的工作和拥有尊严的生活，而且并不阻碍他们通往上层社会。瑞士西北应用科学与艺术大学经济管理学院施奈德·约克教授认为，瑞士双轨制教育制度主要特点就是年轻学生和年轻人有更多选择，自主性大，专业发展能力更强，而且给瑞士国民职业化之路奠定了非常扎实的基础。庞大的应用性人才培养，为创新源源不断提供了应用型人才。

> **案例分析：职业教育与培训制度的治理模式**
>
> 在瑞士，职业教育与培训完全融入整个教育体系，为瑞士提供了大量的高技能员工和管理人员，也为瑞士创新的底层基础提供了源源不断的人才，并为年轻人就业和社会稳定做出了巨大贡献。依据瑞士职业教育与培训法案，联邦政府、州政府和行业协会必须共同协作推进职业教育与培训制度。联邦政府负责战略监督、把握方向和系统开发，其具体任务包括保障培训质量、促进全国范围内教育项目的兼容性和透明度，以及制定职业教育与培训的细则条例、认证相关考试及课程。26个州政府实施立法、持有和运行职业教育与培训学校、管理学徒制合同、建立职业指导和咨询中心。
>
> 行业协会在学徒制中扮演着重要角色。在职业教育中，行业协会的重要意义是确保自己行业所需要的人才能够被培养出来。为了培养出自己行业所需要的质量过关的足够人才，行业协会会成为整个课程设置的中心机构。行业协会决定职业培训的内容，接受政府委托协助组织职业资格考试，组织实施本行业的职业培训等。行业协会还设立行业培训中心，负责培训由中小企业委托的学徒培训。企业承担一半费用，公共基金承担另一半费用。企业则为学生培训提供场所、设施和岗位，提供学习培训经费并向学徒支付一定的薪金。一些大型企业可以自己组织学徒结业考试并颁发证书，一些中小企业则会让学徒参加行业协会组织的结业考试。学徒拿到结业证后，可以自主择业。这些结业证书在瑞士甚至周边的国家都会认可。通过行会与企业联动的方式，瑞士培养出大批高素质技术人才，这成为"瑞士制造"的可靠保证。

构筑网络密布的成人教育培训体系。瑞士注重对每一个人力资源深度开发和利用，并构建了庞大的成人教育培训体系。在瑞士，各行业协会都有培训机构，政府部门也有各自的培训机构。政府部门培训机构除了联邦一级的之外，主要在州一级，甚者村镇一级的行政单位都有自己的培训中心。此外，许多大学都承担着经济管理和公共管理方面的培训任务。每个学徒可以到有相关培训资质的各大学去进行相关方面的培训。瑞士联邦和地方各级政府十分重视学徒的培训工作，明确规定各类机构的雇主对雇员必须加强培训。培训费用达不到工资总额的一定比例的单位要受到处罚，并突出强调对各类学徒的专业能力、创新能力的培训。

运用独特的创新力教育培训方法。一是做到学以致用、学用结合。学徒在培训中的创新，能够直接运用于企业；企业在创新方面的需求，也可以订单式派发给学徒研究，这样将教育培训与生产一线较好地连接在了一起，减少了中间环节，能够较快地将创新应用于实践，提高生产效率。二是做到因需施教、因材施教。瑞士各培训机构努力切合创新力培训需求，设计出可供选择的培训菜单，让学员真正从"要我参训"转变到"我要参训"。比如，联邦人事局培训中心以联邦政府对职员创新能力需求为基础形成培训中心的愿景和使命。每年通过与政府机关、企业、公务员的联系沟通，了解用人单位和学员的创新力培训需求，以此来形成年度课程设计，学员自由选择培训课程。三是做到更具实用性，体现差异性。比如，瑞士针对公务员创新力需要发展的21种能力建立了联邦行政管理能力培养模式，作为公务员创新力培训基础，包括个人管理能力、行政力、领导力等。而且，根据不同层级公务员还可进行不同内容的培训，增强创新力培训的实用性。还比如，洛桑瑞士国际管理发展学院对创新力培训做出较大贡献，其座右铭是"真实世界，真实学习"。将参训学员放在"真实"商场背景下，教授不只讲"理论知识"，更主要的是通过与学员讨论他们在现实社会中面临的挑战和解决方案，使学员训练后得到启发，学会应对挑战。四是采取灵活培训方法。根据不同的学员、不同的培训目的和内容，选择实用、有效的培训方法，如案例教学法、角色扮演法、课题研究法、管理游戏法、团队辅导法、标杆比较法、快速学习法、行动学习法等，提出要基于问题而学习，基于项目而学习，基于行动而学习。比如瑞士联邦铁路总局的团队辅导法。团队由6~7个人组成，一年断断续续地安排一两个星期，由训练有素的上司主持，按照"团队成员相互指导、同事之间相互学习"的精神，就公共交际能力、谈判技能、业务能力、敬业精神等内容交流经验、相互砥砺，共同提高。

五、创新人才培育特色与优势

全球创新指数和欧洲创新指数排行榜的数据显示，瑞士是全世界最具创新力的国家。在全球各地创新体系迅速发展的今天，能在各项硬指标排名中名列前茅，这是非常突出的成绩。然而瑞士作为一个创新型国家，成功背后的原因到底是什么？事实上，公共部门不会强行引导创新或过度干预行业规则，这可能是瑞士成功真正的奥秘所在。企业界的创新思维擅长将想法和发现转化为产品和服务，因此创新活动得以在企业界逐渐兴起并蓬勃发展。创新型企业能有效识别商机，开拓市场，增加就业并为社会创造福祉。

（一）联邦政府致力于为创新主体提供强有力的发展环境

这包括瑞士一流的教育体系：强大的双轨职业教育模式及瑞士境内诸多国际知名的大学，如世界上排名前10的苏黎世联邦理工学院；还包括很多优秀的研究机构，如保罗谢尔研究所和欧洲核子研究中心等；更高效的推广和融资途径，有利的公私合作伙伴关系等。除了教育和研究领域，其他配套条件也发挥了关键作用，如开放的劳动力市场、现代化的基础设施、富有吸引力的税收制度，以及瑞士极高的国家安全水平和生活质量。

（二）高质量发展的瑞士高校

瑞士高等教育体系提供了广泛多元的选择。其中包含多所综合性高质量州立大学、联邦理工学院、应用科学大学以及师范大学等。学位教育严格依照国际标准设有本科及研究生学制。所有的高校除教学活动外，也积极参与研究、再教育、培训以及向第三方提供服务。瑞士高校的成就在全球范围内备受好评，为瑞士的经济、文化和社会的发展做出了巨大贡献。瑞士高校中约四分之一的学生及超过40%的研究人员来自海外国家。其一流的高等教育在国际排名中可见一斑，多所高校在国际大学排名中处于非常靠前的位置。

（三）私营机构和公共机构间良好的协作

企业间和公共机构的分工逐步确立：基础研究主要由联邦理工大学和州立大学完成，而应用型研究和将研究发现应用于市场化产品和服务（统称研发），主要由企业和应用科学大学来推动。瑞士联邦通过两个联邦机构提供研究经费，瑞士国家科学基金会和瑞士创新促进机构。同时瑞士联邦也向联邦理工学院的附属研究机构和30家非大学性研究机构提供资金。各州政府则负责管理和向州立大学以及应用科学大学提供资金。瑞士境内约三分之二的研发经费由企业出资，且主要集中于较少数的研究密集型大公司及一些特殊的创新型中小企业。

（四）坚持研究及创新领域推广的既定原则

公共研究事业的推广主要依托于几方面：开放性、研究者的自主创新、竞争原则、质量评定标准以及国际合作。

1. 开放原则：政府研究课题及经费计划方面很少设限，高校享有充分的自主权。所有学科均有权获得研发经费。

2. 由下至上原则：个人研究团队或公司在研究创新活动中扮演更加积极主动的角色。同时他们自负责任、承担风险。

3. 竞争力和卓越性：资金授予是一个极具竞争力的提案过程，提案是否成功要根据项目水平进行综合评定。

4. 国际合作：瑞士积极活跃在国际研究以及创新组织及活动中。政府及企业界都大量投入人力物力保持并深入打造瑞士为研究之国。研究和创新领域的投入约占瑞士整体 GDP 的 3%，远高于经济合作与发展组织调研的平均指数。

（五）国际研究与创新领域的积极合作

瑞士主要参与的国际合作为欧盟框架项目（"地平线 2020"）及欧盟的教育和流动性计划（Erasmus+）。瑞士在欧洲的核心研究及创新活动中发挥着积极的作用，如参与欧洲科技合作计划（COST）和"尤里卡"（EUREKA）计划（一个欧洲技术研究合作的计划）。同时，瑞士也是多个国际研究组织的成员国之一，如欧洲空间局以及拥有全球最大基础物理研究室的欧洲核子研究中心。国外科技政策是瑞士外交政策的组成部分；瑞士与选定的伙伴国家进行双边合作，并通过其驻各国大使馆的科技参赞以及研究网络，以官方的身份呈现在世界各地。

（六）创新密集型企业的最佳环境

瑞士体系的主要特点：充分注重个人独创性、市场竞争激烈以及相对较少的国家调控干预。瑞士有明确的法案保护知识产权，加之其整体上优越的财政环境，从过程和要求上来讲，相较于许多其他国家，在瑞士建立新公司是非常有利的。瑞士是 PCT 专利的领军国，依照该国人口基数来参考的话，其专利申请数量非常高。

（七）高水平专家遍布整个价值体系

瑞士拥有高度发达的教育体系，年轻人可依据自己的能力和天赋，充分追求并发展自己职业上或学术上的职业路径。教育系统内的灵活度也很高，允许学生们根据需求在职业和学术教育学习中自由转换。瑞士的企业大大得益于诸多高水平的专家及执行团队。整个国家的失业率也非常低。

第五节　以色列创新人才培育模式

一、国家科技创新能力总体评述

以色列国土面积狭小约 2.6 万平方千米，资源匮乏，地缘政治复杂，人口也仅 880 万。然而，凭借其独特的创新优势和完善的人才培育机制，建国仅七十年，已然成为中东地区唯一的发达国家，2017 年 GDP 总量 3 508.5 亿美元（当年价，下同），人均 GDP 40 270 美元，被誉为"创新的国度""第二硅谷"。在创新方面，以色列人均研发投入长期领跑世界各国。每万名人口中科学家和工程师数量长年位居世界第一，在生命科学、电子通信、人工智能、网络安全等领域技术研发达到国际领先水平。以色列自 1948 年建国以来，已有 12 位科学家获得诺贝尔奖。

2018 年以色列国家创新指数在全球排名第 8 位。2017 年，R&D 经费投入 160.6 亿美元；R&D 经费投入强度为 4.54%；SCI 收录论文 1.5 万篇；PCT 专利申请数 1 816 件；高技术产业出口占制造业出口比重为 13.04%。根据 2019 年国家创新指数报告，以色列国家创新指数综合排名第 8 位，与上年持平。五个一级指标中，创新资源排名第 5 位，较上年下降 2 位；知识创造排名第 34 位，较上年下降 1 位；企业创新排名第 4 与上年持平；创新绩效排名第 19 位，与上年持平；创新环境排名第 11 位，较上年提升 1 位。二级指标中，研究与发展经费投入强度排名第 2 位，企业研究与发展经费与增加值之比排名第 1 位，企业研究人员占全部科研人员比重排名第 1 位，知识密集型服务业增加值占 GDP 比重排名第 1 位。

以色列创新体系具有鲜明的特色。首先，"首席科学家制度"发挥重要规划和引导作用。在以色列政府部门中，科技部、经济部、国防部、教育部、农业部、卫生部、国家基础设施部、能源及水利部、环保部、通信部、交通部、公安部和犹太人大流散部等十三个部委均设有首席科学家办公室。首席科学家办公室在以色列国家创新体系中主要承担政策制定、领域规划、科研支持、人才培养、创业引导、国际合作等职能。其次，基础研究与技术创新并重的科研体系是创新的源泉。以色列科研机构既包括以高校、研究所、医疗中心为主的基础研究机构，也包括梯瓦（TEVA）药业集团（全球最大的仿制药公司）、IDE 海水淡化公司（全球最大的海水淡化公司）、以色列航空工业集团（集航空、航天、网络、交通于一体的军工集团）、网络安全公司捷邦（Check Point）公司、人工智能辅助汽车驾驶 Mobileye 公司、6 000 多家的初创企业；350 家跨国企业以色列研发中心（如因特尔、微软、苹果、华为）等技术研发机构。再次，专业的技术转移体系为科技创新和产业发展搭建了桥梁。以色列主要的科研机构都设有技术转移公司专业的技术转移机构，设有专业的技术分析师、市场评估师、法律顾问等，形成了从科研成果分析和咨询到研发支持、市场战略规划、专利申请及许可，以及合同签署等一系列完善的技术转移服务。最后，高效的创业孵化模式源源不断地为产业注入动力。以色列高效的初创企业孵化器也是重要的创业驱动力。1991 年，以色列经济部首席科学家办公室发起技术孵化器计划，旨在为高技术创业者提供必要的办公、实验场所和一定的经费支持，孵化器基础设施的投入全部由政府承担。

二、创新文化背景

以色列 880 万人口中有 600 多万为犹太人。犹太文化对以色列人的创新创业影响深远。据统计，全球犹太人总人口约 1 800 万，不到世界总人口的 0.3%。自诺贝尔奖设立以来，犹太裔诺奖得主约占全部诺奖得主的 22%。

（一）自然环境因素

以色列地处亚非欧交界，其国土面积狭小且超过 60% 为干旱地区，自然资源匮乏。建国伊始，第一次中东战争随即爆发，历经多次战争，经济和社会承受巨大压力。面对如此不利的自然环境，以色列第一任总理本·古里安提出"让沙漠盛开鲜花"。建国以来，以色列以科技兴国为重要国策，从科技兴农到科技强军，从科技助推经济到以高科技产业为主，科技在其国家发展中发挥巨大作用。

建国初期，以色列通过大力发展农业科技，解决了人民温饱问题。以色列农业人口不足，耕地仅 41 万公顷。建国初期，由于不断的战争和国外移民的涌入，温饱成为当时较大的问题。然而，滴灌技术的发明，彻底扭转了以色列农业生产局面。通过大力发展和推广滴灌技术，以色列奇迹般地创造了现代节水农业佳绩。农业灌溉用水连续 30 年稳定在 13 亿立方米。通过推动在节水农业、育种技术、温室技术、畜牧业技术、农业先进机械等方面的发展，农产品产量增长了 12 倍，水果和蔬菜单产水平居世界前列，单头奶牛年产奶量世界第一。

为了长久发展，以色列通过攻关水资源技术，破解了发展瓶颈。以色列干旱区域广，年均降水量约 200 毫米，人均水资源 270 吨，不足世界人均水平的 3%。仅仅数年，以色列在海水淡化、废水处理及循环使用、节水技术等方面取得重大突破，一举解决"缺水"这一严重影响人民生活和社会发展的瓶颈。目前，以色列 1/3 的淡水来源于海水淡化，90% 的废水得以回收利用。以色列从"缺水国家"成为"淡水输出国家"。

（二）社会历史文化背景

犹太创新文化影响历史久远。历史上，犹太人经历了三次大流散。公元前 63 年至公元 135 年，罗马帝国征服巴勒斯坦，结束了犹太主体民族在此生存 1 400 余年的历史。尽管犹太民族曾是一个被驱逐，以致失去国度的民族，经受了很多屈辱、灾难，但是文化传统没有丢，创新精神没有丢。犹太人在世界发展过程中发挥着巨大作用。许多重大的发现都产生于犹太人。许多经济的发展都离不开犹太人。纵观世界历史发展进程，大量的重量级的犹太裔人才，分布在科学界、文学界、艺术界、思想界、政界、商界等各个领域，如：现代物理学之父爱因斯坦、生物学家达尔文、20 世纪的数学巨人冯·诺伊曼、德国伟大诗人海涅、享誉世界的文体大家茨威格、立体主义绘画大师毕加索、好莱坞老板高德温、好莱坞米高梅公司创始人之一洛伊、马克思主义的创始人卡尔·马克思、精神分析学开创人弗洛伊德、美国前国务卿基辛格、苏联领导人托洛茨基、原美联储主席格林斯潘、经济理论专家大卫·李嘉图、控制世界黄金市场和欧洲经济命脉 200 年的商人罗斯柴尔德家族、石油大王美孚公司的洛克菲勒、垄断大财阀摩根、美国铁路大王库恩·洛布等。

勇于挑战和永不服输的"虎刺怕"（Chutzpah）精神深入骨髓。犹太人非常爱问为什么，对世界的事情不按照传统模式去做，遇到任何新的情况都要问一问这是为什么，对任何事情都感到有兴趣。托尔斯泰是俄罗斯的一位大文学家。他对犹太人有一句非常明确的评论：犹太民族的智慧包含了永不消失的温情与魅力。它是对人类灵魂永恒秘密充满激情的探索。犹太人遇到任何新的问题要充分理解，理解了就会去做。同时，犹太人在理解过程中有他独特的创意。追求卓越是犹太人骨子里面的一件事情，凡事都要做好，做事就要做强。犹太人世代遭受的压迫与刻骨铭心的屈辱感驱使他们养成了奋发和团结的习惯，同时，也造就了一批人的成功。

尊重知识和追求真理的理念贯穿终生。犹太经典著作《塔木德》教育犹太人"在整个人生中坚持学习""与一切有知识的人交朋友，也可以从朋友那里学习知识"。犹太人把教育与创新作为民族生存和发展的基石，对知识永远追求，对真理永远追求，对能力永远追求。以色列也是公认的人均读书量较多的国家之一，平均每人每年要读十几本书。在以色列的海边、公园、公交车、咖啡厅等地方，随处可见读书的人。以色列人认为知识是智慧的钥匙，只有不断地学习，不断地探索真理，才能抓住这把钥匙。

三、战略规划与政策体系

（一）以知识为价值核心的创新支持政策

为了保护创新知识产权，以色列 1965 年出台《专利法》，并于 1995 年进行了修订。1984 年，以色列制定了《鼓励工业研究与开发法》，支持发展科技型、出口为主的工业。通过各种计划鼓励和支持工业领域的研究与开发活动，增强本地科技型工业的发展，增加出口以改进贸易平衡和创立工业领域的就业机会等。1990 年，以色列政府制定了针对资本密集型企业的《投资促进法》，获批的本国企业除可享受《鼓励资本投资法》的优惠外，还可以在净利润上享受减免 25% 的公司税，其投资人在出售股份时免收资本收益税。这些优惠可长达三十年。此外，以色列还针对科技创新制定了《以色列科学院法》《以色列高等教育法》《以色列国家研究与开发理事会法》等法规。

（二）鼓励创新的奖励政策

以色列奖（Israel Prize）设立于 1956 年，以表彰以色列各领域杰出贡献者，是以色列国家最高奖项。授奖领域包括：人文和社会科学及犹太研究、自然和精密科学、文化艺术通信和体育、终身成就和国家杰出贡献四个领域。在组织管理方面，由隶属于以色列教育部的国家奖委员会负责组织每年遴选和评审，并在以色列独立日当天由教育部长向获奖人颁发获奖证书和 10 万美元奖金。总统、总理、议长等政要将出席颁奖仪式。

2011 年，以色列总理办公室、科技部发起了以色列交通领域"能源选择计划"，并设立"可替代能源创新研究总理奖"。在内塔尼亚胡总理的推动下，以色列政府出台了十年规划，在总理办公室下成立了"能源选择计划"

办公室，旨在探索降低对石油的依赖性，寻找交通领域的可替代能源。甲醇经济研究、可在阴天工作的低成本太阳能电池、基于人工光合作用的太阳能转化成氢燃料技术等曾获得了以色列可替代能源创新研究总理奖。

（三）吸引海外人才的"创新签证"计划

2016年底，以色列政府推出"创新签证计划"。海外创业者将能够利用以色列的技术设施、商业系统以及工作空间创业。若其想法能成长为初创企业，创业者可向以色列国家创新署申请"创新签证"，经国家创新署同意后将获得长达五年的以色列创业"创新签证"。以色列经济与产业部前首席科学家哈松认为："这一举措将吸引来自世界各地的高水平的创业者，将其知识、经验和开创性的想法引入以色列，从而强化以色列在全球创新和创业领域的领导地位。"

四、人才培育教育体制与机制

犹太人《塔木德》里有这样的规定：在犹太的法庭上，首先由年轻的法官发言，然后大家再依次发言。这样在犹太人的内部形成了让年轻人首先发言的体制，这个体制让法庭一直保持这新鲜的氛围。可见，以色列自古对人才的培养就十分重视，从严肃的宗教辩论到朴素的家庭生活，从广泛的基础教育到活跃的创新创业，培养人才和激励人才的初衷与做法始终如一。

（一）学校教育体制

融而不同的学校教育体制为其公民提供公平且较完善的受教育机会。以色列是一个多民族国家，包括犹太、阿拉伯、德鲁兹等民族；以色列还是一个移民国家，每年来自欧洲、北美、非洲等地犹太后裔大批移民以色列。不同民族、不同肤色、不同语言、不同宗教信仰的国民，对以色列来说是个挑战,但也为其发展独特教育提供了机遇。

作为中东地区唯一的发达国家,以色列对教育的支持始终不遗余力,近年来教育支出约占其 GDP 的 8%左右。1949 年,以色列就制定了《义务教育法》,规定了基础教育为义务教育。随着经济的发展,其义务教育已经覆盖了从 3 岁至 18 岁学龄前、小学、初中、高中教育。政府主要通过教育部、地方教育机构和教师联合会指导和支持基础教育,同时,也允许阿拉伯人有自己的教育机构。义务教育课程既包括希伯来语或阿拉伯语言、数学、宗教和文学等必修课,也包括生物、地理、计算机、心理学、英语、法语等选修课。在高等教育阶段,以色列主要有七所综合性大学,包括耶路撒冷希伯来大学、以色列理工学院、特拉维夫大学、本古里安大学、海法大学、巴伊兰大学、魏茨曼科学院(研究生及以上学历教育),还设立了数十所专科学院,如霍隆理工学院、内坦尼亚学院等。

创新与创业紧密结合的高等教育从学生时期培养"企业家精神"。以色列高等院校注重科学研究与创新创业的结合。如以色列理工学院定位为研发应用技术为主的现代研究型大学,大力弘扬"学会技术、混搭技术、再造技术"的教育理念,注重对学生创新创业素养的培育。"创业"是在校大学生的必修课。大学课程设置中包含各类科研项目的内容,其中多数是与企业合作的项目,由此让学生尽快掌握创新乃至创业的整个路径。以色列理工学院教授、诺贝尔化学奖得主丹尼·谢赫特曼在该校就专门开设创业课程。这是最受学生欢迎的一门课程。以色列高等院校要求大学生在校期间参与创业的培训与实践活动,相当大比例的本科生在毕业前均参与企业实习或组建自己的公司。以色列理工学院还开展形式多样的"创意之旅"活动,比如本科生创新实验室、企业家俱乐部、应届毕业生的"技术为生活"等项目。"创意之旅"为学生提供了技术转化、感受创业的模拟实践,一般包含确立创意、产生创意、遴选甄别、细化建议、贯彻实施和市场渗透等环节。以色列理工学院 1/4 的毕业生会选择创业。目前,大约 1/3 的以色列高技术企业的 CEO

和 2/3 纳斯达克上市企业的以色列籍创始人都是出自该学院。

从娃娃抓起的创新启蒙教育已经开始试验。以色列诺贝尔化学奖得主丹尼尔·谢赫特曼教授在谈及犹太人教育理念时表示：一是犹太民族认为教育是国家的第一产业，一个国家的年轻人是这个国家的未来，所以教育要设法使孩子们创造新的未来；二是教育的目标是为了掌握沟通能力，要掌握语言表达，要学会思辨、交流，而专业的本领会给他带来无限的能量；三是犹太的教育方式是在玩中学，在玩的过程中有许多艺术和技巧。创新从娃娃抓起。在谢赫特曼教授的积极倡导下，海法市建立了以色列第一所科学幼儿园。幼儿园设置了科学实验室和机器人大厅，在科学实验室里有电脑、天文望远镜模型，墙上还张贴着伽利略、爱因斯坦、居里夫人等科学家的画像。这里的孩子每周要上一节科学实验课和一节机器人课，课程由专门的科学老师负责。

（二）社会培训体制

"犹太母亲"式的家庭教育激发孩子从来不拘一格的探索意识。以色列认为家庭教育在塑造孩子性格、世界观和人生观中潜移默化的作用远远超过了学校教育。以色列前总统佩雷斯在谈讲到以色列的创新从何而来的时，经常会讲到一个故事：在他的孙女上幼儿园时，自己每天都会问放学后的孙女两个问题："第一个问题，上学时问老师问题没有？第二个问题，问的问题难倒老师没有？"佩雷斯认为这在中国的家庭基本是不会这么要求的。在以色列有"创业之父"美誉的尤西·瓦蒂先生经常讲到自己母亲教育自己的故事："妈妈经常说我是个笨小孩，还说我的那些表兄们聪明。我就用一辈子来证明她是错的，如今还在努力地向她证明。"

社会培训课程为创新创业者定期学习提供了"充电器"。以色列的很多高校都专门为已经或曾经就业的成年人设置了继续教育课程，包括工商管理、中医理疗、医疗知识、希伯来语及其他语言等。特别是以色列为新移民来的犹太人提供了各种学习和培训的机会,以便于其较快地融入当地社会,开始工作和生活。

参军生涯既磨炼创新创业意志又增长知识技能。在以色列,全民服兵役是国家制度。大部分年轻人在高中毕业后需要进入军队服役。以色列军队素有高科技部队之称,很多人在军队中学习到了不少高科技知识,为其在今后的创新创业中打下了坚实的基础。

(三)国家培育体制

2010 年,以色列高教委发起了以色列卓越研究中心(Israeli Centers Of Research Excellence,I-CORE)计划,旨在现有高校和科研院所的基础上搭建国际领先的科学研究平台,吸引世界各地的以色列卓越科研人员回国,同时也为提升其国内科研人员、高校学生科研能力提供了"足不出户"的国际科技合作平台。截至目前,该计划已分两批建立了 16 个卓越研究中心,包括复杂人类疾病基因调控卓越中心、认知科学卓越研究中心、算法卓越研究中心、太阳能燃料卓越研究中心、量子宇宙——粒子和宇宙粒子卓越研究中心等。

五、创新人才培育特色与优势

致天下之治者在人才,成天下之才者在教化。古往今来,人才是国家和民族兴衰的关键。以色列对此有充分认识,也形成了其独特的创新人才培养模式和优势。

(一)创新人才培育模式与途径

"兴趣教育+终生学习"的辩证统一的培养机制造就时代性创新人才。以色列人认为创新首先要源于兴趣。以色列诺贝尔获得者谢赫特曼教授发起科技幼儿园。魏茨曼科学院开展兴趣科研培养。以色列理工学院设置创业课程,从幼儿园教育到大学科研,再到工作和创业。只有在兴趣的基础上才能保持着在该领域不停地进取。人才培养从兴趣培养开始,是以色列创新人才培养的重要特色。

容忍失败的创新创业机制和社会氛围激发了不怕失败、勇于探索的创新人才。创新创业的路上不会一帆风顺。创新人才的培养需要有容忍失败的机制和氛围。犹太民族两千多年的流散经历,让这个民族在面对困难和失败时具有了更大的勇气和宽容。以色列的全民兵役制在坚韧毅力的培养上功不可没。不论在创新创业政策的设立上,还是在科研项目的考核机制上,以及社会上对创新创业失败的容忍,以色列已经形成了一个能够鼓励和激发人才不怕失败、勇于探索的机制和氛围。

国际化的创新人才培养方式成就了世界知名的科学家和企业家。由于以色列具有人口少、市场小、资源匮乏的特点,其在创新人才培养方面必须要借助其他国家的支持,走国际化的人才培养道路。另一方面,以色列也是移民国家,众多从欧洲、美国、俄罗斯等发达国家移民至以色列的犹太人占其人口较大比例。这也为以色列人才到欧美等发达国家深造学习和锻炼提供了较其他国家更便利的渠道和方式。以色列的诺奖获得者中大部分有在美国或欧洲学习、科研或工作的经历。以色列的高校和科研机构也有大量的与欧美科学家合作的课题或项目。在美国纳斯达克上市的企业数量,以色列仅次于中国,排名第三。广泛和深入国际化人才培养模式也是其人才培养的重要特色。

(二)创新人才培育优势

崇尚创新的文化。在以色列,有句俗话"两个脑袋,三个主意"。以色列人对各种事物或办事方法总有新的意见或想法。从宗教文典到家庭教育无不渗透着这个民族对创新的崇尚。思辨在犹太文化和民众思维中根深蒂固。从诺贝尔奖得主中犹太人占比超过五分之一这点就可以看出,创新精神成为以色列民族精神的重要支柱,也是其培育创新人才的民族优势。

"夹缝"中生存的环境。"生于忧患"是人类发展历史经验的总结,"宝剑锋从磨砺出"更是创新创业者取得成功的必经之路。以色列自然资源匮乏,地缘政治关系时常紧张,而创新创业者在这"夹缝中"经受的磨练作用相当大。不断改善的科研和创业基础设施条件是创新创业的肥沃土壤。环境情况的"夹缝"在以色列却被认为是创新人才培育的优势。

简单高效的"小杠杆撬大投入"的创新政策措施。以色列政府以"小政府,大社会"的方式进行创新治理。通过精简高效的立法,规范创新支持和管理,如《以色列高等教育法》《以色列国家研究与开发理事会法》《专利法》《鼓励工业研究与开发法》《以色列科学院法》等;通过政府引导和支持项目的"小杠杆"来"撬动"社会资金和人员参与创新创业"大投入",如孵化器计划、YOZMA 风投基金计划等。

与国际科技创新网络深度融合的创新平台。以色列由于其地域和市场狭小,所以其创新人才的培育必须利用全球的创新和教育网络。犹太人在欧洲和美国的天然联系,也让其输送众多留学生和科研人员到欧美发达国家学习,联合研究方面也更加容易。以色列一方面与国际科技大国签署科技合作协议,另一方面积极参与国际大科学工程或计划,为其创新人才的发现和培育提供了国际平台。

第六节 丹麦创新人才培育模式

一、国家科技创新能力总体评述

创新能力是衡量一个国家或地区竞争力的关键因素,主要通过指标进行评估。欧洲工商管理学院(INSEAD)与世界知识产权组织(WIPO)构建的全球创新指数(GII)是国际社会公认最权威的评价体系之一,评价维度和范围相对全面，自 2007 年起连续发布，为长期跟踪分析全球及各国创新建设进程提供了依据。

全球创新指数由创新投入和创新产出共 2 个亚指数构成，下设 7 个一级指标、21 个二级指标、80 余个三级指标，并通过标准化分制（0~100）使不同量纲指标具有可比性（表 3-3）。

表 3-3　全球创新指数指标体系

创新效率（比例）	一级指标	二级指标	编号
创新投入	制度	政治环境	X1
		监管环境	X2
		商业环境	X3
	人力资本和研究	教育	X4
		高等教育	X5
		研究和开发	X6
	基础设施	信息通信技术	X7
		普通基础设施	X8
		生态可持续性	X9
	市场成熟度	信贷	X10
		投资	X11
		贸易、竞争和市场规模	X12
	商业成熟度	知识型工人	X13
		创新关联	X14
		知识的吸收	X15
创新产出	知识和技术产出	知识的创造	X16
		知识的影响	X17
		知识的传播	X18
	创意产出	无形资产	X19
		创意产品和服务	X20
		网络创意	X21

注：其中，三级指标均来自原始数据或原始数据标准化值；一级和二级指标均由下一级指标加权平均得出；全球创新指数和亚指数是其下一级指标的平均值。

本文参照高锡荣等（2017）利用 GII 指数分析制约创新能力关键因素的研究，结合 2013~2018 年 GII 指数指标体系，通过排名差距（各级指标与该时期 GII 指数平均排名的差值，正值表示领先，负值表示落后，零值表示持平）对比、聚类分析的方法，对丹麦创新能力及其关键影响因素进行总体评估。

根据实现工业化和现代化的不同方式，可将世界各国划分为三种类型，即资源型国家、依附型国家和创新型国家。丹麦属于全球公认的 20 余个创新型国家之一。2013~2018 年丹麦 GII 指数全球排名在第 6~10 位，平均排名第 8 位，稳居世界前 10% 之内（表 3-4）。根据欧盟发布的《创新联盟记分牌 2011》，按照创新指标将参与创新排名的 27 个欧盟国家划分为创新领导组、创新跟随组、中等创新组和适度创新组四个类别。丹麦连同芬兰、德国和瑞士位于创新领导组。

表 3-4　2013~2018 年丹麦 GII 指数全球排名

	2013	2014	2015	2016	2017	2018	平均
经济体数量	142	143	141	128	127	126	135
GII 排名	9	8	10	8	6	8	8
排名百分比	6.34	5.59	7.09	6.25	4.72	6.35	6.06

（一）丹麦创新投入优势巨大，创新产出仍待加强

2013~2018 年间，丹麦 GII 指数创新投入亚指数全球排名在第 6~9 位范围内，平均排名第 8 位，与 GII 平均排名持平；创新产出亚指数全球排名在 12~14 范围内，平均排名第 13 位，略落后于 GII 平均排名。丹麦科技创新投入巨大，创新产出是影响丹麦创新能力的关键因素（表 3-5）。

表 3–5 2013～2018 年丹麦 GII 指数亚指数全球排名

亚指数	2013	2014	2015	2016	2017	2018	平均	排名差距
创新投入	8	9	8	8	6	7	8	0
创新产出	14	12	12	13	12	13	13	−5

（二）商业成熟度、基础设施、知识和技术产出是关键限制因素

2013～2018 年间，丹麦 GII 指数中 7 个一级指标中，制度、人力资本和研究、市场成熟度排名优于 GII 指数平均排名，商业成熟度、基础设施、知识和技术产出等指标相对落后（表 3–6）。根据排名差距，将限制因素划分为强烈、一般和领先三个等级。

表 3–6 2013～2018 年丹麦 GII 指数一级指标全球排名

一级指标	2013	2014	2015	2016	2017	2018	平均	排名差距	限制等级
商业成熟度	19	22	17	17	14	17	17	−9	强烈
基础设施	13	9	21	21	15	15	16	−8	强烈
知识和技术产出	19	14	16	14	16	15	16	−8	强烈
创意产出	8	13	13	11	9	9	11	−3	一般
市场成熟度	7	11	7	6	6	6	7	1	领先
人力资本和研究	7	9	3	4	3	6	5	3	领先
制度	1	4	4	7	6	6	5	3	领先

综合来看，商业成熟度、基础设施以及知识和技术产出三项指标是影响丹麦创新能力的关键因素，而市场成熟度、人力资本和研究以及制度等方面发展相对完善。

（三）知识吸收、普通基础设施、贸易竞争和市场规模是影响丹麦创新能力的重要二级指标

2013~2018年间，丹麦GII指数21个二级指标中，17个指标落后于GII指数平均排名，4个指标相对领先（表3-7）。根据排名差距将限制因素划分为强烈、中等、一般和领先四个等级，其中3个指标属于强烈限制因素，5个指标属于中等限制因素，9个指标为一般限制因素。

表3-7 2013~2018年丹麦GII指数二级指标全球排名

二级指标	2013	2014	2015	2016	2017	2018	平均	排名差距	限制等级
知识的吸收	55	62	46	32	30	26	42	−34	强烈
普通基础设施	30	46	44	35	44	43	40	−32	强烈
贸易、竞争和市场规模	38	45	30	36	37	37	37	−29	强烈
无形资产	29	38	48	29	25	24	32	−24	中等
知识的影响	38	28	33	32	34	22	31	−23	中等
创新关联	20	38	42	33	17	18	28	−20	中等
高等教育	38	33	27	17	19	25	27	−19	中等
知识的传播	32	25	24	21	17	20	23	−15	中等
信息通信技术	14	13	21	22	14	16	17	−9	一般
生态可持续性	17	6	17	20	11	10	14	−6	一般
投资	12	27	22	5	5	14	14	−6	一般
知识的创造	13	20	17	12	12	12	14	−6	一般
创意产品和服务	5	13	16	9	11	14	11	−3	一般
政治环境	2	8	7	13	13	9	9	−1	一般
教育	21	7	9	8	4	5	9	−1	一般
知识型工人	13	11	6	7	8	7	9	−1	一般
网络创意	15	12	8	6	6	6	9	−1	一般
商业环境	5	6	7	5	7	8	6	2	领先
研发	5	4	3	7	7	8	6	2	领先
信贷	5	5	5	7	6	6	6	2	领先
监管环境	1	3	2	4	4	7	4	4	领先

知识吸收、普通基础设施、贸易竞争和市场规模等指标是丹麦创新能力关键限制因素，而在商业环境、研发、信贷和监管环境等方面具有较大优势。

（四）FDI 净流入值、资本形成总额、人均 GDP 增长率和高技术进口等三级指标对丹麦创新能力具有重要影响

GII 指数指标体系三级指标在各年度报告中有所调整，数量在 79~84 范围不等，经对比选取其中 70 个相同或相似指标进行统计分析。经计算，2013~2018 年，丹麦 GII 指数三级指标中，58 个指标落后于 GII 指数平均排名，10 个指标相对领先。根据排名差距将限制因素划分为强烈、中等、一般和领先四个等级，其中 4 个指标属于强烈限制因素，10 个指标属于较强限制因素，21 个指标属于中等限制因素，23 个指标属于一般限制因素。

表 3-8　2013~2018 年丹麦 GII 指数三级指标全球排名

三级指标	2013	2014	2015	2016	2017	2018	平均	排名差距	限制等级
FDI 流入净值	61	128	123	125	123	91	109	−101	强烈
资本形成总额	116	114	115	86	86	80	100	−92	强烈
人均 GDP 增长率	73	79	76	79	87	80	79	−71	强烈
高技术进口	37	70	79	76	86	91	73	−65	强烈
ICT 服务出口	96	58	46	51	46	44	57	−49	较强
科学和工程专业毕业生	53	55	46	52	53	56	53	−45	较强
海外供资 GERD	41	53	55	52	59	56	53	−45	较强
本国人商标申请量	34	49	55	49	61	56	51	−43	较强
ISO 9001 质量认证	53	36	55	52	50	38	47	−39	较强
中学生师生比	—	—	—	34	37	36	—28	较强
发电量	34	38	31	33	40	39	36	−28	较强
电子参与	28	28	54	54	22	22	35	−27	较强
本国人实用型专利申请量	33	36	34	32	37	37	35	−27	较强
本地竞争强度	27	25	43	44	30	37	34	−26	较强

续表

三级指标	2013	2014	2015	2016	2017	2018	平均	排名差距	限制等级
创意产品出口	26	32	30	28	29	31	29	−21	中等
易于获得信贷	22	27	22	27	29	38	28	−20	中等
ICT 和商业模式创造	16	32	43	28	24	23	28	−20	中等
市值	35	24	23	—	—	—	27	−19	中等
高技术出口	25	27	27	28	27	27	27	−19	中等
易于保护投资者	36	32	17	20	19	32	26	−18	中等
政府网络服务	13	13	35	35	28	28	25	−17	中等
产业集群发展	18	32	32	24	21	22	25	−17	中等
易于创业	18	23	22	28	22	30	24	−16	中等
新企业密度	23	26	28	28	28	13	24	−16	中等
FDI 流出净值	17	38	20	27	20	20	24	−16	中等
维基百科月编辑量	26	21	23	23	25	26	24	−16	中等
ISO 14001 环境认证	21	14	27	25	24	26	23	−15	中等
ICT 服务进口	55	21	16	14	13	16	23	−15	中等
政治稳定性和安全	15	27	21	23	25	23	22	−14	中等
合资战略联盟交易	14	23	31	25	15	15	21	−13	中等
文化服务出口	20	18	29	18	21	20	21	−13	中等
阅读数学和科学评估	19	22	22	22	16	16	20	−12	中等
ICT 和组织模式创造	12	26	31	23	15	14	20	−12	中等
高等教育入境留学生	21	23	22	15	18	14	19	−11	中等
高校/产业联合研究	20	21	19	19	14	20	19	−11	中等
预期受教育年限	68	10	4	4	6	6	16	−8	一般
高中端技术生产	23	14	10	11	17	18	16	−8	一般
通用顶级域	15	17	17	15	15	16	16	−8	一般
学生人均政府支出	4	16	24	21	15	11	15	−7	一般
高等教育入学率	15	19	12	12	14	15	15	−7	一般
单位能耗 GDP	13	13	22	18	11	12	15	−7	一般
QS 高校前三名平均分	13	13	14	14	15	14	14	−6	一般

续表

三级指标	2013	2014	2015	2016	2017	2018	平均	排名差距	限制等级
适用税率加权平均	11	10	9	9	23	19	14	−6	一般
引用文献 H 指数	14	14	14	14	15	15	14	−6	一般
物流表现	5	5	17	17	17	17	13	−5	一般
知识密集型服务	20	9	10	11	12	14	13	−5	一般
企业投资 GERD	11	16	13	12	13	11	13	−5	一般
知识产权收入	16	13	13	12	12	14	13	−5	一般
ICT 普及率	9	12	11	13	14	14	12	−4	一般
在多主管部门申请同族专利	14	15	15	10	9	9	12	−4	一般
计算机软件开发	14	14	12	11	12	11	12	−4	一般
本国人专利申请量	8	17	17	8	8	8	11	−3	一般
环境表现	21	13	13	4	4	3	10	−2	一般
YouTube 视频上传量	11	9	8	11	11	7	10	−2	一般
监管质量	1	6	6	12	11	16	9	−1	一般
易于解决破产	10	10	8	8	8	7	9	−1	一般
PCT 专利申请量	7	7	10	9	10	9	9	−1	一般
国产电影	12	11	10	6	6	6	9	−1	一般
股票交易总额	6	13	8	8	6	9	8	0	领先
企业进行 GRRD	7	8	8	8	10	9	8	0	领先
研发总支出	6	6	7	6	6	8	7	1	领先
政府有效性	2	3	3	9	6	3	4	4	领先
法治	3	5	4	2	3	6	4	4	领先
教育支出	6	3	3	3	2	4	4	4	领先
给私营部门的国内信贷	1	2	3	5	5	6	4	4	领先
ICT 利用率	9	3	1	1	1	1	3	5	领先
国家代码顶级域	4	3	1	1	4	4	3	5	领先
全职研究人员	3	3	2	2	2	2	2	6	领先
科技论文出版	4	3	2	2	2	1	2	6	领先
遣散费用	1	1	1	1	1	1	1	7	领先

FDI 净流入值、资本形成总额、人均 GDP 增长率、高技术进口等 14 项指标对丹麦创新能力具有十分重要的影响。

（五）影响丹麦创新能力的各级限制因素汇总

根据表 3-6、3-7 和 3-8 的结果，对影响丹麦创新能力的各级限制因素进行汇总（表 3-9）。

表 3-9　影响丹麦创新能力的各级限制因素汇总

一级指标	二级指标	三级指标
商业成熟度	知识吸收（1）	**FDI 流入净值（1）**
		高技术进口（4）
		ICT 服务进口（28）
	创新关联（6）	**海外供资 GERD（7）**
		产业集群发展（22）
		合资战略联盟交易（30）
		高校/产业联合研究（35）
		在多个主管部门申请同族专利（50）
	知识型工人（16）	知识密集型服务（46）
		企业投资 GERD（47）
		企业进行 GERD（60）
基础设施	普通基础设施（2）	**资本形成总额（2）**
		发电量（11）
		物流表现（45）
	信息通信技术（9）	**电子参与（12）**
		政府网络服务（21）
		ICT 普及率（49）
		ICT 利用率（66）
	生态可持续性（10）	ISO 14001 环境认证（27）
		单位能耗 GDP（41）
		环境表现（53）

续表

一级指标	二级指标	三级指标
知识和技术产出	知识的影响（5）	购买力平价 GDP 增长率（3）
		ISO 9001 质量认证（9）
		新企业密度（24）
		高中端技术生产（37）
		计算机软件开发（51）
	知识的传播（8）	ICT 服务出口（5）
		高技术出口（19）
		FDI 流出净值（25）
		知识产权收入（48）
	知识的创造（12）	本国人实用型专利申请量（13）
		引用文献 H 指数（44）
		本国人专利申请量（52）
		PCT 专利申请量（57）
		科技论文出版（69）
创意产出	无形资产（4）	本国人商标申请量（8）
		ICT 和商业模式创造（17）
		ICT 和组织模式创造（33）
	创意产品和服务（13）	创意产品出口（15）
		文化服务出口（31）
		国产电影（58）
	网络创意（17）	维基百科月编辑量（26）
		通用顶级域（38）
		YouTube 视频上传量（54）
		国家代码顶级域（67）
市场成熟度	贸易竞争（3）	本地竞争强度（14）
		适用税率加权平均（43）
	投资（11）	市值（18）
		易于保护投资者（20）

续表

一级指标	二级指标	三级指标
市场成熟度	投资（11）	股票交易总额（59）
	信贷（20）	易于获得信贷（16）
		给私营部门的国内信贷（65）
制度	政治环境（14）	政治稳定性和安全（29）
		政府有效性（62）
	商业环境（18）	易于创业（23）
		易于解决破产（56）
	监管环境（21）	监管质量（55）
		法治（63）
		遣散费用（70）
人力资本和研究	高等教育（7）	科学和工程专业毕业生（6）
		高等教育入境留学生（34）
		高等教育入学率（40）
	教育（15）	中学生师生比（10）
		阅读数学和科学评估（32）
		预期受教育年限（36）
		学生人均政府支出（39）
		教育支出（64）
	研发（19）	QS高校排名前三名平均分（42）
		研发总支出（61）
		全职研究人员（68）

注：正体加粗为主要限制因素，正体未加粗为次要限制因素，斜体为排名平于或优于GII指数平均排名的非限制因素。

由表3–9可以得到以下结论：

1. 丹麦在市场成熟度、制度环境以及人力资本和研究等方面存在较大优势，主要由于其为促进国内创新发展，通过政府的有效治理培育了适宜的创新环境。通过法治措施促进相关企业的发展，推动创新技术产业孵化，并高度重视国内教育体系的完善，其教育、研发支出以及在职科研人员数量都位居世界前列。

2. 制约丹麦创新能力的首要因素是商业成熟度，主要表现为海外资本和高新技术流入不足，但本地企业研发力度较强。

3. 基础设施完善程度是影响其创新能力的关键，主要表现为人均发电量与资本形成总额在 GDP 中占比不足，另外公众通过政府在线服务获取信息、参与决策的力度有所欠缺。电子参与度通过政府在线治理效率和民众参与度在一定程度上反映了社会治理体系的完善程度，以及智慧城市建设相关科技的支撑力度。尽管丹麦信息通信技术利用率较高，但公众线上参与度仍有待进一步提高。

4. 知识和技术产出是影响丹麦创新能力的重要因素，其中在购买力平价、GDP 增长率、ISO 9001 质量认证/十亿购买力平价美元 GDP、信息通信技术出口量方面存在不足，即丹麦公民生活质量、丹麦质量认证体系有待进一步提高，其知识影响力和传播力有待加强，但也需注意到丹麦科技论文的出版量在全球排名遥遥领先。

5. 创意产出的不足也对丹麦创新能力产生了一定影响，主要体现在本国商标申请量的匮乏，但其国家代码顶级域注册量排名靠前。

二、国家科技创新能力关键指标

本文利用《2018 年全球创新指数》报告中的公开数据对影响丹麦创新能力的部分关键指标进行深入分析。

（一）丹麦科技创新投入

1. 制度

政府有效性代表政府有效制定并实施政策的能力。法治程度代表公众对社会法则的信心和遵守程度。上述指标通过不同利益群体评价得出（以零值为基准上下浮动，即世界各国平均得分为零），1996~2017 年间丹麦政府有效性和法治程度始终保持在较高水平，这为其相关创新政策的实施提供了良好的保障（图 3–1，世界银行）。

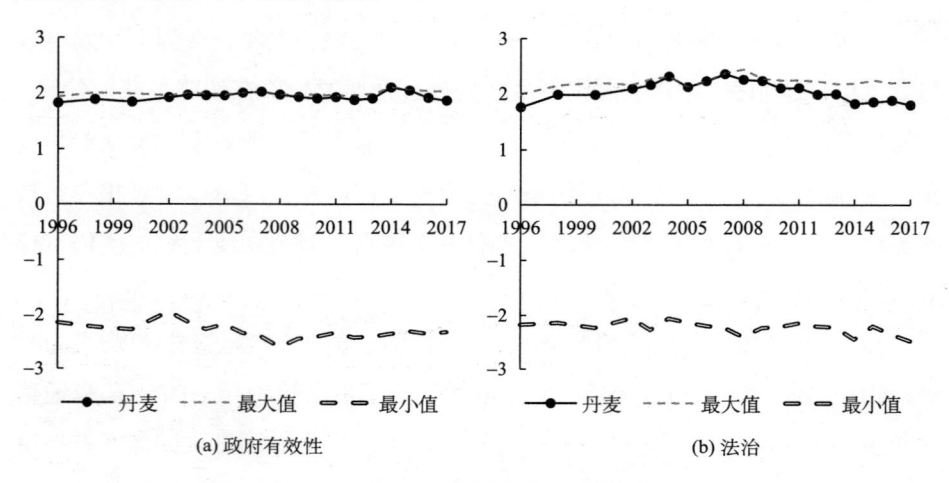

(a) 政府有效性　　(b) 法治

图 3–1　丹麦政府有效性和法制程度

2. 人力资本和研究

教育在 GDP 中的比重（主要用于从事教育行业人员的工薪）是衡量教育支出的重要指标。1970~2014 年丹麦教育支出占比长期维持在较高水平并稳定在 7%以上，在学前、基础、中学（初中和高中）和高等教育四个阶段性教育中，中学教育支出比例最大（图 3–2，联合国教科文组织）。

在不同教育阶段中，高等教育通常与科技创新活动联系更为紧密。自然科学、数学、统计、信息技术、制造、工程、建筑等专业毕业生是重要的科技创新活动参与者和人才储备，其占高等教育毕业生总数的比例是衡量科技创新活力的重要指标。1999~2017 年间丹麦相关学科毕业生比例（20.00%左右）略低于世界平均水平（21.29%）（图 3–3，联合国教科文组织），是影响其创新能力的重要因素。近年来丹麦民众呼吁应不断提高丹麦高等教育质量。

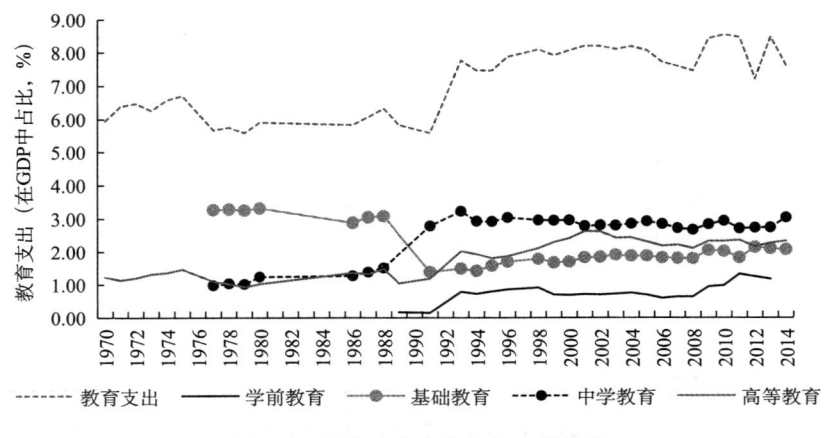

图 3–2 丹麦政府有效性和法制程度

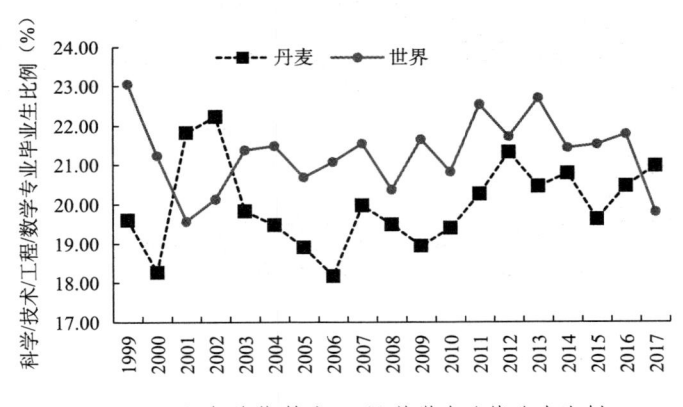

图 3–3 丹麦科学/技术/工程/数学专业毕业生比例

研发支出（GERD）占 GDP 的比例可以很好地衡量一个国家对科技研发活动的经费投入力度和对科技创新的重视程度。丹麦作为领导型的创新型国家，其研发投入始终保持在较高水平，平均在 2.5% 以上，并自 2006 年以来增长显著，现基本稳定在 3% 左右（图 3–4，联合国教科文组织）。

研发人员也是科技创新活动重要的参与者，此处（全职）研发人员指的是从事新知识、新产品、新工业、新方法或新系统的构思创造及相关项目管理的专业人员，其中也包括从事研发工作的研究生。丹麦全职研究人员比例

（5 648 名全职研究人员/百万人口）始终保持在较高水平，远超过世界平均数值（1 912 名全职研究人员/百万人口）（图 3–5）。

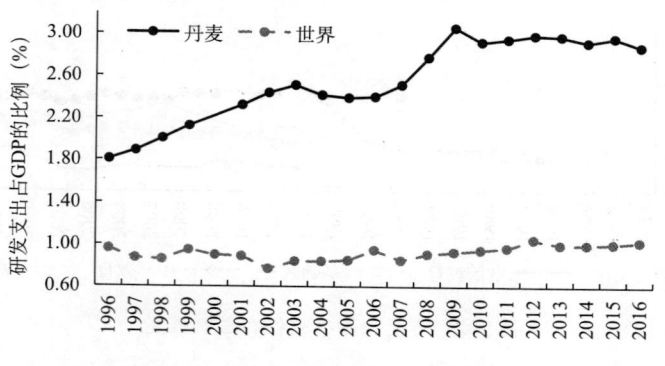

图 3–4　丹麦研发支出占 GDP 比例

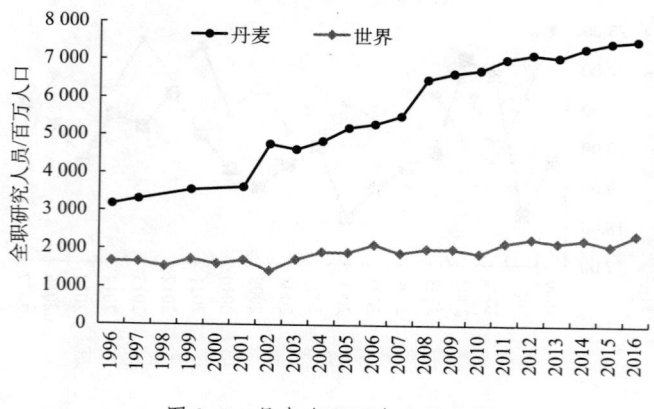

图 3–5　丹麦全职研究人员比例

3. 市场成熟度

市场成熟度反映了一个国家创新创业培育环境的完善程度。较高的市场成熟度可以更好地促进创新成果的转移转化，其中，给私营部门的国内信贷（占 GDP 的比重）是一个关键指标，指的是金融公司通过贷款、购买非股权证券、贸易信贷和其他应收款项等方式向私营部门提供的金融资源，在一定程度上反映了企业等关键创新主体获取资金的难易程度。丹麦在该指标上表

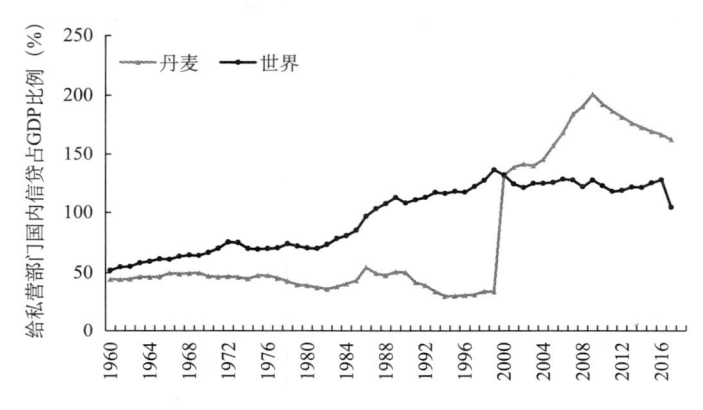

现良好，明显高于世界平均水平，并自 1999 年后有较大提升（图 3–6）。

图 3–6　丹麦给私营部门的国内信贷占 GDP 的比例

4. 商业成熟度

外国直接投资（FDI）流入净值在 GDP 中所占比例指的是近三年平均投资净流入，以获取企业长期管理权益为目的。丹麦 FDI 净流入值比例与世界水平相差不大，有较大起伏（图 3–7）。

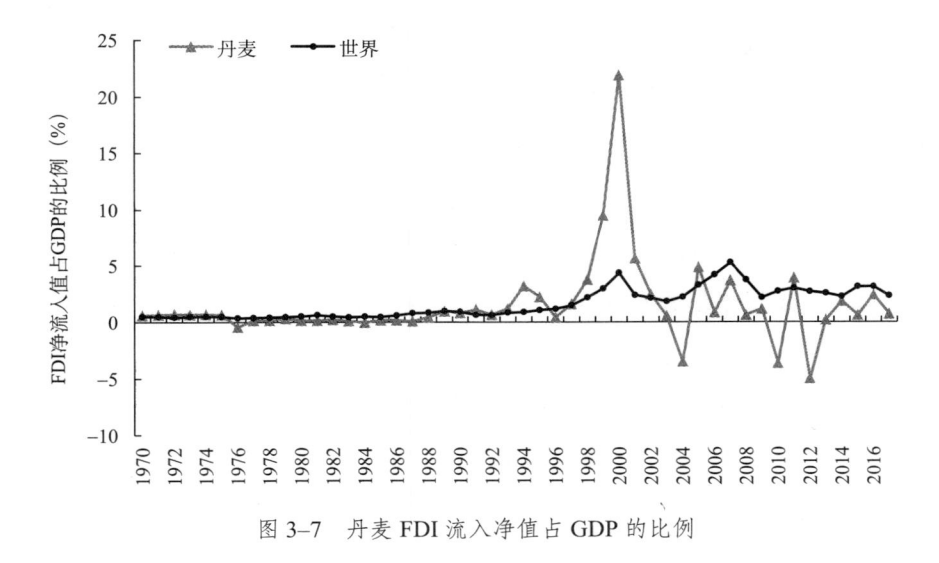

图 3–7　丹麦 FDI 流入净值占 GDP 的比例

海外供资 GERD 占比，即外国资助占国家研发总开支的比例，也反映了国外资本的流入、国内科技创新活动资金渠道的多元化。丹麦海外供资 GERD 占比（7.85%）低于世界平均水平（10.74%），且近年来呈现下降趋势（图 3-8）。

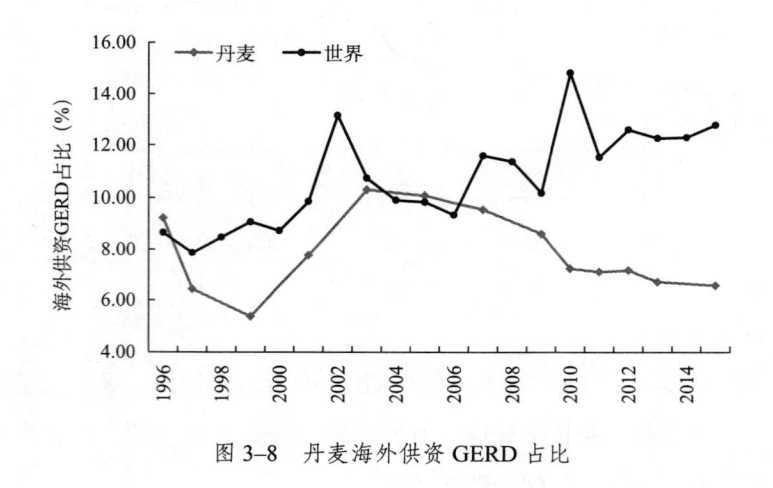

图 3-8 丹麦海外供资 GERD 占比

5. 基础设施

资本形成总额占 GDP 的比例，即资本形成率，亦称投资率，与消费（最终消费支出）和出口（货物和服务净出口）共同构成了国家或地区经济增长的主要驱动力。一个合理的资本机构可有效地将货币资源分派到最有利于提高资本形成率、提升高产业技术含量、培育新兴企业和具有抗风险能力的金融机构。丹麦资本形成率（20.70%）略低于世界平均水平（23.74%），且起伏较大，对其创新能力造成一定影响（图 3-9）。

丹麦人均发电量（6 748 kWh/人）低于世界平均水平（7 887 kWh/人），且近年来呈现下降趋势（数据来自 OECD 公开数据，图 3-10）。

图 3-9 丹麦资本形成率

图 3-10 丹麦人均发电量

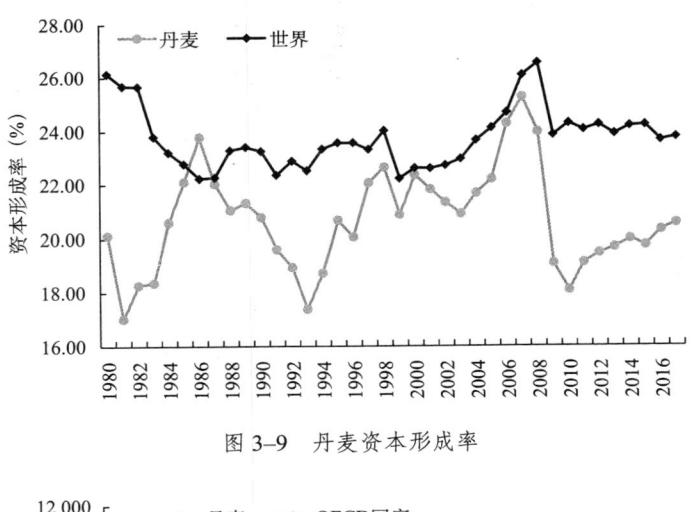

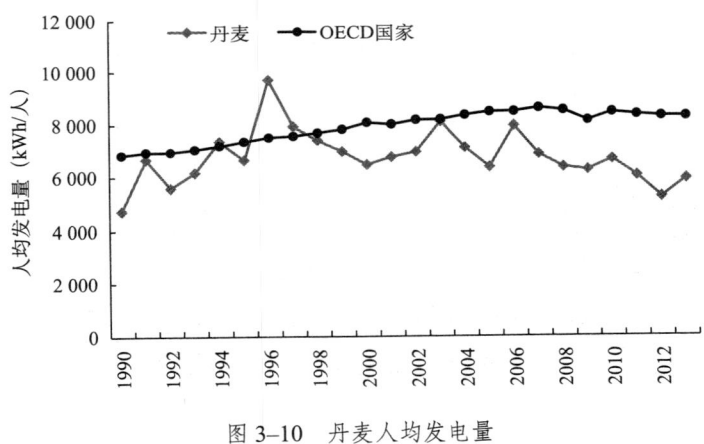

（二）丹麦科技创新产出

1. 知识和技术产出

人均国内生产总值（GDP）的增长可用来衡量劳动生产率，即每单位劳动力投入的产出。人均 GDP 是 GDP 除以经济中的总就业人数。ISO 9001-2016 是目前世界上最成熟的质量框架。通过评估企业持续提供产品与服务，满足顾客和适用的法律与监管要求，并致力于提高客户满意度等方面的能力，对企业的管理效能进行认证。人均 GDP 增长率和单位 GDP ISO 9001 质量认证都是对知识和技术产出的重要衡量指标。

丹麦人均 GDP 增长率（1.27%）略低于世界平均水平（2.06%），变化趋势相似（图 3–11，世界银行）；丹麦单位 GDP ISO 9001 质量认证（7.34）高于世界平均水平（6.18），体现了近年来世界各国对质量认证的重视（图 3–12，国际质量组织，世界银行）。

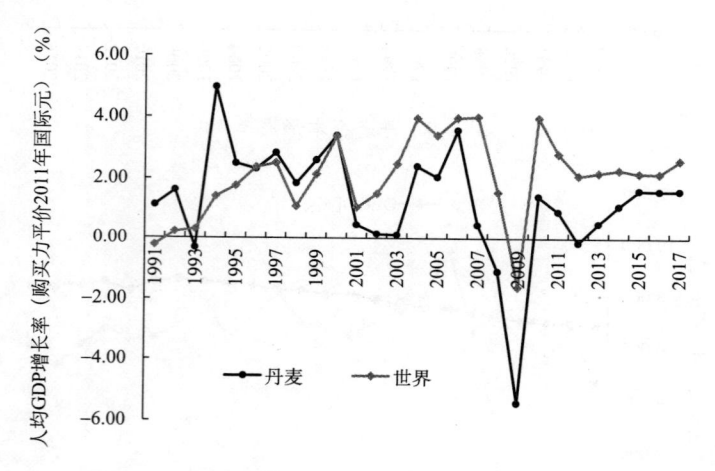

图 3–11　丹麦人均 GDP 增长率

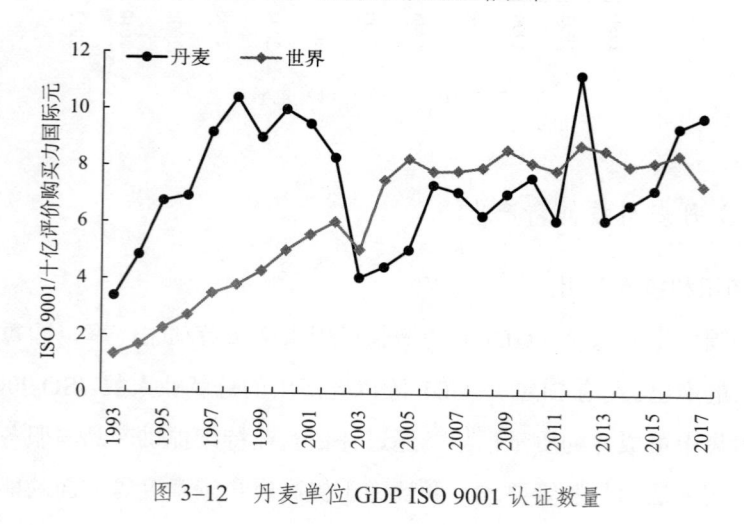

图 3–12　丹麦单位 GDP ISO 9001 认证数量

2. 创意产出

商标申请的数量是基于在某一国家或地区办事处提交的常驻商标申请中指定的商品和服务类别的总数量。丹麦单位 GDP 商标申请量高于世界平均水平，但与质量认证数量一样，也是重要的创新能力限制性因素，表明当今国际社会对于智慧产品和知识产权保护十分重视（图 3-13）。

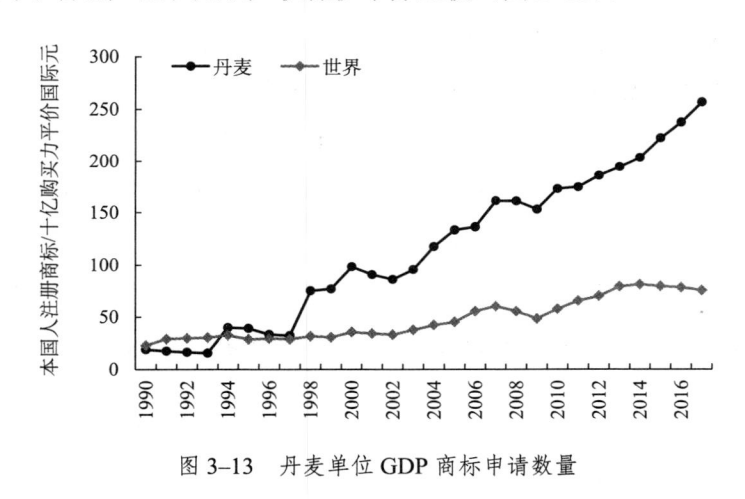

图 3-13　丹麦单位 GDP 商标申请数量

三、创新文化背景

（一）自然地理条件与经济社会发展

丹麦国土面积狭小，仅为 4 万多平方千米，人口 570 余万，自然资源相对贫乏，除石油和天然气外，境内其他矿藏很少，所需煤炭资源全部依靠进口；森林覆盖面积 6 000 多平方千米，约占国土面积的 15%；土壤肥力不足，种植的燕麦、玉米等作物蛋白质含量低，主要用于养殖业。

尽管自然资源贫乏，但丹麦人均国民收入多年来跻身世界前 10 之列。丹麦工业高度发达，船用主机、水泥设备、助听器、酶制剂和人造胰岛素等产品享誉世界；设计与创意产业位居世界前列；农畜产品除满足国内市场外，约 2/3 用于出口，猪肉、奶酪、黄油等出口量居世界前列。

丹麦造就了大批世界知名企业，包括全球最大的风机制造公司维斯塔斯（Vestas）、全球最大的酶制剂公司诺维信（Novozymes）、全球最大的集装箱运输公司马斯基（Maersk）、全球著名的玩具制造公司乐高（Lego）等。

丹麦社会以高福利、高收入、高税收、高消费为特征。所有的丹麦公民都可享受国家医疗体系提供的免费服务。丹麦人工作与生活兼顾。以首都哥本哈根为例，多数政府机关或企业允许员工实行灵活的工作时间，下午三点通常已结束全天工作。员工基本年休假为 5 个星期，其中的 2 个星期必须在夏天，剩余 3 个星期可自主选择。每年 6 月丹麦政府会根据公民前一年缴纳的税款发放所缴税额的 12%作为其度假费用。

高福利和高生活质量使得丹麦经常在各种国际排名中被列为世界上最幸福的国家之一。丹麦技术创新和高效率是其克服资源短缺、实现巨额财富的关键因素。

（二）文化中的科技创新理念

丹麦的科技创新理念早在 19 世纪就已逐渐显现。19 世纪上半叶，资本主义迅速扩张，欧洲秩序重建，战争的爆发导致丹麦失去了近三分之一的人口，国土面积缩小近 40%，失去了昔日的强国地位。面对民族危机，丹麦人民开始积极探寻民族复兴之路。文学也被赋予了构建民族文化认同感的重任。丹麦浪漫主义的发展进入民族主义时期，以北欧神话和古代历史为题材的作品创作是其采取主要策略之一，旨在以共同的历史、语言、文化和价值观作为民族身份认同的基础，但其掀起的怀旧思潮将君主制看作现代化进程的受害者，进一步加剧了丹麦社会反科学、反现代化的情绪。

以童话故事享誉世界的丹麦作家安徒生一改早期的创作理念，开始在科学技术中寻求文学和民族的新发展。与民族浪漫主义文学家相反的是，安徒生对推崇过去持反对态度。他认为丹麦的发展应当面向未来，以科学创新推动民族振兴，例如在其童话作品《教父的画册》中，以儿童剪贴画的形式展现了哥本哈根的历史进程。从鲸油灯到瓦斯灯的发展过程中，印刷术、蒸汽机、电磁学等科技发展推动着哥本哈根一步步从野蛮混沌走向现代文明，"从自然选择到伦理和科学选择"。安徒生采用科技作为其新的想象元素，以基于科学技术想象的文学创作唤起丹麦人对科技与现代化发展的重视，使丹麦人认识到科技创新对推动丹麦民族振兴的重要意义。

20世纪末期，丹麦学者本特-阿克·伦德瓦尔（B. A. Lundvall）通过考察用户与厂商之间的交互作用，研究国家创新体系、科技创新制度中的关键构成，进一步完善并拓展了国家创新体系的概念。他认为国家创新体系的本质是界定在一个国家系统之内的社会网络，涉及多个创新主体和创新子系统。伦德瓦尔同时是学习型国家创新体系理论代表学者。在他看来建立并加强科技创新和经济增长之间的联结关系，离不开个人、机构内和机构间的学习，且需要关注的不仅仅是科研基础设施的建设，还包括对劳动力市场、教育和工作等方面的能力建设机制的完善。这对于当今以知识经济为主导的全球化时代来说尤其重要。这从丹麦"终身学习"的文化理念中也可见一斑。

（三）科技创新思路

1. 小办法解决大问题和大麻烦分解成小困难

技术创新并不一定等于高新技术创造，将已有成熟技术适当组合或创新使用也可解决经济社会发展中的部分难题。例如，通过提高房间的密闭性，实现降噪、隔味、减少热损失；在居民楼外加装雨水收集管实现水资源再利用，提高资源利用效率；通过加大排水管管径、增设城市低洼绿地等方式提高城市泄洪能力，并在非洪水期增加绿地灌溉，改善城市景观等。

2. 实用技术创新平台

丹麦同样重视实用技术的开发。例如东（DONG）能源公司开发的二代生物乙醇技术，利用农作物余料（秸秆等）生产乙醇，用于替代汽油，减少化石能源使用，目前已建立了产量为 800 万升乙醇的示范装置，可收集 50 千米范围内的秸秆。

3. 生态位策略

丹麦学术界和管理层通常抱有"生态位策略"（Niche Strategy）的理念，即丹麦在资源有限的条件下，应发展最适合本国特点且能占据优势的产业。作为小国，丹麦无力广泛涉猎所有高科技产业，只能紧跟世界科技发展趋势，依据既有资源和自身科技优势，"有所为，有所不为"，同时注重"人无我有，人有我优"。丹麦人力物力有限，为了避开其劣势，丹麦采取"重设计、少制造"的产业发展策略。悉尼歌剧院、巴黎拉德芳斯（新凯旋门）等世界闻名的建筑均出自丹麦设计师之手。同时，丹麦注重根据国情，选择性地开发传统产业优势项目，如医药产业。该理念也鼓励着丹麦公民找到最适合自身发展的方向，集中力量将事情做到最好，形成自己的特点和优势。

四、战略规划与政策体系

（一）丹麦国家创新体系的演化

丹麦较强的创新能力和其完善的国家创新体系息息相关。1997 年，经济合作与发展组织（OECD）基于对系列指标的深入分析，提出了国家创新体系的定义，即政府、企业、大学、研究院所、中介机构等为了共同的社会经济目标，通过建设性地相互作用构成的机构网络，其主要活动在于启发、引进、改造和传播新技术。创新是该网络体系变化和发展的根本动力。由此可见，政府、企业、大学、科研院所、中介机构等都属于关键的创新主体，且国家创新系统包括了政策制定、技术支持、资源配置、运行以及评价等主要子系统。

丹麦于 20 世纪 80 年代初最早制定了相应的创新政策，即丹麦政府颁布的技术发展项目（Technology Development Program）。20 世纪 90 年代，丹麦开始在制定工商业领域相关政策时采用基于供需状况的集群策略，建立并不断完善国家创新体系。为避免技术快速发展和需求突然转移激发的矛盾，丹麦的创新体系高度重视技术的学习，并在传统产业中以非自然资源依赖的、高技术的子部门为基础。21 世纪之前，丹麦创新体系已基本建立，但高校、科研机构与企业间的联系并不如其他北欧国家一样紧密；21 世纪初期，丹麦还尚未建立专门负责创新体系建设的政府部门，如瑞典创新体系局或芬兰国家技术创新局（Tekes）。

2001 年起，丹麦政府实施了诸多重要的创新政策，包括对信息、技术和研究部（the Ministry of Information, Technology and Research）进行改组，建立科学、技术和创新部（the Ministry of Science, Technology and Innovation），将其作为国家制定创新政策的政府部门，致力于搭建知识中心、教育机构和商业团体交流沟通的桥梁，并不断加强已有或潜在的联系。2004 年，在科学、技术和创新部下设立丹麦研究所（the Danish Research Agency），作为该部门所有下设单位的秘书处。2006 年，为响应公共部门研发投资的显著增加，在丹麦研究所基础上成立丹麦科学、技术和创新研究所（Danish Agency for Science, Technology and Innovation）。随着丹麦创新能力的不断提升，为进一步凸显高等教育在创新中的重要作用，2011 年丹麦高等教育部与科学、技术和创新部合并成为新的部门，即丹麦科学、创新和高等教育部（the Danish Ministry of Science, Innovation and Higher Education）。丹麦科学、技术和创新研究所随之转隶。丹麦科学、创新和高等教育部下同时设立丹麦国际教育研究所（the Danish Agency for International Education）以及丹麦大学和高等教育研究所（the Danish University and Higher Education Agency）。2016 年 12 月，丹麦科学、创新和高等教育部再次改革重组，丹麦高等教育和科学部成立，并确立了"卓越的教育和研究——未来的孵化器"（Excellent Education and Research—An Incubator for the Future）的战略目标。相关部门和机构的不断整合与完善反映了丹麦为加强国家创新能力做出的巨大努力。

丹麦创新体系中的创新主体大致可划分为政府、公共科研机构、私有研发和技术服务机构、科技园等类型（图3-14）。

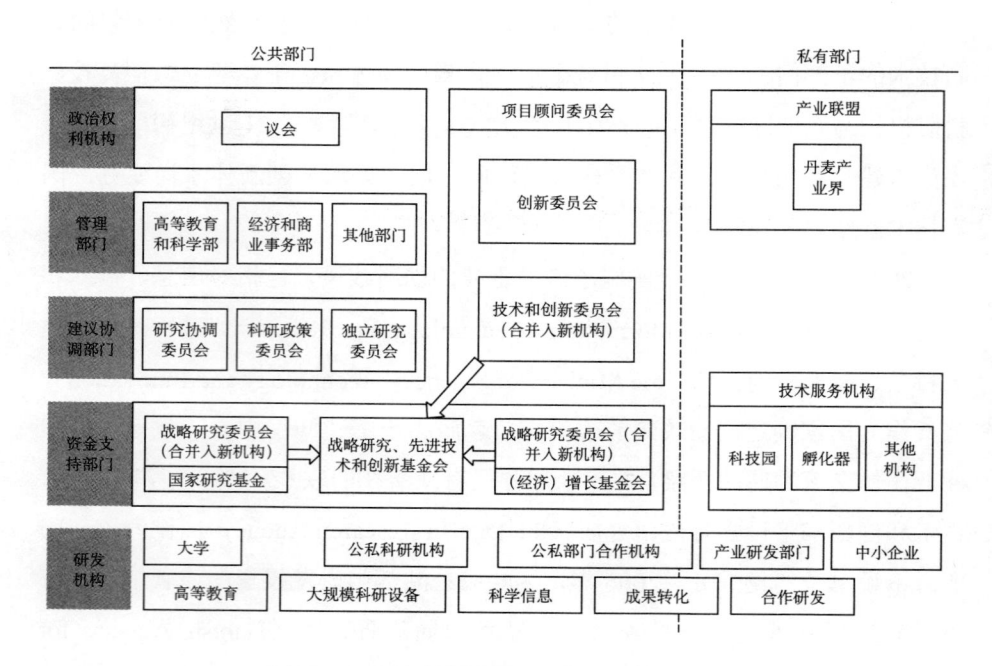

图 3-14　丹麦创新体系创新主体组成和联系

1. 政府。政府部门主要由管理部门、协调建议部门和资金支持部门等构成。其中，管理职责主要由丹麦高等教育和科学部承担，负责科学、创新和高等教育三个领域相关的政策制定、实施、管理、协调和互动，同时负责相关跨部门战略的制定。

协调和建议部门是政府进行科技决策的关键主体，均以委员会形式存在，同时包括了来自政府、学术界和私有经济与研发部门的代表，以促进公私部门主体间的互动，在决策中吸纳多元利益相关方的意见和建议，推动丹麦科技成果有效应用推广（表3-10）。

表 3-10 丹麦政府协调和建议部门

名称	职责	成员组成
丹麦研究协调委员会	协调和推动各创新主体间的合作	代表来自丹麦校长会议、丹麦政府科研机构总监联合会、技术和创新委员会、私有经济和研发部门、学术界
丹麦科研政策委员会	高等教育和科学部部长在科研领域的主要顾问机构，主要负责提供科研经费分配、国内和国际科研项目实施、国家科研战略制定、丹麦国际科研合作形势评估以及科研人员培训和雇佣等方面的咨询服务	代表来自学术界、私有经济和研发部门
丹麦独立研究委员会	由各研究主题和领域的子委员会（丹麦国家科研战略成立）组成，是丹麦研究协调委员会的下属机构，主要支持和资助学术界自下而上申请提交的科研项目	代表主要来自学术界
创新委员会	旨在讨论和鼓励创新相关事务，评估丹麦创新能力，并对国家出台推动知识社会发展的战略和举措提出建议	代表主要来自公共部门、私有经济和研发部门

政府资金支持部门主要由各类基金会构成，其主要代表也覆盖了来自学术界和私有经济与研发部门的成员（表 3-11）。

2. 公共科研机构。丹麦的公共科研机构主要由八所大学构成。此外，丹麦政府根据专业领域在不同地区设立了众多小型公共研究机构，包括丹麦粮食和兽医研究所、渔业研究所、国家太空中心、交通研究所等。高校和小型公共研究机构的研发投入约占丹麦研发总投入的 30% 左右，其执行委员会覆盖了来自公私部门的代表。

表 3-11 丹麦政府资金支持部门

名称	职责	成员组成
丹麦国家研究基金	支持大规模科研活动以及"卓越中心"项目（一种科研资助机制，支持前沿性科研）	代表主要来自公共部门，私有经济和犯法部门的代表有时也会受邀参与相关活动

续表

名称	职责	成员组成
丹麦（经济）增长基金会	主要资助地方企业研发项目，提供资金贷款和前期财政帮助	代表主要来自公共部门、私有经济和研究部门
战略研究、先进技术和创新基金会（由原战略研究委员会、技术和创新委员会、先进技术基金会于 2013 年职能整合设立）	对高等教育和科学部提出建议，负责管理《技术和创新法案》中做出相关规定的项目，包括科技服务、科技孵化、产业研究方案、创新联盟和技术预测等工作，主要通过支持领先的科学和创新带动经济增长和就业。其支持的领域主要集中在生物、纳米和通信技术等领域，总之，决策需对项目以下内容进行评估：商业化潜力；合作伙伴，要求项目参与者里至少有一个公共研究机构和一个私有企业；科技成果转化能力；配套资金情况等。	代表主要来自学术界及私有经济和研发部门

3. 私有研发和技术服务机构。私有经济和研发机构是丹麦重要的创新主体，其研发投入约占全国的 60%（2015 年）。同时，丹麦有着大量科技服务机构，致力改善科研条件、促进科技成果转化，并为企业创新活动创造良好的环境。此外，产业协会也是重要的私有部门创新主体，例如丹麦产业联合会在各地设立分支机构，加强与政府的交流沟通，保障其成员的利益。

4. 科技园。科技园是另一种形式科技创新机构，其性质介于公私部门之间，是联结高校和企业的有效平台，致力于支持知识型企业的创立和成长，为其提供必要的场所和基础设施，促进知识和科研成果转化，并充当着各创新孵化器的联合创始人。孵化器作为公共科研机构、私有部门和风险投资人之间的中介，通过国家种子资本投资成立新的企业，并具备咨询、培训、提供办公场所和管理的服务。

（二）丹麦科技创新制度

丹麦创新战略着重强调公私部门间的合作和知识成果转化。丹麦政府于 2011 年 10 月出台了新的总体科学技术发展战略《团结丹麦》（A Denmark that Stands Together），提出要建立新的公私部门伙伴关系。次年 12 月，丹麦政府又出台了创新政策指导战略《丹麦——一个方案之国》（Denmark—A National of Solutions），强调知识的价值转化，并有效推动知识与科研成果的商业化应用。

丹麦政府制定了多部法律鼓励创新成果转化推广。如 1999 年出台的《公共科研机构发明法案》，2002 年的《技术和创新法案》，2004 年的《技术转化法案》等。相关法律允许公立科研机构对商业化的技术创新成果保留获利的权利；推动私有企业和公共科研机构合作研发；允许公共科研机构组建自己的企业（公有责任制），甚至投资其他类似的公司，作为股东影响公司经营和决策。

丹麦政府还推出了众多支持创新的公共项目，包括创新债券、创新合作社、开放式基金、创新网络项目、知识试点项目、产业博士项目、创新代理人项目等，重点服务于技术成果转化、企业资金支持、企业与科研机构的知识共享、企业与高校联合人才培养、科技服务机构的支撑等重要环节。项目各有侧重，但均致力推动企业和公共科研机构的合作，以提高企业的研发和竞争能力。

（三）丹麦科技创新主体互动机制

如前所述，丹麦的私有部门是其国家创新体系中的重要组成部分，会广泛参与到创新活动当中。具体来看，丹麦私有部门主要在以下方面参与公共部门的决策环节：

1. 政策规划与设计。私有部门可参与国家技术预测。丹麦技术预测的工作主要由战略研究、先进技术和创新基金会承担。企业、技术服务机构和非公共科研机构等私有部门成员都可作为基金会代表参与技术预测并提供建议。

私有部门也可通过参与各研究委员会的战略制定来影响科研政策和项目。一方面，私有部门可作为委员会代表直接参与决策；另一方面，各研究委员会及高等教育和科学部经常组织相关研讨会，主动听取私有部门建议。更重要的是，财政资源在各技术领域的分配须先经过私有部门，在收集到足够数量代表意见后，再由政府财政部门进行商讨审核。

2. 实施与评估。私有部门通过与高校等科研机构合作，共同落实科研政策和项目的实施。分别代表公私部门的丹麦校长会议和丹麦产业联合会长期密切合作，对产业界和高校的交流合作提供建议，助推科技成果实现市场应用。

私有部门还可参与项目评估。相关评估工作通常由高等教育和科学部负责，私有部门成员作为评估委员会代表参与评估并提出建议，帮助调整完善研究项目。

3. 参与制定高校发展战略。私有部门可作为高校委员会代表影响其政策制定和执行。高校委员会负责任命学校的领导团队，每年对高校教育和研发战略进行重新审定。私有部门在高校教学、研发和发展战略的制定中有一定话语权，能够影响其中长期的教育和研发方向，以满足经济活动对技术和人才的实际需求。

4. 培育创新激励环境。公私部门间的互动还体现在私有部门对创新环境的影响和塑造上。私有部门可通过发布报告、产业联合会或与政府间非正式关系来影响公共部门，间接培育利于创新的环境。例如推动针对科研活动的减税、发展孵化器组织、宣传创业文化和企业家精神、开展学生实习项目来促进隐性知识的传播等。

此外，丹麦国家创新体系中公私部门主体间常通过下列形式进行沟通和互动（表3–12）：

表 3–12　公私部门主体间沟通互动形式

互动形式	特点
常规对话	频率较高，由政府决策者发起，重点讨论科研政策制定和实施中的问题，如何创造有助于提高国家科研能力的条件，如消除制度障碍来促进学者的国际流动和交流
非正式参与	通常发生在政策设计阶段，私有部门提供顾问咨询，不直接参与政策制定
正式参与	私有部门通过正式渠道直接参与科研政策的实施和评估，其代表参与公共科研机构和高校科研战略的审批程序
联合行动	公私部门共同采取行动来影响公共研究经费的使用安排，如创新合作社和产业博士项目

（四）丹麦国家创新体系主要特点

1. 注重创新主体间的统筹协调。主管部门高等教育和科学部是不同政府部门合并改组后的产物，将教育、研发和创新等职能及相关资源整合到一个部门中，以便进行总体统筹管理和协调，有利于综合考虑各领域和国家整体的创新目标，并进行有限资源的合理分配。

丹麦成立了系列建议协调和资金支持部门，协调不同领域、部门、组织的关系和多元化的目标并对重要的科研领域和项目予以专门的经费支持。相关部门多由公私部门共同组成，增强了政府决策的科学性，有利于在科研和市场之间建立更加密切的联系，减少信息不对称和结构性不匹配造成的矛盾以及对有限财政资源的浪费，促进公共科研机构研究成果转移转化，使科研创新切实转变为经济竞争力。大量的中介服务机构促进了公私部门的合作，为更多的科研创新奠定了良好基础。

2. 强调创新主体间的合作互动。丹麦的创新战略将交流合作放在优先地位，强调充分发挥公私科研部门各自的优势，将科研成果转化为产品、服务和对社会问题的解决能力，为相关政策制定奠定了基础。相关法律法规着力促进合作和成果转化，从制度层面鼓励科研机构与企业须调查分析企业的切实需求，促进企业到科研机构寻找问题解决方案，从而实现技术和市场的对接。公共创新项目着重推进中小型企业和公私研发机构间的互动合作，提供了获取技术、资金和人才等资源的顺畅渠道，推动大学和企业进行优势互补与人才共享。相关项目有利于促进隐性知识的传播，降低科技创新和成果转化的交易成本。

五、人才培养教育体制、机制及措施

（一）学校教育

学校教育是为国家提供创新供给和人才储备的重要手段，丹麦教育经费投入巨大。丹麦的学校教育系统主要分为学前教育、基础教育（即义务教育，包括小学和初中教育）、高中教育、高等教育和继续教育四个阶段，由以学术为导向的普通教育和以职业为导向的职业教育与培训两大类构成。其中，学前教育的发展和机构建设由丹麦政府社会事务部负责；学前班、小学、初中及课后教育的建设，对孩子的教育、对青年教育者和学校教师的培训由教育部负责；儿童的合法权益保障由司法行政部门负责；向相关家庭发放补助津贴由税务部负责。

1. 学前教育

托育人员入职培训、政府资金和政策支持为丹麦学前教育体系的完善提供了重要保障。为普及幼儿教育、支持父母就业以及实现男女平等，社会事务部（Ministry of Social Affairs）于1999年颁布了《社会服务法案》（Social Service Act）以指导学前教育的发展。丹麦学前教育是指儿童在参加义务教育之前在学校或保育中心接受的早期教育，主要针对0～6岁的儿童开展，包括托儿所、幼儿园和学前班等多种形式：托儿所多面向6个月至3岁的儿童，规模为30～60人；幼儿园招收3～6岁儿童，规模在40～80人；综合幼儿园招收1～6岁的儿童，规模在40～150人；保育中心通常由私人创办，仅有5～

10 名儿童；学前班通常为期 1 年，面向 5 岁或 6 岁的儿童，班级规模平均为 20 人。丹麦政府承担了大部分的学前教育费用，并自 2008 年 9 月起，学前班成为了强制性教育，所有适龄儿童必须参加。

为充分激发学前儿童的创新潜力，《社会服务法案》强调儿童需求、发展的个体与阶段差异性，并提出所有的托幼机构须致力促进儿童的发展，提升儿童福利，培养儿童的独立性。具体来看，丹麦的学前教育致力于为特殊需要的儿童（主要包括残疾儿童和移民儿童）提供预防和支持体系；托幼机构须与家长合作为儿童提供保育，支持儿童的全面发展，培养儿童的自尊；为儿童提供各类活动和体验的机会，促进儿童想象力、创造力和语言能力的发展，提供儿童与周围环境交互的足够空间；鼓励儿童积极参与和自己相关事务的决策过程，使其充分认识自己的权利和义务，并发展儿童的独立能力和社会交往能力；让儿童理解文化的价值，学会与自然交互。

丹麦的学前教育主要通过游戏及其他相关活动（如坐姿矫正、集中注意力锻炼、复述能力练习、根据记忆绘画等）培养儿童的群体意识，锻炼学生的观察和实践能力，帮助儿童更好地适应学校环境。学前教育没有正式的班级和课程，尤其是针对儿童早期（3 岁以前）的学前教育，并不强调儿童的读写练习，反对根据能力差异对儿童进行等级分组，而注重儿童听说能力的培养。相关法律规定，学前教育活动必须涉及语言及表达、自然与社会现象、音乐、动作、社会交往、相处与合作等方面。

为全面提高丹麦幼教师资水平，1992 年确立的《幼教师资格培训计划》（The Study Programme for Child and Youth Educators）规定，托儿所、幼儿园和学前班的教师须统一进行为期 3 年半的培训。培训由教师培训学院提供，包括教育研究和心理学、社会研究与健康教育、文化与活动、沟通组织管理等课程，伴有长时间的实习锻炼。所有培训课程由政府全额资助，且实习期支付薪酬。在该计划的指导下，丹麦幼教师资水平得到了社会广泛肯定。

为更好推动教育实施，丹麦幼教教师被赋予了较大的自主权利，可以自由选择教学内容、方法和教材等。学校通过召开家长会告知家长儿童在教育活动中的表现、弱点和强项以及和其他儿童相处的情况。地方政府部门可制订学前教育计划，规定学前教育活动需遵循的原则。

《社会服务法案》中也提出了为父母提供育婴假（Parental Leave）、亲子假（Childcare Leave）等福利政策，并根据家庭情况和适用对象提供儿童家庭津贴以及特殊儿童补助等经济补助。

2. 基础教育

丹麦的基础教育，即中小学教育，由丹麦教育部负责统筹管理，通过征集公共基金、刊行章程和大纲、核准课程等对教育体制进行管控和指导，同时将一定的自主权利下放至地方教育管理部门和学校。

丹麦义务教育培养目标包括：学校与学生家长合作，为学生提供获取知识和技能的机会，在激发学生学习兴趣的同时，帮助学生深入了解丹麦历史和外国文化，加强学生对人类和环境关系的理解，促进每个学生的全面发展，为接受更高层次的教育和培训奠定基础。学校致力创设一种学习框架，帮助学生找到适合自身学习和发展的方法，激发学生学习主动性、创造性和自信心，促使学生负责任地参与社会活动，更加深入地理解他们的权利和义务。

义务教育课程可划分为必修和选修两大类。其中，必修课程又可进一步划分为三大学科：人文学科，包括丹麦语、英语、历史、社会研究等；实践和创造性学科，包括体育、音乐、美术、设计、木工和理财等，课程开设时间不同，充分考虑学生身心发展的客观规律。体育在所有年级开设，音乐只在小学开设，美术在小学一至五年级开设，设计、木工等其他课程在四至七年级分别开设；科学学科，包括数学、自然科学和技术、地理、生物、物理、化学等，其中数学贯穿所有年级，自然科学和技术在小学开设，其他课程在初中开设。此外，丹麦还规定各小学学校须围绕不同主题开设课程，如交通安全、健康教育、性教育和家庭研究等；初中学校须为学生提供多种选修课程，如摄影、电影、戏剧等。

丹麦义务教育学校多采用小班制教学，班级学生名额在 20 个左右，按照年龄划分班级，并随着年龄增长自动升级，通常不会因为学业表现产生留级现象，因特殊原因长时间离校的，可在父母允许条件下留级一年。每个班级配备班级教师，通常由丹麦语教师担任，对学生的学科和社会发展负责，一方面保证整个班级教学进程的连贯，另一方面在与学生沟通、家校合作等方面起到重要作用。同时，丹麦义务教育普遍采用差异教学的原则，根据学生的学习背景、兴趣爱好和发展水平成立学习小组并进行分组教学。小组成员可来自不同年级和班级。

作为教育过程的重要组成部分，学生评价必不可少，通常根据既定的培养目标、年级水平以及课程的学习目标，对学生知识和技能的习得情况进行评估，以为每个学生制订合理的学习计划，为教师组织教学提供参考依据，同时帮助家长了解孩子的受教育情况。丹麦义务教育学生评价方式多样，大致可以分为：全国统考，针对不同年级必修课进行，具体包括丹麦语、英语、数学、地理、生物、物理、化学等科目。学生通过计算机答题，并将根据学生回答的正确程度调整下一题难度，以对其学习水平做出全面评价；毕业考试，九年级和十年级的学生在学期结束时进行毕业考试。九年级的考试是强制的。十年级的考试则是选择性的，考试难度较高且科目可选择。教育部设定了全国统一的考试标准，最终的结果将赋予各学科不同的权重得到总和；其他考试，九年级和十年级的学生需完成一个跨学科的研究项目，并提交书面研究报告，包括项目内容、工作程序和最终结果等方面的展示，以充分评价学生的综合能力。丹麦中小学考试采用七个等级（12、10、7、4、2、0、–3）的成绩评定标准，建立学习目标和评价分数之间的关系；学校针对每一个学生制订"学生计划"，包括对学生所有学科的持续性评价以及基于相关结果做出的行动导向决定。学校每年至少向家长提交一次，便于家长更好地了解学生学习效果以及其他需要家校合作的信息。

从学校性质上来看，丹麦中小学学校分为公立和私立两种，公立学校占据主体地位。为进一步完善丹麦教育体系，丹麦政府于 2002 年发布《更好的教育》（Better Education）文件，提出了"办出世界上最优质教育"的目标，标志着丹麦新一轮教育改革的开始；2010 年 12 月发布的《学校改革方案》，推动公立学校教育教学质量的提高，以实现丹麦教育质量全球排名前五的目标；2011 年，丹麦教育大臣在纽约教育峰会上重申这一目标，为此，丹麦政府在广泛调查基础上，制定了一系列措施；2012 年，丹麦政府推出了"新北欧学校"（New Nordic School）项目，吸引北欧各国参与，致力于共同提高每一位学生的知识技能水平；2013 年，丹麦政府发布《使优质学校更好——丹麦公立学校标准改进方案》（以下简称《方案》），深入探索教育改革途径。具体来看，《方案》通过改变课程设置提高公立学校教育质量，如增加丹麦语和数学授课时数、增设活动课程、强化不同学科合作教学、增加选修课程、完善课程基础设施（如多媒体和无线网络）等；提高教师与学校管理人员的专业能力，保证高水平师资，如严格审核教师资格、增加教师职业生涯发展机会、成立教育顾问小组（由全国 40 名优秀教师和学校领导组成，为教师提供更好的教学方法和工具）和儿童学习委员会（学校理事会增加学前教育代表，加强学前教育和中小学教育的衔接），并加强教师教育理论、实践、教学方法等方面的研究和培训等；进一步明确公立学校的发展目标，包括充分激发学生发展潜力、降低家庭社会背景对学生知识技能习得的影响，提高地方政府和公立学校的独立性，简化学生评估计划、教学大纲、政府推荐的公立学校课程数量、质量监督考核形式和次数，为学校董事会和地方教育主管部门制定更加灵活的规则等。

丹麦义务教育阶段存在着一定比例的私立学校，学校和学生数量皆呈上升趋势，类型也更加多元化。其成立初衷是为了建设能够满足学生和家长兴趣需求并使其能够行使更多自主权利的学校。私立学校同样受到来自社会的广泛支持，政府通过《关于自由学校及私立小学的法案》等法律明确了私立学校的合法地位，承认其和公立学校同等重要，并保障了学生和家长自由选择学校的权利，宽松的法律环境促使丹麦各私立学校独具特色，并具有较高的教育质量和良好的信誉口碑；政府的财政支持按照"财政计价制度"进行拨付，门槛较低，私立学校可得到公立学校平均基本资助费用的 75%，且其实际获得的资助由学生数量、学生年龄和教师资历等因素共同决定，这使私立学校发展具有了良好的经济基础，保障了义务教育的公平和教育质量，政府则间接指导并监督着私立学校的发展。私立学校协会是私立学校的利益保障者。丹麦有着不同的私立学校协会，通过与政府洽谈、促进私立学校间合作、为私立学校提供咨询服务等方式，管理和保护着各自具有共同特征的学校，帮助私立学校受到最小程度的限制和最大程度的资助，解决学校发展过程中的矛盾，保障学校健康发展；私立学校具有较大的自主权利，可独立设置课程和教材，并鼓励家长和学生共同参与到学校管理决策过程中，并接受家长和政府部门的监督。多重的保障机制促使丹麦私立学校不断发展完善，并具备了可靠的信誉。

3. 高中教育

丹麦高中阶段的教育又被称为青年教育，学习年限为 2~5 年，通常为 3 年，主要可以分为三类：学术性高中教育，为学生继续学习做准备；职业性高中教育，为学生进入劳动市场做准备；以及个性化的青年教育。

学术性高中包括传统普通高中和职业性普通高中。

传统普通高中包括三年的文法学校、两年的高等教育准备考试教育和两年的成人高中层次课程，通过毕业考试或高等教育准备考试即算学业完成，具备了进入高等学校的资格，入学结果还要结合所选学校的招生、专业情况和考试成绩。通过考试还可申请参加商业公司的职业培训。职业性普通高中包括高级商业考试项目（Higher Commercial Examination，HCX）和高级技术考试（Higher Technical Examination，HTX），学制 3 年，最终由相关商业学校或技术学校提供资格证书。该类教育同属学术性教育，但更强调商业或技术课程，也提供普通教育和参加高等教育的考试资格，同时为完成文法高中项目和高等教育准备考试教育的青年人提供为期一年的 HCX 和 HTX 项目。

职业高中教育包括职业教育和培训（Vocational Education and Training Programs，VET）、社会和健康教育（Basic Social and Health Education Programs，丹麦语简称 SOSU），以及农业、林业、家庭经济和航海等领域项目，指向不同产业领域的工作。所有职业高中教育项目都可使学生获得正式的职业资格，同时也为学生接受更高等级的教育做准备。

VET 占职业高中教育组成的绝大部分，也可作为学生继续高级学习并取得如技术员资格或工程学位的基础。2001 年，关于 VET 改革的法案将相关专业减少为七个方向，包括相同的基础课程和不同的核心课程，同时要求为学生提供个性化的教育和培训计划，考虑学生是否有过职业经验等因素。VET 可在职业学校或实践基地中进行，取决于学生是否找到了合适的实习场所。SOSU 包括一年的初级项目，使学生获得社会和健康照料职业资格，以及一年半的高级项目（一年的理论学习和六个月的实践培训），使学生获得社会和健康护理助理资格。通常理论学习和实习会交替进行，直接来自基础学校的青年人须先参与为期一年的社会和健康帮助项目。进入 SOSU 项目要求和当地政府签订培训协议。参与了农业、林业、家庭经济和航海项目的学生可获得海员、工程师、电报操作员等相应的资格证书。

个性化的青年教育项目面向青年人的个人发展需要，为尚未选择教育方向，或愿获得实践证书而非学术证书的人设计，如从 1993 年开始的职业基础培训项目为青年人提供职业能力，通常为期两年，可使学生在 VET 或其他项目中继续学习；或从 1994 年开始的开放青年教育项目（FUU），旨在发展年轻人的能力和进行更广泛意义上的继续教育，使学生获得进入同级或更高级项目的资格，为期 2～3 年。

4. 高等教育

为了更好促进欧洲国家学生到其他国家交流学习，1999 年发起的"博洛尼亚进程"（Bologna Process）旨在创建统一的欧洲高等教育学分体系——欧洲学分转换系统（European Credit Transfer System，ECTS），促进各国学历相互承认，从数量和质量上加强学生流动，加速知识社会的发展和经济进步。欧洲学分转换系统由欧洲委员会研发和推行，是世界范围内发展最早，也是欧洲唯一经过试验证明较为成功的高等教育学分体系。丹麦同样采用该系统划分学位等级（表3–13）。

表 3–13　丹麦高等教育学位体系划分

等级划分	普通高等较	成人教育/继续教育	欧洲高等教育资格框架——博洛尼亚框架
学术专业	学术专业（AP）学位（90~150 ECTS）	学术专业学位（60 ECTS）	短期
学士学位	专业学士学位（180~270 ECTS）*	文凭学位（60 ECTS）	一期
	学士学位（艺术类，180 ECTS）		
	学士学位（180 ECTS）		
硕士学位	硕士学位（艺术类，120 ECTS）	硕士学位（60~90 ECTS）	二期
	硕士学位（120 ECTS）**		
博士学位	博士学位（180 ECTS）		三期

注：*可通过常规学士项目（180~270 ECTS）或学术专业项目升级获得；**部分硕士学位项目需达到180 ECTS

丹麦高等教育主要由五类机构提供：

（1）商业学院：提供专业短期和一期学位项目；

（2）大学学院：提供专业一期学位项目；

（3）海事教育和训练机构：提供专业短期和一期项目；

（4）普通和特殊研究型大学：提供一至三期不同学术科目学位项目；

（5）高校水平机构：提供一至三期不同主题教育，如建筑、设计、音乐等。

（二）社会教育

为解决丹麦人口老龄化和移民问题所激发的社会矛盾，维持丹麦经济持续增长的常态，欧盟委员会于 2011 年制定并发布了《丹麦成人学习行动计划》（以下简称《计划》），以深入推进丹麦终身教育的普及和发展，提高成人的专业素养和学习能力。

在丹麦，成人教育已成为其终身教育目标落实的重要组成部分，既注重职业和普通课程，又重视个人生活和社会工作相关的课程。丹麦成人教育政策的基本目标是保证所有人都有学习机会和普通的资格与能力，能够对民主参与有一定的见解和洞察力，并提高民众劳动技能，使其能够更好适应全球化的劳动力市场。

六、创新人才培育特色与优势

丹麦是典型的小国寡民国家，自然资源贫乏却位居发达国家之列；人均国内生产总值和科技创新能力位居世界前列；工业高度发达，属于创新领导型国家；造就了大批世界知名企业，被誉为知识经济的典范。高素质人力取代土地、资本成为重要的经济发展要素。人才是创新的核心和根本，丹麦具有发达的创新和教育体系，其创新人才战略和政策举措值得借鉴。

（一）不断建设完善国家创新体系，充分发挥私营部门创新主体作用

为充分发挥各创新主体的作用，丹麦政府出台系列政策，完善国家创新体系，将创新发展战略融入国家战略部署、管理协调、资源配置、科技研发等诸多环节，培育创新生态环境，推动公私部门交流合作，并鼓励私有部门通过多种渠道参与到政府公共部门的决策过程中，全面考虑各利益相关者的权益和

关切，将教育、人才、资金、司法体系等各要素紧密结合，促进创新的成功。

（二）营造终身学习社会教育环境，鼓励创新同时注重个人价值

"终身学习"是丹麦教育最突出的特点，政府提供了大力的财政支持，为公民提供最大范围的免费教育——公立学校从小学到大学学费全免，且超过18岁读书还可享有额外津贴，私立学校也享有公立学校75%的经费补助，以保障教育的普及程度。除此之外，政府为公民学习提供了广泛的保障措施，如公民希望学习计算机上网技能，可向政府申请上门教学；如果想安装计算机，政府不但予以补助，更会督促相关公司上门安装，直到其能够使用为止。

因自然环境和人口数量的制约，丹麦无法向美国一样推行拔尖人才制度，却发展并完善了适合本国国情的教育体系。丹麦的人才培养注重独立思考和动手能力的提升，从学前教育阶段开始，就鼓励孩子们积极参与和自己相关事务的决策；中小学阶段根据兴趣、学科设置学习小组，引导学生有分工、有合作地动手参与实用性、综合性强的计划项目；大学期间为激发学生的创新活力，积极推动将学生的研究成果直接应用于实际。研究人员创办企业十分常见，并有许多企业科学园直接坐落在校园要冲，为技术和企业的孵化创造了机会。丹麦还积极发起系列人才交流计划，鼓励本国人才到其他国家深造，也致力吸引他国优秀学生到本国留学工作。同时丹麦政府不断完善其成人教育和职业教育体系，促使每一个丹麦人都能够找到最适合自己的岗位。

第七节 新加坡创新人才培育模式

一、国家科技创新能力总体评述

新加坡共和国位于赤道北方137千米，地处马六甲海峡的东南端，扼控太平洋和印度洋的通道，2017年人口561万人，国土面积约714.3平方千米。

新加坡国土面积及人口虽少，但经济发达，属于发达国家，这源于新加坡政府对创新人才和创新能力的重视与培养。自建国以来，新加坡在政府的部署和引导下，几乎每十年发生一次经济转型，经历了劳动密集型、技能密集型、资本密集型等经济阶段，直至20世纪90年代的技术密集型经济。1997年的亚洲金融危机对新加坡冲击不小，让政府意识到知识和技术的产生需从"外部引进"转向"内部打造"，也就是加强"自主创新"（Endogen-Ous Innovation），并出台了相关的战略规划和具体政策，同时也将新加坡推入知识密集型经济时代。进入知识密集型发展阶段后，新加坡在科技创新方面取得了令人瞩目的成绩，在科技进步贡献率（全要素增长率）、高附加值的高科技产品出口额等重要指标及各类国家创新力、综合竞争力的排名上均居前位（薛文正，2008）。

2018年新加坡国家创新指数在全球排名第9，2017年GDP总量3 239.1亿美元，人均GDP 57 714美元。R&D经费投入67.3亿美元；R&D经费投入强度为2.16%；SCI收录论文1.4万篇；PCT专利申请数867件；高技术产业出口占制造业出口比重为49.17%。根据2019年国家创新指数报告，新加坡综合排名第11位，较上年下降2位。一级指标中，创新资源排名第13位，较上年提升1位；知识创造排名第26位，较上年提升5位；企业创新排名第34位，较上年下降1位；创新绩效排名第4位，与上年持平；创新环境排名第4位，较上年下降3位。二级指标中，高新技术产业出口占制造业出口比重、政府规章对企业负担影响排名均列为第1位。知识产权保护力度、信息化发展水平、员工收入与效率挂钩程度均排名第3位。

作为一个创新型国家，新加坡政府十分重视创新人才的培养，一直把人才视为国家"第一资源"，以"全球视野+服务国家+以生为本"的"全民精英教育"作为办学理念。灵活创新的教育教学管理模式与方法，作为创新型人才的培养模式（杜德斌，2014）。新加坡的教育、全球竞争力和全球创新指数等之所以世界排位均名列前茅，正是因为新加坡政府把人才作为国家"第一资源",从基础教育到高等教育都十分重视对学生"志业精神"的培养,以"教学工厂""CDIO""PBL"和"ITE 培训"(实境教学)等独具特色的教学模式,在全社会厚植"工匠文化"等创新理念,并在新加坡理工学院、工艺教育学院等职业院校大力培育学生的创新敬业精神(王颖贤,2010)。此外,近十几年来新加坡政府推行系列措施重视制造业、服务业创新发展,弘扬创新创业精神,营造宽松创新环境,培育及引进人才,推进科技成果商业化应用,打造优质创新平台,提升本土创新能力,使创新成为新加坡经济发展驱动力,推进创新城市发展。如今新加坡已成功转型为以知识经济为基础的创新驱动城市,成为东南亚乃至全球的创新中心。

二、创新文化背景

任何创新城市的兴起及发展都是空间因素与时间因素交互作用的结果,新加坡的发展亦是如此。毗邻马六甲海峡的新加坡交通便捷,具有极佳的区位优势,吸引大量的移民及企业来此发展,由此形成的成熟的产业基础及多元文化优势是新加坡创新经济得以发展的重要条件。而亚洲金融危机的爆发及全球化的深入发展则促使新加坡反思其经济发展模式,为创新城市发展提供了机遇。

(一)成熟的制造业为创新奠定产业基础

在独立之初,新加坡以其优越的区位条件、廉洁高效的政府、较低的成本以及精通英语的人力资源吸引大量跨国公司投资设厂,成为众多跨国公司在东南亚建立的劳动密集型制造业生产基地,由此奠定了新加坡制造业中心的基础。在发展外向型制造业的过程中,新加坡的产业结构逐渐发生改变,开始由劳动密集型产业转为资本、技术密集型产业,并且在电子、炼油、船舶等产业领域形成优势。经过多年发展,新加坡成了全球电子制造业生产中心、世界船舶工业强国、世界炼油中心。另一方面，电子制造业对物流、营销、技术支持、服务等产业的需求极大地刺激了这些产业，其发展能够促进后向关联部门的产业创新及过程创新，使之得到进一步的发展。

（二）城市转型为创新提供发展机遇

新加坡在独立之初面临着经济基础落后、国内市场有限、高失业率、种族冲突等众多困难，再加上自然资源极度匮乏，新加坡政府决定采取外向型经济的发展模式，将吸引外资作为其经济发展的核心，因此在其经济发展过程中一直高度依赖跨国公司投资，海外投资占比一直维持在较高水平，在制造业中海外投资比重几乎一直保持在70%以上。1997年亚洲金融危机爆发时，新加坡因其经济对全球经济的高度依赖性而备受打击，经济发展一度放缓甚至停滞，经济增长率由1997年的7.8%下降至1998年第二季度的1.8%，第三季度甚至出现了负增长。此时，新加坡政府开始意识到原有的发展模式已经不适用，只有积极发展知识经济，才能实现经济的可持续增长。2002年，新加坡经济审查委员会制定了经济发展的新方向，即发展知识经济，使新加坡成为以创新为驱动力的区域创新中心。

（三）多元文化环境为创新营造良好氛围

科技创新不但根植于技术，更根植于文化。正如佛罗里达的"3T"理论所强调的，包容、开放的文化是区域创新的基本构成要素之一。包容性的创新文化有利于人才的成长，最大限度地激发人的创新激情与活力，而开放性的创新文化降低了人才的进入壁垒，有利于多样化人才被当地的社会和经济生活所接受并迅速融入其中，从而推动该区域的创新和经济增长。而新加坡正是一个融合了多元种族、多元文化的移民国家。在新加坡300多万常住人口中，华人占75%，马来人占12%，印度人占8%。不同的文化在新加坡碰撞、融汇、演化和发展，来自不同文化背景的各民族能够在新加坡和平共处，得益于新加坡社会对各种文化的接受与包容（韦如意，2011）。多元种族及多元文化的社会背景使新加坡对于各种现代文化理念以及新兴事物有较强的接受力与包容力，这为创新的发展提供了一个宽松而自由的氛围。

三、战略规划与政策体系

新加坡的创新发展主要得益于政策引导与积极介入。自新加坡确定发展知识经济，以创新驱动经济的发展方向以来，新加坡政府从产业、文化、人才、资本等多个方面制定政策，推行一系列措施，建设创新系统、提高本土创新能力、推动新加坡成功转型成为以知识经济为基础的创新驱动城市。其具体规划体系如下：

（一）发展创意产业，勾勒创新框架

新加坡经济在依靠传统制造业和服务业得到发展后，为寻找新的发展机遇，又转向了创意文化产业的发展，以期创造"资源有限，创意无限"的奇迹。在新加坡，创意产业主要集中在艺术、设计和媒体等领域。新加坡政府对文化创意产业发展寄予厚望，在 2012 年前将该产业在国内生产总值所占比例翻一番，从 3%增加到 6%，使其与教育和医疗保健并驾齐驱，成为新加坡未来重点开拓的三个主要领域。创意不但是创造艺术的必要元素，也能带来无限商机。1986 年至 2000 年，创意产业在新加坡的年综合增长率为 13.4%，高于同期国内生产总值 10.6%的增长率。从事创意产业的公司有 8 000 多家，从业者超过 7 万人（孙元正，2004）。2002 年，创意产业收入约 48 亿新元（1 美元约合 1.5 新元），占新加坡国内生产总值的 3%左右。目前，新加坡的创意产业收入占到国内生产总值的 3.8%，直接从事该行业的人员约 9.1 万人。

此外，政府还保障创意产业的发展。从 1998 年起，新加坡政府将创意产业作为 21 世纪的战略产业，出台了《创意新加坡》计划和《创意产业发展战

略》，加大了对文化领域的投入。2003 年，新加坡经济检讨委员会确认创意产业的潜能，在新闻、通信和艺术部内增设了专门负责协调创意产业发展的机构创意产业司。传媒、设计和艺术的创意产业开发、规划分别由新加坡新闻、通信和艺术部下属的法定机构国家艺术理事会、新加坡设计理事会和媒体发展管理局来分别组织实施。为此，新加坡采取了一系列推动创意产业发展的具体措施：在吸引全球各种资本来新加坡投资发展创意产业的同时，政府还致力于帮助在新加坡注册成立的各类创意公司，积极开拓海外市场。新加坡还专门成立了创意产业行动委员会，由相关政府部门和社会团体组成。2003 年至 2008 年，新加坡政府对创意产业投入 2 亿新元。在未来几年中，新加坡将注重包括传媒、设计和艺术的创意产业开发。政府对创意社群组织的发展也十分重视，新加坡有 500 多个民间艺术表演团体，政府每年拨 1 000 万新元给国家艺术理事会，采取演出补贴、剧场补贴等方式扶持这些艺术表演团体的发展。

新加坡政府还将创意产业作为创新经济的有机组成部分，在政府机构设置方面给予了政策倾斜。新加坡设立了"研究、创新及创业理事会"，总理任主席，成员包括私营企业家、科学界和学术界的代表及内阁部长。同时，新加坡还在财政上大力资助创意产业。政府从开始每年拨出 1 000 万新元，到 2004 年增加到每年 1 200 万新元，并在以后的三年里每年拨出 1 550 万新元，加大艺术文化的发展力度。新加坡一直以投资经济战略为主导，依靠传统制造业和服务业发展本国经济。随着以创新为驱动力的经济时代的来临，新加坡政府适时提出以知识经济为基础，将创意产业作为推动经济快速增长的重要引擎之一，正在加速发展以文化艺术、设计和媒体为主体的创意产业。2000 年，新加坡有关政府部门提出一份《文艺复兴城市报告：文艺复兴新加坡的文化与艺术》，提出"新加坡的发展前景是一个生机勃勃的世界级文化城市"（孙玉红和鲁毅，2010）。报告列出近期发展目标是要成为像澳大利亚墨尔本和中国香港这样的地区性文化中心，其远期目标是要成为像英国伦敦、美国纽约这样的世界级文化资本都市，并提出要从文化硬件基础建设阶段进入到文化软件建设阶段。新加坡目标是 2012 年将创意产业的生产总值翻一番，从 2002 年占全国 GDP 约 3%的经济贡献率提高到 6%，从而打造出一个"新亚洲创意中心"。

（二）发展独特的人才管理模式

新加坡职业教育的主要形式有工艺教育学院（国内的中等职业教育）和理工学院（国内的高职教育），其中工艺学院有 12 个校区，理工学院有 5 所，并具有独特的"教学工厂"的人才培养模式。这也是新加坡南洋理工学院人才培养最具特色的创新理念。"教学工厂"既是一种教学模式，又是一种教学思想，是把教学和工厂紧密结合起来，把教学环境与企业工作、就业环境无限接近，给学生一个工厂的生产环境，让学生参与生产，学到实际的知识和技能，使学生真正实现零距离就业。学院不同专业的情况不同，"教学工厂"的理念也不完全相同，但在服务于学院教学工作的特色上是完全相同的。教学工厂由教师选择适当的企业项目和研发项目，然后带领学生共同完成项目，并收集完整的项目资料作为今后的教学案例。通过项目开发，将实际的企业环境引入教学环境之中，使学生能将所学到的知识和技能应用于多元化、多层次的工作环境中，实现由模拟到模仿再到融合，同时也促进学院和企业的紧密联系，提高了教师的专业能力和学校的技术开发水平。"教学工厂"在工商管理系也称"教学企业"（毛才盛，2006），如该系的传媒教学企业中心、客户服务中心、学生超市等。教学企业中各类商铺的商品均为品牌代销，代销合同由学校负责签订，学生只负责选择商品、销售宣传、销售服务、对外行销和核算等工作。经过教学企业的训练，学生在搜集资讯、团队运作、沟通能力、处世态度等方面都得到了锻炼，并且学到了终身可用的技能，丰富了个人的履历和经验。

而且在课程开发过程中，新加坡各大高校主动走向社会，聘请企业、行业的专家参与，特别注重人才需求、专业调研和职业岗位能力分析，将用人单位的需求和职业教育的特点体现在课程设计中，并且在课程实施过程中，不断考察市场变化，不断更新课程内容。在开发课程过程中，遴选高素质的师资参与课程开发和建设，以保证课程质量。在课程教学中，教师教学活动的实施立足于学生能力的培养，具有鲜明的职业岗位特色（李宏伟和陈友力，2010）。这样不仅可以锻炼学生的研究能力，而且可以在学生知识、技能、态度的培养上更加符合行业、企业的需要。此外，为了做好师资培训，首先栽培学院本身的教师，立足于校内。新加坡各院校提出上了年纪的教师也有学习能力，提出了"无货架寿命"的教育理念。他们深信教师只有沉浸在一个提倡终身学习、知识分享、专业能力开发和不断自我改善的环境里，学院才能不断成长和进步。为此学院不惜财力和精力为教师制定一套完善的人力资源发展系统来提升教师技能，发挥人力资源的优势，通过不同渠道为教师提供专业培训，让他们通过培训获取新技能，更好地得到发展，达到职业无界限的目标。同时，引进更多企业专业人员到学院授课代替全职讲师，允许教师有较多的时间去开发先进的教材和项目，派老师到企业搞项目，以学院的科技能力和资源为基础向企业界提供服务，与企业发展伙伴关系、共谋发展、互惠互利，并从中获得经验与资源，为学院发展创造机会。

（三）培育本土人才及引进海外人才

人才的培育是每个国家发展的重要决定因素，美国对创新人才的引进采取较为强势的手段，首先，立足于本土，利用其自身条件的优越性放低技术移民门槛、吸引优秀留学生引进或储备创新人才；其次，根据需要发放非移民性签证吸引创新人才赴美工作；再次，以高校和科研机构为平台，邀请访问学者赴美从事研究工作；最后，通过跨国公司实现对海外人才资源的抢夺。而作为自然资源匮乏、文化环境多元化、国土面积小、多民族共存的小国，新加坡人才培养和使用模式的主要特点是"培育本土人才及引进海外人才"，将"没有资源靠人才"作为新加坡人共同的价值观，在创新人才引进模式上更不拘一格。具体举措如下：

1. 首先抢先选苗定苗

新加坡一直高度重视人才的引进工作，随着知识经济的到来，新加坡的人才引进模式也被许多国家和地区效仿，为更好参与世界范围人才选拔大赛，新加坡立足一个"早"字，由以前从各国高考尖子生中引进留学生，抢先到高二年级学生中选拔尖子生。每年新加坡各高校都要派人走进世界各地的著名中学校园，进行招生宣传，与老师、学生、家长提前沟通，直至达成协议，满足学生提出的奖学金要求，把尖子生提前收入囊中（詹正茂和田蕾，2011）。

2. 其次有针对性地进行培养

新加坡在人才队伍建设上，始终注重针对性的培养。建国初期，国家公务员队伍素质不高，贪腐严重，新加坡直接从高中毕业生中大量招录公务员，并有目的地送到西方发达国家大学深造，全面提高其法制意识和为纳税人服务意识，使公务员队伍整体素质很快得到提升。1997年7月2日，泰国宣布放弃固定汇率制，实行浮动汇率制，引发一场遍及东南亚的金融风暴。在泰铢波动的影响下，菲律宾比索、印度尼西亚盾、马来西亚林吉特相继成为国际炒家的攻击对象。8月，马来西亚放弃保卫林吉特的努力，一向坚挺的新加坡元也受到冲击。面对金融风暴的冲击和影响，新加坡高层感到培养和引进金融人才的重要性，立即把人才培养的重点放在金融领域，培养和引进一批金融人才，使新加坡世界金融中心的地位更加稳固。

3. 注重搞好重点人才引进

新加坡一方面注重人才的培养，另一方面注重发挥多元文化的优势，加大引进各国人才的力度。在电子工业方面主要从中国、印度高等院校以及各国赴美国院校进修的人才中重点引进，同时，对一些在高新技术领域的领军人才也采取高薪的办法聘用，走出一条以人才带动创新、带动产业发展的路子。新加坡对人才引进舍得投入，但对人才的实绩考核和解聘也是十分严格的。对引进的高级人才给予一年的实习期，四年一签聘用合同，年年进行严格的实绩考核，考核与待遇及是否继续聘用相挂钩，凡是引进的人才，实绩达不到要求的马上降薪，直至解聘（李建伟，2011）。

4. 鼓励人才大胆创新，并靠优惠的待遇留人

要创新必须具备一定的物质条件和抗风险能力，新加坡各行各业都有鼓励创新的举措，充分尊重各类人才的创新方案，即使对创新失败的风险也给予全面担保，把个人的创新变成集团的共同课题，提供一切可能条件，搞好联合攻关，直至创新获得成功。同样，对创新的成果给予积极有效的保护，对做出贡献的个人给予丰厚的奖励。新加坡重视靠丰厚的物质待遇吸引人才、保留人才。例如，新加坡的各大银行，凡引进的高级金融人才，只要在本行工作一年以上，工作实绩突出，除了全面保证医疗、养老保险外，银行还分配一定的股份，让职员参与公司效益的分红，进一步增强员工的主人翁意识和进取精神。

（四）推进科技成果商业化应用

促进科技成果商业化应用。完善科技成果转化相关机制，协助科研人员创办企业，以鼓励高校及科研院所将研究成果转化成可销售到市场的产品或技术，实现知识产业化，并实施一系列重大科技动态、政策及计划。2009年，新加坡政府继续坚持向新加坡国立创新、创业研究理事会确定的三大战略性研究方向发展，即生物医药、数码互动媒体技术研发、水资源与环境。2009年，新加坡政府更加强调再生和洁净能源的开发利用，并制定了相应的政策，成立了相应的机构来应对气候变化给全球带来的影响。

在生物医药方面，仅2008年，新加坡生物医药业产值就达190亿新元，为1.245万人提供就业机会。新加坡的经发局认为，未来生物医药科技和国防科技将是最大卖点也极具竞争优势。新加坡过去几年在生物医药科技业方面的投资已开花结果。新加坡建设裕廊岛花费了70亿新元，如今这里已经是

100 多家石油、化工和制药厂商的生产基地。新加坡从中赚取的回报已经翻了几番（周文玲和陈修焕，2011）。除了生物医药科学外，国防科技工业也是一个值得探讨的行业。过去几十年，新加坡累积了半导体、新材料、过程管理、品质管理、电脑科技、软件设计等方面的技术，而这些技术加起来，正是国防科技工业所需要的，因此，新加坡国防科技工业将会再次崛起。

此外，新加坡大力推动媒体和数码娱乐产业。政府将成立总额 2.3 亿新元的新加坡媒体总汇基金为出口媒体内容、软件程序和服务的本地企业提供资助，并培养世界级的媒体人才。2008 年在纬壹科技园落成的媒体城，将使新加坡发展成为亚洲首个媒体枢纽。为鼓励媒体和数码行业利用新加坡的知识产权，收购知识产权的资产减值税务期从五年减少到两年。

新加坡确定出明确的重要优先领域以适应新加坡人口和经济发展，其目标是，2005～2030 年把 GDP 的每一元能耗减少 30%。为此，环保局和公用事业局制订了一系列计划激励公司提高能效，其中包括：能效改良协助计划，新加坡合格旅游经理培训计划以及节水基金计划。水对于新加坡的生存至关重要，马来西亚如果停止供水，新加坡马上就面临威胁。为了获得安全洁净、自给自足的水源，新加坡政府从建国起开始规划、制定开发节水计划与政策。洁净水资源计划是新加坡政府制订的三大战略研究计划之一，将成为未来新加坡经济成长的重要领域。新加坡政府将投入 5 亿新元推动这两大产业发展。新加坡通过各种奖励措施激发人们对水技术的研发热情，包括李光耀水源奖、李光耀世界城市奖、首届堂吉诃德基金奖等（巨瑛梅和刘旭东，2015）。目的是表彰通过水科技或工程项目造福人类的组织或个人，表彰在打造生机勃勃、宜居和可持续城市环境方面有卓越贡献的城市规划者。

（五）搭建创新平台，提升本土企业创新能力

搭建平台提升本土企业创新。本土企业是创新生态系统的中坚力量，政府打造一系列创新合作平台，加强本土企业与跨国公司、科研院所的合作、

创新、共赢，主要有联盟型平台、创新中心以及拓展平台。

新加坡创新型城市建设的重要一环——本土企业是其创新生态系统的中坚力量。其中，精密工程、生物医药、电子、物流、环境技术及化工等制造业领域的新加坡本土企业共吸纳 17 万名劳动力，创造 191 亿新元产值，占这些制造业总产值的 38%，在经济中发挥着重要作用（陈强等，2012）。为提升本土企业创新能力，新加坡政府打造一系列创新合作平台，推进本土企业与跨国公司、科研院校的合作，主要包括以下三种形式：联盟型平台（Consortia-type Platforms）、创新中心（Centres of Innovation）以及拓展平台（Outreach Platforms）。联盟型平台主要是为本土企业及跨国公司搭建一个公共平台，跨国公司及本土企业以联盟的形式加入其中，共同讨论产业研发战略引领产业发展走向。2007 年，新加坡科技研究局首度设立航空航天联盟，联盟成员包括波音、普惠、劳斯莱斯等世界著名跨国公司，也包括 TruMarine、IDI 激光服务公司等新加坡本土企业。通过联盟型平台，本土企业可与跨国公司进行互动，建立研究合作关系，从中获取知识溢出，培养敏锐的市场意识，从而促进技术进步，提升创新能力。目前，新加坡科技研究所已建立多个产业联盟，包括成立于 2009 年的 3D 硅穿孔产业联盟及 2010 年成立的微机电系统联盟等。

创新中心及拓展平台主要面向本土企业与科研院所。近几年来，在新加坡标准、生产力与创新局的支持下，新加坡南洋理工大学的电子创新中心、义安理工学院的环境与水技术创新中心、新加坡制造技术研究院的精密工程创新中心等纷纷成立。本土企业在同创新中心的合作中可获得先进的技术支持、专业知识及人力培训机会，从而提升企业自身的技术优势。通过拓展平台，本土企业可以利用公立研究机构提供的先进基础设施提升技术实力，进行技术创新，增强竞争力。自 2003 年新加坡政府推出《技术升级促企业发展计划》以来，约有 1 000 多家新加坡本土企业通过这一拓展平台获得技术支持，取得突破性创新成果。

四、人才培育教育体制与机制

对于人才问题，新加坡政府早在 20 世纪 60 年代就有足够的认识。作为创新活动的关键驱动要素，新加坡极为重视本土人才的培育。新加坡政府在《研究、创新及创业 2015：新加坡的未来》中明确提出，人才是新加坡知识创造及科技创新的关键要素，同时，新加坡政府为解决人才问题也做出了卓有成效的努力。

（一）学校教育体制

人才的培养离不开高校的培育，在培养创业人才的过程中，高校需要加强创新理念的宣传，使得学生们能够有个性化的创新理念。作为高校创业人才培养老师，更需要加强个性化创新人才培养理念的树立，激发学生的个性潜能，提高学生的创新思维、创新能力以及创新意识等。如不同于传统的教学模式，南洋理工学院采用"教学工厂"的教育模式，培养学生群体协作精神、解决问题的能力。同时，面对科技的日新月异，南洋理工学院超前装备、与时俱进、课程更新。他们把与企业建立联系作为应用研发的平台，用高层次的技能开发来提升教师与学生的科技能力，从而进一步调整课程（毛才盛，2016）。南洋理工学院注重对学生创新和开发能力、终身学习精神和创业精神的培养。此外，共和理工学院的"问题式教学法"也独具特色，虽然建校仅十年的时间，却走出了适合自己的教学道路。"问题式教学法"以学生为中心，教师只是引导者，整个操作有一套严格的程序，对教师如何设计问题、对教师如何围绕问题进行辅导、对教师的课堂组织能力提出了很高的要求，以此来吸引学生主动自觉地学习，培养团队合作精神和学习能力（孙玉红和鲁毅，2010）。

（二）社会培训体制

由于资源匮乏，新加坡在重视本土人才培育的同时也非常重视人才引进，政府出台宽松居留政策及人才回归计划从世界各地引进专业人才。通过设立"商业入境证"鼓励创业人才前往新加坡投资，还通过实施"长期回国计划""临时回国计划""外国学者访问计划"，充分利用科研机构、科学城和高校吸引海外人才，吸引在海外的本国人才回国发展。新加坡政府还要求本土企业为海外人才提供高薪和住房等方面的福利待遇，并为企业在培训海外人才方面的支出提供减免税等优惠政策，增加本土企业对海外优秀人才的吸引力，以达到对优秀人才的引进的目的。

（三）国家培育体制

新加坡政府通过设置丰厚的奖学金、研究训练奖学金及研究资助奖，培育本土创新人才，资助并鼓励优秀学生去海外留学，为知识研究密集型行业的发展储备高端人才。政府每年拨款 5 亿新元，选拔优秀高中毕业生及大学生留学海外。2000 年至 2010 年期间共培育出 1 000 个生命科学博士，为生命科学领域新兴行业的发展提供支援。新加坡政府还通过设立"产业研究生计划""国际研究生奖"等一系列项目，资助海内外硕士博士到新攻读学位，培养优质科研人才。此外，为从小培育青少年的科研兴趣，新加坡科技研究局于 2011 年设立"新加坡青少年科学家与工程师学院"，通过为青少年提供资源及平台，鼓励青少年主导科研相关活动，激发青少年的科研兴趣，还通过《环球校园计划》积极引进一大批世界一流大学，借助这些大学一流专家、高校教师及学术的集聚，提升新加坡本国大学的教学科研水平，加速本土高层次科技人才的培养；同时，还借助《环球校园计划》吸引国外教育机构到新加坡合作办学，为其劳动力提供先进专业技术教育，增强其就业能力（张明龙和章亮，2019）。

五、创新人才培育特色与优势

从新加坡的实际情况来看，国家小、资源少，集中优势资源来达成目标是其发展的必然之道，而且，政府是推动科技发展和创新人才培育的主要力量。一个国家、一个政府是否将人才培育切实地纳入国家发展战略，关键不是是否有系统的人才政策，而是在具体的政策中是否优待、保护杰出人才。新加坡在国家战略中确定了科技创新的重要地位，并着力打造有利于科研和创新的国家创新体系，积极培育与发展创新型人才。

新加坡政府在看待人才问题方面主要从战略的高度来对待，把人才培育特别是青年人才培育纳入国家发展战略。人才问题本质上关系到国家的发展和国家的国际竞争力，而不仅仅是关系到企业的生存、发展。人才问题也不是仅依靠某些行业、部门的努力能够做得到的。新加坡之所以成功地解决了人才问题，没有让人才问题束缚自己，关键在于新加坡政府有跨世纪的远大展望。这也是新加坡创新人才培育的一大优势所在。

教育是培育人才的关键。人才之所以为人才，一个很重要的因素就是受过良好的教育。一个人若没有受教育的机会，即使具有丰富的潜能，结果也会是无从发挥，对国家、社会的贡献必然也会十分有限。新加坡政府注重全民教育，在教育方面投资庞大，做到让每一位公民都有机会受教育，使全民具备掌握高技术的能力，这被视为"新加坡模式"的关键因素。

在人才培育中将青年人才的培育作为核心，在青年人才的培育中将创造力的培育作为核心。青年是未来社会的中坚力量，杰出的青年是未来社会的领导者。青年人才的培育不只是使其具有一定的知识，具有掌握知识技术的能力，具有熟练的技能，最重要的是使其具有创造能力。只有具有创造能力，才能够进行先导性的科研开发，才能够打破种种束缚推进社会的发展。新加坡在创新型人才培育中就很注重这一关键因素，积极培育青年人的创造力与发展力，从而实现创新型国家的高速发展。

总而言之，人才是国家发展和国家国际竞争力的保障。新加坡独立 30 多年来一直能够保持持续、高速的发展而成为大多数亚洲发展中国家的楷模，关键之一就在于有人才的保障以及独具特色的人才培育优势策略。这一独特的人才培育战略是新加坡实现创新型国家发展的一个重要保障及战略措施。作为自然资源匮乏，国土总面积仅有 714.3 平方千米的小国家，新加坡之所以能成为具有成功经验和发展模式的创新型发达国家，就是因为新加坡将"没有资源靠人才"作为整个国家共同的价值观，对人才教育、培养、使用、引进等各方面均高度重视，积极培育创新型人才，发展创新型产业，这为新加坡的经济发展打下了坚实的基础，是科技创新前行的重要保障。

第八节　芬兰创新人才培育模式

一、国家科技创新能力总体评述

芬兰位于欧洲北部，与瑞典、挪威、俄罗斯接壤，南临芬兰湾，西濒波的尼亚湾，国土面积约 33.8 万平方千米，人口 551 万人，人均 GDP 45 703 美元，为高收入国家，且其信息产业发达，是因特网接入比例和人均手机持有量最高的国家之一。教育事业发达，实行九年一贯制免费、义务教育。现有各类学校 4 023 所，在校学生超过 189 万人（包括成人教育及各类业余学校的在校生）。著名高等学校有赫尔辛基大学、阿尔托大学、坦佩雷大学等。全国有图书馆 7 765 家，人均借阅量和人均出版量均居世界前列[①]。

[①] 芬兰国家概况，https://www.fmprc.gov.cn/web/gjhdq_676201/gj_676203/oz_678770/1206_679210/1206x0_679212/。

2018 年芬兰国家创新指数在全球排名第 10 位，2017 年 R&D 经费投入 69.6 亿美元；R&D 经费投入强度为 2.76%；SCI 收录论文 1.4 万篇；PCT 专利申请数 1 601 件；高技术产业出口占制造业出口比重为 7.75%。根据 2019 年国家创新指数报告，芬兰综合排名第 12 位，较上年下降 2 位。国家创新指数报告一级指标中，芬兰创新资源排名第 8 位，较上年下降 3 位；知识创造排名第 19 位，较上年提升 7 位；企业创新排名第 10 位，与上年持平；创新绩效排名第 23 位，与上年持平；创新环境排名第 6 位，较上年下降 1 位。二级指标中，知识产权保护力度及宏观经济稳定性均排名第 1 位，政府规章对企业负担影响、风险资本可获得性、企业与大学研究与发展协作程度排名均在前 5 位。

OECD 在 2017 年发布的《芬兰政策研究报告》中对芬兰创新能力产出情况进行了评估，发现一是在研究与发展、科技创新和教育研究等系列与创新能力相关方面投资显著，但总体研发投入减少，创新能力和创新产出下降；二是科学研究质量有待提高，芬兰大学和研究机构申请的专利数量低于其他领先国家，科学国际影响力有下滑趋势；三是创新活动多，经济活力强，在制造工艺和制造产品创新、市场或组织创新方面表现良好，但创业率不高；四是知识产权和技术专利有所增长，但是技术专利偏向严重，在信息与通信技术方面专利排名靠前，环境相关专利（绿色科技和清洁技术方面）偏少；五是知识创新在经济上的表现有待加强，高科技产品产出有所下降（高科技产品产出从 2005 年的 23%下降至目前的 6%），知识密集型服务产出所占百分比下降。

报告中对芬兰现有的创新体系的优势劣势及机会和威胁进行了 SWOT 分析（表 3–14）。

表 3-14 芬兰创新体系 SWOT 分析（OECD，2017）

优势（Strength）	机会（Opportunity）
✓ 政治稳定，法制健全，社会信任度高，建立了一套北欧风格的弹性保障社会福利体系 ✓ 资源型产业和部分制造业实力雄厚、ICT 和相关服务业同步发展 ✓ 实力雄厚，技术先进，创新度高和长期发展的 ICT 和新媒体促进新产业多元化，并为现有商业提供数字化专家 ✓ 在 ICT、医疗技术和机械工程等方面拥有大量高精尖技术人才 ✓ 教育体系完善，高等教育水平高 ✓ 团结、重视合作意识的文化 ✓ 与其他北欧国家相比，有更强的驱动和实施改变的意愿和决定 ✓ 在 OECD 中的技术人员最多 ✓ 在私企和公共部门的研发上，仍然保持相对高的投资	✓ 在现有制造、服务和数字化能力基础上重组高附加值新产品 ✓ RIC 的复兴为创新政策、对话和管理恢复生机提供了新的机会 ✓ 利用芬兰创新基金（Sitra）实施新的创新政策实验 ✓ 把 ICT 的数据化趋势作为一种新的竞争力，促进工业生产率 ✓ 促进文化转变，让青年人才和专家走进企业 ✓ 越来越吸引外资和创业者 ✓ 大学改革提供了更强的研究基础，能更好地服务社会需要 ✓ 把社会需要和挑战更好地融入到政府创新政策中 ✓ 根据现实情况制定相应的政策，提高政策制定能力
劣势（Weakness）	威胁（Threat）
✓ 出口企业和部门较少，出口面狭窄，很难使经济多元化 ✓ 市场先进，但小而边缘化，企业需尽早出口以确保增长 ✓ 领先行业和公司缺乏 ✓ 中小型企业在研究发展和创新方面作用有限 ✓ 尽管创业公司有小幅增长，国家总体创业率低 ✓ 突破性创新缺乏，商业创新只关注小进步和提高操作效率，即使世界领先技术也很难使其资本化 ✓ 由于研究预算减少，造成人才流失 ✓ 科技成果转化不足 ✓ 资金投入不平衡，对应用研究和使能技术关注不足 ✓ 大学体系分散，与国际化脱节，与工业逐渐脱节 ✓ 在教育和研究方面缺乏好的大学（赫尔辛基大学除外） ✓ 国外直接投资有限，国内与国际研发严重脱节 ✓ 在发展新型公私伙伴关系和创新项目以解决社会挑战上缺乏远见，雄心和整体规划	✓ 竞争优势下降，出口市场丢失 ✓ 私营和公共研发投入减少 ✓ 由于对研究和创新政策倾斜减少，知识、人才资本和长期竞争力下降 ✓ 对研究失去信心，对创新与发展，相关机构和政策失去信心 ✓ ICT 技术人才能力无处发挥 ✓ 创新政策的制定缺乏连贯性，商业和创新环境不稳定 ✓ 如果不能很好地解决国际挑战，芬兰在工业和研究发展上将被边缘化 ✓ 适应全球化挑战的能力持续下降 ✓ 老龄化人口增多，社会投资需求减少 ✓ 缺少坚实的战略性研究与创新大平台

二、创新文化背景

芬兰地处偏远，自然资源匮乏，国内市场狭小，且有很长时间深受战争和社会分裂的影响。资源的匮乏与地缘政治环境的险恶让创新成为芬兰发展的必由之路。在大胆激进的决策与果断的行动中，芬兰成功从农业型经济转型成为 21 世纪领先的创新型知识经济（哈尔默等，2016）。

芬兰曾长期处在殖民统治、国家分裂和战乱之中，直至"二战"才实现国家统一。在 20 世纪 50 年代之前，芬兰经济以农业为基础，其创新意识尚处于塑造阶段。"二战"后芬兰社会凝聚力高度统一，政策环境稳定，基础设施水平提升，迎来了宝贵的和平发展期。战后芬兰依托木材与金属这两个支柱产业不断发展新技术与新生产工艺，提高了工业化水平，资本得到快速积累，社会结构发生迅速变化，社会福利待遇得到改善。

但芬兰科技发展水平仍落后于周边国家，于是在 20 世纪 60 年代，芬兰开始向知识经济转型。科学与技术政策和教育政策成为芬兰政府的核心。1963 年，芬兰成立国家科学政策理事会，标志着芬兰把对先进国家的技术追赶作为首要发展目标。工业的发展提高了对基础教育的要求。1962 年，芬兰通过义务教育等相关法案，基础教育普及率快速提高。之后 1973 年，第一次石油危机爆发，芬兰经济出现危机，让芬兰意识到以生产要素驱动的国家经济难以为继，必须通过知识经济来实现经济的可持续增长。

芬兰创新政策发展的新阶段开始于 20 世纪 80 年代。1983 年芬兰技术研究中心与芬兰国家技术局（Tekes）的成立标志着芬兰开始了知识经济发展之路，着眼于信息产业。政府开始对研发机构进行资金与技术支持，以促进 ICT 及移动通信领域的技术转化。之后，在"国家创新系统"概念出现之后，芬兰科技政策委员会成立，开始了国家创新系统的探索与构建。

1991年苏联解体，欧洲整体需求下降，芬兰进出口贸易受到严重影响。在经济危机的挑战下，芬兰决定进一步发展信息技术等尖端产业。芬兰经济开始从投资驱动型经济转向创新驱动型经济。芬兰政府做出重大决策，实施紧缩的财政措施，削减除研发创新投资以外的公共开支，将公共投资集中在信息通信领域，自此芬兰经济飞速增长。信息通信领域以诺基亚为其旗舰产品，处在芬兰经济发展的中心位置。

1998～2007年，芬兰政府投资项目越来越集中于大型企业而非更广泛活跃的中小企业[①]，且集中于单一产业，未能有效带动知识密集型服务业的发展。之后诺基亚开始衰落，芬兰经济增长出现停滞。2010年芬兰发布《国家研究与创新政策指南2011～2015》（Research and Innovation Policy Guide Lines for 2011～2015）明确指出政府会支持新的竞争领域的企业发展，而非只专注于传统优势产业。芬兰开始关注更广泛的创新需求，在移动游戏、信息安全、清洁环保和智能健康等领域迅速活跃。此后芬兰创新政策的制定和实施均以全球化为基础。

芬兰国土面积小且处于欧洲边缘，迫使小型公司在创立之初就在国际市场上寻求发展，同时须积极从其他国家引入并传播知识和技术。因此，芬兰创新政策的主要关注点之一是创立创新发展型企业并推动其国际化发展，以应对全球化挑战。芬兰将创新政策作为全球化工作的中心，尤其是与新兴经济体相关的创新政策。芬兰研究和创新委员会在2011～2015年的研究和创新政策指导中提出，芬兰需要制定国家层面的国际化战略，在巴西、中国、印度及其他亚非拉经济体不断崛起的情况下，需要识别出推动全球化的关键变革。

---

① Charles, S., L.S. Anna, 2008. A Fugitive Success: Finland's Economic Future. http://www2.law.columbia.edu/sabel/papers/Finland%20final%20report.pdf.

三、战略规划与政策体系

芬兰是世界上首个将国家创新体系用于构建科技创新产业政策的国家。教育、研究、技术和创新的发展已成为芬兰的"国家项目"。芬兰将建设知识型经济和重视教育政策列为国家战略，采用分散式的政策贯彻模式和集中式的财政资源相结合的发展模式。政府部门与各机构分工协作。企业作为主导者，政府作为协调者、推动者和共享平台的创建者。政府各部门以制定相关政策为工作重心，而政策的具体实施由专门的机构负责。如表 3–15 与图 3–15 所示，芬兰国家创新体系的机构设置分为负责政策和战略制定机构，资金和支持提供机构，以及进行具体实施的研究和教育机构。

表 3–15　芬兰国家创新体系层级

六个层次	组成机构	职能
首要政治机构	议会	决定芬兰创新体系研发方向与方式的关键要素。其中芬兰科学与技术策略理事会是战略性行为主体，直接由总理组建
	内阁	
	科学与技术政策理事会	
政策解析与描述机构	教育与文化部	掌管所有的高校和芬兰科学院
	就业与经济部	管理国家技术代理机构（如下一层级的 Tekes）与研究机构从事相关的研究
	贸易促进委员会	由芬兰政府和企业共同参股，以商业服务形式向企业提供服务，在促进芬兰企业出口提升方面起着重要作用
政策协调与指导机构	芬兰国家研究发展基金（Sitra）	致力于促进技术成果的商业化和种子项目的融资，参与部分国家科技战略的研究和制订工作
	芬兰国家技术创新局（Tekes）	是芬兰投资于研究和开发的主要国立机构，为公共部门和私营企业研发创新项目提供资助及网络支持
	芬兰发明基金	负责支持芬兰科技发明、保护技术发明、科技成果的商品化和技术发明在生产中的应用，在技术发明者、大学和研究所与市场和产业之间架起桥梁

续表

六个层次	组成机构	职能
研发创新机构	芬兰技术研究中心	提供研发、测试、产品审批和认证、信息和风险投资服务，帮助企业开发新产品、更新生产方式和服务，开拓新的商业领域
	教育科研机构	技术研究和开发的推进器，是本地区技术研究与开发的中心
	企业	技术创新的重要参与者
知识与技术转移机构	技术科学园区	技术科学园区
	专业研究中心	为企业提供系列化的孵化服务
产品供应与服务供应机构	风险投资	以建立种子基金和发放启动资金的形式向处于启动阶段并具有创新能力的高技术企业和中小企业投资

资料来源：胡海鹏等，2017。

在国家层面和战略层面上，芬兰教育、研究和创新政策的协调统一极大地促进了芬兰知识经济的发展，尤其是得益于高层协调机构——芬兰研究和创新委员会（The Research and Innovation Council，RIC）所做的工作。该组织负责芬兰科技政策的战略发展和协调工作，以及整个国家创新系统的协调。由芬兰总理直接担任主席，成员包括所有的主要部委和各参与方的代表。芬兰研究与创新委员会把国际化作为定期评估芬兰创新政策和未来展望的重点主题之一。该委员会提出创新系统在芬兰整体国际化战略中处于核心地位，需要制定公共政策以加快芬兰的全球化进程，积极鼓励私营部门开展国际化活动。芬兰外交部、教育与文化部及就业与经济部共同负责实现芬兰创新系统的国际化。

芬兰国家研发基金（Sitra）是独立的公共基金组织或智库，直接向芬兰议会汇报。芬兰科学院和芬兰国家技术创新局主要负责研究与开发的资助和管理，贯彻执行芬兰政府在创新领域的政策。芬兰科学院（Academy of Finland）负责学术研究的资助，向芬兰教育与文化部汇报。芬兰国家技术创

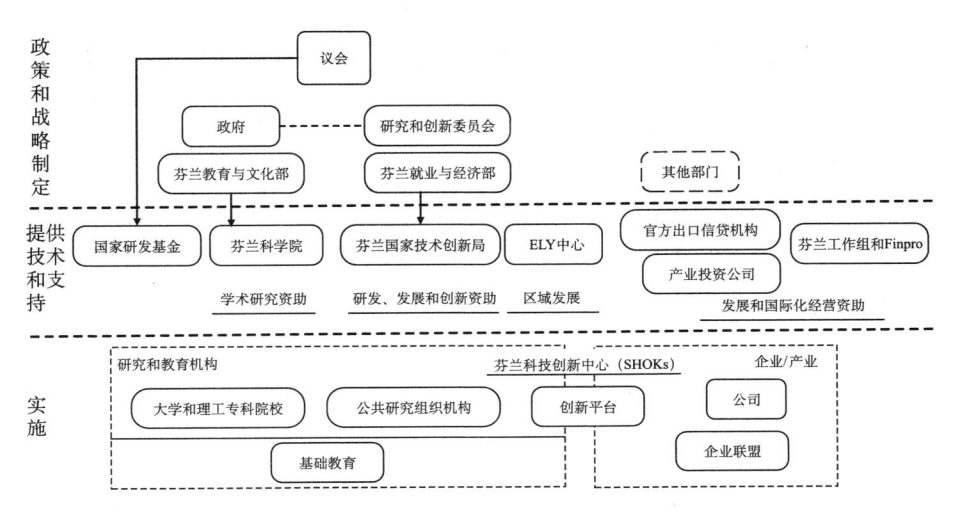

图 3–15 芬兰国家创新体系结构

资料来源：蒋颖，2013 年。

新局（Tekes）是芬兰创新体系中的核心执行主体，负责研发和创新活动（既包括企业也包括研究机构）的资金业务，向芬兰就业与经济部报告。自国家技术创新局于 20 世纪 80 年代初创立至今，芬兰的研究和创新系统基本没有发生任何改变。几十年来该系统运行顺利。芬兰官方出口信贷机构（Finnvera）是一个国家所有的专业金融公司，为寻求国际化发展的企业提供信贷和贷款业务。芬兰贸易、国际化和投资促进总署（Finpro）和芬兰工作组（Team Finland）负责促进贸易、投资和芬兰企业的国际化发展。15 个经济发展，交通和环境中心（ELY centers）负责中央政府发展任务在地区的贯彻落实工作。

实施层面的研究和教育机构包括近 20 个公共研究组织（如芬兰技术研究中心和芬兰环境研究院等），14 所大学和 25 所专科院校。芬兰的科学、技术与创新战略中心是公私合作的产物，是芬兰实施创新政策的最新与最有力的工具之一。负责加快创新流程以促进学术研究和私营研发活动之间的合作，通过实施项目来协调学术利益与产业利益。至 2013 年 10 月，共有 6 个科技创新战略中心正常运营：环境与能源领域 CLEEN 公司，金属产业领域

FIMECC 公司，健康与福利领域 SalWe 公司，信息通信技术和数字化服务领域 DIGLE 公司，建筑环境领域 RYM 公司，以及生物技术领域芬兰生物经济集群 FIBIC 公司。在科技与创新战略中心，公司与研究单位紧密合作，针对各中心战略研究议程共同确定的主题进行研究，其研究目标为 5~10 年内满足芬兰产业与社会的需求。每个中心都是独立的公司，在主体范围内拥有自由选择活动的权利。

此外，芬兰政府开展了一系列创新项目以促进广泛创新。如推动企业创新的创新工厂项目，推动开放式创新的德莫拉（Demola）平台，加大用户参与度的赫尔辛基论坛（Virium）等。数十年来，项目计划成为芬兰实施创新政策的主要工具。在政策落实上已经完全由以计划为基础转向主题模式。另一趋势是将应对社会挑战作为策划与实施政策的组织原则。

芬兰高度重视基础广泛的创新活动，不仅重视少数领先企业的创新，也注重发展非高科技、非自然科学和非技术领域的创新。

监管和评估方面，芬兰创新系统中设有非常合理的政策评估和学习机制。其政策评估情况可分为系统、机构、项目和项目专案四个层面（表 3-16）。政策学习（如政府引导文件，关键业绩指标以及国际厨房基准等）是芬兰政策

表 3-16　芬兰政策评估情况

层面	实例
系统层面评估	系统评估旨在评估战略的实际贯彻情况，由芬兰就业与经济部定期开展系统评估，如芬兰科学院每半年开展一次科学研究评估，其评估工作由芬兰科学院和国际审查小组负责，芬兰科学院代表芬兰教育与文化部贯彻落实科学政策
机构层面评估	机构评估与政策落实工作相关联，芬兰就业与经济部大约每 5 年委托独立机构对其制度、政策部门以及负责开展的大型项目进行评估，如芬兰国家技术创新局定期开展自身影响力评估，从宏观经济的角度评估其活动的影响力，与单个项目的评估
项目层面评估	各机构和政策贯彻部门通常对其自身的项目进行评估。如芬兰国家技术创新局在贯彻落实每个项目的中期、后期，都会对各项目进行评估
项目专案评估	政策执行部门或项目管理部门会自行开展对大型或备受关注的项目专案的评估，如芬兰国家预测项目专案评估。部分项目资助条款或条件中会明确规定对上述项目专家进行自我评估，如欧洲区域发展基金，欧洲社会基金等

制定流程的组成部分，涵盖各个层面，从机构到个人。芬兰政府从大局出发，发展国家统计学，对整个创新系统进行评估。芬兰还积极吸取自身的和其他国家的经验教训。众多芬兰官员在任期内常常访问欧盟、经济合作与发展组织和联合国等国际组织，并参与欧盟的政策准备工作，大幅改善了芬兰的政策制定流程。

根据经合组织（OECD）（2017）发布的《2017年芬兰创新政策分析报告》，芬兰的科技创新政策有两大特点：一是坚持对研究与教育领域的资金投入，即使在面对金融危机时也是如此；二是由研究与创新委员会（The Research and Innovation Community，RIC）制定系统措施。

在芬兰《国家研究与创新政策指南2011～2015》中，芬兰明确了国家战略的指导方针和未来数年的发展计划，主要包括：强化研发投入；进一步提升教育水平；推动创新国际化；加强创新监测评价，加强国际视角下的创新评价[①]。

为进一步提高芬兰的竞争能力与创新表现，其国家创新战略中的基本措施选择包括：一是建立研究与创新委员会，成为世界级系统改革的先驱；二是建立可促进革新的以内容为导向的区域级创新中心，以国家内容选择和区域战略实力为基础，按照世界级的运行环境创建区域级创新中心；三是将促进创业的融资和服务系统调整为一个明确的以企业家和投资商为导向的实体，激发经验丰富的投资商和商业专家积极投身于企业的发展，实现企业的快速增长和国际化；四是创建和开发竞争和市场激励机制，更广泛地激发企业和其他社区的创新精神；五是修改国家级专家和融资服务团体，以满足以需求和用户为导向的创新活动的需要；六是在芬兰创建可以更广泛激发创新活动的学习环境，在核心教育中纳入国际性、交互技能、创业精神、创造性

---

① 中华人民共和国驻芬兰共和国大使馆：芬兰发布《国家研究与创新政策指南2011～2015》。（2010-12-23）[2019-04-29] https://www.fmprc.gov.cn/ce/cefi/chn/kxjs/t781228.htm。

和创新精神，创建国际顶级的知识开发环境，提高个体在工作阶段主动接受教育和继续深造的奖励与机遇；七是提高大学和研究机构在国家创新政策重点领域的科研能力，修改大学的指导和融资体制，为大学、贸易工业以及社会其他领域的相互联系提供支持，将芬兰的科研和高等教育体制发展为一个国际专业知识和创新能力竞争发展环境；八是将个人纳税和其他有损芬兰吸引力的关键因素降低到一个具有竞争力的级别，根据国际最佳惯例制定一个有效的移民政策，以加速基于能力和就业的移民；九是将芬兰企业和公共机构的管理培训水平和管理技能系统地、广泛地发展为国际最高水平；十是使执行创新政策机构的策略和运营适应国家创新战略，对当前政策决策、运营模式、结构和资源等关键主题和国家创新战略目标的一致性进行国际评估，调整运营商的作用和战略，以便创建一个支持国家创新战略基本选择的实体[①]。

四、人才培育教育体制与机制

芬兰的教育在全球教育业绩排行中一直名列前茅。《2018年度全球繁荣指数报告》[②]中根据获得教育的机会、教育质量和人力资本等方面的评估结果，芬兰在教育方面排名第一。芬兰教育的成功，得益于其完善的教育体制、立法、政府指导、教师培训和投资力度等关键因素。芬兰重视教育政策，并将其纳入国家战略。受教育权作为基本权利写入芬兰宪法中。教育的管理体系在各个层面得以贯彻落实，从国家、地区到地方层面。教育政策的目标是通过提供信息，支持和资金而影响教育方向，而不是直接管控。法律法规和国家核心课程里规定教育目标，但芬兰各个层面的教育自治程度非常高。

首先，使所有人拥有平等的受教育机会（不分年龄、住所、经济状况、

---

① https://finland.fi/zh/shangyeyuchuangxin/fenlandechuangxincelue.

② Legatum Institute. (2018). The Legatum Prosperity Index 2018. https://www.prosperity.com.

性别或母语）是芬兰教育的核心目标。芬兰各地教育质量均等。教育质量与学校所处位置无关。芬兰的教育体系非常完善，聚焦于终身学习，主要包括早期儿童教育、学前教育、九年基础教育、中等教育、高等教育，以及各层次对应的成人教育。其中从学前教育到高等教育均由国家免费提供。早期儿童教育由地方政府为学龄前儿童提供，根据家庭收入水平和儿童接受教育的时间等因素收取一定费用，旨在促进儿童健康发展，增加其学习机会。学前教育在早期儿童教育和基础教育之间起到重要的衔接作用，帮助学生更好地适应基础教育。自 2015 年开始，学前教育开始具有强制性。九年基础教育具有强制性，学生从 7 岁开始进入基础教育，一直到完成基础教育课程或者接受基础教育时间达到十年为止。到 2015 年，芬兰约有 2 500 个学校提供基础教育。需指出的是为充分响应全球化趋势，鼓励基于问题的学习合作，芬兰于 2014 年 12 月发布并于 2016 年 8 月全面实施《2014 基础教育国家核心课程标准》，提出现象教学（Phenomenon-Based Method）方法，强制要求在基础教育中进行跨学科的现象学习，以培养学生 21 世纪所需的新技能与创造性思维等。现象学习关注话题本身，通过不同学科的融合来习得知识[①]。

在完成九年基础教育后，学生可以选择进行普通中等教育或者职业教育。芬兰学生进入普通高中和中等职业学校的比例大概为 1∶1[②]。中等教育结束之后，学生可根据自身兴趣和能力选择进一步学习还是工作，进入普通大学学习还是进入应用科技大学学习。前者可以获得本科学位、硕士学位，并进一步攻读博士学位；后者也可以获得专业领域的本科和硕士学位。需要指出的是，芬兰的教育体系极其灵活，所有就学渠道都是畅通的。学生在每个阶段都可以任意选择继续深造的学校，比如可在普通高中结束后选择应用科技

---

① 于国文、曹一鸣：“跨学科教学研究：以芬兰现象教学为例”，《外国中小学教育》，2017 年第 7 期。

② 张晓光：《走进芬兰基础教育》，重庆：西南师范大学出版社，2017 年。

大学学习，也可在中等职业教育学校结束后选择先工作或进入应用科技大学或普通大学继续学习。普通大学和应用科技大学也是畅通的，学生可以在这两种高等教育类型中进行转换。

另外，芬兰教育体系为国民提供无止境的学习通道。成人和在校学生有共同的权利，都可以获得在相同教育机构学习并获得相应资格证书的机会。成人教育涉及各个教育级别，且规划灵活，使成人可以在工作的同时进行学习。成人教育早期由政府、教育部、劳动力市场管理部门和芬兰人民广播电台共同管理，并保证其运行。工作人群中个人接受成人教育的意愿较高，且大部分公司也都愿意让其员工去参加成人教育或职业培训以提高专业技能。

在发展本国教育以培养创新人才的同时，芬兰还开始了人才提升项目，积极吸引国际人才以满足国内市场对技术人才的需求。如图 3–16 所示的人才吸引力管理模型，已在芬兰的人才提升计划中得到应用，表 3–17 为该模型各部分的具体介绍。

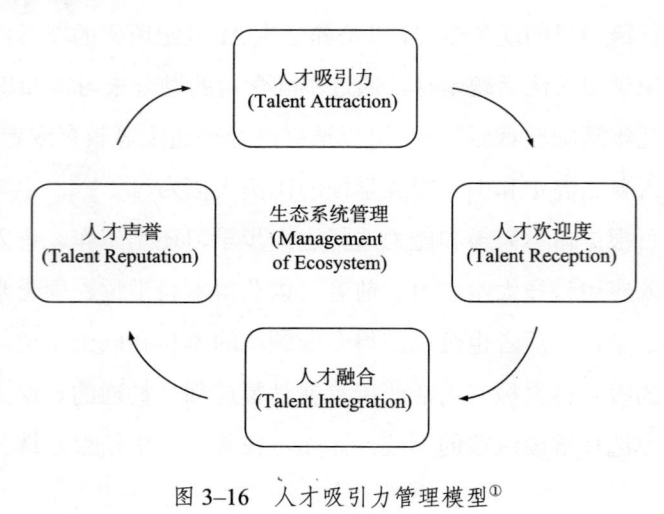

图 3–16　人才吸引力管理模型[①]

---

① Future Place Leadership (2018). What is talent attraction management?. (2018-01-02) [2019-04-29] https://futureplaceleadership.com/talent-attraction-management.

表 3–17　人才吸引力模型各部分介绍

人才吸引力	人才欢迎度	人才融合	人才声誉
营销门户	行前信息	专业网络	行业代表网络
社区和内容营销	开放日活动	指导	校友网络
线上活动	欢迎节目及项目	区域性培训项目	—
创新活动	外派服务和外派中心；公共服务，住房可得性，教育可得性	文化培训	—
广泛的品牌平台	双重职业援助	职业建议及活动	—
品牌工具箱	—	文化和休闲活动	—

五、创新人才培育特色与优势

芬兰创新人才培育模式具有以下优点：

1. 能够坚持在教育和研究方面的长期支持与投资。芬兰自独立以来就开始有系统地投资教育领域，且投资力度很大。即使在经济萧条时期，也没有削减教育与研究等领域的投资。

2. 重视教育的公平性。向所有芬兰公民提供平等的受教育机会，不分年龄、住所、经济状况、性别或母语。免费提供从学前教育至高等教育等各个级别的教育。教育质量具有一致性，其教育质量不因学校所处地理位置而有所差异。学生社会经济背景与其学习表现之间的联系相对较弱。女性受教育水平普遍较高。

3. 提供综合的基础教育。基础教育包括教学材料、学校供餐、医疗保健和牙齿护理等。所有这些均免费提供。

4. 具备高质量的教师队伍。仅有10%的教师申请人可被录用，进而接受教师培训。芬兰教师的受教育程度很高，1~6年级教师需有教育学硕士学位，7~9年级教师需同时有所教科目的硕士学位和教育学高级资格证书。另外，教师具有研究取向，其广度和深度与其他国家相比有很大优势。教师不仅会多种教学方法，还掌握研究技能，在入职后也不断通过教育和培训提高专业技能。加之教师有很大自主性，可以自主选择教材、运用教学方法、进行教学评价等。教师的专业性和自主创新性达到最大程度的发挥。

5. 高效引导结合地方自治。20 世纪 90 年代后，国家核心课程重新进行修订，更加灵活。学校在教学方法和课程实践方面拥有很大自主权，芬兰教师在学校政策和管理方面有很大决定权。国家集权与地方自治的平衡，提高了地方和学校的积极性与主动性，保证了国家教育目标的实现。

6. 贯彻终身学习的政策和灵活而完善的教育体系，为所有人提供了充足的学习时间。

7. 产学结合，重视职业技术教育。芬兰政府会根据实际社会需求来调整各学科领域的招生人数。接受良好教育的人群就业率非常高。如 2010 年芬兰博士的就业率已达到 90%以上。对职业教育的重视带来工业建设能力的发展，从而促进芬兰在 20 世纪 80 年代到 90 年代的经济增长。重视跨学科教育，实现科学、工程、设计和商业研究之间的跨越，培养学生的技术和创业能力，以保持竞争优势。在芬兰，企业的项目必须与大学或研究机构合作才能得到资助。大学和科研机构的项目要得到支持，也必须有企业全程参与（王子丹和袁永，2018）。

第九节 英国创新人才培育模式

一、国家科技创新能力总体评述

英国人口约 6 602 万人，国土面积约 24.4 万平方千米，2017 年 GDP 总量 26 224.3 亿美元（当年价，下同），人均 GDP 39 720 美元，为高收入国家。

在西方发达国家，英国的各类技术人才和专业人员占国家总人数的比例名列前茅，长期以来，就有"科研在英国，开发在美国"的说法。根据英国商业、能源与产业战略部 2017 年 10 月发布的《英国科研实力国际比较 2016》报告，英国以全球 0.9%的人口、2.7%的研发支出和 4.1%的研发人员，实现了全球 6.3%的论文产出、9.9%的论文下载量、10.7%的论文被引用次数、15.2%的高被引论文数，是当之无愧的高研发效率国。英国智力资源丰富，知识产权制度完善，企业所得税税率和研发税收抵免率竞争力强，是除美国以外吸引外国直接投资最多的国家。其中外国直接研发投资高达英国研发总投入的 17%，被经济合作与发展组织评为全球最适合创新创业的国家之一，平均每 75 秒就有一家初创企业诞生。欧洲收入增长最快的 10 家企业中有 5 家是英国企业。英国在生物技术、航空航天、汽车制造、清洁能源、创意产业和金融服务等诸多领域都处于世界领先地位。

2018 年英国在国家创新指数中综合排名第 11 位。2017 年 R&D 经费投入 438.9 亿美元；R&D 经费投入强度为 1.66%；SCI 收录论文 12.6 万篇；PCT 专利申请数 5 568 件；高技术产业出口占制造业出口比重为 21.07%。根据 2019 年国家创新指数报告，英国创新指数综合排名第 10 位，较上年提升 1 位。一级指标中，创新资源排名第 21 位，较上年下降 1 位；知识创造排名第 12 位，较上年提升 3 位；企业创新排名第 19 位，与上年持平；创新绩效排名第 6 位，较上年下降 1 位；创新环境排名第 8 位，较上年提升 2 位。二级指标中宏观经济环境等排名第 1 位，单位能源消耗的经济产出、知识密集型服务业增加值占 GDP 比重、知识密集型产业增加值占世界比重 3 个指标排名第 4 位。

英国政府将科学研究和创新视为提高生产力，推动经济持续健康发展，应对重大社会挑战的根本途径，不遗余力地支持科学研究和技术创新。首先，金融危机后英国政府在公共支出受到严格限制的情况下，一直保证 46 亿英镑的资源性科学经费投入。其次，英国政府非常重视科研基础设施投资，自 2010 年以来，对前沿科研基础设施的投入已达 85 亿英镑。再次，英国政府十分重视扶植创新产业。2017年11月12日，英国政府公布2017年秋季预算报告，表明英国面向全球化发展将成为创新中心的核心目标，在机器人自主系统、5G时代创新和网络宽带、智能交通、电动汽车、量子技术等领域发展投资5亿英镑。此外，为了提高企业研发税收优惠力度，自2018年1月1日起将企业研发支出税收抵扣率由11%提升至12%。最后，为将英国建设成为世界上科研、创新与商业环境最好的国家，特别是在"脱欧"后能继续保持世界一流的科学研究地位，英国政府更加重视国际科技合作。2016年英国国际发展援助经费达到187亿美元，是继美国之后的世界第二大国际发展援助经费支出国家。秉承务实主义和重商主义的传统，英国继续加强同传统的美欧伙伴国的合作，与美国的科技创新合作是英美经济发展的基石，同时给予加拿大、澳大利亚、印度、南非等英联邦国家特殊的优惠政策，吸引其优秀科学家到英国工作；为降低脱欧对英国与欧盟科技合作的影响，出台《科技创新合作面向未来的伙伴》报告，阐明脱欧后英国与欧盟建立新的国际科技合作的前景。与此同时，英国也越来越重视新兴发展中国家日益崛起所带来的机会，充分利用其国际发展援助资金。通过设立牛顿基金、全球挑战研究基金和繁荣基金等渠道加强同这些国家的合作，共同应对地区和全球性挑战问题（如气候变化、粮食生产和传染病防治等）。英国政府也非常重视提高科研创新资助的管理和效率。为加强英国研究与创新资助机构间的统筹协调，使研究与创新管理在应对未来重大挑战时更具战略性、综合性和灵活性，2016年5月，英国政府发布《高等教育和研究法案》，启动新的英国研究与创新署的组建工作。英国研究与创新署由原来的七个研究理事会、创新署和新成立的英格兰研究署（主要接管原英格兰高等教育基金委员会稳定支持研究和知识交流的职能）组成，创新署仍是隶属于商业、能源与产业战略部的非部委公共机构，如图3-17所示。2018年5月，英国研究与创新署正式运行，主要负责统筹管理英国每年超过60亿英镑的全部科研经费。

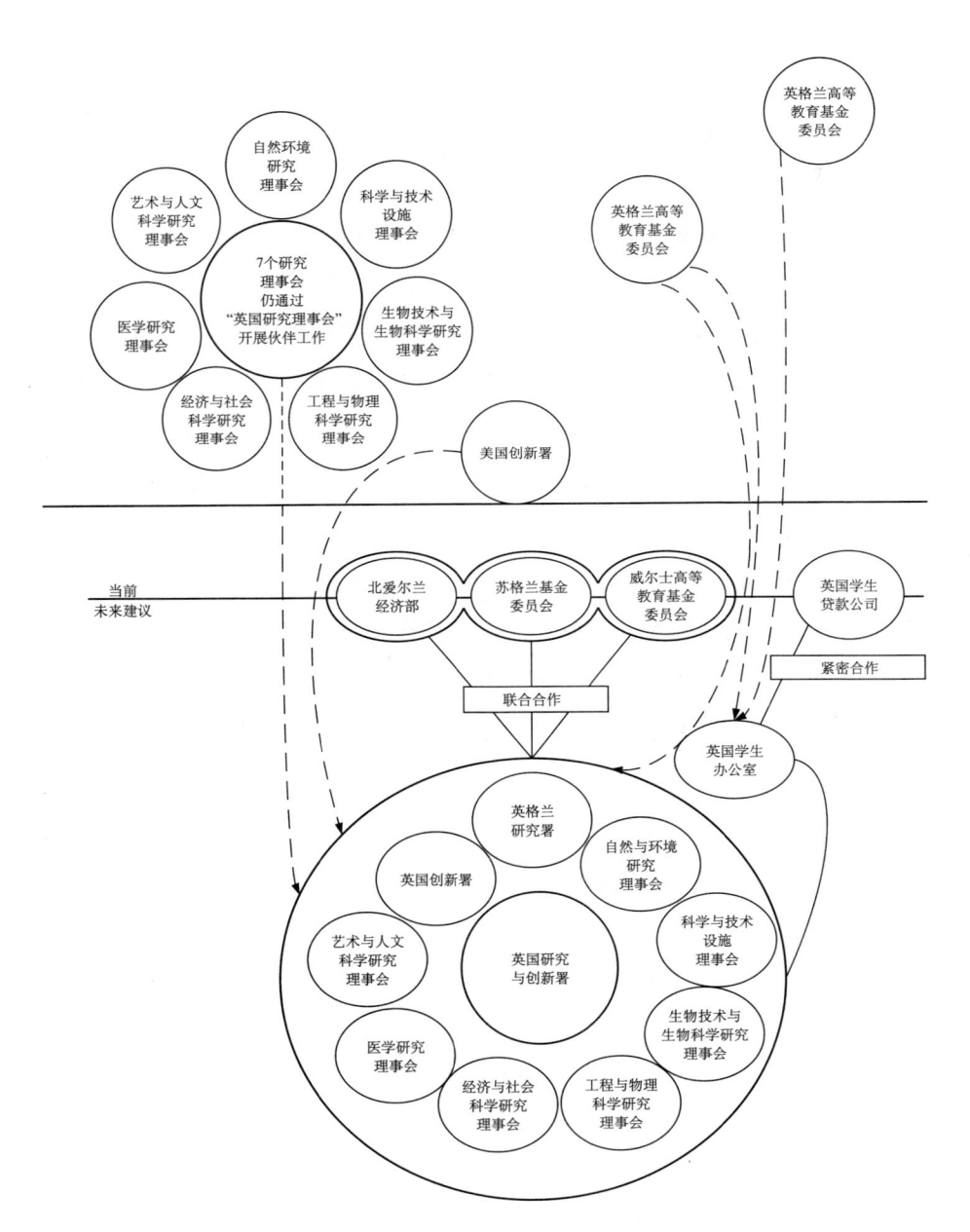

图 3-17　英国研究与创新体系改革的基本框架

二、创新文化背景

英国是现代产业革命的发源地,是世界上最早步入工业化的国家。在1624年,英国就建立了世界上最早的专利制度。创新市场的繁荣成就了英国的世界工厂地位。推行自由贸易政策,培养了越来越多的熟练工匠,使得英国对本国的科技竞争力充满了信心。但是在第二次工业革命至第二次世界大战时期,英国的科技发展呈现低迷状态。与同一时期的美国相比,英国新技术的交易市场开始逊色起来。第二次世界大战结束之后,英国的新技术供给不足,研发支出减少,科技人才市场持续低落,资本和人才不断外流,但是撒切尔担任英国首相后,进行了改革,增强了产业和高等教育的竞争力。进入21世纪以来,英国政府敏锐地认识到要想维持其在科技领域的长期领先地位,创新是经济增长的关键驱动力,是科技人才必须具备的技能之一,同时也是整个国家不可或缺的基本素质。直至今天,英国仍然是世界上最重要的科技强国之一,这也得益于英国优良的创新环境。

英国文化已成为现代西方社会的根基文化和社会基石。在自然科学和技术领域,历史上以牛顿为代表的科学家带领英国在物理、数学、生物学、生理医学等领域都取得了杰出的成就。而在哲学与社会科学方面,大卫·李嘉图、亚当·斯密、约翰·洛克、凯恩斯、罗素等西方文化之集大成者对人类文化的贡献有目共睹,为英国创新驱动发展奠定了雄厚的科学和文化基础。

近年来,在知识经济时代,英国面临着创新能力急剧滑坡危机的情况下。英国又积极倡导英国文化向"创新文化"转型,重组创新资源,增强英国文化的创造力和国际竞争力,以适应创新发展的需要。当今英国科学家仍然保持着自由探索的学术氛围与不屈不挠的创新精神,这使得英国基础科学往往孕育着许多新奇的世界第一。注重创新与学术自由的精神使英国今天能够继续在自然科学、工业技术、高技术产业等方面走在世界前沿,并保持着自己的优势。"服务于创新全过程"是英国创新文化建设的核心内容。从整体结构来看，英国的技术创新服务体系有政府、公共和私人三个基本层面，其职能主要集中于各类机构及其商业模式之间的融合。就组织架构而言，英国的国家创新体系主要由"知识的创新、积累和流动"和"知识的共享与转让及其效率"两个基本方面构成。在这两个系统中，英国将各类技术创新服务机构注册成为慈善机构、担保有限责任公司、股份有限责任公司、合伙经营和个体经营等几种基本形式。英国许多企业的创新资金来源于某些慈善机构的资助。在英国创新服务体系中，将实际工作中的创新视为各个机构之间相互联系的过程。它包括了"大学、研究所和产业之间知识的再分配""竞争者、供应者与使用者之间知识的再分配""建立相互支持、合作的运作机构体系"这三方面的内容。基于"服务于创新过程"的基本文化理念，一个覆盖英国全境的"企业联系网"一直处于良性运行状态。

三、战略规划与政策体系

长期以来，英国对创新人才培养体系出台了一系列政策措施，具体包括国家制订战略规划，确定重点发展领域和创新方向，制定相关政策和相关经费保障措施；高等教育管理服务机构根据战略规划设立新的机构，负责制定具体推动措施和跟踪协调；高等教育机构利用其充满活力、优势明显的高等教育及人才培养机制，承担创新人才培养和积蓄任务。

英国政府根据技术发展需求，大力投资建设一流实验室、大学科技园、孵化器和技术转移中心等科研基础设施和重大科技平台。目前全英国共有60多家科技园。这些科技园的建设资金大部分来源于政府资金。例如，达斯伯里（Daresbury）国家科技园就是科学技术基础设施委员会（Science and Technology Facilities Council，STFC）规划，由STFC、当地政府和一家房地产公司共同投资建设的。近年来，英国政府也开始通过英国研究伙伴投资基金筹集资金用于建设大型科研设施项目,如斯蒂夫尼奇的生物科学催化器。该孵化器是由葛兰素史克公司、威康(Welcom)慈善组织、中央和地方政府共同出资建设,形成了从技术孵化到产业化的全链条服务。

(一)英国创新人才战略

英国政府充分认识到培养和开发优秀人才的重要性,在其 2010 年发布的《科学世纪:保障未来繁荣》报告中提到:科学需要投资、基础设施和有利的政策环境,但最重要的资源是人才,而人才的关键在于教育培训的质量,并提出应将更多的研究理事会基金用于资助研究者主导的研究,延长英国博士生的培训时间并提高培训质量,支持对研究人员的技能培训,增加博士后研究职位的数量。英国出台了多项战略与计划,其中,涉及与人才相关的内容见表 3–18 所示。

表 3–18 英国主要人才战略及计划

发布时间	创新战略和政策名称	主要内容
1994	《实现我们的潜能——科学、工程和技术战略》	明确以创新为核心的新的国家科技发展战略
2000	《卓越与机遇——21世纪的科学和创新白皮书》	通过领先的基础科研和更加富有活力的技术创新,进一步提高科技进步对本国经济和社会发展的贡献。更加强调:国力科研机构、大学与企业的密切合作;人才在知识积累和技术创新中的重要作用;建立适合科技创新的环境和体制
2001	《变革世界中的机遇——创业、技能和创新》	阐述了科学和技术创新的重要手段是鼓励人才创业,发挥个人技能,从而推进科技创新的发展
2002	《投资与创新》	指出投资能促进科学技术的创新
2003	《在全球经济下竞争:创新挑战》	指明在全球经济大环境下国家科技创新面临的挑战
2004	《科学与创新投资框架 2004~2014》	确定了英国科学和创新未来十年的政府目标,明确指出了科学、工程和技术是英国未来发展的关键技能

续表

发布时间	创新战略和政策名称	主要内容
2004	《从知识中创造价值》	明确知识和科技人才是国家科技创新的关键
2006	《2004~2014年科学与技术创新投资框架的新阶段》	加强对科学与创新投资的战略管理；调整研究理事会的职能使之更好地发挥作用；努力保持大学科研的优势；进一步发挥医学研究对经济的贡献率；加强科技教学和人才培养
2008	《创新国家》	阐明了政府欲把国家建设成世界上最适宜创新企业和公共服务发展的地方的目标，将塑造创新市场
2009	《你能够相信的改变：创新领导力》	概括了政府在创新方面所面临的挑战，并阐释了改变政府议程是任何创新战略执行的基础以及领导力在创新和政府转变中所取得关键作用
2010	《技术创新中心在英国目前和未来所扮演的角色》	明确了技术创新中心在科技创新中的作用
2010	《技术蓝图》	从技术层面支持了国家的创新战略
2010	《高技术移民计划（Tier1）》	在2002年《高技术移民》基础上，吸引高层次海外人才，进一步提高准许移民的标准
2011	《创新与研究发展战略》	坚定了英国欲成为全球创新领导者的决心和信心，同时指出其当前所面临的挑战和应采取的措施
2011	《促进增长的创新与研究战略》	采取措施推动创新和研究，并明确未来4年将发展生命科学、高附加值制造业、纳米技术和数字技术四大关键领域
2014	《我们的增长计划：科学与创新》	明确英国培育科研创新的长期目标
2017	《产业战略：建设适应未来的英国》	重点应对"脱欧"带来的挑战，列出影响未来人工智能、绿色增长、老龄化社会和移动运输技术四大挑战，提出一系列产业发展支持政策规划

面对未来发展和种种挑战，英国政府审时度势，立足当前的主要任务——在"脱欧"背景下依靠科技创新实现经济平稳增长和维持大国地位，着眼于长远的发展目标——为英国开辟一条新的发展道路，到2030年将英国建设成为一个生产效率高、赢利能力强、更加适应未来、全球领先的经济体，在全

面分析既有优势和不足的基础上，完善科技创新管理体制机制，出台一系列顶层战略规划，加大科技创新投入和基础设施建设，积极构建良好的国际国内创新环境。一是多措并举，努力增加科技创新投入。2017年底，特蕾莎·梅首相宣布英国政府将加强与产业界及社会各界的合作，未来10年内使英国全社会研发投入增加800亿英镑，到2027年将全社会研发投入占GDP的比例提高到2.4%（2015年为1.68%），达到20世纪80年代的水平，并最终实现3%的长期目标。二是改革研究与创新管理体系，提高科研资助效率。2016年5月，英国政府发布《高等教育和研究法案》，启动新的英国研究与创新署的组建工作。英国研究与创新署由原来的七个研究理事会、创新署和新成立的英格兰研究署（主要接管原英格兰高等教育基金委员会稳定支持研究和知识交流的职能）组成，主要负责统筹管理英国每年超过60亿英镑的全部科研经费。三是出台面向2030年的总体产业战略，全面指导未来产业发展。2016年7月特蕾莎·梅首相上任后，将发展现代化产业作为促进经济发展、应对"脱欧"挑战的关键举措，并于2017年11月27日发布了《产业战略：建设适应未来的英国》（以下简称《产业战略》）白皮书。《产业战略》将通过新的基础设施和研发投资，支持英国具有世界领先潜力的产业，为英国创造大量高技能、高收入工作岗位和机会，促进经济繁荣增长，目标是到2030年将英国发展成为世界上最具创新力的国家。为实现上述目标，《产业战略》还提出了四大挑战、五大发展基石和一系列具体的政策措施。2017年10月，英国商业、能源与产业战略部发布《清洁增长战略》。该战略给出了面向2030年的低碳发展战略图从八个方面提出50项举措，支持从基础研究到技术开发和示范等所有商业化前的研发活动。四是建设世界一流的科研基础设施，力保科研强国地位。2016～2020年这五个财年，英国资本性科学预算投资将达到创纪录的59亿英镑，分设两大基础设施基金。一个是总预算大约为30亿英镑的"世界一流实验室"建设基金，另一个则是总预算为29亿英镑的"大挑战"基金，用于能源、先进材料、医疗卫生等重大战略优先领域的国家级项目建设（建设新机构或新基础设施），为英国科学界提供卓越的研究中心。五是加强国际科技合作，积极构建全球研发伙伴关系。英国一方面继续加强同传统的美欧伙伴国的合作，另一方面也越来越重视新兴发展中国家日益崛起所带来的机会，充分利用其国际发展援助资金，通过设立牛顿基金、全球挑战研究基金和繁荣基金等渠道加强同这些国家的合作，共同应对地区和全球性挑战问题（如气候变化、粮食生产和传染病防治等）。

（二）英国创新人才的激励保障机制

人才是科学发展的第一资源。人才激励是做好人才工作最重要的环节，其目的是让人才获得内在的需要和动机，从而进行更主动的创造和创新。建立人才激励保障机制就是要激发各类人才的创造活力和创新热情，充分发挥人才的有效作用，做到人尽其才、才尽其用。

现代西方一些心理学家对人才激励进行了深入系统的研究，提出一系列人才激励机制。一是需要层次论。马斯洛把人存在的需求分为生理需求、安全需求、社会需求、尊重需求和自我实现需求五类，依次由低层次到较高层次。人的最迫切需求是激励人行动的主要原因和动力。二是双因素理论。赫兹伯格认为人在工作中的不满意因素，大都属于工作环境或者工作关系方面，起不到激励作用，称为"保健因素"。能够激励职工感到非常满意的因素，大都属于工作内容和工作本身，如成就感能够激发职工的热情和积极性，被称为"激励因素"。三是成就动机理论。麦克利兰把人的高层次需求归纳为对成就、权力和归属的需求。具有强烈成就需求的人追求克服困难的乐趣，以及成功之后的成就感。权力需求是控制别人以某种方式行为的需要。归属需求是建立良好的人际关系的需要，不喜欢孤单，渴望与他人交往和沟通。四是期望理论。弗鲁姆认为，人总渴求满足一定需要并设法达到一定的目标。这个目标在尚未实现时，表现为一种期望，对个人的动机又是一种激发力量。激发力量的大小，取决于目标价值（效价）和期望概率（期望值）的乘积，即：M（激励力量）$=E$（期望值）$\times V$（效价）。"期望理论"说明了努力、绩效的关系影响激励水平的高低。五是亚当斯公平理论。亚当斯认为，一个人对他所得到的报酬是否满意，不是只看绝对值，而是进行社会比较和历史比较，两种比较结果相等时，就公平。公平就能激励人，反之，就会使人感到不公平，产生不满情绪，影响工作积极性的发挥。

西方人才激励理论对英国完善创新人才激励机制，激发人才创新活力具有重要价值。为着力推进人才激励保障机制建设，英国对创新人才激励从五个方面入手：一、完善配套政策。建立科学的激励政策，以优惠的激励政策激励创新人才。对高层次人才实行便利的准入政策，对领军人才和创新团队实行特殊的优待政策，对各类紧缺人才实行重用政策，对高端和拔尖人才实行柔性吸纳和来去自由的政策。完善人才引进、鼓励创新、促进就业等方面的配套政策，重点加大对创业创新人才的投入力度、金融支持力度和知识产权的保护力度。着重在户籍引进、医疗保障、子女教育等方面为人才提供配套的优惠激励政策，努力解决人才的后顾之忧，让他们安心创业，尽情创新。二、出台激励办法。研究和出台以知识、技术、管理、技能等要素按贡献参与分配的激励办法。加强以职务激励、选拔激励、培训激励为主的物质激励方式，改进以薪酬激励、持股激励、奖金激励为主的金钱激励方式，完善以荣誉激励、情感激励、信任激励为主的精神激励方式；注重激励与约束相结合，实行优胜劣汰，倡行竞争上岗，践行能进能出、能上能下的人才制度，促进人才的合理有序流动；注重物质激励和精神激励相结合，营造平等竞争的工作环境，形成良好的工作风气，增强人才实现自身价值的自豪感，得到社会认可和尊重的成就感；注重长期激励和短期激励相结合，充分调动人才工作的主动性和创造性，使他们树立与事业荣辱与共的意识和决心。三、强化评价导向。逐步建立市场化的考核体系，强化以能力和业绩为导向的评价体系。只有建立合理的人才评价导向，才能保证激励的公平、公正和有效性。建立人才政绩考核体系及考核评价指标，避免出现平均主义。对于干多干少、干好干坏、干与不干等行为进行严格区分。完善企业经营管理人才经营业绩及综合能力指标，对于贡献大小、工作质量好坏及其所创造效益的多少等进行量化考核。深化专业技术人才职称制度改革，对于工作业绩、职业道德、专业水平、应用与创新能力等进行科学评价。突出以能力和业绩为主导，重在社会、群众认可，为各类人才的成长提供公平、合理的良好环境。四、健全激励制度。建立良好的人才激励制度，满足人才多样化的需求是各项事业蓬勃发展的不竭动力。建立健全规范、有效的人才奖励制度，对高层次、紧缺型专业人才发放津贴，对促进经济社会发展有突出贡献的人才进行一次性奖励，让人才获得与贡献相匹配的荣誉、地位和实惠。逐步建立以职责、职务与职级相结合的奖金激励制度，建立以岗位绩效工资为主体的事业单位薪酬激励制度，建立与国际化企业接轨的企业分配激励制度。为灵活就业者提供社保鼓励其自主创业，为高校毕业生提供扶助政策鼓励其积极投身基层。五、构建服务体系。建立一套能够体现人才真正价值的完善机制，为各类人才构建全方位、多层次、广角度的服务体系。不仅注重对高层次人才的激励，也注重对高校毕业生及中、低层次人才的激励，充分发挥人才队伍的整体效能；不仅注重对人才的直接激励措施，比如奖金、持股激励等，同时也注重对人才的间接激励措施，比如提供创业平台、良好的工作生活环境等；不仅关注人才的外在激励，同时还通过满足不同人才的内在需求去激励他们。努力激发人才的创业、创新热情，本着公平、科学的态度承认人才的应有价值，建立健全一切为了人才、为了人才的一切、为了一切的人才的激励服务体系。

英国创新人才激励突出表现为"三本激励"，即人本激励、资本激励和知本激励三种模式共同构成创新人才激励体系。

1. 人本激励是指建立在人的社会层面的一系列激励方式的选择，是"以人为本"的管理思想的具体体现，包括以下内容：

（1）创业激励。创业激励的主要表现是企业给有特殊才能的人才提供创业基地和创业基金，营造创业环境，企业与人才共担风险，共同创业和共同发展。

（2）情感激励。情感激励的突出表现是企业注重人情味和感情投入，给予人才家庭式的情感抚慰。对人才的情感激励在日本颇受重视。企业对创新人才的情感激励，必须建立在对人才的尊重和信任基础之上。只有建立在尊重基础上的情感激励才有效果，才能为人才所接受。企业与人才结成的不仅是利益共同体，还是情感共同体。人才生活与工作在这个充满温暖的大家庭中，其创业的激情就会充分发挥。

（3）制度激励。现代人才看重物质利益，但也十分看重人才发挥作用的制度体制。此外，英国还实行年功序列制，从制度上保证人才年龄越大，工龄越长，熟悉程序越高，工资也越高。如果人才经常跳槽，一切就会从零开始。有了以上的制度保证，企业的人才就不会轻易跳槽，这对稳定人才队伍，缓解劳资矛盾，加大人才投资，增强人才对企业的向心力等都会起到重要的作用。

（4）岗位激励。现代企业发展模式要求企业建立企业岗位激励机制，它是现代企业制度的一部分。包含两个方面的内涵：一是"以人为本"，优化岗位配置机制。企业应设置专门机构（如人力资源部），行使员工培训、引进和岗位协调权。二是按照岗位实绩建立年度业绩考核制度。只要考核制度安排得当，那么，该考核体系无论对业绩考核为"优"，还是仅为"合格"的员工都是一种良好的心理激励，能促人奋进，并对本职工作产生心理依赖，也就可以解决人才合理配置岗位和激发创新潜能等问题。

2. 资本激励是指建立在人的要素层面上的一系列激励方式的选择，是"人力资本"和"人才是最活跃的生产要素"思想在激励机制中的具体体现，包括的内容主要是：

（1）物质激励。英国早期管理者认为，一般人有一种不喜欢工作的本性，只要有可能，他就会逃避工作。基于这一观点，企业所采取的是严格的管理制度。20世纪初，一种新的理论风行起来。这种理论认为，企业家的目的是获得最大的利润，而工人的目的是获得最大限度的工资收入，因此，工人积极性背后有一经济动机，如果能给予工人一定量的工资激励，会引导工人努力工作，服从指挥，接受管理，结果是工人得到实惠即工资增加，而企业主增加了收入，方便了管理。这一观点所强调的是一种引导，同时，也不再将工人与管理者摆在完全对立的位置上。这也是当今中国使用最广的激励形式。

（2）价格激励。"人才价格"狭义上是指"与为企业创利所付出的成本相应的货币和物资收益"，其实施的关键是建立科学的分配体系。已经完成改制的企业，可先由董事会根据企业效益的高低及发展的后劲来确定企业工资、奖金支用总额或股权配给总量，再以能力、实绩、效益决定个人工资、奖金水平、股权或其他福利。只要这种分配制度对人才工作和创新起到激励效用就符合现代企业制度的安排。

3. 知本激励是指建立在人的资源层面上的一系列激励方式的选择，是以知识为本位，促进智力资源开发和增值的激励手段，包括以下几种主要形式：

（1）培训激励。培训激励的突出特点是企业通过对人才提供培训的机会和条件，提高人才素质，激发人才更高的创造力。

（2）职业激励。职业激励的基本做法是企业领导者指导人才进行个人职业生涯设计，然后企业提供一定条件，如对人才的技术攻关项目等给予资助，与人才共同努力以促进其职业生涯发展计划的实现。如朗讯科技公司为人才制定"职业阶梯"，详细规划出"一个大学生从进公司成为一名普通员工起，一级一级向上晋升发展的所有可供选择的职位对能力的要求和岗位职责、任务目标"，使人才感到个人职业发展前景明朗，从而不至于轻易跳槽。国内的长虹集团、海尔集团等培养了一大批在国内有名的经理级人才。其成功的方法并不主要是高薪和待遇，而是职业激励的成功。

综上所述，英国创新人才激励保障机制主要确立人才优先、人才激励的战略理念，努力做到尊重人才、吸引人才、善待人才、留住人才，以更优惠的政策、更灵活的办法、更明确的导向、更完善的制度、更健全的体系吸引、培养和使用人才，为创新人才提供强有力的智力支持和人才保证。

（三）英国创新人才引进与国际合作

近些年，英国人才引进和培养政策所经历的重大转变对其人才结构的发展前景产生了重要影响，经费削减、移民政策改革以及越来越昂贵的学费都使英国是否可继续称之为学习、工作之宝地变得越来越有争议。尽管如此，英国仍然是许多国际留学生和学术人员青睐并竞相前往的目的地。当然，这些国际人才也成为英国科研创新人才体系的重要组成部分。在每年到英国学习、工作和生活的各类人群中，接受高等教育的学生和学术人员最具科研实力和创新潜力，也是政府最希望培养和挽留的人才。下面将从这两类人员的角度来介绍英国国际科技人才的流动现状。

接受高等教育的学生方面。长期以来，英国一直是继美国之后的第二大国际留学目的国。2009~2010 年度，英国留学生总量达 405 810 人，占在英国学习的所有学生的 63%，其中：攻读第一学士学位的留学生数量最多，为 169 480 人，占在英国学习的全体本科生的 12%；攻读学习型硕士学位的留学生以 151 230 人占全体学习型硕士的 44%；而攻读研究型硕士的留学生以 41 225 人占 42%。在向英国输送留学生方面，世界三大欧盟来源国是爱尔兰、德国和法国；三大非欧盟来源国是中国、印度和尼日利亚。近两年，中国留学生所占比例在三个等级中都有显著提高，其中，学习型硕士超过印度，本科生超过马来西亚，双双跃居非欧盟国家（地区）第一位，研究型硕士仅次于美国。

学术人员方面。学术人员是推动英国科学成果创造和科研体系发展的中坚力量。2008~2009 年度，在英国从事学术研究的非英国国籍科研人员数量达到 41 200 人，占英国全体科研人员总数 23%，其中"研究员"职称的非英国学术人员所占比例最大，几乎每五个研究员中就有 2 个非英国人员。国际学术人员之所以在英国占有如此大的比例，是由于英国缺少本土人力资源，在高端人才聘用方面采用任人唯贤、不拘国籍的政策。

20世纪中晚期，英国科技实力的突飞猛进与其经济地位的迅速滑落形成鲜明对比。问题的关键在于英国缺乏技术创新能力，未能把科学研究与经济发展相结合，致使本国的研究和发明成果总是在国外迅速被应用并创造价值，而技术创新能力缺乏的主要原因是本国创新环境以及创新人才的不足。认识到这点后，英国政府迅速改变发展战略，将创新作为国家发展的基本战略，并利用国家战略引领人才措施，立足吸引和培养国际优秀创新人才，建立了系统而完善的人才支持计划和签证政策，使得国家的经济地位得以回升。

2007年，英国发布《RCUK研究职业生涯与多样化战略》(Research Careers and Diversity Strategy，RCDS)，提出：要建立跨国界、跨学科的研究资助机制，确保吸引最有潜力的研究者；建立具有世界先进水平的研究培训体系，帮助大学改善研究培训质量；提供更好的职业生涯发展机遇留住最优秀的研究人员；加强科研人员和管理人员的多样性。2009年12月，英国商业、创新与技能部发布了"关于欧洲研究区研究人员流动及生涯的国家行动计划"报告，强调体现了英国要吸引全欧洲最好的研究人才，成为对研究人员最有吸引力的场所的思想，并提出了英国要继续保持其作为高质量研究重要目的地地位所需开展的后续行动，包括制定和强化"英国研究人员公约"，增强研究生涯的吸引力和可持续性，提高研究成果数量、质量及其对英国社会与经济效益的影响，以及确立了资助流动研究人员目标的玛丽·居里计划和欧洲研究理事会支持欧洲大陆最好的研究人员在本国以外开展研究的计划。2010年，英国修改其移民法《高技术移民计划（Tier1）》，调整了专门针对科研人员的移民法规，通过强化基础设施投资和国际合作项目建立良好的科研环境，进一步提高英国科研机构对外国科学家的吸引力。

为吸引世界优秀创新人才，英国政府先后设立了一系列人才奖励/资助计划。这些计划针对不同对象，从吸引国外优秀学生来英国接受高等教育到吸引国外中青年杰出人才来英国从事学术研究，涵盖了支持创新人才的全过程。以下介绍几个重要的人才奖励/资助计划。

1. 海外研究学生基金计划（The Overseas Research Students Awards Schemes）

该计划为国际研究生提供与英国一流学术机构开展合作研究的机会，旨在吸引高质量的国际留学生来英国从事研究工作。ORSAS 计划面向被允许参与或已经参与全职研究计划的海外研究学生（非欧盟），为其支付本国研究生和海外研究生之间的学费差价。候选者的选拔工作由大学研究生事务小组委员会下的工作小组负责。学术质量和研究潜力是筛选的唯一标准。每年大约 40 人获此奖项，申请成功率为 7%。

2. 牛顿国际人才计划（The Newton International Fellowships Scheme）

该计划设立于 2008 年，由英国科学院和皇家学会共同管理，主要面向处于职业生涯早期并希望在英国从事研究的非英国科学家，为全世界最优秀的准博士后研究人员提供在英工作两年的机会。申请者在两年任期之后可能有资格获得连续 10 年，每年 6 000 英镑的资助金来支持其与英国研究员的社交活动。截至 2010~2011 财年，获得该项奖学金的科学家已达 150 人，最高奖金达每人 10 万英镑。2011~2012 财年，该奖项的投资预算为 1 408 万英镑。

3. 沃尔夫森研究价值奖（The Royal Society Wolfson Research Merit Award）

该奖项由商务、创新和技能部联合出资，并由皇家学会进行管理，计划给予大学额外的支持，使它们能够吸引、聘用具有突出成就和潜力的著名科学家来到英国从事研究工作。资助领域涉及除临床医学外生命和物理科学的各个领域。本奖项提供连续 5 年、每年 1 万到 3 万英镑的资金支持，此后获奖者必须在所属大学永久任职。2000 年起，沃尔夫森基金会共拨款千万英镑，截至 2010 年，超过 200 名研究者获得此项资助。2011 年，政府加大了此奖项的授予力度，有超过 50 人获奖。

4. 伊丽莎白女王工程奖（The Queen Elizabeth Prize for Engineering）

该奖项创办于 2011 年 11 月 17 日，旨在体现工程学的独特性、多样性、创造性以及影响力，并颁扬本领域内那些为人类带来巨大福祉的显著进步，寻找获奖者的过程不仅为广大民众（尤其是年轻人）提供了分享和学习本领域经典事例的机会，而且也为这些事例注入了新的活力和理解。该奖项得到政府和反对党领袖大力支持，同时获得英国多家顶尖工程公司的慷慨资助。该奖项的获奖者不限国籍，每两年授予一次。第一批获奖者将于 2013 年春季公布，届时，100 万英镑的奖金将以女王陛下的名义颁发给获奖的个人或不超过三人的团队。

（四）中英创新人才联合培养

中国作为最大的发展中国家，英国对与中国的国际人才合作也是相当重视。英国与中国的创新型人才合作主要包括两个方面：联合培养、科技创新合作。英国与中国的联合培养主要集中在英国大学与中国大学的联合培养。其中较为著名的是"中英 2+2"项目。中英科技创新合作走过了 40 年的历程。40 年前两国就签订了政府双边科技合作协定。近几年来，中英研究与创新合作伙伴基金已投入了 2 亿多英镑支持研究和创新，共支持了 240 个中英机构在 40 多个资助计划下开展了 460 多个合作项目。这些项目不仅促进两国经济科技的发展，也让两国科技界建立了广泛联系。去年底中英两国政府联合颁布了中英科技创新合作战略，这在两国都是首次与其他国家联合制定双边科技创新合作战略，极大地带动了中英两国科研与创新合作。

四、人才培育教育体制与机制

（一）教育体系中市场导向的创新创业型人才培养

英国高校是创新人才培养的主阵地，从 20 世纪后期，英国政府就开始鼓励高校担负起经济增长的责任。英国研究型大学历来与产业界、企业部门保持着密切联系，注重与其联合培养人才，并通过转让专利、创办科学园、成立教学公司、制订研究生综合培训计划、开展技术咨询、聘请联合教授、开设合作课程等形式建立起产学研协同培养的一体化教育模式。

现在英国高校形成了以就业为导向的适应市场的自主学习型、能力型、职业化、开放式的创新型人才培养模式。该模式的教育目标、课程设置、教学方法和手段、教师角色、学生考核与评价等方式都是独树一帜的，为培养创新型人才提供了可能。值得一提的是，创新创业教育已经普及到各级各类教育机构中。英国高等教育质量保障署相关文件指出，高等教育领域的创新创业教育要重点关注三个方面：一是学习关于创新创业的内容（Learn About）；二是为创新创业做准备的学习（Learn For）；三是在做中学（Learn Through）。同时从构建学生创新创业思维、创新创业意识、创新创业技能、创新创业有效性这四个维度提出人才培养体系，并指出英国大学阶段创新创业教育课程构建的行动标准。英国高等教育质量保障署于 2018 年 1 月发布的"企业与创新创业教育学习通道"（见图 3–18），整合校内外资源，在大课程观的理念下，构建内外融合的课程体系，将理论与实践相结合，让学生在体验中学习，激发创新潜力，培养国家需要的新时期人才。无论是像剑桥大学的国际顶尖学府，还是地方性的彼得伯勒职业学院，都结合各自的特点开展了多样化的创新创业教育，面向全校各层次学生提供了大量学分和非学分创新创业课程。例如，考文垂大学面向全校学生开设了 12 门有关创新创业的课程，并设立了一个创业本科专业和一个称为"全球创业"的硕士专业。剑桥大学开设的学分和非学分课程多达 13 门，并涵盖了本科、硕士和博士层次。提赛德大学所开发的创新创业课程和培训涉及本科、硕士以及毕业后的继续教育阶段。

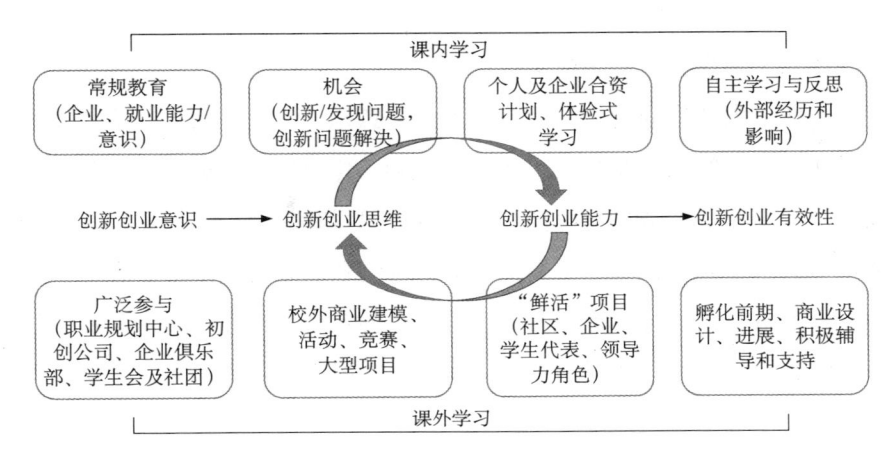

图 3–18 英国"企业与创业教育学习通道"

（二）多阶段的创业型人才培养模式

根据英国高等教育质量保证机构（QAA）颁发的"英国高等创业教育指南"，英国的创业教育主要包括两个方面：创业素质教育（Enterprise Education）和创业实践教育（Entrepreneurship Education）。前者致力培养和开发学生的创业意识、心态和技能，以便他们在识别需求的基础上产生创意并能采取付诸实践的行动。其中包括培养学生具有企业家所应具备的人格特征、创业行为等创业所需要的基本素质。在此基础上，后者侧重如何应对创业实践中遇到的情况以及解决问题的能力。绝大多数英国的大学都在实践中贯彻了这一思想，努力将创业素质教育与创业实践教育相结合，普遍开发出多阶段创业型人才培养模式。如提赛德大学的创业行为开发、创业能力提升、"作茧"、创业孵化四阶段培养模式；考文垂大学的创业教育、创业孵化、科技园创业实践三阶段培养模式等。

（三）创新创业教育与专业教育相融合

英国各大学普遍致力于将创新创业教育融入到专业教育中，帮助学生将所学专业知识与掌握的科研成果应用于实践，通过创业活动实现知识的商业化。如巴斯泉大学将创新创业教育融入到创意艺术专业教育中，为学生在表演、影视、设计领域创业提供了坚实的基础。伦敦大学学院将创新创业教育与该校工程专业特别是与通信技术、计算机科学和生物技术等专业人才培养相结合，催生了大量科技型初创企业。英国创业教育协会目前正在英国大学中推广一个由微软公司支持开发的信息技术创业教育计划，是基于计算机科学、现代通信技术和互联网技术创新，同时着眼现实和未来市场创新，并将两者密切融合的创业教育计划。

（四）创新创业与区域经济转型发展相结合

英国的创新创业教育特别强调有效性，这不仅表现在创新创业课程与相应延展活动上，有些大学还将它们的创新创业活动与地方产业创新挂钩，直接参与地方经济转型发展。近年来，科技和新媒体初创企业群在东伦敦市一片老街区逐渐聚集并迅速发展起来，形成了一个被称为伦敦"科技城"（TechCity）的新兴高技术产业区。伦敦大学学院（University College London，UCL）在这一进程中发挥了重要的"催化"作用。该校开发了"UCL 先进""大学生风险事业计划""科技创业硕士"等一系列创新创业教育计划，同时整合自身的专业教育和科技资源，深度参与到伦敦"科技城"的发展进程中。提赛德大学是另一个典型的例子。该大学所在地提赛德市原是一个随早期英国工业革命而发展起来的重工业城市，在国际竞争的压力下，原有产业无法继续维持，城市产业结构不得不进行战略转型。提赛德大学积极配合该转型战略，大力加强本校影视、视频游戏和新媒体等与数字产业密切相关的专业建设力度，使创新创业教育与上述专业教育和科学研究密切结合，积极孵化与现代数字产业相关的企业家。每年有40～50家初创企业从该大学的孵化器毕业，进入当地影视、视频游戏和新媒体产业聚集地"提赛德数字产业谷"。

（五）政府支持与社会参与

英国创新创业成果的取得与其良好的创新创业教育环境密不可分。英国政府意识到英国经济的发展与增长在很大程度上取决于国家对创新与创业的认识及其实力，因此一直强调创新创业教育的重要性，通过各类政策及联合多种组织机构的力量共同推动，形成创新创业文化，同时提升创新创业技能与知识。

自 2012 年，英国高等教育质量保障署（the Quality Assurance Agency for Higher Education，QAA）第一次发布创新创业教育指导文件以来，国家指导就开始成为创新创业教育及评估的关键政策驱动；

2014 年，英国政治家和企业家共同为创新创业教育在中小学和大学的实施进一步提出了建设性的指导意见；

2016 年，英国科技委员会（the Council for Science and Technology，CST）为政府、大学和其他教育机构提出如下六项具体行动。第一，大学考虑如何将创新创业教育纳入其核心课程，特别是目前参与率最低的 STEM 科目的本科课程。第二，国家科学院应领导创新创业工作，并为大学提供有关创新创业教育的协调与指导，将教育与实践相结合。第三，建议创新英国（Innovate UK）和卡特帕尔兹（Catapults）两个机构及其商业网络机构与地方企业形成更紧密联系，为学生提供实习和创业机会，同时让企业家与大学教师一起参与创业教学，也为大学研究人员提供具有商业前景的创意机会。第四，高等教育统计局（Higher Education Statistics Agency，HESA）的统计数据应将创业和就业情况分类统计，以获得更准确的数据，更好地了解接受创新创业教育的学生毕业后的信息。第五，大学、高等教育统计局、政府应通力合作，评估创新创业教育的影响，以更好地各司其职。第六，评估高等教育教学的过程应包括一个明确评价创新创业教育价值的指标。

2017 年，英国政府颁布了"工业战略建设"指南，强调政府的目标是支持下一代企业家并加强其规模化，强调创新创业对成功实施工业战略的重要性。英国商业能源和工业战略部创建了"首席企业家顾问"这一全新的职位，以加大对企业家的支持，引进国际最佳做法，并确保各商学院能够让更多学生受益。同样，苏格兰在 2017 年成立了企业和技能战略委员会，旨在确保苏格兰的公共机构为苏格兰的青年、大学、学院、培训机构和企业提供足够的技术支持。

2018 年，英国高等教育质量保障署（QAA）在 2018 年 1 月发布了创新创业教育标准文件，强调创新创业教育对学生创造力的积极影响。

2019 年，英国创新创业教育作为一门独立学科纳入高等教育学科分类编码系统，这一系统将于 2019 年秋季开始实施。

整体来看，创新创业教育在英国的大学中已经充分普及。其教育体系日益完善，且体系设计凸显精益化的特点。它既为大学生的学习生涯注入了丰富的创新创业体验，也为他们除就业之外的又一个选择奠定了坚实的基础。从英国大学的创新创业教育实践中可知，首先，整合资源为当代大学生提供系统化的创新创业教育应当成为中国高校人才培养方案中不可或缺的重要组成部分。其次，创新创业教育需要跨学科合作，需要将其融入到专业教育中。再次，高校创业教育不应仅着眼于创办企业的知识传授，更要注重培养学生的企业家素质和综合能力，为此，应增加中国高校在校生的创新创业实践机会。最后，将创新创业教育与我国产业创新发展相结合，促进区域经济结构调整与创新发展应成为我国高校创新创业教育未来努力的一个方向。

（六）产业界和学术界的创新人才流动机制

英国非常注重产业界与学术界之间研究人员的流动，鼓励大学和科研机构的研究人员走向企业，同时在经济危机之际，为企业中的一流科学家提供一切可能在学术界保证工作的机会。2008 年 11 月，英国研究理事会建立总价值为 500 万英镑的"技能差距资助金"（Skills Gap Awards）计划，鼓励在产业界和商业界有优秀记录的科研人才转任大学和科研机构的研究及技术转移领域高级岗位，以降低金融危机对高级研究人才流失可能的冲击，并持续推动产学人才的双向流动。

英国自然环境研究理事会、生物技术与生物科学研究理事会、医学研究理事会和科学与技术设施理事会联合开展了面向研究生的，由科研机构或大学与产业界联合提供的产业科学与工程合作奖学金（Industrial CASE Awards，CASE 奖学金），以及面向研究人员的产业助研金计划。这些奖学金要求研究生或者研究人员在受资助期间要有一定时间在企业实习或工作，其目的是实现学术界产业界等最终用户之间的合作，加快技术的转移转化。例如，科学与技术设施理事会的 CASE 奖学金资助期限为 3.5 年，并要求博士生在 3.5 年内要在非学术合作机构累计工作时间不少于 9 个月，每年为伦敦的博士生提供 14 726～16 726 英镑的费用。除此之外，研究理事会还设立"网络与流动助研金"和"创新伙伴计划"，其目的都是加强企业与大学或科研机构之间合作和交流。

（七）政府推进和完善创新人才培养模式

英国着眼于充分发挥政府的引导和保障作用，推进以联合为核心的政策理念，制订和实施专项合作计划，注重大学生综合能力的培养和创新能力的提高，加强管理、技术、信息之间的交流与共享。2011 年，英国商业、创新与技能部发布的《促进增长的创新与研究战略》中提出："政府要发挥应尽作用，与商业、学术界和社会合作，为培养世界最佳发明家和世界最优秀的发明提供最佳环境。"英国政府的政策支撑表现在一系列有利于英国产学研协同发展的方针政策上。比如自 2012 年起，英国政府为了增长企业发展信心，开始采取长期的、政府一盘棋的办法，制定了一系列保障和支撑产学研发展的政策和措施，发布了多个重点产业发展的战略规划，从而推动了产学研合作，提高了经济发展绩效。

1. 知识转移合作伙伴计划（Knowledge Transfer Partnerships Scheme，KTP）

知识转移合作伙伴计划是由地方管理委员会负责，由第三方组织评估，以科研项目为载体，以高校研究生培养为核心任务，以提高企业竞争力与创新能力为要求而建立的产学研协同创新平台。从参与主体来看，KTP 计划的主体包括各级政府、科研所、企业和第三方组织等。每个主体都承担着相应的责任与义务，共同促进 KTP 项目的发展与完善；从投资领域看，KTP 计划涉及农业、制造业、金融业、高新技术产业、医疗保障等各个行业，投资领域广泛；从投资对象的多元化看，KTP 计划不仅投资大中小企业，还对慈善机构、非营利组织和公共部门组织进行资金扶持。

2. 推行产学研结合的教学公司模式（Teaching Company Scheme）

1975 年，英国政府推出了教学公司计划，即实施工读交替的人才培养模式。校企双方共同承担专业教学任务，通过工学交替、理论与实践交替，围绕学徒方式，协调教师与学生之间、学生与学生之间的关系。教学公司的实质就是一种产学研协同合作的教育模式。教学公司通过采取一种创新型的非公司治理结构和半行政半市场化的运作机制有效促使了产学研多主体从内耗走向内聚。该模式将人才培养与产学研相融合，不仅有利于培养创新创业型人才，也有利于解决毕业生的就业问题。

3. 剑桥模式（Cambridge Model）

剑桥模式由西格尔·昆斯·威克斯泰德公司（Segal Quince and Wicksteed）在 1986 年的一篇研究报告中首次提出，主要描述了剑桥科技园在 1970 年成立之后，仅几年时间，便在剑桥市及其周边地区集聚了数百家高科技企业，此后又催生出大量活跃在科技前沿的企业，使得剑桥科技园成为欧洲最成功的高科技园区，与美国的硅谷一道享誉世界。目前，以剑桥大学为中心，以政府为支撑，其周围已成立 1 000 多家创新型公司，该地区的出口额高达 280 亿英镑，GDP 占全国比重的 15.8%，为英国创造了 550 亿英镑税收。这样一个经济效益日益增长的高科技园区已成为英格兰东部地区的重要发展中心。

4. 设立高等教育创新基金（Higher Education Innovation Fund，HEIF）

英国政府在 21 世纪初设立了"高等教育创新基金"，该基金的主要内容是：通过将资金用于支持非研究型高校，将其现有知识通过合同研究、合作研究、咨询服务转让给企业单位，加强校企之间的合作，从而有效提升科技创新的合作效率。当 HEIF 发挥作用时，便可从不同维度在产学研各个主体间形成密集网络驱动力，从而推动协同创新的产学研合作机制，强化产学研相互协同的成果转化系统和创新理念。

5. 城市学院（Urban Institute）

在 20 世纪后期，政府支持下的城市学院逐渐兴盛。"城市学院"顾名思义是将城市的发展需求融入到学校教育制度当中，其各个高校与企业相互联系，有着密切合作的关系。在该模式下，有利于各学院将研发和教育培养方向的长期计划与国家战略发展有机结合，同时通过人力资本流通加强教育与企业、生产机构之间的联系，落实"教育服务于工业生产"这一教育理念。

英国政府为了最大限度地开启英国国民的创造力所采取的措施包括：（1）提升整个国家的技能水平，增加创新的机会；（2）在专业化的钢铁领域开发新的税收政策以及通过增加创新投资来支持这些企业以提升其创新潜力，通过少量的定向性开拓工程来推动钢铁行业中工人的创造性并且通过合作与知识转换来推动企业创新；（3）如果资源允许，创新、大学与技能部将会在每个主要经济区域部门建立至少一个国家技术学院来积极鼓励和吸纳来自创新工业、空间与环境方面的投资，同时政府也正致力开发创新设计；（4）为了有助于企业创新，政府也将出台"更高层次技能策略"为英国整体技能水平的提高提供一个整体的框架和平台；（5）政府将继续为获得计划（Gain Programme）与学徒计划增加培训；（6）部门技能改革委员会正在为填补阻碍创新的技术差距而努力；（7）英国政府还在为继续扩大与发展高等教育而开发一个框架，而且也已经让英格兰高等教育基金委员会（Higher

Education Funding Council for England，HEFCE）去研究怎样使 20 个新的高等教育中心能够开启人民的潜能和推动创新；（8）创新、大学与技能部也在与英国商业、企业和改革部、研究生企业家委员会一起合作去开发和建立在地区基础之上的大学与企业合作网络，与儿童、学校和家庭部（Department for Children，School and Families，DCSF）合作来促进 STEM（Science，Technology，Engineering，Mathematics）学科在学校、学院和大学中获得更多的占有率。创新、大学与技能部也将领导一个在劳动力市场对 STEM 学科技能需求上的跨政府项目。

2009 年，转型中的英国科学技术设施理事会（Science and Technology Facilities Council，STFC）发表了 2010~2020 年机构战略规划，再次明确未来 10 年理事会的核心任务之一是为英国经济振兴培养和输送人才，并将自身队伍建设作为实现战略规划的最重要保障措施。

（八）实践案例分析——科学技术设施理事会

2009 年 7 月，STFC 发布"企业战略 2010~2020"（Corporate Strategy 2010~2020），明确 STFC 将在未来 10 年时间里通过支持大学的科研活动，为科学家提供实验设施服务，建设科学创新园区并开展合作研发与创新等途径重振英国经济和提升国际竞争力。STFC 将其发展目标定位为"一流研究、一流创新、一流人才"。

STFC 战略将实现战略目标的保障措施概括为三个方面：队伍建设、经费运营和高效管理。其中，自身队伍建设被列为前提条件和首要措施，即在实现战略目标的过程中要通过吸引、培养和使用人才，充分挖掘和有效发挥人才在实现机构战略目标中的积极作用和贡献。

1. 建设英国工程与应用人才的国家培训基地

人才培养是 STFC 服务英国社会的重要途径之一，主要手段包括面向大学提供研究资助、向国际科技设施缴纳会费，从而为英国科研人员使用世界一流的科技设施提供便利。此外，更重要的是，STFC 利用自身科研和教学资源开展培训，资助针对研究人员和技工的培训项目。目前，STFC 每年资助的粒子物理、天文、空间科学和核物理专业的博士生，新增人数超过 200 名，进入流动队列的人数保持在 900 人。在这里完成博士学位学习的人员有 50% 进入了研究人员队伍。同时，STFC 还提供 800 个博士后职位及 60 个进修奖学金职位，支持研究人员的进一步发展。除了直接提供资金资助，STFC 还利用其实验室及设施优势，为其他研究理事会资助的学生及博士生提供培训机会。每年有 700 名学生在其培训中心进行学习培训，同时，进行 9 000 人的博士生培训。

围绕建设英国国家科学创新园区（National Science and Innovation Campus），STFC 将以园区为基地，为国家经济发展及园区企业培养和输送创新人才。根据 STFC 2011～2015 年实施规划，STFC 将寻找外部资金合作共同建设"技术与创新技能培训中心"。该中心旨在完善和创新现有进修、学徒计划机制，提供具有国际水平并经权威专业机构认证的培训课程，为高技术产业技术人员特别是青年技术人才提供职业发展的途径。同时，STFC 还将与地方机构合作，为地方企业进行人员技能培训；STFC 的达斯伯里校区将与西北英格兰地区的教育机构合作，建立战略伙伴关系，为当地教育提供专业与设施方面的支持。

目前，STFC 最具影响力的培训计划包括：工程高级学徒培训计划（Engineering Advanced Apprenticeship Training Schemes）、毕业生招聘计划（Graduate Recruitment Scheme）、工读交替实习计划（Sandwich Student Placement Scheme）、假期学生计划（Vacation Student Scheme）及产业实习计划（Year in Industry）。

2. 自身队伍建设

STFC 2010～2020 年战略将自身队伍建设的目标定位为四个方面：充分发挥人员潜力和积极性，为其技术技能发展提供机会与空间，从而确保机构战略目标的实现；为各层次人才，提供领导和管理能力提升的机会；将科研人员的个人职业目标与 STFC 战略相结合；吸引和保持高水平的人才队伍，制订紧密结合的人员接任及管理规划，保持研发队伍的稳定性。

针对以上目标的制度设计与实践，体现出 STFC 对制度化与专业化管理的重视，同时也兼顾了人性化与灵活性。两者的平衡是最大限度地激发全体科研人员的潜力，更好地服务于机构战略的实施。

（1）吸引人才。STFC 资助的科学领域十分广泛，包括：天文学、粒子物理学、粒子天体物理学、核物理学、空间科学、同步辐射、中子源、高能激光等。作为欧洲最大的多学科科研机构之一，STFC 及其前身所拥有的近百年学术研究历史、世界领先的科技设施资源以及目前承担的世界一流的科研项目，吸引着全世界的优秀科技人才。STFC 开展的各类培训计划，在为国家经济发展输送人才的同时，也在吸引、储备和培养未来进入 STFC 工作的人才。其人才评价与培养机制更为科研人员所看重。

（2）人才培养。STFC 每年针对能力建设进行内部问卷调查和外部审查。内部调查，主要是了解科研人员对 STFC 工作的满意度和他们参与机构领导与管理事务及参与战略发展决策的情况；外部审查，主要是考察科研人员对工作的态度和投入程度，并找出需要改进的方面。STFC 的人力资源管理工作由英国研究理事会共享服务中心（RCUK Shared Service Centre）负责。每位技术人员都有一位职业发展经理负责协助其进行职业规划和制订继续教育计划。如前所述，毕业生招聘计划对新进入机构的优秀毕业生提供 2 年专门的在职培训，成为新人培养的重要途径。此外，STFC 通过多种形式为其科研人员提供科研、技术、专长及管理能力等方面的学习进修机会，包括：组织员工参加在岗培训课程学习和进修；为员工提供出席相关国内及国际会议的经费；鼓励和资助员工参与专业资格学习和考试，取得专业资格；推行"导师指导计划"。STFC 的"导师指导计划"（Mentoring Scheme）2004 年启动，面向全体员工，但重点是对实习生、正在参加进修学习的员工及女性员工等提供事业发展的建议和扶持。理事会从资深雇员中选出导师，与被指导对象结成对子。目前，已有 220 名员工参与了该计划。该项目虽投入时间较多，但由于参与项目的导师和被指导者均反映很好，STFC 高层表示将继续推行这一计划。

3. 评价机制

STFC 对自身科研人员的培养与其评价机制实现了有机的结合。除人力资源管理中常规的评价与考核方法外，STFC 对于员工的工作考评最具特点的三项制度是：项目审查委员会（主要评价员工对所承担项目的执行情况）、CRISTAL（管理者评价与自我评价及提高相结合的机制）及实施计划分解（考查个体对机构目标实现的贡献度）。

STFC 的人才战略体现了制度化、专业化管理与人性化管理之间的平衡。实践中，STFC 也确实为英国经济与产业发展培养和输送了大量人才。2012 年，英国新产业战略出台，作为战略实施的重要保障，人才储备的重要性再次凸显出来。以 STFC 为代表的研究机构也在制订相应的人才培养计划，以便更加紧密地与产业界合作，为产业战略的实施提供保障。

（1）以项目执行为核心的评价机制——项目审查委员。STFC 机构战略指出，技术计划及其各子项目的有效管理是 STFC 宗旨任务有效实施的核心，STFC 的管理手册则详细规定了 STFC 项目审查委员会（STFC Project Review Committee，STFC PRC）对项目执行的审查内容及程序。对项目执行情况的审查与评价，直接关系到承担项目的科研及管理人员的工作业绩，因而对员工中工程技术类人员的年度评价是与其参与项目的执行情况紧密相关的。项目审查委员会是 STFC 项目管理与风险管理体系的重要组成部分。所有重要的研发项目，每个月要定期向该委员会提交项目进度报告。委员会在此基础上进行项目进度登记，并定期向 STFC 的业务委员会（Operations Board）提交报告。对于项目执行过程中产生的新的合作及资金资助机会，项目审查委员会也将制作详细的记录。以上报告内容都将是员工年度考评的重要指标和依据。以卢瑟福实验室空间科技部为例，每年对所有员工项目执行情况的考评包括：项目进度是否符合计划，预算执行情况，交付产品或研发成果的使用情况与客户反馈，是否在项目执行中积极与潜在客户进行接触并争取新项目或资金支持等。

（2）管理者评价与自我评价相结合——CRISTAL。CRISTAL 是由七个英文词的首字母组成的，即沟通力（Communication）、责任感（Responsibility）、诚信（Integrity）、解决问题的能力（Solution Focus）、团队精神（Teamwork）、意识（Awareness）及领导力（Leadership）。这是 STFC 广泛征求员工意见而总结出的个人能力评价最重要的七个方面。这七个方面又分别对应具体的行为与业绩指标。CRISTAL 既适用于管理者及同事对员工进行评价，也适用于个人评价指标。CRISTAL 是一个人才培养和评价相结合的机制，个人通过与这些能力指标的对照，确定进修及职业发展规划；STFC 则通过这些指标加强队伍建设，挖掘每个员工的潜力，最终服务于机构战略的实施。CRISTAL 与员工考评相结合，定期就每位员工在各项能力方面的进展进行考核。针对七项能力，CRISTAL 计划会定期通过培训课程、研修班、公开学习资源和个人职业规划等方式为员工提供服务。

（3）个人业绩与机构目标——实施计划分解。STFC 的实施规划分解（Delivery Plan Scorecard 2011~2015）是将五年实施规划再逐层分解为年度运营计划（Annual Operating Plan），年度部门计划（Annual Directorate Plans）、团队计划（Team/Group Plans）和个人年度工作计划（Annual Personal Job Plans）。其中，最具体和详细的就是个人年度工作计划。这也是员工考评的程序之一，显示个人工作对于机构各级目标的贡献度。STFC 相关委员会及商业、创新与技能部（BIS）通过定期地实施规划分解报告了解和评价工作进展。STFC 的年度报告中也将比照实施报告分解评价年度工作完成情况。

五、创新人才培育特色与优势

"治国经邦，人才为急"，在知识经济时代，人才资源是第一资源，是决定一个国家综合国力和国际竞争力的关键因素。英国的人才培养为保持并加强整个国家的创新能力发挥了不可替代的作用，因此英国在开展激烈的人才争夺战的同时，也非常注重出台政策措施加强本国科技人才的培养和发展，并着重从青年开始，培养高端的、具有国际视野的科技领军人才，同时在人才流动、人才激励、政府政策方面积累了丰富的经验。

首先，英国关于人才的界定向来十分灵活，没有固定的条条框框，英国政府通过《创新国家白皮书》对"创新人才"予以了全新的阐释，其范围被大大拓宽，不再局限于传统意义的高端科技人才，而是广泛地涵盖多种知识、多种技能和多个领域的各类人才，也包括研发人才、管理人才、企业家和营销人才，而且不过多地限制人才流动。这样反而有利于吸引人才。同时，对于优秀人才，特别是"极端优秀"的人才，英国还制定了各种优惠政策。因此，对中国来说，也应该改变传统观念，放宽对人才自由流动的限制，特别是在不同地区之间、不同行业之间的流动，同时采取更加灵活的措施和优惠政策吸引并留住外来人才。

其次，从英国的经验可以看出，要重视政府在人才培养和吸引中的指导作用，尤其是在制定具有长期性和全局性的人才发展战略方面，因为只有政府才能做到这一点。在这方面，英国政府的作用十分明显。英国政府制定了专门的人才发展战略，这对于全面规划和统筹全国的人才培养具有关键作用，也是其他任何主体都不可替代的。除此之外，英国政府对于创新产业的资金支持也发挥了不可忽视的作用，特别是在基础研究领域。由于企业不愿意在一些成本高昂、风险较高且回报周期较长的领域投资于人力资源发展，因此特别需要政府在这些方面予以投资和支持。

再次，作为一个老牌的资本主义国家，同时又是工业革命的发源地，英国始终重视教育在人才培养过程中发挥的作用。英国在人才培养方面具有的系统性、科学性、完整性等特点，既注重传统，也注重创新。而且，英国注重通过各个层级的教育培养人才，不仅注重高等教育，而且注重从基础教育到继续教育在内的全面教育体系，同时还加强教育机构与企业、社会之间的横向联系，注重实践能力的培养，后者尤其是我们需要借鉴的地方。所以在创新人才培养过程中，要尊重人的科学发展规律，挖掘儿童和青少年的创新潜能。人才培养规划要注意衔接性、系统性和差异性，还要为创新人才的成长创造国际化环境。同时要重视实践教学，对接真实问题，因为只有加强学校教育与企业和社会的联系，才能改变目前这种教育与实践脱节、学生毕业后无法迅速将所学用于实际工作的情况。

最后，英国在吸引和培养优秀科技创新人才方面也具有很大优势。（1）人才来去自由，不通过政策约束外流趋势。英国在人才战略方面采取放任自由的宽松政策。根据英国《国家研究机构经济评述》期刊统计，由于英美高等教育体系以及人才市场的总体差异，学术人员在英国所赚取的工资普遍少于美国，因此，每年都有不少英国高科技人才受优厚薪资和福利的吸引而流向美国。对此英国并不刻意限制，而是实行"来去自由"的政策。虽然英国大学很难与财力雄厚的美国大学打"价格战"，但学校在适当提高教师待遇的同时，将重点放在了创造良好的研究氛围和高标准的学术质量上。长久以来，其严谨的学风和公平公正的科研考核体系在世界上享有声誉，英国的文凭获得国际的认可和尊重。2011年10月28日出版的《科学》杂志报道，截至 2010 年，全球论文多产的 6 个国家（英国、美国、德国、法国、日本、中国）中，英国的论文影响力（平均被引数）排名第一。（2）关注高技能人才及其质量，不断升级移民政策。英国在科技人才引进方面主要青睐于那些符合国家同期战略主题、国内人才市场紧缺以及具有特殊才能和较强科研能力的人才。进入 21 世纪，英国政府对于高技能人才的引进非常重视。2002 年 1

月，政府出台首个高技术移民签证政策。该政策采取评分制度，从"教育背景""工作经验""上一年收入""成就"四个方面对申请者进行打分，并根据总分来遴选签证获得者。当年，该类签证为英国吸引了超过 7 000 名来自世界各地的高技能人才，取得了巨大的成功。2006 年 12 月 5 日起，英国高技术移民采用全新的评分标准。新政策向低年龄、高学历、有本土经历者倾斜，并在总体上提高了准入分数。2008 年 6 月 30 日，英国五级积分系统正式替代了原有的移民政策。高技术移民签证（Highly Skilled Migrant Programme，HSMP）被并入一级签证（普通），全面实施新的计分制。新计分制对于申请人的语言和资金要求更加严格，高级技术人才、教师、护士等英国紧缺职业的技术人才更容易获得英国公民身份。2008 年末的金融危机给英国经济带来了重大冲击。2009 年 4 月，为了保护本国就业、节约能源以及进一步提高引进人才质量，英国再次出台移民新政，并将高技术人才准入学历从本科提到硕士，且年收入要求从 16 000 英镑提高到 20 000 英镑。2010 年移民新政再次出台，取消了对学历的限制要求，却提高了各层次的准入收入。(3) 放眼世界，瞄准发展中国家。英国奉行全球化的人才观念，多年来从英联邦、欧盟等国家吸引了大批人才。近几年，英国将视线延伸到欧盟以外，加大了从亚洲、非洲等第三世界引进人才的力度。例如，英国文化协会发起了英—印教育研究倡议、非洲教育伙伴关系等多项计划，通过学术交流、科研合作以及留学生交换等方式建立与这些国家的教育联系；同时，英国边境署专门设立了"土耳其工商签证"，该类签证为希望在英国建立公司或已经在英国获得合法工作的土耳其公民提供了更大的留英机会。此外，英国的许多大学在海外设立分校或与当地大学合作办学。近三年来，英国海外校园数量攀升至世界第三。学校东道主国由 36 个扩充至 51 个。如：诺丁汉大学于 2006 年 2 月在宁波成立分校；利物浦大学则选择与西安交通大学合作开办新的院校"西交利物浦大学"。

总体而言，在创新人才培养方面，不可能单纯依靠某一方面的力量。相反，必须重视政府、学校教育和社会、市场、企业等各方面的综合作用，因为人才的特点注定了人才的培养是一项长期性、全面性的工程，需要方方面面各个主体的共同努力。当然，如同所有的国家一样，英国在吸引人才和留住人才方面也存在着一些不足之处。特别是以下三方面：第一，如前所述，英国虽然基础研究十分发达，在这方面的优秀人才层出不穷，但相对而言不太重视应用研究，不像美国在应用方面投入了大量资金，从而造成应用技术人才不足的状况。第二，政府吸引人才的政策往往受多种因素的综合作用，特别是经济景气程度，例如在当前经济衰退的情况下，英国政府就减少了吸引外来人才的力度和能力。但这又是一个悖论。若想经济尽快走出低谷，就需要引进更多的人才；但在经济衰退造成高失业率的情况下，又需要控制外来移民的数量。第三，近年来，英国人才外流情况十分严峻，大量人才流向了美国和新兴国家。尽管英国政府也认识到了这一问题，并且已经采取了一些针对性的措施，但仍未能有比较显著的效果。上述问题，尤其是后两个问题，不仅仅是英国目前面临的最棘手的问题，也是全世界很多国家，包括中国同样会面临的问题。如何解决这些问题，是一个长期的课题。

第十节 法国创新人才培育模式

一、国家科技创新能力总体评述

法国位于欧洲西部，本土呈六边形，三边临水。2017年人口6712万人，国土面积约67.3万平方千米，为欧盟面积最大国家。2017年GDP总量25825亿美元（当年价，下同），人均GDP 38477美元。法国是一个具有创新传统的国家，综合科技发展水平和技术创新实力世界领先，归功于长期重视发展科学技术。法国现今在若干基础研究、应用研究、工程技术等领域占据绝对优势，在核能、航空、航天、高速铁路和农业等方面处于世界领先地位，并在数学、物理、核科学、空间科学、农学等领域拥有世界著名的科学家集群。从 1901 年设立诺贝尔奖至 2018 年 118 年间，法国共计 69 人获得诺贝尔奖，位列美国、英国、德国之后，排名世界第 4 位。2017 年，法国在欧洲专利库的申请占 6%，仅次于美国、德国、日本，排名世界第 4 位，尤以机器、机械、运输等领域见长。法国能源缺乏，矿产也不丰富，却建立了齐全的工业部门，并以技术先进著称于世。标致、雷诺和雪铁龙汽车、空中客车飞机、超高速火车、幻影军机、飞鱼导弹、阿里亚娜火箭、米其林轮胎、巴黎时装，这些令法国人引以为荣的产品，显示了其工业实力的雄厚。近年来，电信、信息和精密化工又异军突起，发展迅速。为了解决能源问题，法国大力开发核电，已建成 57 个核电机组，装机容量仅次于美国，核电量占全国总发电量的 80%，比重之高，居世界之冠。

2018 年法国在国家创新指数综合中排名第 13 位，2017 年 R&D 经费投入 565.2 亿美元；R&D 经费投入强度为 2.19%；SCI 收录论文 7.8 万篇；PCT 专利申请数 8 014 件；高技术产业出口占制造业出口比重为 23.55%。根据 2019 年国家创新指数报告，法国在综合排名中第 13 位，与上年持平。一级指标中，法国创新资源排名第 17 位，与上年持平；知识创造排名第 23 位，较上年提升 1 位；企业创新排名第 6 位，较上年提升 2 位；创新绩效排名第 9 位，与上年持平；创新环境排名第 23 位，较上年提升 1 位。二级指标中，综合技术自主率排名第 1 位，高技术产业出口占制造业出口比重排名第 3 位，有效发明专利数量占世界比重排名第 5 位。

法国科技研究和教育界的优势体现在五个方面：一是法国科技排名世界领先，在所有基础研究领域均有建树；二是拥有强势研究机构和高品质大学集群及其优秀的研究领域包括农学、核科学、空间科学、数学、考古学等；三是航空航天、交通运输、能源、环境监测、食品等工业部门处全球领先地位，世界级竞争力集群成为法国研发体系成员；四是法国在很多国际研究计划、研究机构及其研发中发挥了重要乃至决定性作用；五是由于研究税减免，公众给予研发巨大支持。

二、创新文化背景

法国不仅在艺术方面举世闻名，在科学技术创新方面也为世界文明发展做出了杰出贡献。从费马、笛卡尔创立的解析几何到拉瓦锡"燃烧概论"所引发的化学革命，从德罗萨提出等容燃烧四冲程循环理论到居里夫妇发现高强放射性的钋和镭，从飞机发明到享誉全球的高速火车，从全世界首次发现高温超导体到第一次分离出艾滋病病毒等。法国科学家工程师的锐意创新极大丰富了世界科学技术宝库，在世界科学发展史上留下了深深的"足迹"。

从近现代科技发展史上看，法国基本经历过两个创新的辉煌时代。其一是 18 世纪末到 19 世纪初的法国资产阶级革命，使法国成为世界政治的中心，长期受到封建思想禁锢的科学思想迸发出来。自由的科学探索拥有了宽松的环境，为工业化大发展创造了有利条件，因此法国短时间内科学技术水平就赶上了英国，成为世界技术中心。其二是 20 世纪的 60 年代至 80 年代，法国建立第五共和国后，在科技领域坚持独立自主提高创新能力，通过自主创新或引进消化吸收创新，赢得又一个创新的辉煌时代。

经过两次世界大战的创伤，法国经济几近崩溃边缘。1958 年戴高乐将军当选总统并建立了法兰西第五共和国，他摒弃了第四共和国对美国的依附政策，在政治、经济、科技发展领域坚持自己的独立性。20 世纪 60 年代虽然经济基础依然薄弱，为战略性地打破美国对核武器的技术禁锢和垄断，法国动用巨额财政开支，自主研制并试射了核武器，成功地实现了在核领域的创新，也拉开了法国紧随其后系列创新突破的序幕。政府果断锁定了有限工业发展目标，制订了极富挑战性的重大战略性技术创新计划，集中有限资金和科技资源，在航空、航天、民用核能、高速轮轨铁路、汽车工业等领域进行集成式的工业技术创新，使法国在短短几年间就取得了巨大的成功，且至今保持着在这些领域的世界领先优势。同时创建了一批全国性的研究机构，如法国钢铁研究院、国家空间研究中心、国家农科院、原子能委员会、国家信息自动化研究院等，从而逐步建立起国家支持的科学技术创新系统，现在仍是法国国家创新的核心。

20世纪80年代末至90年代初，以信息技术为核心的第四次科技革命浪潮突飞猛进。在这股竞争空前激烈的科技创新浪潮中，美国赢得了先机，控制了创新源头和竞争的主动权，法国却从信息技术到产业的发展都丧失了时机，不仅没能形成优势，反而与这些竞争国家之间的差距进一步拉大。从90年代末以来，其经济因缺乏新的经济增长点而发展无力。增长一路走低，机会的丧失也导致法国经济发展缺少后劲。

就法国这样一个具有创新传统的国家而言，近些年来其科技创新能力和竞争力的走弱，引起了全社会的普遍忧虑。法国政府一直努力采取措施，从20世纪90年代末开始，组织有关技术创新问题的全国性大讨论，委托专家对法国科技创新体系的现状和问题进行系统的分析，并颁布了一系列法律，落实一系列针对性的政策，加大科研投入，从而帮助法国重回世界一线创新型国家之列。在这一过程中，法国政府发挥了积极主导作用，包括促进企业界和公共研发机构间的合作，促进科研成果的增值和转化，设立孵化器和启动基金，增加国家性风险投资投入等方面。

三、战略规划与政策体系

（一）科技与创新战略

2005年，法国发起"竞争力集群"（Pôle de Compétitivité）计划，希望通过整合优势、突出重点、以点带面的方式促进某一特定区域法国企业的技术创新，提升法国工业的高新技术含量，进而推动法国经济的发展。在特定的地理范围内，一些企业、培训中心和对应的研究机构以合作伙伴的形式联合起来，相互协同，共同开发以创新为特点的项目。这种合作一般以共同的市场或科技研究领域为基础，寻求提高竞争力所必需的最大范围的优势互补。在当前经济全球化的形势下，科技创新能力成为工业领域竞争力的重要因素，该计划的作用就是整合企业、培训中心和研究机构各自所拥有的知识、资金或人才优势，共同为科技创新服务。而科技创新产生的国际影响力还会使一个地区产生吸引力，也能形成一个地方的商业标签和产业集群。在财政支持方面，该计划项目可以享受免除利润税、职业税和地产税的优惠政策。对于在企业从事研究和创新工作的雇员，企业还可以免缴50%的社会分摊金。

2006年，法国开始实施工业创新计划，面向公共部门与私立部门合作研发的具有战略性工业意义与商业化前景的项目提供科研经费。通过帮助企业在欧洲或国际市场上投放创新产品，从而促进创新型企业成长，为未来的科技发展提供条件。获支持项目的特点为：需要公共投入支持的高风险高收益项目；5~7年的长期项目；以扶助创新型中小企业为主要任务。资助过程从新产品的前期可行性分析开始，包括研发试验、工业化生产直至投入市场。

2009年，法国高等教育与研究部制定了《国家研究与创新战略》，这是法国第一份在国家层面的科技发展规划战略。旨在确定法国未来4年的科研发展方向与思路，明确在研究与创新领域中面临的挑战，设立科研优先领域，协调所有参与者的行动，更好地分配公共资金，加强法国的竞争力和吸引力。600名来自科技界、中小企业和相关行业的专家经过6个多月的研究和协调，就应对当今社会和经济挑战确定了五项指导原则和三个优先研究领域。五项原则包括：①基础研究对于知识经济社会至关重要，国家要继续加大投入；②面向社会和经济的开放式研究是经济增长和增加就业的关键，公共科研机构要与企业加强中长期合作，促进科研成果的转移转化；③把风险管理和增强安全性作为一项社会需求纳入所有研究计划中；④人文和社会科学不能被边缘化，相反应纳入优先领域各个层次的研究活动中；⑤跨学科性是现代研究创新的基础。三个优先研究领域包括：①健康、福利、食品安全和生物技术；②环境、自然资源、气候生态、能源、交通运输；③信息通信、纳米技术。基于这些优先领域，法国进行了一系列部署，包括发布"数字法国 2020 计划"，发布《绿色技术发展路线图》，发布《核能 2050》报告，组建了生命科学与健康等五大科学联盟。

2010 年，法国启动"未来投资计划"（Investissements d'avenir），这是法国近年来推行的大型综合性科技计划，致力于摆脱金融危机、促进就业和增强国家竞争力。该计划通过发行国债的方式募资 350 亿欧元，投入五个优先领域：高等教育与培训、研究、工业与中小企业、可持续发展、数字化。子计划分为两大类，一类是专项计划，包括航空航天、空间、核能等领域，由计划与项目实施机构签署协议并审核通过后直接拨款；另一类为公开竞争新计划，由高等教育与研究部起草招标书，由总理府召开部级联席会议讨论通过，由法国公共科研资助机构进行公开招标。

2015 年，法国推出"未来工业"战略，包含了新型物流、新型能源、可持续发展城市、生态出行和未来交通、未来医疗、数据经济、智慧物体、数字安全和智慧饮食等九个信息化项目，旨在通过信息化改造产业模式，实现再工业化的目标。计划在"投资未来"基金框架下设立"未来工业"补贴支持新兴技术发展，并在各地区为企业提供技术分享和测试平台。未来工业联盟将代表法国与欧洲"智能制造"和工业信息化领域的企业建立合作关系，为法国竞标欧盟"地平线 2020"计划提供支持。

同时法国为科技创新提供宽松的融资和风险投资环境、友好的人才政策。

（二）科技政策与措施

1. 指导法规出台

2006 年，法国重新制定了《科研指导法》，为法国政府统筹科技发展提供基础和法律依据。该法令明确提出构建战略思路清晰、机能运转高效的国家创新体系，通过增强原始创新能力来提高法国国际竞争力的战略思路。包括：①协调基于科技发展自身需求的基础研究和基于经济社会发展需求的应用科学研究，确保科研总体均衡发展；②加强科研机构、高校及企业间的合作，形成充满活力的研发体系；③着眼全球和从长远战略考虑集成的中央和地方力量，提高整体竞争能力。该法还就未来法国科研发展手段提出了主要目标与具体措施。

2007 年，法国通过《大学自由与责任法》，决定实行大学自治改革，推动其在管理经费、聘用人才、制订培养计划上获得更大的自主权，有效提高了其在国家科研创新体系中的地位。2011 年，法国大学进一步实施"校园计划"（Plan Campus），以建设世界一流大学为目标，遴选 12 所大学，改善其校园建设，将校园内不动产的所有权由国家移交至大学，赋予大学自由实施不动产规划，配合教学科研计划的权力。

2012 年，法国高等教育与研究部召开自下而上、多层次的"全国高等教育与研究大讨论"，重新确定高教与科研相关政策，并修订《大学自由与责任法》及《科研指导法》。此次会议把提高科学研究与培训的水平作为应对法国社会、文化、经济挑战的核心和促进经济增长的杠杆，并对法国高等教育与研究的三大优先发展目标进行讨论：①将促进学生尤其是本科生的成功就业作为首要目标；②推进科研体系的重组，重新定义法国科研机构的国际战略，其在经济发展中的作用，以及在社会、卫生、环境方面的影响；③调整高等教育机构的管理模式，主要针对高校自治模式与高校间合作形式。

2. 机构调整改革

在科技战略规划方面，政府科研主管部门由"青年、国民教育与研究部"调整为"法国高等教育与研究部"，进而调整为"法国高等教育、研究及创新部"，反映出高等教育、创新在法国科技发展中越发受到重视。法国科研体系与高等教育体系之间的联系越发密切并不断改革发展。科研管理工作内涵越发丰富。新建国家咨询机构——国家科学与技术高等理事会，其核心任务为做好国家科技管理的顶层设计，负责向政府指出科研发展与技术创新领域的重大趋势，在确保与欧洲研究区的政策保持一致的前提下，以年终报告的方式对国家科研战略提出建议，帮助政府确定优先发展领域与主要目标。新建全国科研评估机构——研究与高等教育评估署，负责对政府资助的所有科研计划和项目进行评估并向社会公布评审结果（表3-19）。

表3-19　法国政府及科研机构

时期	2002~2007年	2007~2012年	2012~2017年	2017年至今
总统	希拉克	萨科齐	奥朗德	马克龙
科研主管部门	青年、国民教育与研究部	法国高等教育与研究部	法国高等教育与研究部	法国高等教育、研究及创新部

在科技计划/项目管理方面，成立"国家科研署"，以大型科研项目为导向，主要任务是研究和加强对重点科研项目的高强度投入，支持与开展创新活动，促进公共与私立科技部门之间的合作伙伴关系，为公共科技研究成果技术转化和走向市场做努力。成立工业创新署，旨在促进工业投资和增加就业，使科学研究成为未来社会和经济发展的主要动力，重点支持大型企业的创新性行动、大型企业与小型企业的合作项目、具有工业前景的应用研究项目。重组法国创新署，通过研究与创新合同制，针对创新型企业进行特殊贷款，支持中小企业的技术发展。将工业创新署与法国创新署进行合并，进一步弥补国家对中等企业创新支持的不足。

在科研工作方面，重组了法国国家科研中心，将原有六大学部改组成自主权更大的十所研究院，发挥科研活动组织者和科研经费资助机构的双重作用，使内部各学科领域得到真正的管理和协调，具有更好的能见度与对外开放度。

在产学研合作方面，组建卡诺研究所（Institut Carnot），致力于促进公共科研机构与社会经济伙伴尤其是企业之间的合作，促进技术和知识转移，并推进研究与创新的发展。在"未来投资计划"（Investissements d'Avenir）框架下设立技术研究院，由高等教育机构、科研机构和企业在当地竞争力集群的基础上联合组建一定数量的技术创新联合体，推动制造业与服务业的科技成果转移转化，促进就业。在《国家研究与创新战略》指导下将多个科研机构联合，建立了生命科学与健康研究联盟、国家能源研究协调联盟、数字科技研发联盟、环境研发联盟、人文社科研究联盟"五大研发联盟"，旨在对法国科研版图重新布局，以消除研究创新主体间的隔阂，促进货币关系，协调相关领域内各主体。

在加快科技成果转化方面，在"未来投资计划"（Investissements d'Avenir）框架下创建法国国家专利基金（France Brevets），旨在资助公立与私立科研活动，在国际上发挥其专利集的价值，重点关注尖端技术领域，采用财政、法律、技术与商业手段对具有战略意义的专利进行保护与实现价值化。组建加快技术转移公司，由一个或多个机构组成。地方政府和国家共同负担资金，旨在将公共机构的科研成果介绍给产业部门，同时把工业界的需求转达给公共科研机构。

3. 重要领域代表性举措

在发掘和培养初创方面，目前德国是世界公认的工业大国，而法国则瞄准攻克科技初创领域。法国科创（La French Tech）构建了初创生态体系，发掘优质科创企业，促进这些初创企业生长，帮助初创企业走向国际。法国商务投资署携手区域政府为初创企业提供入驻专业孵化器的机会，发挥智库资讯作用，帮助已经落地的商业团体在法国发展，提升法国作为投资目的地的吸引力，为来法外国企业和国际人才提供信息吸引投资。法国国家中央政府和法国信托局共同成立法国国家投资银行（Bpifrance），为科技领域里初创公司提供资金帮助。初创融资环境宽松友好，法国为初创公司提供的风险资本交易数量和价值都排名欧洲第二，过去三年资金募集平均增长19%，反映了金融业对法国创业公司的信心，越来越多的公司正在走向全球。企业在法国可以享受到 1.2% 这一全球最低的贷款利率，同时风险投资长势强劲，无论是交易数量还是价值规模均排名欧洲第二。2017 年，法国初创企业共募集了 25 亿欧元资金，创历史新高。坚持举办法国"科技万岁"（Viva Technology）展览，吸引全球国家、科技企业及科技创新领军人才在法落户投资，同时宣布正式启用法国科创签证（French Tech Visa），为外国科创人才进入法国工作和生活提供更加简化和便利的行政手续。

在支持大学生创新创业方面，发起高等教育机构创业发展计划，增强创业意识，开展创业培训，强化创业指导。设立学生创业中心，为在校学生和应届毕业学生提供创业指导。创办青年企业家协会，为学生提供完善的相关培训，开展一系列与企业相关活动，提高学生的专业知识水平和职业技能，提升学生在企业界的知名度。将学生创业列入各类高校的教学目标和考察内容，从大学本科阶段面向所有大学生开展创新和创业教育；在全国范围内建设数十个学生创新、转化和创业中心；为创业中 28 岁以下大学在校生或大学毕业生建立"大学生—创业者"身份，支持他们在创办公司期间保有学生身份和相关社会福利；设立"汤普林大学生创业奖"为大学在校生和毕业生提供资助。

四、人才培养教育体制、机制及措施

（一）特点——双轨制

法国把整体的教育资源分为大众教育和精英教育两部分。前者满足国家大多数人的高等教育需求，后者则为国家培养和储备各行业高质量的精英人才。

在法国高等教育体系中，高等院校分为大学校（Grande École）、大学（Université）和高职院校（Écoles Spécialisée）。其中，大学校又分为工程师院校（École d'Ingénieures）、商科学校（École de Commerce）、高等师范院校

（École Normale Supérieure）、艺术类院校等。相对于普通大学，在经过两年预科学习并通过严格的入学考试的优秀学生，才可进入大学校读书，最优秀的高中毕业生才能进入工程师院校学习。在学习过程中，仍有较高的淘汰率。大学校具有更强的专业性、更重视教学和实践的结合，属于法国的精英教育。法国的"大学校"体制具有典型的法国特色，不同于美国、德国等其他发达国家的工程教育体系，在世界其他国家找不到完全对等形式。

为避免精英教育导致的社会教育不公平，近20年来，法国拉近了大学和大学校之间的距离。如里昂和圣地安地区的18所大学、大学校和科研机构联合成立了高等教育联合体，实现了教学和科研机构的资源共享，为所有学生提供了更广的平台。

（二）重点——工程师教育

工程师院校始于法国大革命时期，由拿破仑创立并延续发展至今。在法国"大学校"体制中，工程师院校占有非常重要的地位，形成了具有鲜明法国特色的完备工程教育体系。法国工程师教育培养的是具有基础科学、工程科学、社会科学与人文科学综合知识和技能的通用人才，着眼点在于：①及时有效的工作。经过工程师教育的学生，可在工作岗位很快进入角色，无须或很少需要企业对其进行再培训。这需要工程师院校教给学生的是用人单位切实有用的知识和技能。②长期的学习能力和知识的有效性。对于科学技术发展迅猛的现代社会，希望学生在毕业后很长时间仍能做到将所掌握的知识有效应用于工程实践，无疑是难度极大的。因此，培养学生的独立学习精神、逻辑推理能力和理性分析能力成为工程师院校的办学思想的关键所在。③人文素养和社会责任意识的培养。法国认为工程师肩负的社会责任重大，因此必须具备人文素养、视野开阔、关心社会问题，能够及时发现和理解问题，综合考虑科技、经济、环境以及历史和人文因素，寻求改善和解决方案。

法国工程师教育体系的总原则是强调理论联系实际。学生基本上在实习期间就确定了未来工作的方向。法国社会高度认同工程师院校的教育。工程师院校的毕业生就业优势明显、工作稳定。具体特点：一是高目标、高水平的办学定位。法国大学校从诞生至今，一直保持着很高的办学定位，成为法国高级工程师、企业领袖、政府公务员和其他高级专门人才的摇篮。如果把大学校教育比作一条生产流水线的话，那么从原材料的选择到生产过程乃至产品输出，大学校都是按照"一流""精英"的标准来具体操作的。如教学投入很高，以法国高等矿业学校为例，其年办学经费约 9 000 万欧元，用于教学的经费达四分之一。法国大学校毕业的大部分学生都通过了工程师职衔委员会（Commission des Titres d'Ingénieur，CTI）的工程师文凭授予资格认证。CTI 成立于 1934 年，是具有授权学校颁发工程师学位文凭的法定机构，经过长期的发展，通过其认证已成为法国工程师人才培养质量的重要象征。二是学校规模小，专业化程度高。法国大学校强调精英教育，重质量不重数量，学校规模小，几百年的老校只有几百名学生也不罕见。法国工程师教育注重教育环境与工业实际技术环境接近甚至统一，所以其专业设置少，专业化程度很高。三是注重教育与实际的密切结合，企业有关专家和工程师直接参与学生培养。学生培养以企业需求为导向，实践教学贯穿学生培养的全过程。四是课程教学强调基础，重视实践在法国，工程师是一种通用人才（généraliste），在教学中特别强调基础和实践。

培养模式方面采用五年学制，大约相当于中国的硕士学位，毕业后可获得法国工程师证书和法国工学硕士学位。工程师教育包括两个阶段：工程师预科阶段和专业阶段。预科阶段接受大学基础教育，一般学时为两年；而在工程师阶段，属于专业培养阶段，在此阶段的第一年至第二年需要进入企业实习三到四个月，第三年则要求实习半年，具有很强的技术性。

当前世界经济形势发生了很大变化，以中国为代表的亚洲经济势力强势崛起，以欧美为代表的发达国家经济实力相对下降，具有优秀传统的法国工程师院校积极变革，扩大办学的国际化规模，与外国大学签署双学位协议，在国外开设预科阶段的学业，或者开展联合办学，加强学校国际化水平。

（三）亮点——全链条注重人才培养教育

1. 高校招考制度改革

法国高校招生基础（Baccalauréat，BAC）考试，由拿破仑创建于 1808 年。创建之初分为文科与理科两大类，分别由当时的文学院和理学院负责组织，由国立中学（lycée）承担考前的教学准备工作。通过 BAC 考试的学生将同时获得中等教育的学历资格证书与特定的从业权利。他们可以在市立中学（collège）或国立中学的初级班教授课程，亦或在私立学校从事行政工作，又或是继续攻读神学、法律或医学的专业学位。因此，BAC 考试从建制之初就已肩负双重职能，既是对学生所学中学课程进行考核的结业考试，又是学生进入高等教育机构必需的通道关卡。现行的 BAC 考试体制形成于 20 世纪 80 年代以后，虽变革依旧存在，但体系已趋于稳定。每年的考试日期由法国教育部统一规定。一般是在六月下旬进行，历时一周。现今的 BAC 考试分为三类：普通类、技术类与职业类，且每一类内部又含有不同的学科专业方向。

BAC 考试这一高校招考制度优化了统一考试与多元选拔的有机结合，放宽一流高校自主招生权；发展可持续发展人才选拔观，为学生校际流动搭建通道；尊重大学教师的学术权利，增强学院与学者在招考过程中的话语权。

2. 校企联合培养博士

工程师学校在读期间，学生大部分时间用在企业内的实践学习。企业实践课程在课时分配中占五分之四，课堂理论学习时间仅为总课时的五分之一。实施专业基础知识与实践能力并重的精英化教育，采取宽口径的人才培养模式，使得所培养出来的学生学术基础很强，同时，又有很宽泛的适应性。在学生受教过程中，企业发挥了巨大作用。企业在整个教学过程中，不仅仅是作为参与者出现，更是主导者与监督者，使得学生能按照社会需求导向发展，在保持学生就业趋势良好状态的同时，也对学生的个人职业生涯做出良性预测。

3. 代表性学科培养模式

在师范学科方面，大学设置教师培养机构，打破了以往独立设置师范院校培养硕士层次教师的形式，即使非教师教育专业的毕业生，在取得学士学位后，通过申请进入教师教育高等学院，就有机会获得教师资格，开放型教师教育培养模式能够吸引更多的优秀人才选择教师职业。教师教育高等学院推出大学与中小学联合培养教师的合作学校模式，使大学教授、师范生、教师培训者和中小学指导教师之间紧密联系。这种模式能够解决师范生教学实践经验不足的问题，能够衔接师范生的理论知识和实际教学。教师资格认证制度完善，师范生在教师教育高等学院第一学年结束时要参加国民教育部组织的教师聘用考试，考试合格者成为实习生。在第二学年结束时实习生接受大学区实习学术评估委员会的评估。评估合格者成为正式教师，由政府聘用。教师享受国家公务员待遇，吸引了大量优秀青年选择教师职业。

在外语学科方面，应用外语专业发展势头良好，职业化、国际化和跨学科性特征鲜明。通过采用"外语交际技能+跨行业知识背景+综合素质"的培养模式，以语言为基本立足点，结合商业、法律、医学、信息、科学、工程、传媒等专业知识，致力拓宽专业口径，既可增加学生择业的竞争力，也能为其继续深造打下良好基础。

在医学学科方面，采取"精英"式教育，严格控制人数，严进严出，虽然学习难度大、竞争性强，但注重理论与临床相结合，注重培养具有较强的自学能力、过硬的专业知识和技能的医学专业人才，使其具备正确的医学推论、分析和综述能力。同时注重培养学生完善的心理素质、缜密的思维方式、独立的工作能力，以及与患者和患者家属高度的亲和力，为病人提供方便、及时、有效的医疗救助。

在媒体学科方面，把新闻媒体作为传播文化软实力的重要渠道，同时高度重视新闻媒体和相关学科建设。其主要有新闻专业院校和综合性大学两种专业培养模式。前者在私立的新闻学校进行学习，突出专业性培养，毕业多在各企事业单位从事媒介传播工作；后者在公立性质的综合类大学新闻学院进行学习，接受综合性教育加专业教育，毕业多从事专职的记者、编辑工作。

五、创新人才培育特色与优势

虽然从当今世界各国科技发展进程的对比角度来看，法国的创新处于十分沉闷的阶段，但纵观其近代科技发展史，法国创新型国度的地位无可厚非，且其主体建立在自主创新的基础上。法兰西民族的独立性以及其无限发散的思维、丰富的想象和不甘落后的民族精神，构成了其建立创新型社会的客观基础。

法国是一个政府引导性的市场经济国家，执行国家计划调节下的市场经济制度。其科技和经济管理体制在很多方面与中国类似。优化国家科技创新体制机制，完善科技创新政策措施，将对法国建立新型创新社会带来巨大推动作用。

新一届政府将高等教育、创新放到政府职能中更加突出的位置，同时为科技创新提供宽松的融资和风险投资环境，出台友好的人才政策，搭建请进来、走出去国家化开放平台，为法国在未来一段时间科技创新发力重回优势地位奠定了良好基础。

双轨制教育使国内人才在学习阶段尊重个性、挖掘潜力、明确方向、进行分流，通过人才分类更好地为不同群体提供培养成长方案，在社会上发挥差别化的作用。

享誉世界的工程师教育，强调理论联系实际，创新采用"校企联合培养""学徒制"等方式，为应用技术型人才和拔尖创新人才提供了高标准、严要求的发展快速道，其培养的基础科学、工程科学、社会科学与人文科学综合知识和技能的通用人才将成为推动法国科技创新的重要力量。

第十一节　韩国创新人才培育模式

一、国家科技创新能力总体评述

韩国位于亚洲大陆东北部朝鲜半岛南半部，三面环海，北面与朝鲜相邻，国土面积 10.329 万平方千米，人口约 5 100 万。20 世纪 60 年代，韩国经济开始起步；70 年代以来，持续高速增长，人均国民生产总值从 1962 年的 87 美元增至 1996 年的 10 548 美元，创造了"汉江奇迹"。2018 年国内生产总值 1.54 万亿美元（当年价，下同），人均国民收入 3.1 万美元，经济增长率 2.7%。韩国产业以制造业和服务业为主，造船、汽车、电子、钢铁、纺织等产业产量均进入世界前 10 名，半导体销售额居世界第 1 位，自然资源匮乏，主要工业原料均依赖进口[1]。

2018 年韩国国家创新指数在全球排名第 4 位，仅次于美国、日本、瑞士。2017 年 R&D 经费投入 697.0 亿美元；R&D 经费投入强度为 4.55%；SCI 收录论文 6.0 万篇；PCT 专利申请数 15 751 件；高技术产业出口占制造业出口比重为 14.18%。根据 2019 年国家创新指数报告，韩国综合排名第 3 位，较上年提升 1 位。一级指标中，创新资源排名第 1 位，较上年提升 1 位；知识创造排名第 1 位，与上年持平；企业创新排名第 3 位，与上年持平；创新绩效排名第 25 位，较上年下降 1 位；创新环境排名第 25 位，较上年下降 2 位。二级指标中百万人口发明专利申请数、亿美元经济产出发明专利授权数、研究与发展经费投入强度、信息化发展水平、宏观经济稳定性 5 个指标排名第 1 位，企业研究与发展经费与增加值之比、企业研究人员占全部研究人员比

---

[1] 韩国国家概况，https://www.fmprc.gov.cn/web/gjhdq_676201/gj_676203/yz_676205/1206_676524/1206x0_676526/。

重排名第 2 位[①]。

面对全球化、市场化加剧各国间国力竞争的态势,韩国政府致力建立和完善以"产、学、研"为其特征的"国家创新体系",并积极推动高等教育人才培养模式改革,以期为创新体系的有效运转提供人才保障,加快高端创新人才和技术的发展。特别是围绕第四次产业革命,韩国分析了人才的需求,制订了《第四次产业革命先驱人才集中计划(2019～2023)》。报告认为韩国由于缺乏先驱人才,第四次产业革命的竞争力相对较低,韩国面临严重的人才短缺问题,主要集中在第四次工业革命的核心领域,如人工智能(Artificial Intelligence,AI)、云计算、大数据、增强现实/虚拟现实(AR/VR)(表 3–20)。

表 3–20 与韩国人才培养相关的 SWOT 分析

优势:优秀人力资源+世界一流 IT 基础设施	弱点:弱基础科学+非创造性教育体系
➢ 丰富的人力资源,具有较高的教育水平和潜力 ➢ 好奇心,挑战精神强烈的民族性,速度文化等 ➢ 对于世界一流的 IT 基础设施和人工智能至关重要的半导体技术的能力	➢ 因为大学入学的记忆和输液教育缺乏创造性人才 ➢ 培养核心人才的专门教育系统缺乏 ➢ 数学,统计等脆弱的基础科学 ➢ SW 版权保护不足,工作条件差
机遇:响应第四次产业革命,教育改革达成共识	威胁:持续的人才流失和缺乏人才吸引系统
➢ 竞争对手在人工智能方面也没有明显的竞争力 ➢ 需要通过 Alpha Goh 冲击积极应对第四次产业革命 ➢ 通过自主学习建立教育改革共识	➢ 在国家层面培养先驱人才的计划不足 ➢ 自动汽车和机器人等高科技产业水平比发达国家还差 ➢ 招聘优秀人才的激励机制不足,人才流失仍在继续

注:源于《第四次产业革命先驱人才集中计划(2019～2023)》

---

① 中国科学技术发展战略研究院:《国家创新指数报告 2018》,北京:科学技术文献出版社,2019 年。

表 3–21　四个核心领域的人才短缺情况表

划分	初级人才	中级人才	高级人才	合计
AI	△671	△2 048	△7 268	△9 986
云计算	595	648	△1 578	△335
大数据	62	390	△6 267	△2 785
AR/VR	△2 977	△8 654	△7 097	△18 727
合计	△2 291	△9 664	△19 180	△31 833

注：源于《第四次产业革命先驱人才集中计划（2019～2023）》，△表示不足。

二、创新文化背景

（一）地缘政治与企业发展

韩国的发展受地缘政治影响显著。20 世纪 50 年代，韩国是世界上最贫穷的国家之一，不得不严重依赖于国际食品和日用品援助。随着国际形势的转变，韩国经济经历了两次腾飞。第一次腾飞是 20 世纪 70 年代从轻工业向重工业的转型；第二次腾飞则是 20 世纪 90 年代从重工业向电子和精密机械工业的转型。到了 20 世纪 90 年代第二次经济转型期间，私营部门的研发活动已经发展到了在质和量两方面都超过公共部门的程度。大企业集团在韩国经济中占有十分重要的地位，目前主要大企业集团有三星、现代汽车、SK、LG 等。

（二）多元文化影响

韩国为单一民族，受儒家文化影响深刻，同时与日本文化和西方文化等多元文化融合。50%左右的人口信奉佛教、基督教、天主教等宗教。首先，是儒家文化，中国的汉字、儒家思想、道教、佛教思想等的传入对韩国文化的形成起到了潜移默化的塑造作用。韩国人在将这些文化进行加工和创造，再与其本土的文化相融合，逐渐形成韩国自己的传统文化。其次，是日本文化对其传统文化的影响。日本 36 年的殖民统治使日本文化及其价值观念对韩国产生了较大影响。长期的殖民统治也唤醒了韩国的民族意识，正是这种民族精神和危机意识促使他们不断奋发图强，创造出民族经济腾飞的奇迹。最后，就是西方文化对韩国文化的影响，主要是美国文化的影响，学习西方先进的科学知识和管理经验，并从国外引进技术人才。西方文化中的公平意识、创新意识等的传入深刻影响和改造着韩国的传统文化[①]。韩国将西方文化的积极成果与东方文明的优良积淀恰到好处地结合在一起，形成了挑战精神强烈的民族文化和速度文化等特有文化，并将文化作为软实力，持续实施"文化立国"战略。

三、战略规划与政策体系

（一）创新政策

韩国科技创新政策分为三个阶段：（1）起步阶段（1990～2002 年）。19 世纪 60 年代工业化时期，韩国依靠技术进口，提升自身科技水平，企业创新以产品模仿为主。到 90 年代中期，韩国开始建立区域创新系统，依靠大学和部分科研机构，实施一系列科技创新项目，较具代表性的包括科技部区域研究项目（1995 年）、工业部科技创新项目（1995 年）、产学研联合科技发展项目（1993 年）等。（2）发展阶段（2003～2012 年）。这一时期，韩国摆脱单纯的产品模仿后，开始注重科技基础创新，确定科学与技术创新导向模式，着力发展一批重点工业。（3）成熟阶段（2013 年至今）。韩国开始注重保护知识产权，信息通信、材料科学等已经成为基础产业。2000 年以来，韩国科技创新政策涵盖三大分类、七个领域，主要包括：

---

① 单芯茹："韩国现代化进程中的文化因素分析"，《科技视界》，2014 年。

表 3–22　韩国不同时期的重点发展产业

时期	产业
2003～2007 年	数字电视、显示屏、移动通信、智能机器人、生物医药、数字内容产业、新一代电池
2008～2012 年	新可再生能源、LED、高科技绿色城市、新媒体、新材料、生物医药及装备、医疗健康
2013 年～至今	智能汽车、5G 通信、深海探测、智能机器人、智能装备、医疗保健定制、新可再生能源

科技产业发展离不开科技管理体制的支撑。韩国政府一直针对不同阶段国家战略需求和目标，对科技管理体制进行及时调整与改革。经过数十年的发展，目前韩国已经形成了以国家科学技术咨询会议为最高决策中心，以科学技术信息通信部、产业部等部委为计划制订主体，由各专业机构负责科技计划具体立项和过程管理工作，由韩国科学技术企划评价院负责技术预测、技术水平评价、国家开发计划调查等支撑工作的国家科技管理体制[1]。

（二）人才政策

韩国政府历来重视对科技人才的培养，先后制订了理工科人才培养与支持基本计划、女性科技人员培养与支持基本计划、环保技术人才培养计划、IT 人才培养中长期规划等人才发展中长期政策与计划，以扩大理工科专业人才队伍。韩国研究人员数量和女性研究人员数量也在逐年递增。在韩国实施的科技人力资源中长期供求展望调查中，对理工科人才的培养、利用及待遇等调查显示，2009～2018 年科技领域人才资源供应大约 123 万人，人才需求约 99 万名，博士以上研发人才的供给超过需要。这为人才培养政策从人才数量的扩大向质量的提升转变提供了重要依据。

韩国科技人力资源政策及时应对了市场对人才需求的转变，即从技术工

---

[1] 李丹："韩国科技创新体制机制的发展与启示"，《世界科技研究》，2018 年。

人到高层次劳动力的转变,成功地提供了各行业所需的人才,将政策重心转向市场急需的人力资源发展方面。2013年,韩国政府提出"大力培养创新型人才,推动创意经济"的口号,并将战略重点转向培养创新型人才方面。这种以创新为导向的经济模式的关键是通过支持个人成长来提高创新型人才的核心能力。这种政策转换显示了国家对科技人力资源政策变革的持续推动。现任政府主要的科技劳动力计划分为首要计划和具体领域计划。其中,首要计划是培养创新型人才作为创造型经济的动力,包括科技、信息通信技术和未来规划部在内的10个部委参与。具体领域计划包括:大学创业教育五年计划(2013~2017年,教育部参与);便利化的海外就业(2013年,贸易、工业和能源部参与);为中小企业解决劳动力供需不平衡的措施(2013年,科技、信息通信技术和未来规划部参与);吸引和利用一流海外人才的计划(2014年,科技、信息通信技术和未来规划部参与);第三次女性劳动力科技推广和支持基本计划(2014~2018年,科技部、信息通信部和未来规划部参与);第二次全面计划(2013年,以发掘和培养优秀的学生为目标,科技、信息通信技术和未来规划部参与),具体见表3-23[①]。

表3-23 韩国各时期科技人力资源政策的目的、具体方向和时代特征

时间	政策目标	具体方向	时代特征
20世纪60年代	主要为轻工业培养技术劳动力	技术人员培养和培训学院;需要生产和操作的劳动力资源	从农业转向轻工业,促进出口
20世纪70年代	通过实践的方法来培养科技劳动力,促进重化工业	增加大学毕业生及大学的竞争优势,设置标准资格的技术人员	从轻工业转向重工业,推动出口
20世纪80年代	为未来高端工业培养高质量的科技劳动力	支持硕士和博士学位持有者或吸引优质的海外劳动力,提升科学家的地位	半导体等尖端工业,全球经济衰退,自由化贸易市场

① 朴英娥等:"韩国科技人力资源政策发展历程及未来走向",《世界教育信息》,2014年第20期。

续表

时间	政策目标	具体方向	时代特征
20世纪90年代	为技术创新培养科技劳动力	支持大学加强研究能力,促进产学研一体化,科学家为国家研发项目	手机、汽车,金融危机,资本自由化
2000～2002年	培养科技劳动力及满足企业的需求	鼓励小学和中学在科技领域的表现,扩大科技与工程专业的范围	移动通信和其他IT部门
2003～2007年	通过"生命周期"的方法培养创造型人才	支持科学和工程专业发展	生命技术等新一代的增长引擎
2008～2012年	培养创造型人才	在教育和研究方面通过"世界一流大学计划"吸引世界知名学者	绿色经济,新增长引擎
2016～2020年	培养具有挑战性的科学技术人才	强化青年人才的就业能力,创造技术创业友好型教育环境;持续提高科学技术人才的专业性及融合性能力[①]	以人为本

(三)创新规划

1. 顶尖科学家资助计划

韩国为培养和造就一批世界水平的科技领军人才和科学家,先后于1997年和2004年制订实施"创意性研究振兴事业促进计划"和"国家科学家研究支援事业"。前者旨在集中选拔和培养具有创造性思维与知识的世界水平的优秀科研领军人才;后者则重点选定并支持科学家从事世界最高水平的科学研究,既为提高国家竞争力,也为培养世界水平的科学家。上述两项计划的研究人员既可依托原所在实验室或研究院所从事研究,也可自由组成新的团队,建设研发中心或科学室开展研究,国家提供必要条件。被选定的国家科学家,除由原单位发放的工资外,作为本课题研究的首席科学家,其所在单位还可根据其业绩对其提供不超过原工资20%的研发补贴。国家科学家所

---

① 李宁等:"上海与韩国科技创新人才培养政策的比较研究",《科技管理研究》,2019年第16期。

带领的科研团队成员以补贴形式从课题经费中领取一定薪酬（硕士最多不超过 180 万韩币/月，博士最多不超过 250 万韩币/月）。从 2010 年起，韩国对"国家科学家研究支援事业"的管理做了某些较大调整：项目支持年限由原来的 6 年（3+3）改为 10 年（5+5），每年选出的科学家人数由原来的 2 人增加至 4 人左右（2010 年选出 5 人），每年 15 亿韩元的支持额度不变。

2. 第六次产业技术创新计划（2014～2018 年）

2013 年 12 月，韩国公布了"第六次产业技术创新计划（2014～2018 年）"，今后五年产业通商资源部将为该计划投资 17.8 万亿韩元（约 1 010 亿元人民币）。该计划提出了"建设良性循环的产业技术生态系统，跻身产业强国之列"的愿景。通过加强研发创新主体力量及相互联系合作，使产业技术生态系统充满活力。目标是，到 2018 年，韩国出口额超 1 亿美元的国际专业企业数量由 2012 年的 217 家增至 400 家；大学和研究机构研发支出中企业承担的比重由 2011 年的 2.7%提高至 5%；每万名研究人员三方专利数量世界排名由 2011 年的第 12 位提升至第 5 位。面对高级产业技术人才和熟练工人需求的不断增长，韩国将加强以战略性产业和基础性产业为中心的人才培养及供应；引入"产业硕博士制度"，加强理工科大学的专业基础和专业深度；运行退休技术人才中介中心，吸引海外优秀技术人才，加强人力资源的灵活性[①]。

3. 第四次产业革命先驱人才集中培养计划（2019～2023 年）

韩国科学技术信息通信部 2018 年发表了"第四次产业革命先驱人才集中培养计划（2019～2023 年）"。科技信息部表示，在第四次产业革命到来之际，人才的重要性逐步体现，但韩国现有教育体制所培养的相关人才远远达不到第四次产业革命的需求。为此，科技信息部联合企划财政部、教育部、产业资源部、保健福祉部等部委成立了"核心人才培养工作组"，收集了各方面的意见建议，形成了该人才培养计划。计划的主要内容，一是参照法国

---

① 参考韩国，加大研发投入，培养产业创新人才。

软件教育机构"42学校"（Ecole 42）建立两年制的"技术创新学院"，以实践教育方式每年培养500名软件领域人才。二是在普通高校研究生院设立人工智能学科，到2023年培养860名专业研究型人才；同时，在高校中通过产业结合教育，培养人工智能、云计算、大数据等领域7 000名实务型人才。三是支援派遣韩国国内硕、博士级人才去海外大学、研究所及企业参与共同研究项目。支援的领域有信息通信技术、未来汽车、无人飞机、能源、精密医疗等，计划到2023年培养2 250名世界级人才。

4. 其他支持计划

早在1999年就制订实施了"21世纪脑力韩国计划"，向拥有研究生以上学历的高端科研人员提供研究经费支持，旨在重点培养尖端科技领域的核心人才。2001年韩国政府启动了"国家战略领域人才培养综合计划"。2003年又投资775亿韩元实施"地方创新人力资源培养计划"，采取对新兴产业中长期人才需求预测和协调机制，大力发展基础学科，对核心技术进行集中投资，使得韩国高端人才实力大大加强，科研成果和国际专利量均达到世界领先水平。2009年开始，韩国政府又联合多个部门制订了未来人才培养计划。从2009年至2013年，韩国计划培养10万名"全球化青年人才"，采取"国家补助大部分，学校补助小部分"的形式，选拔优秀学生到国外进行短期就业实习，以培养全球眼光。与此同时，韩国政府还为培养"未来产业青年人才"建立了完备的教育体系，涵盖了从高中、职业教育培训、大学教育到远程教育等各个教育层次。为储备创新科技人才，韩国政府专门在高中阶段设立了科技高中，引进国外发达国家实施开放的高等教育政策，建立新型工业大学制度，实时追踪调查技术人才供需情况，按需提供培训课程，甚至还推出对高端技术人才免除两年兵役等优惠政策，鼓励发展科技创新人才，以满足未来新兴产业各领域的人才需要。

四、人才培育教育体制与机制

（一）持续重视教育

韩国是一个非常重视教育的国家，历届政府都奉行"教育优先"的宗旨。而国民对教育的关心和热心程度也非同一般，如今韩国中学的升学率几乎达到100%，大学升学率也很高，1990年韩国有107所普通大学，在校大学生1 040 166名；而2003年普通大学增加到169所，在校大学生1 808 539名。

以IT产业人才为例，韩国信息通信部作为韩国政府负责IT领域的主要职能部门，把IT人才分为三个部分来培养，即基础技术人才、高级专业人才和产业IT人才。基础技术人才的培养主要是大力支持大学将产业界实际经验丰富的IT专家聘为教授，扩大教育设施和设备，支持大学改编IT专业课程。课程要反映产业的需求，并且非IT专业的学生也要学习与IT相关的课程等；高级人才的培养主要是培养专门的研究人才和全球化人才；产业人才培养主要是提高产业所急需的高素质人才，支持民间IT教育机构实施IT培训，通过未来IT英才培养以及对有关IT人才供需动态等统计和政策研究，为制定政策提供依据。韩国政府为培养大学内软件硕、博士级别高级人才，扩大"大学IT（信息技术）研究中心"（IT Research Center，ITRC）的支持力度，在大学内培养IT领域内高级人才，并输送到产业界。到2017年，政府共支援了50个大学ITRC，每年可培养1 000名硕、博士；扩大"软件特性化大学院"，培养专注于软件，可以全盘考虑软件设计，并进行编程的高级软件人才，支援主管大学、海外大学、软件企业等组成的合作体，2014年支援了高丽大学、汉阳大学等6所大学，截止到2017年，将扩大到20所学校的480名人才；扩大"雇用合同型硕士课程"，由大学与中小企业之间构成合作体（1所大学，5所企业），政府将支援其所开设的教育课程。大学与软件参与企业共同开发软件领域教育课程，并自律运营产学项目。自2008年到2017年，15

所大学共培育出 400 名的高级软件人才。韩国政府为培养软件实务专业人才，运营"软件学院"（Software Academy），选拔关注软件并具有才能的人才，对其实施软件特性化教育；指定软件专业化高中（Meister High School）。这是针对产业界的需求，实施与其直接相连的定制型教育课程的高中。2011 年 10 月，政府决定新设软件专业化高中。2013 年 7 月，政府将大德电子机械高中指定为软件专业化高中，截止到 2017 年，政府指定了 4 所软件专业化高中。

（二）注重科研机构建设，加强产学研协作

为提升尖端领域的科技实力，加快技术创新体系建设，韩国政府创建和资助了许多重要的研究基地和科技园区。其中，研究基地主要包括科学研究基地、工程研究基地和区域研究基地三大领域。虽然这些科研机构由政府创办，但韩国政府将这些公共研究机构从政府主管部门中独立出来，赋予公共研究机构在运作、管理、决策等方面的自主权，大大激发了科研机构的自主性和能动性。另外，韩国政府还不惜代价将大批研究机构从首尔转移到忠清南道大德城，建立了大德科技园区，又称大德研究中心，旨在培养韩国乃至亚洲最优秀的人才以及建立产业和研发基地。经过 40 年的发展，大德科技园已成为韩国最大的产学研国家化综合园区和科研中心，是信息技术、生物技术、纳米技术、航空航天技术以及人工智能技术方面的核心及领先区域，汇聚着韩国高等科技学院等 4 所高等学府、70 多家政府和民间科研机构、2 000 余家高技术企业、几万名研发人才和一流的研发设施与创业创新环境。大德创新特区已经成为韩国当仁不让的科技创新发展原动力。借鉴大德科技园的成功经验，韩国政府又先后在全域建立了其他四个创新特区，分别是聚焦农业、生命科学和先进材料的全罗北道特区、聚焦光学的光州特区、聚焦 IT 产业的大丘特区和聚焦海洋的釜山特区，为众多中高级科技创新人才提供就业和发展机会。

韩国政府认识到学术机构在建设均衡发展的国家创新体系中的重要作

用，积极采取措施鼓励企业、大学和公共研究机构三者之间的协同合作。为促进官产学研的有效合作，韩国政府出台了一系列法律和优惠政策，如国家级科研课题对产学研优先选拔；国家级科研院所的研发设施对产学研优先开放；扩大对产学研信息、人才交流和人才培养的支持；建立以大学为中心的产学研合作园区等，并通过企业、大学和科研机构之间的合作研究、技术指导、技术培训、科研资源共享、关键技术信息服务、专利共享等多种方式，强化产学研合作的水平和效率。经过多年努力，韩国已初步建立了以企业为研发主体，国家承担基础、先导、公益研究和战略储备技术开发，大学从事基础研究，拥有健全法制保障的官产学研相结合的国家创新体系[1]。

（三）鼓励走出去与请进来，开展广泛国际交流

韩国开展的国际交流主要通过四种形式，来保障韩国专家学者在国际舞台的声音和开阔韩国学生的国际视野。

一是鼓励教师到国外访学。韩国通过创立各种计划和项目积极鼓励本国教师到国外交流，交流项目主要包括：①国际组织的计划项目。此类项目主要由国际组织赞助，如亚太经合组织教育专家交流项目，通过亚欧会议开展的亚洲搭档奖学金项目等。②政府计划项目。此类项目主要由韩国政府推出和赞助。如"富布莱特—韩国项目"，1963年由美国和韩国政府共同成立了韩—美教育委员会，作为实施该项目的主要机构。富布莱特—韩国项目是第一个由美国政府和韩国政府联合赞助并得到官方正式认可的国际教育交流项目。③国内基金会赞助的计划项目。此类项目较多，代表性的有韩国科学研究基金会等实施的项目。具体是"国际学术交流项目""出国任访问教授项目""朝鲜—韩国学者交流项目"。近年来，韩国政府又出台了多种政策，

---

[1] 曲婷："韩国创新人才经验及其对中国的启示"，《中国科技论坛》，2012年第3期。

延长公费留学人员留学期限，旨在打造在世界上有一定影响的韩国学者，并提高大学办学质量，提高培养人才的质量。

二是邀请国际学术大师。邀请世界著名专家学者以非全日制教授身份来韩国开展学术活动，如诺贝尔奖获得者、美国国家工程院会员、具有世界级研究成果的专家学者等。原则上至少签约 1~3 年，并且每年至少在韩国境内停留 2 个月，诺贝尔奖获得者特殊情况可以不停留 2 个月。邀请的海外专家学者以全日制教授身份进入韩国现有高校学科中授课。韩国对海外专家学者比例的规定为，当该校韩国教授人数为 7~10 名时，须有该人数 40%以上的海外专家学者；韩国教授人数为 11~20 名时，须有该人数 35%以上的海外专家学者；韩国教授人数为 21 名以上时，须有该人数 30%以上的海外专家学者。

三是鼓励本国学生留学。为适应国际化时代要求而培养创新型人才，韩国政府积极鼓励本国学生出国留学。20 世纪 80 年代，政府放宽了对出国学习的限制，留学日益自由化，任何中学毕业生都可以自费出国留学。国际教育振兴院建立了留学咨询办公室提供留学建议服务，给予青年学生职业指导。韩国政府自 1977 年来每年选派优秀的大学毕业生到国外攻读硕士学位或博士学位，并由政府提供 2~3 年的奖学金，以培养高质量的人力资源。这些奖学金获得者必须在学成后回国，且在与其留学时间等长的一段时间内，在特定领域为国家工作，为国家的发展做出贡献。进入 21 世纪以来，去国外留学的韩国学生逐年增加。美国是韩国留学生数量最多的国家，主要集中在数学、计算机科学、物理学、工程学和经济学等领域。

四是吸引人才回流。韩国积极出台政策，搭建吸引人才回流的平台。主要措施有：严格标准，少而精地引进人才；法律保护，为吸引人才回归打造良好的社会环境，主要是依托新出台的各种法律等；向回国人员提供优厚的物质待遇，提供高薪、低价供给住房等优惠，尤其对美籍韩裔人才实施了较大的优惠政策；吸引方式灵活多样，在国内工作的时间可长可短，允许永久定居，也可保留外国国籍。随着韩国不断改善吸引人才的条件和环境，促使学成人才回归。回国的人才因经过出国留学这一环节打造，在西方教育理念影响下，形成了批判性思考、求新求异的思维方式，养成了科学严谨、细心求证的治学态度。因此，这些归国人才能够借鉴和吸收西方科技与文化精髓，为日后对国家发展创造性建设所需的丰富学识与创造精神提供了条件[①]。

（四）加强军民融合人才培养

为满足网络空间博弈的需求，韩国国防部将网络安全人才的引进和培养列为国防改革重要施政内容，并积极利用政府和地方资源，军民合作大力引进和培养军方所需的网络安全人才。一是联合办理竞赛活动选拔人才。韩军通过与国安机关、高等教育机构、网安机构等合作，共同举办白（黑）客网络安全技术竞赛活动，借以检验提升网络战士的能力水平，并选拔民间网络高手、发掘高潜力人才吸纳入伍。其中，韩国国防部与国情院共同举办了代表韩国最高水平的黑客防御大会——"白客大赛"，从中选拔高水平网络安全人才进入网络司令部。二是合作培养网络安全人才。韩军通过与教育机构、网安机构等合作，积极为军方培养网络专业人才。其中，韩国国防部与高丽大学合作设立了韩国大学首个培养网络战军官的学科——网络国防学科，向学生传授网络国防政策概论、网络军事战略论、密码破解理论、网络攻防、网络心理战、模拟网络战争等内容，并于毕业前一年安排学生到网络司令部实习，培养网络攻击应对能力，毕业后晋升为军官。其中男学生安排至网络司令部工作7年，无服兵役义务的女学生则需服役4年；与忠清大学合作设立了国防情报通信系，主要目标是为韩军培养网络战人才。毕业学生安排进入韩军情报通信、防卫产业和技术行政等领域工作（授予军衔），也可推荐至国情院、企业网络安全部门工作。韩国陆军通过与教育机构的合作，扩大网络安全领域的硕士、博士委托培养。韩国空军与韩国互联网振兴院、韩国科

---

① 朱春楠："高等教育国际化视阈下的韩国创新型人才培养分析"，《东北师大学报：哲学社会科学版》，2016年第3期。

学情报技术院等携手优化联合教育环境，并推进海外军事培训。此外，韩空军还与各大学信息安全专业建立起了良好的互动关系，积极开展鼓动宣传工作，吸引更多的优秀青年投身军营。

五、创新人才培育特色与优势

（一）产业发展与人才培养融合促进

从创新视角上看，韩国经济和社会发展成功经验事实上展示了一个发挥后发优势的"扶优—扶弱—造生态"三步走赶超路径，即在无基础的产业经济体中，先培育出若干产业的创新型龙头企业，快速追赶世界平均生产技术水平；再支持中小企业创新，推动产业整体技术创新能力的提升；进而营造一个公平、竞争的创新局面，形成一个良性的产业创新生态环境。产业的循序发展为相关人才培养提供了保障条件。韩国政府及时制定相关的人才政策，引领促进了两次经济腾飞。同时韩国IT基础设施和人工智能至关重要的半导体技术的能力等方面的优势也为人才培养带来机遇。

（二）超前部署重点领域人才培养

2017年，韩国完成了第五次科学技术预测，确定了未来25年的五大发展方向、40个发展趋势，以及40个热点问题，重点创新技术涵盖无人机、智能工厂、3D打印等。在技术预测的基础上，通过了第四次科学技术基本计划草案，设立了扩充科研实力的计划以应对未来挑战，构建积极创新的科技发展环境，创造先导型新企业和新的科技岗位，利用科学技术创造人人幸福的美好生活等四大战略，并在第四次产业革命先驱人才集中培养计划（2019~2023年）中，通过与世界知名机构的合作，同时还在第四次工业革命的核心领域培养2 250名具有全球意识的人才，并在重点领域进行超前部署。

（三）加强国际合作和能力培养

在激烈的国际科技人才竞争中，韩国高度关注一流人才的吸引、集聚和培养工作，并从国家层面上纷纷采取了积极的支持措施。通过鼓励教师到国外访学、邀请国际学术大师、鼓励本国学生留学、吸引人才回流等方式，发挥一流科研基地作为吸引和集聚一流人才作用，吸引和留住人才在本国创建团队从事一流研究，并注重第四次产业革命时代的核心能力（即创造力（Creativity）、批判性思维（Critical Thinking）、挑战（Challenge）、融合（Convergence）、协作（Collaboration））的培养。

第十二节　瑞典创新人才培育模式

一、国家科技创新能力总体评述

瑞典作为一个人口仅 1 000 万，国土面积仅 45 万平方千米的国家，却诞生了爱立信、宜家、ABB 等世界知名的大企业，还诞生了三点式安全带、心脏起搏器、利乐包装技术、伽马刀等一大批造福人类的企业，被认为是欧盟最具创新性的国家。OECD 的报告认为，创新是瑞典发展的支柱，同时也是瑞典未来发展的关键。

2018 年瑞典国家创新指数在全球排名第 7 位。2017 年 R&D 经费投入 178.2 亿美元（当年价）；R&D 经费投入强度为 3.33%；SCI 收录论文 3.0 万篇；PCT 专利申请数 3 975 件；高技术产业出口占制造业出口比重为 13.22%。根据 2019 年国家创新指数报告，瑞典在全球综合排名第 7 位，与上年持平。一级指标中，创新资源排名第 6 位，较上年提升 1 位；知识创造排名第 29 位，与上年持平；企业创新排名第 7 位，与上年持平；创新绩效排名第 12 位，与上年持平；创新环境排名第 7 位，与上年持平。二级指标中宏观经济稳定性排名第 1 位，企业研究与发展经费和增加值之比、创业文化排名第 3 位，研究与发展经费投入强度、研究与发展人力投入强度排名第 4 位。

2001 年成立的瑞典创新署，是瑞典政府推动创新体系（组织框架图如图 3–19 中所示）发展的具体执行者。其任务是通过优化创新体系以及资助问题导向的研究来促进可持续发展。研究理事会是瑞典创新系统中的另一个重要机构，其掌握的财力资源远高于创新署。瑞典的研发活动则主要由大学以及企业界承担。公共或独立的研究机构较少且力量较弱。政府的研发投入主要流向大学，且主要支持基础研究领域。大学在创新体系中的角色对瑞典总体创新能力和创新系统绩效发挥了重要的作用。各大企业一般都设有内部研发中心，企业主要支持应用研究和开发研究。企业研发投入中的 82% 来自雇员在 250 人以上的大企业。

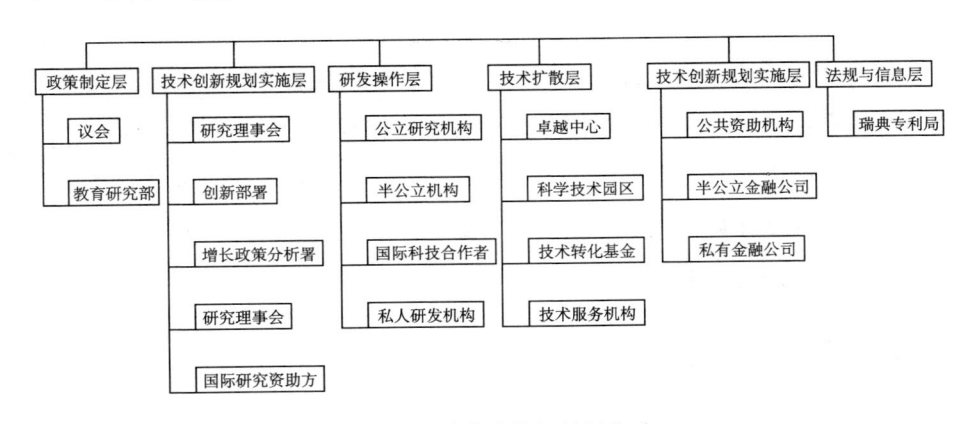

图 3–19 瑞典科技与创新体系

二、创新文化背景

创新需要独立的人格，需要独立的思考能力和判断能力，需要不急功近利的平常心。瑞典文化环境的一些特点，有助于培养具备科学精神、创造性思维和创新能力的创新人才。

（一）鼓励独立思考和充分表达

瑞典社会具有无等级的特征，民众社会等级观念较弱，崇尚平等。这一社会特征反映在教育环境中，表现为师生关系较为平等，推崇开放式问答，鼓励学生提问和质疑。同时，鼓励学生贡献想法，充分表达观点，而不是被动接受信息。通过评估信息、探寻新观点和提出意见等方式，培养学生独立思考、创造性思考和批判性思考的能力，激发创新性思维。瑞典创新组织的结构一般呈扁平化、层级少。组织内部上下级之间、性别之间关系比较平等。组织内交流活跃。这种组织结构和组织文化容易激发创新人才的主动性和创造性。

（二）提倡创新创业精神

瑞典社会长期以来一直提倡创新创业精神。瑞典将创新创业教育培训融入教育体系，鼓励追求新知和提升动手能力，积极参与发明创新，提高实现技术创新的能力。正是这种对技术和发明的热爱，使得"工程文化"风靡瑞典。同时，高度社会福利是发展低风险商业环境的关键，为创新创业提供了试验和冒险的自由土壤。

（三）平和踏实的研究心态

瑞典从小学受到的教育就是讲究和谐、平等、团队，尽量不突出个人英雄主义，一切任由天性和本能。这种文化环境，加上高度社会福利使生活无后顾之忧，有助于瑞典国民从小就树立和培养起放松心态，整体社会少有急功近利和急于求成的心态。这一特点使具备创新能力的人持有平常心，踏实从事科技创新。创新更多地是出于个人兴趣爱好，进行科学探索和技术发明的主观能动性更强。瑞典的这种创新的文化氛围，是瑞典创新经久不衰的重要因素。

三、战略规划与政策体系

（一）科技创新规划

1. 较为健全的科技创新制度

瑞典为科技创新营造了健全的制度环境，先后制定了《研究政策法案》《创新体系中的研究开发与合作》《瑞典增长和复兴政策》等政策。

在专利保护制度建设方面，瑞典推出了适用于整个欧盟内部的专利保护制度，即只需申请一个专利，就可满足所有欧盟国家的专利要求。

瑞典《雇员发明成果权利法案》规定，雇主对雇员发明成果享有不同程度的权利。但教师作为发明人享有发明成果相关权利，享有科研成果转化带来的收益，其所在大学或其他机构无权干涉。该项规定被称为"教师例外"条款。瑞典约三分之一的研究是在大学进行的，作为瑞典科研活动的重要主体，"教师例外"条款的规定极大激发了高校教师的研究热情和创新积极性。

2. 结合国情制定一系列科技创新战略

瑞典积极发挥主导作用，结合本国国情和发展阶段选择重点产业领域，制定相应的创新战略和规划，有效推动了产业结构调整和升级。

2016年11月底，瑞典政府向议会提交"知识合作——为应对社会面临的挑战和提高竞争力"法案。根据2016年秋季预算，到2020年政府对研究与创新的拨款增加30多亿瑞典克朗（约22.6亿人民币）。法案特别提出2017～2020年间的研究政策，主要有：①在确保自由研究的同时，重点资助全球与瑞典未来均面临的社会挑战，优先领域为气候与环境、卫生与生命科学、数字化，并设立10年研究计划。战略创新领域为下一代交通与运输工具、智能城市、循环生物经济、生命科学、工业网络和新材料，并设立对应的合作伙伴计划等。②为瑞典研究理事会和瑞典创新署每年增加4.85亿瑞典克朗，专门资助人文与社科研究、教学质量提高和幼教能力培养。③增加可强化瑞典创新能力的资源，为大学在开展基础研究、招聘最优秀科学家和培养博士等方面年增 13.15 亿瑞典克朗。④增加教授职位，招聘更多的女性。⑤为青年人员改善研究条件，面向全国甚至全球提供开放竞争的研究岗位，增进人员流动，并招聘更多的外籍青年研究人员。⑥继续建设 MAX IV 加速器和欧洲散列中子源等大装置，激励国内产业界更多利用这类科研设施，以此吸引欧盟研究资金、推动跨国研究与合作。⑦建设瑞典大学计算机专用网、瑞典出版物数据库等。

3. 高强度的研发投入

在科技创新投入方面，瑞典以高强度的研发投入而著称，其研发经费占 GDP 的比重保持在 3%以上已有 20 余年。瑞典政府制订了"瑞典改革计划 2011"，计划到 2020 年，瑞典政府和企业研发投入占 GDP 的 4%。

4. 推进产学研紧密结合的"卓越中心计划"

作为瑞典国家级创新战略计划，卓越中心计划是瑞典开展的对国家具有战略意义的领域为期十年重点支持的计划。该计划重在整合资源打造产学研合作平台，主要是依托大学设立研究中心。企业人员和高校师生在中心以研究项目方式开展基础研究和竞争前技术研究。其中，企业人员在中心攻读学位。高校师生可通过参与项目研究了解企业需求，强化研究的组织和实施能力。该计划资金来源于瑞典创新署、大学和参与企业。三方分别投入约 7 000 万瑞典克朗。瑞典创新署评估认为，各个卓越中心在吸引国际人才、促进瑞典各大学的人员交流、企业与学术界的交流方面表现积极，而且在申请欧盟项目方面能力也有所增加。

（二）创新人才政策

瑞典重视人才的理念深入各高校、科技创新企业和研究机构之中，为最大限度发挥科技创新人才的创造力营造了良好的制度环境。

1. 促进产学研结合的"知识交换"计划

瑞典采取措施鼓励产学研之间人员有序流动。瑞典实施的"知识交换计划",对国外回来的博士后进行特别资助,在大学里为企业科技人员设立副教授岗位以鼓励人员流动,将掌握的市场信息用于教学和科研。

2. 鼓励创新创业的相关计划

(1)"种子资金投资竞赛"(Venture Kick)创业计划。瑞典于2007年提出"种子资金投资竞赛"国家级创业计划,对校园企业家提供三个阶段的资金以及创业指导;2011年推出提升重点领域创新能力的特别资助计划,增拨1亿瑞典克朗预算。

(2)"区域计划"营造创新环境。瑞典提出的"区域计划",通过颁布鼓励政策、为新企业提供资金支持、培养学生的创业精神、为创业者与企业合作提供平台等途径,加强瑞典创新环境建设。

(3)制订完备的创新创业教育培训方案。瑞典创新创业教育培训方案,包括中小学教育创新创业知识培训方案、大学创新创业培训方案、教育教学培训讲师及服务人员的实践技能方案等数个子方案。

3. 吸引国际化人才的相关计划

(1)博士后资助计划。瑞典研究理事会的博士后资助计划始于2005年,学科不受限制。研究理事会为青年研究人员申请攻读博士后提供工资,这一项目旨在吸引更多国外优秀人才。瑞典环境农业和空间规划研究理事会博士后资助计划为研究人员在瑞典以外的大学或机构进行一年的学术研究提供资助,为与国外先进研究群体进行学术交流与合作提供机会。瑞典研究理事会与高等教育国际合作基金会约有四分之一经费用于支持瑞典科学家参与欧盟框架计划,约有二分之一的经费用于资助瑞典博士生到国外大学进行一年至两年的合作研究,以及吸引外国博士生到瑞典开展合作研究。

(2)研究与创新中心的全球联系计划。该计划于2008年开始,由瑞典创新署支持,提供1 000万瑞典克朗对十余个研究创新中心开展国际合作项目和建立国际联系进行资助。这些研究创新中心有些属于一所大学，有些是属于两所大学，还有些是大学与企业联合建立的。通过该计划旨在吸引全球优秀人才到瑞典开展技术创新研究，也有利于瑞典企业接触到世界顶级的研究人员，从而加强瑞典的研究与创新群体在国际上的吸引力与竞争力。

（3）为来瑞典工作的科技人员提供优惠政策。瑞典绝大多数研究机构都签署了"欧盟研究人员宪章"，接受欧盟的科技人员签证，保障国际研究人员在瑞典的各项权利和自由流动。各高校和研究机构可以自行从全球招聘高水平研究人员，简化人才聘用程序，提高研究人员的流动性。瑞典对在瑞典公司工作且工期少于5年的外国专家、高管和科研人员给予前三年5%的税收减免优惠。海外研究人员的家属子女在就医和入学等方面享有国民待遇。

4. 促进瑞典中小企业人才发展的相关计划

瑞典企业研发投入主要来自几家大公司。长远看瑞典需要减少对大公司创新能力的依赖，避免大公司战略调整减少在瑞典的研发投入而导致瑞典创新能力下降。所以瑞典政府制定了一系列鼓励中小企业创新和吸引人才的政策。

（1）小公司和企业的博士后计划。该计划始于1995年，瑞典通过研究理事会提供研究人员工资或减少企业税收等方式，支持中小企业招收博士生或博士后从事研发工作，鼓励大学和企业共同培养博士生。

（2）针对企业开展的硕士培养计划。瑞典研究理事会于1996年和2000年先后实施了"企业研究院计划"和"促进企业竞争的硕士培训项目"，为企业提供培养研究生的费用。研究内容主要是解决企业面临的实际问题。瑞典几个地区大学和企业的联盟，通过实地教学和远程课程等方式，为企业开设针对工业和贸易的硕士，参与培训的企业可以享受相关税收优惠。

（3）中小企业的研究与增长计划。该计划于2005年开始，由瑞典创新署每年提供1.2亿瑞典克朗，为瑞典中小企业招聘研究人员和开展研发项目提供工资、设备、培训费以及外部专家咨询费等，用于研究项目、可行性研究、短期培训和咨询等方面。

5. 研究生涯规划计划

虽然瑞典有吸引高层次研究人员的条件，但在吸引高层次研究人员方面仍存在着困难。年纪较大的顶级人才流动会受社会环境、家庭、现有科研团队等因素的影响，不容易下定决心到陌生环境中开始新的研究生涯。相比而言正年轻的研究人员正处在研究生涯的起步阶段，容易到新的环境中开始研究工作，因此吸引青年研究人员并且为其今后研究生涯发展提供广阔的空间是很多瑞典高校人才工作的重点。瑞典皇家理工学院设立了"任期跟踪系统"，为青年研究人员的学术生涯进行长期规划，使其能够从博士毕业进入研究岗位开始就有明确的发展目标和定位，每五年进行一次考核，通过考核的人员即可进入一个更高的岗位，直到成为教授。斯德哥尔摩大学和卡罗林斯卡医学院也建设了类似系统，为吸引优秀青年人才在瑞典高校从事研究工作并逐步成长为高层次研究人员提供了制度保障。

四、人才培养教育体制与机制

在确保教育公平的同时保障民众接受第二次教育是瑞典教育体系的一大特色。其目标是使所有人完成等值的高中教育，并为希望接受高等教育的人提供机会。瑞典政府通过较为完善的教育体系，为实现教育公平、终身学习，以及建设学习型社会铺平了道路。

（一）学校教育体制

20世纪90年代以来，瑞典对高等教育和非高等教育进行了改革，同时加大教育投入。1994年瑞典成为教育支出总额占国内生产总值比重最高的国家，远高于OECD国家5.8%的均值。高等教育支出占整个教育支出很大比例。

1. 义务教育体系

瑞典于 1842 年正式实行六年制义务教育。1962 年瑞典议会通过法令明确规定义务教育延长至九年，所有 7 至 15 岁的学龄儿童必须接受义务教育。

《义务教育全国课程大纲》规定，义务教育阶段必须设置瑞典语、英语、数学三门课程，且占课时比重较大。此外，还有自然科学、社会科学、艺术及手工在内的实践课程等。

2. 高中教育（含中等职业教育）体系

20 世纪 60 年代以前，瑞典高中教育实行双轨制，即高中教育和职业教育各成系统。1968 年瑞典通过教育改革法案，将高级中学、职业教育学校和职业中学合并为综合高中，从而使高中阶段的普通教育和职业教育地位平等，实现普通教育的职业化和职业教育的通识化。20 世纪 90 年代中期，瑞典经济走出低谷，劳动力市场需求旺盛，高中职业教育显得尤为重要。2007 年瑞典发布教育改革报告《新型高中：通向未来之路》，将高中教育阶段国家学习项目新增至 18 项。其中自然科学和社会科学两门面向攻读普通高等教育的学生；儿童教育、建筑学、电力与能源系统等 16 个项目为职业教育方向。此外，报告中还建议在综合高中新增学徒制职业教育培训方式，与传统的中等教育培训方式并存。

3. 高等教育及高等职业教育体系

（1）高等教育概况。瑞典拥有一批世界顶尖的知名学府，如卡罗林斯卡医学院、斯德哥尔摩大学、乌普萨拉大学、隆德大学等。良好的人才培育环境，使瑞典创新的动力源源不断。

为提高全民科学素质，瑞典政府提出了半数以上高中毕业生应进入大学学习的目标。为鼓励公民进入大学和攻读研究生，瑞典在学费和学生资助等方便给予一系列优惠措施。长期以来瑞典是欧洲地区少数几个在高教领域对本国学生和外国学生均免收学费的国家之一。2011 年秋季起瑞典高等教育对瑞典籍、欧盟或欧洲经济区成员国及瑞士籍学生免收学费。其他国籍学生必须缴纳本科、硕士课程及专业课程的学费。瑞典本国学生满足条件的，可向政府申请学生资助，包括助学金和学生贷款两部分。学生贷款自借款人获得资助的 25 年内偿还完毕，或在借款人 60 岁之前还清。

瑞典注重高等教育国际交流合作。政府网站公布的《高等教育与研究国际化：战略议程》报告，建议大学中攻读各级学位的所有学生，其国际知识和跨文化能力应为学习目标的首位，到 2025 年至少 25%的学生在外国学习至少 3 个月。

（2）高等职业教育概况。瑞典高等教育项目提供了 16 大类职教方向，包括计算机和信息技术、工业技术和工业管理、建筑及施工等领域。其范围根据劳动力市场需求的变化而增加或削减。

瑞典成立了项目委员会，由企业联盟、行业协会、教育机构和专业领域专家等代表组成，负责确定与教育相匹配的课程，研究分析劳动力市场状况，做好工作场所培训（Workplace Training，WPT）的准备工作等。

WPT 实践在瑞典高职教育中占有重要地位，被认为是保障高职教育的关键环节。WPT 实践一般有见习、实习、学徒及创业培训四种模式。见习即从简单操作开始把学员培养成符合岗位要求的职员；实习是基于一项真实的工作任务，在解决问题的实际过程中培养能力；学徒是在经验丰富的师傅指导下，在实际工作环节中，熟悉掌握专业技能；创业培训主要针对自主择业或创业的学员，培养内容涉及行业知识、工作流程、经营能力等。

OECD 在 2013 年《瑞典高职教育评估报告》中，对瑞典高职教育系统给予高度肯定，特别在加强学生与企业的联系、调动企业参与性等方面发挥的重要作用，被视为高度创新的模式（经合组织，2013）。

（二）社会培训体制

1. 鼓励社会力量举办职业教育

瑞典大力鼓励学校、企业、民间组织、社会团体等社会力量举办职业教育。根据相关规定，任何个人或社会组织均可向高职署申请开设职教专业，要求是必须保证所设专业与劳动力市场实际需求紧密联系。一经高职署批准，职教承办人或机构即可获得政府财政支持。企业内部举办的职工培训或者针对失业者的再教育也同样得到政府资助。

2. 创新组织网络的研讨培训

瑞典创新组织之间交流活跃，重视与国内外创新组织建立联络，将创新组织联系的网络视作智力资产的一部分。瑞典的商会、协会经常组织加强组织之间联系的聚会（Networking），讨论会也经常不断，使创新组织能够及时了解业界的最新进展，相互启发。

（三）国家培育体制

瑞典政府于 2000 年颁布了《成人学习和成人教育未来发展》，该法案标志着瑞典终身学习政策方面已具备了完善的法制体系。

瑞典的成人学习在教育研究部管辖范围内。瑞典成人学习包括市立成人教育、国立成人学校、成人移民瑞典语补习学校和普通成人教育。市立成人教育侧重安排与高中阶段学习课程相互衔接的课程内容，以达到普通高中水平的教育目标。国立成人学校能为教师和学校领导提供远程在职培训。成人移民瑞典语学校，可满足外国移民学习瑞典语的需求。普通成人教育是不纳入商业性教育体系的非学历成人教育，在终身学习中起重要作用。瑞典的成人教育是免费的，同时提供特殊成人学习资助、失业者成人学习资助、特殊教育经费、学习津贴、成人教育入学资助等资助方式，为学习期间的生活开支以及与学习相关的开销提供资助，为终身学习提供经费保障（陈雪芬和吴雪萍，2008）。此外，瑞典劳工部下属的劳工市场委员会还组织各种免费职业教育，为已经工作但希望继续"充电"的人提供各种短期培训和成人教育。

1. 重视可持续发展和环保理念教育

根据联合国可持续发展解决方案中心和贝塔斯曼基金会联合发布的

《2018 年可持续发展目标指数报告》，瑞典 2018 年可持续发展目标总指数超出同地区平均水平 10.5%，持续多年保持全球排名第一。这与瑞典可持续发展和环保理念深入社会生活各方面密不可分。从幼儿园学前教育开始，瑞典就把环境教育融入美育教育，从小培养环保意识。在高等教育阶段，瑞典将环境课程作为大学工科必修课程，促进研究人员将可持续发展和环保意识融入创新研究理念之中。

2. 培养创新创业人才的具体做法

（1）瑞典的创新创业教育已纳入国民教育体系之中，覆盖初中、高中、大学本科直至研究生的正规教育。瑞典学生对创新创业相关知识有较为系统的理解和认知。

（2）高中毕业后的学生，多数选择进入社会工作 1～4 年后再就读大学（夏炳军，2008）。由于学生具有了一定的工作经验和社会经验，更易了解学习方向和兴趣点，因此在学习中更易激发新思路和灵感。

（3）大多数高校设有商业项目或创业者项目。这些项目主要集中在研究生层面，与自然科学和工程学科的相关项目相匹配。

（4）高校与工商业界密切合作推动创新人才培养。瑞典的研发活动主要由大学和企业界承担，公共或独立的研究机构较少且力量不强。瑞典通过大学与企业密切合作促进人才培养，推动高校产学研协同创新，主要表现在：大学面向企业培养工程博士，提供定向培养服务；企业向大学提供资金做开放性课题，提高科研成果的商业化程度；政府鼓励高校从非公共财政方面获得科研经费，获得经费数额影响政府对高校科研和博士课程及学位项目的经费支持。

3. 服务创新人才的多项措施

政府设立专业机构服务创新人才促进科技成果转移转化，主要有：（1）瑞典政府在多所高校设有控股公司，为研究人员申请或转让专利提供服务，帮助研究人员创办企业转化科技成果。（2）瑞典政府拨付专款在高校设立创新办公室，为研究人员进行项目研究、科研创新提供支持，为科研成果与市场需求对接提供专业指导。(3) 瑞典多所高校设立有非营利性孵化器。瑞典政府对附属于大学的非营利性孵化器提供资金和支持，从现有研究项目中寻找商业理念，为创新性研究人员提供培育计划，包括创业培训、风投资金等。

五、创新人才培育特色与优势

(一) 创新人才培育模式与途径

纵观瑞典创新人才培养的一系列政策和做法，可以发现瑞典人才培育模式具有关注创新思维和创新能力培养、重视产业需求与产学研结合、高等教育和高职教育并重发展等特点。

1. 关注创新思维和创新能力培养

瑞典在学生教育阶段重视批判性和创造性思维培养，在学校阶段通过手工课程提升动手能力，激发对工业创新的兴趣。将创新创业教育培训纳入教育体系，举办各类创新竞赛激发创新潜能，在大学设置创业者项目培养创新创业能力，全方位提高创新能力，激发创业热情。可持续发展和环保理念作为高等教育必修课，促进科技创新人员将可持续发展意识贯穿创新活动中。通过"区域计划"等一系列创新计划，服务创新人才，加强瑞典创新环境建设。

2. 重视产学研结合，关注产业需求

瑞典的政府、企业、大学共同注资设立"卓越中心"，整合资源打造产学研合作平台。大学面向企业定向培养工程博士。企业向大学提供资金启动课题，提高科研成果的商业化程度，强化高校与工商业界合作推动创新人才培养。瑞典高职教育由企业联盟、行业协会等根据劳动力市场变化而调整课程设置、瑞典企业科技人员兼职大学客座教授等措施，真正实现创新人才培养与市场需求的无缝对接。

3. 高等教育与高职教育并重发展

瑞典教育体系将以学术为导向、以职业为导向相结合，在关注高等教育培养的同时，重视高职教育培养。成立了企业、教育专家等各方代表组成的项目委员会，确定高职教育课程、研究分析劳动力市场状况等。WPT 实践加强高职学生与产业的联系，熟练掌握专业技能，成长为技术应用性高级专门人才。

（二）创新人才培育优势

1. 创新人才培养的制度优势

瑞典高校教师享有科研成果所有权。该项法律规定极大促进了瑞典高校教师的创新积极性。同时，"区域计划"、研究生涯规划计划等一系列创新人才政策也为创新人才培养提供了良好的政策环境和服务平台。

2. 创新人才培养的国际合作优势

瑞典为非英语母语使用者中英语水平最高的国家之一。这得益于瑞典从学校教育到日常生活中普及英语应用教育。瑞典注重高等教育国际交流合作，将具备国际知识和跨文化能力作为学习目标。瑞典出台的一系列吸引国际化人才的计划和鼓励国际合作交流的计划，为国际合作和学术交流奠定良好基础，为瑞典创新人才与国际接轨提供了有利条件。

第十三节　荷兰创新人才培育模式

一、荷兰科技创新总体能力评述

荷兰人口 1 713 万人，国土面积约 4.2 万平方千米，根据世界银行 2018 年发布的世界各国 GDP 排名，荷兰是当今世界第 17 大经济体、欧盟第 6 大经济体。荷兰以外向型经济和开放贸易闻名世界。荷兰在全球贸易中的领先地位十分稳固。据荷中央统计局数据，2017年荷兰货物进出口额为12 271.5亿美元（当年价，下同），是世界第六大商品出口国和第六大服务出口国。其中，出口6 524.4亿美元，进口5 747.1亿美元，贸易顺差777.3亿美元。此外，荷兰电子、化工、水利、造船以及食品加工等领域技术先进，金融服务和保险业发达。自20世纪80年代以来，荷政府积极鼓励发展新兴工业，特别重视发展空间、微电子和生命科学等高技术产业。

荷兰是典型的知识密集型经济（知识经济）和外向型经济，也是名副其实的创新型国家。2018年荷兰国家创新指数在全球排名第12位。2017年R&D经费投入165.4亿美元；R&D经费投入强度为1.99%；SCI收录论文4.2万篇；PCT专利申请数4 430件；高技术产业出口占制造业出口比重为18.58%。根据2019年国家创新指数报告，荷兰综合排名第9位，较上年提升3位。一级指标中，创新资源排名第15位，较上年下降2位；知识创造排名第14位，较上年下降1位；企业创新排名第16位，较上年提升2位；创新绩效排名第11位，与上年持平；创新环境排名第5位，较上年提升1位。二级指标中宏观经济稳定性排在第1位，职业培训质量排名第3位，万名企业研究人员PCT专利申请数、企业与大学研究和发展协作程度排名第4位。

荷兰的科研有着很高的研究水准和生产效率，其中跨学科协作与国际合作发挥了关键作用，荷兰科研国际合作水平甚至超过其他发达国家如美国、英国等，排名世界第一。在荷兰，大学、政府研究机构以及公司都可以开展相关的研发工作。荷兰的研发活动多数是在企业内部开展的，而且是为数较少的大型企业开展了最大量的研发工作。员工数量超过250人的公司的研发经费占荷兰所有公司研发经费总额的约四分之三。

荷兰的科技创新体系（见图3-20），在国家层面的最高决策机构是国会，包括上议院的教育、文化和科技政策委员会以及众议院的教育文化和科学委员会。在政府内阁层面有一个经济劳动和创新委员会，关注经济、劳动和创新领域的问题。委员都是最直接相关部委的部长。在政府层面负责科技创新的主要部门是教育部和经济部。教育部（全称为教育、文化和科学部）负责处理教育和研究、科学政策、大学和应用科技大学、荷兰皇家科学院等有关事宜。经济部（全称为经济与气候变化部）除了负责经济事务外，还负责国家气候变化政策及创新战略的实施，为荷兰的行业和企业创新提供资助。

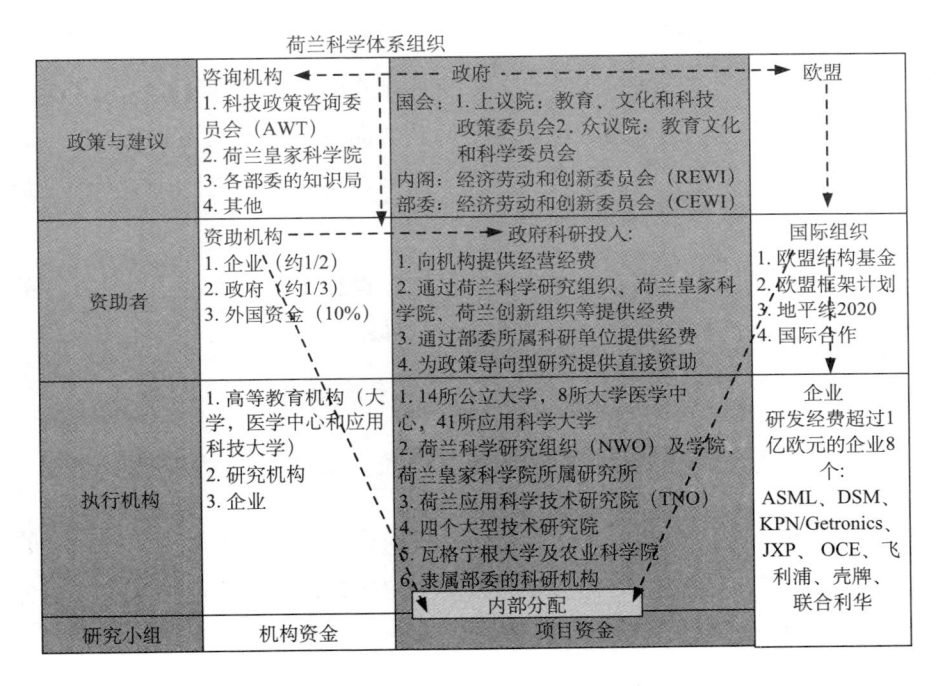

荷兰科学体系组织

	咨询机构	政府	欧盟
政策与建议	1.科技政策咨询委员会（AWT） 2.荷兰皇家科学院 3.各部委的知识局 4.其他	国会：1.上议院：教育、文化和科政策委员会 2.众议院：教育文化和科学委员会 内阁：经济劳动和创新委员会（REWI） 部委：经济劳动和创新委员会（CEWI）	
资助者	资助机构 1.企业（约1/2） 2.政府（约1/3） 3.外国资金（10%）	政府科研投入： 1.向机构提供经营经费 2.通过荷兰科学研究组织、荷兰皇家科学院、荷兰创新组织等提供经费 3.通过部委所属科研单位提供经费 4.为政策导向型研究提供直接资助	国际组织 1.欧盟结构基金 2.欧盟框架计划 3.地平线2020 4.国际合作
执行机构	1.高等教育机构（大学，医学中心和应用科技大学） 2.研究机构 3.企业	1.14所公立大学，8所大学医学中心，41所应用科学大学 2.荷兰科学研究组织（NWO）及学院、荷兰皇家科学院所属研究所 3.荷兰应用科学技术研究院（TNO） 4.四个大型技术研究院 5.瓦格宁根大学及农业科学院 6.隶属部委的科研机构	企业研发经费超过1亿欧元的企业8个：ASML、DSM、KPN/Getronics、JXP、OCE、飞利浦、壳牌、联合利华
		内部分配	
研究小组	机构资金	项目资金	

图 3-20 荷兰科技体系概况示意

二、创新文化背景

（一）敢为人先、勇于创新的首创精神：根植于荷兰人血液中的 DNA

荷兰人是一个勇于创新也擅于创新的民族。作为一个很早就有商业化头脑的资本主义国家，一个曾经纵横大海、沟通东西方世界的具有"海上马车夫"美誉的贸易大国，一个曾经叱咤风云并创造黄金时代的老牌商业帝国，荷兰人民很早就培育出了敢为人先、无中生有（褒义）的冒险精神。他们敢于并乐于去做一些前人没有做过的事情，甚至可以说脑洞很大。荷兰人自己认为，创新就在他们的基因里，就在他们的血液里。

以荷兰的国花郁金香为例，郁金香原产于中国的天山西部和喜马拉雅山脉一带，后经丝绸之路传至中亚，又经中亚流入欧洲及世界各地。但郁金香是由荷兰人发扬光大的，培育出了数不胜数的品种，使它成为荷兰的象征。此外，像股票交易所、保险制度等现代生活中不可或缺的机构和制度都是最先由荷兰人发明的。

荷兰一直是勇于创新和崇尚创业的国家，再加上认真勤奋、追求极致的工作态度，这样的传统已经延续了上百年，并孕育出许多知名企业，累积了许多宝贵的经验和知识，并成为荷兰经济成长和创造就业的主要驱动力之一。

（二）平等协商、合作共赢的圩田模式：最具特色的荷兰文化

荷兰文化中另一个最重要的现象是圩田模式。它起源于荷兰在与恶劣的自然环境做斗争而进行的大坝建设和围海造田运动，后来广泛扩展到其他各个行业，包括经济领域、文化领域和科学研究。

其实，上帝并没有眷顾荷兰。这里土地资源贫瘠且频遭水患。荷兰约四分之一的土地海拔低于海平面，其名称为尼德兰（Netherlands），字面意思就是"低洼之地"。在悠久的历史中，荷兰一直在填海造田，不仅逐渐消除了水患，建起了可抵挡万年一遇洪水的大坝，而且将海洋改造成陆地，扩大了国土面积。如今荷兰近三分之一的国土都是靠修堤筑坝、抽干湖（海）水而得来的圩田（Polder）。荷兰的水利工程和水管理能力得到了举世公认，由此产生的"圩田模式"（Polder Model）也被联合国教科文组织评为人类治水实践和创造力的优秀成果。其实，"圩田模式"不仅是治水策略，它更代表全民共同协商和寻求共识的荷兰式社会民主文化。由于很多大型水利项目涉及

多人利益，因此，每实施一项工程前，相关负责机构都要召集多方人员进行大量的协商与论证，把问题和要求摆到桌面上，反复权衡各方利益，互相妥协，最后各方达成一致。这是"圩田模式"在实际决策中的体现。这个过程虽然比较耗时，但是某一计划或政策一旦通过，就能够得到顺利贯彻执行。

因此，"圩田模式"也代表着一种荷式文化，即不同利益相关方就某一重大问题展开协商讨论，在平衡各方利益关切后以相互妥协的方式最后达成一致和共识，并通力合作，共同完成。这种文化看似无影无形，但其影响却无处不在、无远弗届，成为荷兰人民团结一致、克服困难、齐心协力、互利共赢、取得成功的不二法宝。

（三）官产学研有机结合的金三角模式：良好创新生态系统的独门诀窍

荷兰在管理模式上不断进行创新，其政府和产业界在很早的时候，通过长期的实践和积累提出并实行了政府、科研教育机构、企业的有机协调与配合的联运机制，这就是著名的"荷兰金三角模式"。荷兰人对此非常引以为豪。我国后来所提出的官产学研相结合的理念也借鉴了荷兰的这一理念。

金三角模式在其科技创新、产业发展和区域经济中发挥了重要作用，尤其支撑了荷兰农业的发展。所谓"金三角"机制，即从农民的实际需求出发，本着农民更有发言权的原则，负责政策扶持与工作协调的政府、进行基础研发或应用研发的大学和研究机构、应用研发成果的农用厂商和企业化农民，三方平等地坐在一起，共同寻找问题，研究解决问题的方案。其相互沟通过程是一个自动的协商过程，而不是自上而下的知识转移。

荷兰瓦格宁根大学是农业科学专业世界大学排名第一的高等学府。它与企业保持良好的合作伙伴关系。其研究项目通常会与企业直接对接，以便将科研成果真正落实在产业的实际运用中，实现了公司、政府和大学及科研机构的紧密相连。例如，当农民提出需要新的生产设备时，由瓦格宁根大学和特定的民间企业开发基础技术，农用设备厂商购买技术专利后进行商品开发。农民实际引进、使用时，农业咨询公司或民间农业试验场会提供技术支持。在科技成果转换中，政府的角色至关重要。早在1932年，荷兰就制定了旨在促进大学与民间企业共同研究、技术转化的法律，并成立了民营的荷兰应用科学研究机构（Netherlands Organization for Applied Scientific Research，TNO）。TNO承担向民间企业推广大学的研究成果、官民协调等任务。

（四）强强联合、优势互补的开放创新：打造创新协同机制的不二法门

荷兰的另一个鲜明特点是开放创新。这也是和其国情密不可分的。荷兰人口1 700多万，国土面积4万多平方千米，虽然科技发达、基础雄厚，但毕竟是小国，不可能事事都要自己来做。寻求合作成为必然，开放式创新成为后来居上的秘诀。正如荷兰阿斯麦尔（ASML）的总裁皮特·温宁（Peter Wennink）曾说过的一段话："当初飞利浦样样都干，最后还是解体了。这证明大型企业巨人的时代已经不合时宜了。未来的主流该是企业、研究机构分工的开放式创新。"

以荷兰的ASML公司为例，这家世界光刻机领域的巨头如今已经蜚声天下。在极紫外光刻机领域，阿斯麦尔是唯一能够设计和制造半导体设备的厂商，等于垄断了这个超高端市场。它的高端极紫外线（Extreme Ultra-Violet，EUV）光刻机已经能够达到7纳米制程。每台售价达到1.2亿美元，重达180吨，零件超过10万个，运输时能装满40个集装箱，安装调试时间超过一年。即使这样还供不应求。

它之所以能够做得如此之成功，很大的一点就是ASML光刻机中，超过90%的零件都是向外采购，而不是自主研发的。通过高度外包这种开放式创新，使得ASML可以在整个设备的不同部位同时获得世界上最先进的技术，而他们自身也可以腾出手来在部件整合和客户需求上做文章，集中精力开展

核心工艺研发，设计和"组装"出最先进的光刻机，帮助半导体芯片企业跟上摩尔定律的节奏，从而在日新月异的芯片制造行业甩开竞争对手，取得竞争优势并赢得市场。比如说著名的德国蔡司公司，就负责 ASML 光学模组的生产。这种强调强强联合、优势互补的精神，可以说被荷兰人发挥到了极致，并成为最佳实践。

阿斯麦尔的开放式创新体现在两方面：

1. 把供应商（包括大学等学术机构）作为研发伙伴，让出部分利润（阿斯麦尔以很低的价格卖出设备）换取供应商的知识；

2. 重大项目和客户共同介入，并以股权为纽带绑定大家的风险和收益。在研发极紫外光微影量产技术与设备时，阿斯麦尔邀请了英特尔（Intel）、台积电和三星等三家客户参与。三家分别投入 41 亿美元、14 亿美元和 9.75 亿美元入股。客户入股可以保证最先拿到最新设备（在芯片行业，时间比钻石还贵重），同时可以卖出股票获取投资受益，对阿斯麦尔来说，则抢先占领了市场，降低了经营风险。

三、战略规划与政策体系

（一）荷兰政府《2025 科学愿景》及其人才战略目标

2014 年底，荷兰内阁出台了《2025 科学愿景——未来的选择》（2025—Vision for Science: Choices for the future）报告，提出了荷兰科学继续在国际科研前沿发挥作用的各种可能途径。这是荷兰政府目前最新的科学与创新政策报告，相当于中国的《中长期科技发展战略》。

该报告的要点如下（注——本文只重点介绍人才战略部分）：

1. 《2025 科学愿景：未来的选择》政策要点：

荷兰为其科学和科学家而自豪。荷兰科学在世界舞台上享有突出作用。荷兰政府希望保持这种领导作用，并为 2025 年制订了一系列雄心勃勃的目标。

政府的科学目标包括以下几个方面：

（1）荷兰的科学具有世界影响力

政府希望荷兰的科学能够继续巩固其国际地位。荷兰的科学研究在许多领域处于世界领先地位。必须始终保持创造力和创新，使科学在解决社会问题和增强经济增长中发挥更加重要的作用。为此需要采取的措施如下：①为欧盟项目提供匹配资金；②制定《国家科学议程》；③更新基础设施。

（2）荷兰的科学与社会和私营部门有更紧密的联系，发挥其最大影响

在2025年，荷兰的科学应该最大限度地发挥其对社会和产业的影响。因此政府希望采取以下措施：①加强研究（成果）的开放获取；②鼓励公众参与（科学）；③提高科学质量和科研诚信；④科学与产业之间建立更紧密的联系；⑤鼓励创业；⑥更好地利用知识产权；⑦加强高等职业教育的知识功能；⑧公共机构与科学界之间密切合作。

（3）荷兰的科学界成为顶尖人才的沃土

政府希望帮助科学家有机会充分发挥其潜力，展现自己的才能。为了实现这一目标，政府将采取以下措施：

①为有才华的科学家提供挑战

科学家必须能够自由发展自己的才能。与研究机构一道，政府要鼓励科学家的发展，当好他们作为教师、导师、经理的角色，以及将科学知识和技术应用于实践当中。目前太多的注意力都放在了学术论文的发表上。

②吸引国际顶尖的科学家

机构必须吸引国际领先的高潜力人才。他们必须把自己作为荷兰科学体系的一部分。科学议程的主题也必须是荷兰公认的科学优势。

③增加博士研究人员在产业和政府部门的数量

政府将与产业界签署博士协议，将在企业和政府中雇用几百名具有博士学位的研究人员。此外，还必须在博士学位系统中有更大的区分。

④吸引更多有才华的女性研究人员

到 2025 年，荷兰科学界的性别比例至少达到欧洲平均水平。

⑤让科学家们有更多的时间

在未来，科学家应该花更少的时间申请资金资助。荷兰科学研究组织（Netherlands Organisation for Scientific Research，NWO）和大学都在为此而努力。必须减少发表论文的压力。新的标准评估协议（SEP）将更加重视科学家工作的整体质量。

（二）荷兰科学研究组织发布新战略

NWO 于 2018 年 4 月出台了《NWO 新战略 2018～2022：连接科学与社会》(New NWO-strategy 2019～2022: Connecting Science and Society)[①]。NWO 新战略包括五个雄心勃勃的目标：

1. 成为枢纽：连接（国家研究）议程、科学和社会

NWO 将确保加强荷兰科学的协调。主题研究和好奇心驱动的研究将保持平衡。NWO 将继续积极寻求与国际尤其是欧洲科学政策的联系。NWO 将为科学外交做出积极贡献。

2. 以人为本：改变对研究人员的看法

好的研究需要优秀的研究者。NWO 将确保荷兰的研究人员能够在其职业生涯的各个阶段继续发展。荷兰著名的人才计划（Rubicon，VENI，VIDI，VICI）将辅以各种工具，使有才能的研究人员能够继续开展更长时间的现有研究，无论是单独使用还是与团队合作。此外，用于好奇心驱动研究的 NWO 公开竞赛将采用模块化结构。

NWO 将扩大"钱跟人走"（Money Follows Researcher）计划，并将建立

---

① https://www.nwo.nl/en/news-and-events/news/2018/04/new-nwo-strategy-2019-2022-connecting-science-and-society.html.

惠更斯教授职位，以吸引优秀的资深科学家到荷兰工作。NWO 还将解决重要的瓶颈问题，如马太效应和过高的申请压力。

3. 研究：致力于卓越与创新的合作

基础研究是卓越和创新的基础。因此，好奇心驱动和基础研究仍将成为 NOW 的重点关注，尤其是那些高风险、开创性研究项目。NWO 将比过去更加重视跨团体和跨团队的科学合作，采用更广泛的知识链方法将基础、战略、实践和应用研究相互联系。

4. 基础设施：可获得、可持续的科学基础设施

研究基础设施在所有科学领域都发挥着重要作用。NWO 的一项重要任务是为大型研究设施建设提供资金，并将这些设施提供给荷兰研究人员。

5. 知识共享：通过共同设计和共同创造，有效地利用知识

NWO 希望通过增加与用户的协作来促进知识共享。申请人将被要求提前告知其研究可能产生的社会影响。NWO 将扩展旨在加强知识机构和公司之间合作的"工科博士"学位计划。与此类似，将建立"社会博士"学位计划，以便与公共合作伙伴进行合作。

通过对此战略的解读，以及与相关政策制定人员的交流，我们发现此次 NWO 新战略有很多新颖之处：

首先，它第一次明确地提出了，今后只要是 NWO 支持的项目，项目负责人即便离开了原单位甚至离开荷兰去其他国家、其他机构工作，他都有权保留该项目的研究经费和管理权并继续在新单位开展研究，直至项目结题。

其次，它大大减少了对国外科学家申请荷兰科研项目的限制。国外科学家可以通过在荷兰研究机构任职从而获得项目。另外，国外科学家也可以和荷兰科学家一道共同申请项目，而获得的研究经费甚至可以将绝大部分用于国外开展研究，而不限于荷兰本土。

最后，通过与荷兰外交部等部委的合作，NWO 不仅积极支持国际科技合作和科技援助计划，而且将积极支持政府的"科学技术与创新外交"。

重视产学研结合,强调协作和共享。支持大型基础科研设施的建设和共享,以便为所有科学家和科学研究提供支持;设立"工科博士"计划和"社会博士"计划,以促进学术与业界及社会的充分互动与配合。凡此种种,所有这些都是为了一个核心目的,即提高荷兰科学研究的卓越性及其对社会的影响。

(三)荷兰应用科学研究组织发布《TNO战略规划2019～2021》[①]

荷兰最大的国家级应用科技研发机构——荷兰应用科学研究组织(TNO)于2018年2月发布了《荷兰创新的飞轮(TNO战略计划2018～2021)》。报告指出,在战略层面上,TNO的研究集中在五个大的领域:工业、健康生活、防卫与安全、能源、城镇化。TNO战略确定了九个优先事项:增加公共和私营部门的影响力;持续开发和更新我们的研究组合;为我们所做的工作带来更多的关注和重视;建立更多的联盟;进一步国际化;加强和加速技术转让;创建一个"人才之家";维护和建设杰出的研究设施;形成一个由清晰的核心价值观组成的适应性、市场驱动的组织。

总之,TNO希望将其研究计划和研究领域与客户和合作伙伴的意愿及需求保持一致,开展多学科与跨学科研究,提供独特的技术专长和解决方案,将不同的人员、机构和知识联系起来,提高与客户和合作伙伴分享知识的数量与速度。最终目标是到2021年让TNO成为荷兰的"创新飞轮"。

可以看出,在应用研究领域,创新人才也是其九个优先目标的其中之一。

(四)荷兰智库建议加强科技创新外交

自2017年以来,荷兰政府开始探讨对外交工作的改革。经过多轮的征求意见,荷兰科技创新咨询理事会于2017年5月16日向荷兰经济部部长、教

---

① https://www.tno.nl/media/9441/tno_strategic_plan_2018_2021.pdf.

育文化与科学部部长、外贸与发展合作部部长提出了《加强科技创新的国际化攻势》的咨询建议报告[①]。报告长达 66 页,就科技创新外交提出建议,希望政府重视和加强科学技术与创新领域的国际化与外交部署,出台明确的战略,整合经济外交与科技创新外交,以更好地确保荷兰的全球竞争力和促进社会的全面可持续发展。报告认为,荷兰在科技创新国际化(科技创新外交)方面落后于邻国,这对荷兰的竞争地位是不利的。这也威胁到国际人才争夺战(学生、科学家和研究人员等知识工作者),而研发将越来越多地向国外转移。

综合荷兰科技创新咨询委员会和荷兰贸易与投资委员会的相关政策建议,其要点如下:

1. 为保持持续繁荣,荷兰必须保证不断创新。这有赖于对科技研发、创新和人才的重视,以及科技创新的国际化。

2. 对于荷兰这个知识型国家来说,对科学技术与创新领域的外交支持变得日益重要。

3. 在科技创新外交方面,荷兰没有国家方向或战略,缺乏计划和综合性手段。无论是预算还是手段都很有限。其他一些国家如瑞士、德国和英国有明确的目标、长期的计划和广泛的政策工具,而且英国和瑞士的人均科技外交投资超过荷兰两倍,可以更好地支持人才、知识和创新的国际化。

4. 荷兰在科技创新国际化(科技创新外交)的政策制定和实施措施方面明显落后于邻国和竞争对手。这对保持荷兰的竞争地位不利。这也威胁到国际人才争夺战(学生、科学家和研究人员),而研发将越来越多地向国外转移。

5. 荷兰需要迎头赶上:①政府出台明确战略,制定科技创新的国际化愿景;②成立"(科技创新)国际化指导小组",负责国家科技创新外交战略,包括主题选择、具体的长期计划,以及外交部署;③打造荷兰国家新名片,

---

① https://english.awti.nl/publications/documents/publications/2018/10/08/sti-diplomacy.

展现荷兰作为"贸易、知识和创新高地"的新形象,将知识和创新作为荷兰的国家品牌;④配置更多的科技创新外交资源。加大投入和支持力度,扩大科技创新外交网络,支持科技创新国际合作,吸引国际人才。

6. 荷兰应该更好地把外交、科技、贸易和人才联系起来,保持荷兰的国际竞争地位。

7. 荷兰需要像以往重视和支持经济外交那样,重视和支持科技创新外交。并将这两者加以有效地结合。

在这个报告中,明确地提出应把科技、创新和外交、贸易联系起来通盘考虑,并把人才作为开展创新和科技外交的重要抓手和核心资源。相关建议值得学习和借鉴。

从以上荷兰政府及科技创新重点相关机构的政策和战略中可以看出,人才是整个国家发展战略尤其是科技创新战略的重要组成部分和重要抓手,培育和吸引创新人才、让创新人才充分发挥作用,已成为国家科学战略的重要目标和优先事项。

四、人才培养教育体制与机制

(一)荷兰创新人才的教育

荷兰是世界上教育普及最广,教育程度最高的国家之一。这里曾经培养了9位各国元首以及16位诺贝尔奖获得者(迄今荷兰已有21名诺贝尔奖获得者)。荷兰国民平均教育水平位居世界第三,25~64岁人群中,1/3拥有本科学历,国民英文普及率高达90%。荷兰的13所综合类大学均跻身世界排名前200位。世界前100名大学中荷兰占据7所,教育实力仅次于美国、英国和德国。

丰硕的教育成果得益于荷兰政府对国民教育的重视。荷兰政府对教育的总投入达国民预算的20%。政府提供长达12年的免费义务教育。学前教育阶段也提供高额补贴。

荷兰的教育系统是世界上最为成功的教育系统之一，也是中国教育界学习借鉴的榜样。

1. 高等教育的创新人才培养

高等教育无疑是创新性人才培养的最主要阶段和最主要方式。根据荷兰教育部《知识的价值——高等教育与研究 2015～2025 年战略议程》[①]介绍，近年来荷兰高等教育系统发展了一种"质量文化"（Quality Culture），大力倡导卓越人才培育和能力培养。目前荷兰所有的研究型大学都有学士学位级别的"荣誉（学位）课程"（Honours Programmes）（注——相当于优先生或尖子生，其学习条件和资源优于普通本科生，学习要求和难度也高于普通本科生，学习时间可能也长于普通本科生，也意味着这些学生拥有"更加专业的知识"以及"更加优异的成绩"，最后能获得比普通学士学位更高的"优等/荣誉学士学位"称号）。研究型大学有7%的本科生参加了荣誉课程，应用科技大学有5.3%的本科生参加了荣誉课程。有3.4%的硕士生参加了荣誉课程。荷兰政府打算将学生贷款制度发放资金的约10%用于进一步发展人才计划，包括荣誉课程计划，其目标是实施更多的小规模集约化教育。

荷兰教育部《知识的价值——高等教育与研究 2015～2025 年战略议程》文件明确指出，荷兰教育系统的目标是为所有学生提供接受高等教育的机会，并使所有学生都在正确的地方进行学习。既要重视创新型人才和尖子生的培养，也要重视为所有学生提供公平平等的学习机会。为此荷兰的高等教育系统在人才培养上将开展以下工作：

（1）继续关注荷兰高等教育系统的可获得性。

（2）作为"天狼星计划"的延续，学生贷款系统的资金将来也可以分配给人才计划，包括荣誉课程。将第一年学生贷款制度资金的10%拨给包括荣

---

① https://www.government.nl/binaries/government/documents/reports/2015/07/01/the-value-of-knowledge/the-value-of-knowledge.pdf.

誉课程在内的人才计划。

（3）重视学习成功率、辍学率、转学率和学习时间，加强中学与中等职业学校之间的合作教育，重视学生各种才能的培养和发挥，因材施教，更多地关注课外培养。

（4）鼓励中学、中等职业教育学院和高等教育机构之间开展更多的区域合作，打通学生接受高等教育的不同途径。

（5）打通中等职业教育学校的学生升学到应用科学大学的入学通道。

（6）提供更多的不同的学习课程。增加应用科技大学硕士学位的课程数量。

（7）为应用科技大学硕士学位课程和研究型大学硕士学位课程提供相互转学的机会。

（8）高等教育机构之间，包括应用科学大学和研究型大学之间加强合作，为学生制定更为灵活的学习课程（打破学科和机构的界限）。

（9）重视荷兰高等教育系统的国际化，吸引优秀的国际留学生。

提高继续教育的灵活性和需求导向，引入"终身学习"信用体系。

2. 创业教育培训

（1）以政府为主导的创业教育培训模式

荷兰政府高度重视创业教育，投入大量资金来激励荷兰的创业教育。其目标有两个：一是让更多的荷兰教育机构将创业教育融入其理念、课程设置与组织机构；二是使更多的荷兰学生在具备创业意识的基础上、对创业采取更积极的态度，并在毕业后的五年内真正地创办自己的公司。

许多荷兰知名大学，如格罗宁根大学、乌特勒支大学等，将人才培养分为五种类型：本科生教育、预科教育、研究生教育、创业教育、成人教育。在具体的创业课程上，荷兰高校把"企业管理"与"创业学"这两门课程加以综合，并采用案例的教学法，就是以真实的案例引导学生吸取前辈的经验，并学会如何发现商机、把握商机和利用商机。许多创业教育课程的任课教师并不是专职教师，而是来自企业中的管理人员，包括自己曾经选择创业而后成功或失败的人。邀请这些人前来做讲座、授课或是参加说明会，能够使学生掌握第一手的创业经验，并且跟上市场变化的步伐。

另外，许多荷兰高校开设名为"三明治"的教育课程，即在学习过程中设有企业带薪实习模块。该模块为必修。虽然这并不是直接的创业教育，却给学生们提供了接触真正企业的机会，也使学生在学习的过程中了解企业的管理与运营，为日后可能的创业打下基础。

（2）大学建立孵化器和创业工厂，鼓励教师和学生创新创业

除了创业教育外，荷兰政府还要求大学和高等教育机构必须为那些想要创业的毕业生提供帮助和支持，比如通过"创业资助计划"。

荷兰许多大学都有自己的创业孵化器或创新工厂。例如荷兰代尔夫特理工大学非常著名的学生创业孵化基地——YES!Delft。它由代尔夫特理工大学出资建立，并联合了当地市政府和本地产业的支持。该孵化基地为有志创业的年轻人提供各种帮助，从创业训练项目、场地支持到对接赞助者，一应俱全。园区内许多企业都是由大学生创业开办的中小型企业。代尔夫特理工大学孵化基地不仅在本土获得成功，更赢得了国际的认可。每年代尔夫特理工大学孵化基地会收到多达 500 份来自荷兰及欧洲的申请，吸引了 3 亿美元的投资。目前荷兰代尔夫特理工大学孵化基地依托大学优势，已经成为著名的高科技园区。

（二）荷兰的人才计划与人才奖项

荷兰政府每年投入 45 亿欧元用于科学与创新。NWO 是荷兰最重要的科研资助机构，相当于中国的"科学基金委员会"，主要资助基础研究，但它通过荷兰技术基金会（STW）向应用研究（技术科学）提供资助，并通过荷兰健康研究与发展组织（ZonMw）为医学研究提供经费。总之，它的资助领域覆盖了自然科学、社会科学和人文艺术科学以及医学。

除了资助主题研究计划和导向型研究计划外，荷兰还有专门针对科研创新人才的资助计划和奖项，主要是 NWO 负责的"创新研究激励计划"和"斯宾诺莎奖"。

1. NWO 资助的人才计划

荷兰国家级的人才计划主要由 NWO 来具体实施和执行，旨在为创新型人才提供资助和支持。主要包括以下几种类型：

（1）创新研究激励计划（Innovational Research Incentive Scheme）

旨在为那些有才华、有创意的研究人员开展创新性研究提供基金资助。这些资金可以让申请人执行自己的研究路线。它将促进创新研究，提高科研机构之间的流动性。该计划包括三项基金，面向处于科学职业不同阶段的研究人员：VENI（拉丁语，意为"我来"）基金[①]，为新近获得博士学位的研究人员，每人提供 25 万欧元的资金。2016 年获得资助人数为 158 人，2017 年为 154 人，2018 年为 154 人。VIDI（拉丁语，意为"我见"）基金[②]，为有博士后研究经历的研究人员，每人提供 80 万欧元，支持其在五年内开展创新性研究工作。2016 年获得资助人数为 87 人，2017 年 89 人，2018 年为 86 人，2019 年为 85 人[③]。VICI（拉丁语，意为"我征服"）基金[④]，为已经证明自己具备独立开展研究工作能力的高级研究人员，每人提供 150 万欧元。2016 年获得资助人数为 32 人，2017 年为 34 人，2018 年为 35 人，2019 年为 32 人。

---

① http://www.nwo.nl/en/research-and-results/programmes/Talent+Scheme/awards/veni+awards/veni+awards+2018.

② https://www.nwo.nl/en/news-and-events/news/2018/06/86-researchers-receive-nwo-vidi-grant-worth-800.000-euros.html.

③ https://www.nwo.nl/actueel/nieuws/2019/05/nwo-vidi-van-800.000-euro-voor-85-ervaren-onderzoekers.html.

④ https://www.nwo.nl/en/news-and-events/news/2018/02/35-scientists-to-receive-nwo-vici-grants-worth-1.5-million-euros.html.

从 2018 年开始，NWO 将从 VENI 和 VIDI 新申请轮次开始时向候选人提出"配套保证"。换句话说，研究人员只能在他们打算进行研究的机构的支持下提交 VENI 和 VIDI 资金申请。这一措施源于 NWO 宣布的早期措施以及 NWO 与荷兰大学协会达成的协议，旨在减少申请数量。预计该项举措会减少申请数量，并与研究机构的人事政策更加一致。

自创新研究激励计划于 2000 年成立以来，NWO 已经为近 2 000 名才华横溢的研究人员提供资助。

（2）鲁宾逊（Rubicon）计划[①]：

旨在鼓励在荷兰大学和荷兰皇家科学院或 NWO 下属的研究所工作的研究人员到国外优秀研究机构开展博士后研究。主要针对那些在过去一年内获得博士学位的研究人员，为其在国外顶级研究机构开展博士后研究提供支持，以帮助他们获得国际研究经验，同时优先支持女性科学家申请。

鲁宾逊基金对外国研究所的研究项目的所有科学学科开放，包括自然科学、社会科学与人文科学、应用与工程科学、健康与生命科学。

要求申请人是博士毕业一年之内或正在攻读博士即将毕业的研究人员，在提交截止期之前的五年内申请人必须在荷兰的学术研究机构进行了至少相当于三年全职的科学研究工作；申请必须由研究人员个人提交，而不是由成对或研究团队提交；每位候选人只能提交一次鲁宾逊基金申请；申请人可以在荷兰以外的优秀研究机构工作的资助期限为最短一年、最长两年。

资助主要用于研究人员的工资，包括附加福利，差旅费和有限的研究费用。住房，计算机，基础设施等任何管理费用都不符合资助条件；不允许将其用于在不同研究所之间的联合研究项目。根据项目的性质，申请人可以进行实地研究。

---

① https://www.nwo.nl/en/funding/our-funding-instruments/nwo/rubicon/index.html.

（3）惠更斯教授职位计划（Huygens Professorship[①]）

据悉，NWO将建立惠更斯教授职位，以吸引优秀的资深科学家到荷兰。如果说以上两个计划重点在于培养国内人才的话，该计划重点在于吸引国际人才。该计划的一个鲜明特点是"钱随人走"（Money Follows Researcher，MFR），这也是《NWO新战略2018～2022》中的一个非常大胆的崭新提法（见上文），也就是说获得该基金资助的研究人员，不管他之后在何处工作或任职（即使离开荷兰去了其他国家），他都可以带着课题和资金继续从事该研究工作。

该计划非常大胆新颖，对中国很有借鉴和参考意义，值得密切关注。

2. 荷兰的科技奖项

荷兰国家级的科技奖励主要有以下两个，主要奖励对象是个人。

（1）斯宾诺莎奖（Spinoza Prize）[②]

斯宾诺莎奖成立于1995年，是荷兰科学界的国家级最高奖励，主要表彰和资助荷兰的顶尖科学家。奖金为250万欧元，甚至高过诺贝尔奖。斯宾诺莎奖每年评选一次，每次评选出3~4人。候选人要求是在荷兰工作的研究人员且其研究达到国际领先水平。斯宾诺莎奖得主一般要求做出杰出的、突破性的科学研究，并产生很大影响。每位获奖者可获得250万欧元用于科研。

2018年度的斯宾诺莎奖被授予了4名荷兰科学家：荷兰乌特勒支大学细胞动力学教授安娜·阿克曼努瓦女士（A.S. (Anna) Akhmanova），莱顿大学社会与组织心理学教授德欧先生（C.K.W. (Carsten) de Dreu），瓦格宁根大学和研究所微生物学教授范得豪女士（John van der Oost），代尔夫特理工大学生物纳米学教授德特隆姆先生（AM Marileen Dogterom）。

[①] https://www.nwo.nl/en/research-and-results/programmes/Money+follows+researcher.

[②] https://www.nwo.nl/en/research-and-results/programmes/spinoza+prize.

（2）史蒂文奖（Stevin Prize）①

史蒂文奖是一个针对顶尖研究人员个人或由 2～3 名具有国际声誉的研究人员组成的团队的奖项。每年最多颁发两个奖项。获奖者每人可获得 250 万欧元用于科学研究或者知识交流活动。

2018 年史蒂文奖分别授予了乌特勒支大学国际关系与全球治理史教授德·格拉夫女士（Beatrice de Graaf），以及伊拉斯莫斯大学医学中心（Erasmus MC）病毒学教授科普曼女士（Marion Koopmans）。

以上两个奖项均为荷兰国家级最高科技奖励。颁奖仪式于 2018 年 9 月 12 日在海牙新教堂举行，由荷兰教育、文化和科学部副部长戴克（Dekker）和芬兰科学研究组织（NWO）总裁希伦为上述 6 位获奖者颁发奖章和奖金。

3. 重视吸引国际人才，加强研究人员的国际流动性

除了上述国家级科技人才计划和奖励项目外，荷兰还有很多不同类型和级别的人才交流计划，以吸引国际优秀人才。主要分为两大类，一类是高级研究人员，主要是教授级高级人才。另一类则面向国际留学生，包括本科、硕士、博士和博士后。

荷兰还与其他许多国家有人才交流/进修计划，具体执行机构包括荷兰皇家科学院和部分大学。例如，荷兰皇家科学院与中国合作开展的中国学者交流计划②。这是中荷两国政府间科技合作协议的一部分。该计划是在荷兰教育、文化和科学部与三个中国对口组织包括教育部、中国科学院和中国社会科学院之间签署的合作谅解备忘录框架内进行的，包括联合研究项目、夏令营和个人访学三种形式，已经开展了十多年，目前已经截止。

针对荷兰研究人员的国际流动性问题，2018 年荷兰科技政策研究所（Rathenau Institute）分析了相关的事实和数据，披露了前往和离开荷兰的研

---

① https://www.nwo.nl/en/research-and-results/programmes/stevin+prize.

② https://knaw.nl/en/international/scientific-cooperation-with-china/china-exchange-programme.

究人员的国际流动性的最新信息①。数据显示，研究人员的流入和流出在荷兰大体平衡，无论是在数量上还是质量上。为了更好地理解这个问题，它还通过比较国际数据来跟踪荷兰和外国研究人员的流动性。

根据收集到的信息，他们得出如下结论：

（1）荷兰研究人员是世界上最具流动性的研究人员之一。来自德国、瑞士、加拿大和英国等国的研究人员比其他国家的研究人员具有更高的流动性。

（2）研究人员的流入和流出在数量上基本均衡。与其他国家的研究人员相比，荷兰研究人员流动性很强，但荷兰也吸引了外国研究人员。整体来看，荷兰既没有人才流失，也没有人才回流。

（3）研究人员的流入和流出在质量上也基本平衡。荷兰的人才去了其他国家，但也从国外获得了优秀的研究人员。来访和离开研究人员的引文影响得分相似。此外，与荷兰的其他研究人员相比，这两个群体的得分都很高。报告也发现瑞士、德国、瑞典和丹麦也在流入和流出之间保持了质量上的平衡。相比之下，进入英国和美国的研究人员比离任的研究人员的论文引用影响更大。

（4）荷兰大学的学术人员越来越国际化。外籍教师的比例从 2005 年的 20%上升到 2015 年的 33%。在工程、自然科学和经济学领域的外国研究人员数量尤其多，但各领域的增长都很显著。这些外国研究人员主要来自德国（5%）、意大利（3%）、中国（3%）、比利时（2%）和印度（2%），其次是英国、美国、西班牙、伊朗和希腊。

4. 重视人才交流，吸引国际留学生

在教育领域，荷兰高校不仅不断提升外国教授、学者在科研领域和教学领域中的比例，近些年也在持续增加国际留学生的数量。

根据英国泰晤士报的世界大学排名，荷兰 13 所综合性大学排名均在前

---

① http://mil.news.sina.com.cn/2018-02-15/doc-ifyrrhct8151406.shtml.

200 名，其中 7 所大学在前 100 强。此外，荷兰高等教育的国际化程度非常高。大学的很多课程都是用英语直接授课，加上务实高效的教学质量和相对较低的学习和生活费用，具有含金量高和性价比高的优点，吸引了来自世界各国的留学生。

根据荷兰高等教育国际组织 2019 年 3 月发布的统计报告[1][2]，2019 年共有来自 170 多个国家的 85 955 名外国学生在荷兰高等院校注册以攻读学位，占整个荷兰入学人数的 11.5%，高于 2018 年的 10.5%。其中德国、意大利、中国的留学生人数位居前三，分别为 22 584 人、4 814 人和 4 547 人。2018～2019 年度，有更多的国际学生（30 500 名）在研究型大学学习本科课程，应用科技大学为 27 186 人。国际学生的比例在硕士课程中是最高的，其中 25 669 名国际硕士生入读研究型大学，占学生总数的 23.6%。2 145 名国际学生（20.5%）入读应用科技大学的硕士课程。目前，荷兰 30%的大学教职员工以及 50%攻读研究生及以上学位的人都是外国学生[3]。

据中方统计口径，目前在荷兰的中国留学生约有一万人（包括预科、大学生、研究生及交换生），其中中国留学基金委派出的留学生约 2 000 人。荷兰是中国公派留学生全球第九大目的地国、欧洲第四大目的地国。

5. 鼓励高技术移民并给予优惠政策（30%税收优惠）

荷兰鼓励高技术移民到荷兰做贡献，因此对高技术移民给予了一系列优惠政策，其中最有吸引力的是"海外专才税收优惠"政策，即在满足一定条件的情况下，在荷兰大学、研究机构和企业的外籍高技术人才工资的 30%可免除计税，最高免税率可达到 36.4%。具体执行方式是，税前工资总额减少 30%，这 30%用报销方式补偿给员工，从而达到免税目的。这样做也不影响

---

[1] https://www.nuffic.nl/en/longreads/nuffic-publishes-new-figures-international-students.

[2] https://www.nuffic.nl/documents/971/incoming-degree-student-mobility-in-dutch-higher-education-2018-2019.pdf.

[3] http://news.sina.com.cn/o/2018-05-16/doc-ihapkuvm6236385.shtml.

雇主的工资负担。

该政策有以下特点：

（1）税收优惠：除能享受30%的工资免税外，高技术移民在收入所得税上还能享有"部分非居留状态"的税收优惠。

（2）驾驶执照：如果你享有海外专才税收优惠，那么在有一个外国驾驶执照的前提下，你无须重做驾驶测试，即可换取荷兰驾照。

（3）追溯期：税收优惠政策的申请将在雇佣合同开始执行后的4个月内开始生效。如果在合同生效四个月后再申请海外专才税收优惠，它将在申请月之后月份的第一天生效。

（4）时间：有效期为十年。五年后也许税务部门会询问用人单位，该雇员是否还符合给予海外专才税收优惠的条件。

（5）更换工作：如更换工作，高技术移民可再次提交海外专才税收优惠申请，并证明其仍然符合海外专才税收优惠要求的特殊技能要求。可以在旧工作终止前三个月开始新的工作。

为吸引和留住高技术人才，荷兰鼓励国际留学生毕业后留在荷兰工作。荷兰的签证政策规定，凡在荷兰教育部承认学历的大学中顺利完成本科及硕士课程的应届毕业生均可直接无条件获得为期一年的工作签证，以便帮助这些毕业留学生顺利在荷兰找到工作，从而让这些人才继续为荷兰所用。此外，在荷兰工作满五年且合法纳税者通过荷兰语考试后，即可独得绿卡。

五、创新人才培育特色与优势

（一）创新性人才教育特点

概括起来，荷兰创新性人才教育有以下特点：

一是努力为所有学生提供平等且各具特色的教育机会，并着力打通不同教育体系（职业教育—应用科技大学—研究性大学）相互转换的通道。所以荷兰的教育体系非常灵活且人性化，既有非常发达高效的职业教育学院，也有双轨制的应用科技大学和研究性大学。我们可以称之为"有教无类"。

二是既重视优秀尖子生的重点培养（如荣誉课程），也重视职业教育和应用科技大学的学生培养，可以根据学生的不同情况灵活变动调整以选择适当的教育途径和教育模式，从而充分发挥每个学生的潜力和兴趣，给每个孩子提供公平的发展机会。这实际上都是真正的"因材施教"。

三是在小学阶段更多注重孩子的天性培养和快乐教育，重视培养儿童的创造力和独立思考能力，并不强调课业，因此荷兰儿童是承受课业压力最小的儿童，也是世界上儿童快乐指数最高的国家。在中学阶段也并不强调过分竞争而是强调探索精神和团队合作。在高等教育阶段则倡导自学、注重实战和应用，重视培养学生的批判性思维能力，尤其重视团队合作精神和合作技能的培养。换句话说，就是在不同阶段的具体情况采取最适宜的教育方式。我们可以称之为"因时制宜"。

四是荷兰教育并不崇尚竞争，荷兰家长和学生并不是特别看重学业成绩，认为成绩及格就好，对于中学生来说这已足以证明他们有资格进入下一阶段的学习。当然，如果你想要表现得更好，则完全是个人选择。因此，尽管荷兰学校里没有强烈的竞争氛围，但也正是如此让学生有了足够的自由度，让他们更加注重发掘想法和创意，发展个人爱好，锻炼探索精神和团队合作，培养创新精神和创业意识。也就是说，荷兰教育政策聚焦在最大范围具有中等能力的一群学生，而不是成就最高的一群学生。把教育的中心目标设定在"让更多学生拿到文凭"，并将此"平衡发展"的理念贯穿到各个层级的教育系统。我们可以称之为"中庸之道"。

五是面向满足社会的不同需求，重视创新和创业教育，着力培养学生的创新精神和企业家精神。在中学阶段着重培养学生的探索精神和创新意识。在大学阶段着重培养学生的团队合作能力和创新意识。绝大多数荷兰大学已将创新创业教育融入其理念、课程设置与组织机构中，为学生提供指导和支持。更多的荷兰学生在具备创业意识的基础上，对创业采取更积极的态度，并在毕业后真正创办自己的公司。我们可以称之为"创新创业"。

（二）相关启示借鉴

（1）一个国家或机构的创新能力，不仅体现在经济竞争力上，更体现在科技创新能力上；不仅体现在一些显性指标上，如创新绩效和国际排名、科研人员数量、大学数量和科研投入、创新政策、创新体系、创新机制、创新计划等，更体现在一些看不见的软性指标上，包括创新环境、创新效率和创新活力，以及成功关键因素之一的创新文化。很显然，前者中国已经做得很好了，但后者还有很大的提升空间。

（2）创新性人才是建设创新型国家的关键动力和重要保障，是整个国家发展战略尤其是科技创新战略的主要组成部分和重要抓手。荷兰虽然没有单独的国家级人才战略，但培育和吸引创新人才、让创新人才充分发挥作用，已成为荷兰国家科教战略的重要目标和优先事项，并制定了一系列相应的政策和措施，且已取得了显著成效。

（3）针对创新人才的培养教育，荷兰值得借鉴的主要有四个方面，一是重视平等互助的团队合作；二是奉行开放包容的创新文化；三是重视企业家精神培养和创业教育；四是重视国际化人才。

（4）关于创新人才的吸引和使用，荷兰值得借鉴的主要有以下几点，一是吸引国际化人才包括国际留学生和高技术人才的优惠政策与配套体系；二是公平择优、灵活超前的科技人才资助与奖励计划；三是以金三角模式和开放创新为代表的创新环境和创新生态；四是以"圩田精神"为代表的倡导平等互利、开放包容的创新文化；五是团队合作、既合作又竞争的创新氛围；六是鼓励追求极致的创新精神和倡导与经济社会紧密结合的创业机制。

第十四节　奥地利创新人才培育模式

一、国家科技创新能力总体评述

奥地利位于欧洲中部，国土面积约8.4万平方千米，人口881万人。作为一个高收入国家，2017年GDP总量4 166.0亿美元（当年价，下同），人均GDP 47 291美元。外贸在其经济中占重要地位。在高技术产品进出口贸易领域，奥地利主要集中在电子信息、计算机和办公设备、航空航天、医药制品、科学仪器、电气设备、化学制品、武器军需品等。

2018年奥地利国家创新指数在全球排名第14位。2017年R&D经费投入131.6亿美元；R&D经费投入强度为3.16%；SCI收录论文1.7万篇；PCT专利申请数1 397件；高技术产业出口占制造业出口比重为9.78%。根据2019年国家创新指数报告，奥地利在全球综合排名第18位，较上年下降4位。一级指标中，创新资源排名第10位，较上年下降1位；知识创造排名第32位，与上年持平；企业创新排名第8位，较上年提升1位；创新绩效排名第20位，与上年持平；创新环境排名第16位，较上年提升4位。二级指标中宏观经济稳定性排名第1位，职业培训质量排名第4位，企业研究人员占全部研究人员比重、企业研究与发展经费和增加值之比、研究与发展经费投入强度排名第6位。

奥地利联邦政府科研创新体系分为三个层面，即决策、管理和实施层面。科技立法、宏观决策、经费预算由议会决定，管理由政府部门负责，实施则由大学、校外研究机构、企业等各类科研单位承担。在政府与各类科研单位之间，科研创新促进机构起着承上起下的作用。在具体科技项目开展过程中，奥地利通过政府资金持股的专业机构开展，主要有奥地利科学基金（Austrian

Science Fund，FWF）、奥地利研究促进署（Austrian Research Promotion Agency，FFG）和奥地利经济服务公司（Austria Wirtschaftsservice GmbH，AWS），分别涵盖了基础研究、应用研究和企业资助等领域。这种项目管理模式一定程度上保障了科创资金应用的公平公正、公开透明和专业性。

奥地利民间创新的原动力主要来自企业界。企业由于其市场竞争的属性天然具有创新的动力。奥地利企业的显著特点是中小企业占到了全国企业总数的 99.7%。企业规模小，故而科技创新活动主要通过联合或委托独立研发机构开展。校企、企业和校外研发机构的模式成熟，效果良好，促进了双方良性发展。在奥地利企业的创新传统和政府营造的良好创新环境下，2019年奥企业部门的研发经费支出达到 144.5 亿美元，占全国研发总支出的 54.4%。

二、创新文化背景

奥地利前身是由哈布斯堡家族掌控的神圣罗马帝国和之后的奥地利帝国。18 世纪中叶在玛丽娅·特蕾莎女王的推动下，帝国进行了一系列改革措施，推行"开明专制"使奥地利进入了先进国家的行列。奥地利在第一次和第二次世界大战中饱受战火摧残，逐步形成现在的政治版图。二战结束后奥地利宣布"永久中立"，凭借之前雄厚的工业基础和马歇尔计划的资金扶持，国力迅速恢复，形成了如奥钢联、AVL 李斯特等系列支柱企业和机械制造、汽车工业、环保、文化等重要产业。

奥地利国土面积约 8.4 万平方千米，与中国重庆市面积相当；2018 年常住人口为 882 万，不到中国北京市人口的一半。该国邻国众多，与八国接壤，处于东西欧交界处，区位优势明显。这样一个地理范畴狭小的国家在 2017 年度人均国内生产总值达到了 37 000 欧元，远高于欧盟平均值的 28 600 欧元，在世界范围内也处于最富裕的国家行列。

保持奥地利经济社会稳定发展，紧跟世界其他发达国家的原因众多，不容忽视的重要因素之一就是该国对科技创新的重视。进入 21 世纪以来，奥地利创新发展遇到了一些瓶颈，如创新体系产出降低、支柱产业创新乏力以及高等教育人口比例低于欧盟平均水平等。为此奥地利相关部委相继推出了携手社会力量共同开展创新的战略举措。如为了激发高等院校和科研机构领域的创新动力，奥地利原科研经济部推出的"创业者之国"战略；由议会授权，联邦交通创新技术部和联邦科研经济部通过全社会范围的广泛咨询和专家讨论出台的"开放创新战略"，力求通过促进跨学科、社会化、开放式的全民创新来保障国家竞争力。

三、战略规划与政策体系

（一）科技创新规划

奥地利政府于 2011 年 3 月正式出台了《联邦政府研究技术创新战略》（The Federal Government Strategy on Research, Technology and Innovation，FTI），这一文件成为奥地利一系列科研创新政策的基石。从文件的宣传口号"开拓潜力、增强活力、开创未来——创新引领者之路"可以认识到该战略文件的出台是奥政府和民众对促进研究、技术和创新的一致共识，是奥地利在上一个十年经济社会获得快速发展后，在经济全球化背景下应对新挑战所做出的新探索和制定的新举措。该战略文件总目标分别是 2020 年奥地利研发支出占国内生产总值的比例提升至 3.76%和跻身欧盟的领先创新国家行列。

鉴于"FTI 战略"在奥地利科技创新领域中长期发展目标和措施中的重要地位，简要对其重点领域和内容进行列述：①奥地利教育制度的持续性改革，教育体系和创新体系的互联；②强化基础研究和应用研究及相关机构，加强基础研究设施建设；③提高企业创新能力（提高科技含量、深化技术研发和转移、强化导向性政策制定实施如创新促进型公共采购）；④优化科研管理和资助体系；⑤加强奥地利科技创新领域的国际定位；⑥提高政策指导效力（明晰的治理架构、有效的举措和成效明显的资金使用）。在"FTI 战略"指引之下，奥地利依据自身优势在能源、环保、先进制造技术、人工智能等领域逐步出台了生态经济战略、能源研究和创新战略、智慧城市、智能电网项目、未来房屋、未来工厂、工业 4.0、创新促进型公共采购等一系列产业指导政策和促进措施。

除在实业界和学界开展科技创新活动以外，为培养新动能、调动社会资金和智力资源，奥政府实施了开放创新战略。战略的实施对调动社会资源、营造创新创业氛围、加强社会创新文化发展不无裨益。

（二）创新人才政策

奥地利联邦交通创新技术部、教育科研部、数字化和经济区位部是奥政府主要创新人才政策和措施制定部门，根据各部委定位不同共同构建了奥地利的人才政策体系。

奥地利交通创新技术部（Austrian Federal Ministries for Transport, Innovation and Technology，BMVIT）推进人才工作的重点集中在科研人员的资助、新生代培养以及人才交流，根据以上三个方向制定了相关的扶持措施。

新生代培养方面的措施有：中小学生为期 4 个星期的关于技术和自然科学的校外实践学习（Praktika für Schülerinnen und Schüler）、区域性企业和科研机构开展青少年人才发掘培养（Talente Regional）。此外专门为 14~25 岁的青少年开展的计划，通过网络和现实生活两种途径帮助青少年在早期就接触了解科技创新领域，培养激发在未来走向科研创新的职业生涯，其具体途径包括通过专门的网络机构（Datenwerk[①]）获取科技信息资讯、通过社会机

---

① https://www.datenwerk.at.

构（PlanSinn[①]）组织开展如与科学家面对面交流的系列实景活动。

提供研发和创新领域就业的劳务市场（Jobbörse）、专为外国高端人才来奥研发创新的职业补助金（Karriere-Grants）。在加强特定研发领域的研发实力和扩展深化学界与经济界合作，对大学实施"基金教授席"（Stiftungsprofessuren）计划，引进国际尖端科研人员针对当下科技经济热点开展工作（如2014年聚焦"未来制造"，2015年聚焦"交通运输和航空、大数据和工业4.0"，2017年聚焦"航空技术和自动驾驶"）。其经费由国家和相关企业联合资助。

特别值得注意的是奥地利格外重视女性科研创新人才的发掘培养，以"研究和技术领域的女性"（FEMtech-Frauen in Forschung und Technologie）为政策口号，开展系列鼓励、扶持女性开展创新活动的举措，如"学生实习"（Praktika für Studentinnen）项目鼓励支持女大学生开始研发领域的职业生涯，"女性科技职业"（FEMtech Karriere）帮助女性清除应用研究领域的性别区别对待，实现科研领域的男女机会平等。

奥地利联邦经济部和联邦教育部每年联合资助举办全国创新青年大赛（Innovative Jugendwettbewerb），鼓励全国15到20周岁的在校生开展创新活动，实现个人创新构想。大赛获奖者除得到奖金资助外，还将获得前往国外如美国、中国参加国际创新大赛的旅费支持。

奥地利联邦教育科研部近期加快推动开展数字化教育模式，培养未来创新人才。该部通过整合过往资源，于2019年研究出台《数字化教学总体规划》（Masterplan für die Digitalisierung im Bildungswesen），借此应对数字化对教学体系的挑战，帮助受教者更好地应用新工具手段面对未来。目前该总体规划划分为三大行动领域："软件"方面，对教育学、教授和学习内容的数字化整合；"硬件"方面，建设统一标准的基础设施和相应的标准终端设备，

---

① http://www.plansinn.at.

现代化的日常管理体系；人员方面，对教育工作者开展数字化背景下的进修和再培训。该总体规划在 2019 年夏联合其他相关部委经专家论证后出台，预计 2023 年完成规划设定目标。

在大学教育以外，奥地利联邦教育科研部通过以下途径提高科研体系的人才储备和科学素养：①通过奖学金和旅行费计划加强教育培训，②重金奖励科学精英，③便利举措助力人才的科学职业生涯，④多举措激励女性开展科研，⑤拓展国内科研人员进入国际顶尖科研机构渠道，⑥切实举措激励青少年科学爱好者。

四、人才培育教育体制与机制

（一）学校教育体制

奥地利既有历史悠久的高等教育体制，也有为制造业和工业提供大量高素质工匠人才的职业教育。其双轨制教育与德国类似，再辅以终身教育模式、项目培养人才模式和良好的大学教育使奥地利的人力资源状况良好，具有优质创新人才储备。

1. 义务教育和双轨制职业教育

奥地利学龄教育体制和德国类似，实行九年制义务教育，在第九年义务教育时开始根据学生个人意愿和能力选择未来发展方向，既可以走职业学校也可以走普通高中再到大学。选择普通高中的学生在获得高中毕业证后就可以直接选上大学、师范以及其他专科学校。其他学生将可以选择接受双轨制职业教育或专科职业教育学校。这是德奥教育体系的一大特色，也是两国在就业市场上长年保持欧盟最低失业率的重要保障。其中接受双轨制职业教育的学生分为学校学习和企业实习（占学业 80% 左右的课时[①]）两部分内容。学

---

① 奥地利联邦经济部："Die Lehre, Duale Berufsausbildung in Österreich"，2012 年。

制根据专业不同可达 2～4 年，拥有学生和学徒双重身份。其特点就是理论学习和实践应用相结合，真正做到学以致用。在通过职业毕业考试后，通常就可以开始个人的职业生涯。同时也可以获得高中毕业证后，再转回高等教育阶段继续学习。

2. 奥地利的大学教育和科研人员培养

奥地利大学承担着科学研究和高等教育的双重职责。近年，在该领域奥地利曾实施系列改革，提高了大学和高等专科学校的科研教育水平，同时为科学、经济和社会间合作夯实基础。

在教学管理方面，奥地利大学在城建规划、生化、医药、计算机、工商管理五个热门学科实施了"进出管理机制"。鉴于目前机制运行良好，将继续实施至 2021 年，并在过程中不断完善；另一方面是扩大提升师资队伍：2013～2015 年绩效共扩大了 95 个教授及相应水平职位，在师资质量一揽子计划专项支出达 3 600 万欧元。制度层面上，2012 年 3 月正式出台的高校质量保障法为第一部跨部门的基础性法律，对阶段性高校绩效制度评估，特别是其核心职能教学评估进行了规范。该法结合高校自身的制度管理体系确保奥地利高等教育发展的质量。同时为激励教职员工，2013 年正式设立"杰出教师奖"（Ars Docendi），颁发给该国高等院校的杰出教师。除加强师资队伍建设外，奥地利倾向于建立国内校际间、跨部门的师资力量交流。为此 2016 年 2 月，奥地利联邦科研经济部出台了"未来高校"方案。

在科研方面，改善科研人员条件。FTI 战略中，预期在三个领域改善科研人员的科研条件：①提高大学预备教授岗位的透明度。通过大学法修改草案（UG-Novelle BGBl. Nr. 131/2015）采用国际竞争标准对授予资格进行审核。②实施美式终身教职晋升制度（Tenure-Track-Model）。③通过参与项目加大对博士生及博士后的扶持。

完善科研人员的晋升之路。在奥地利政府认知中，基础研究和高校内科研的数量及质量对于目前知识经济背景下的创新推动作用愈发明显。高水平研究的两个必备条件分别为科研条件（资金支持的力度和机制）和对顶尖科研人员的吸引。目前奥地利面临的亟待解决的问题是人才的海外流失，其原因有二：一是因国籍归属不同，对教授晋升的区别对待；二是缺乏制度化教授晋升途径。根据2002年大学法98款针对教授的考核管理规定，年轻科研人员无法在本校由副教授晋升教授。为此，奥地利FTI战略计划以特别条款形式将实施美式终身教职晋升制度作为大学系列改革目标之一。具体法律修正案（§99 Abs. 4 bis 6 UG2002）于2016年10月正式生效，使科研人员职业生涯规划向以英美为主的国际标准靠拢，简化程序，使科研人员有望在本校晋升教授，特别是使缩短青年尖端人才的教授之路成为可能。从战略视角，该项措施一方面有助于提升奥地利大学在国际排名中的竞争力，另一方面有助于改变目前奥地利大学教授席位欠缺的窘境。目前该项法律修正案及配套措施需要经过实践检验，并规定以五年为间隔进行评估。

以项目建设推动资助博士生。在博士生教育和青年研究人员的培养上，为做到知行合一，使大学科研和学术界紧密结合，培养高质量的科研人员。奥地利FTI战略通过搭建、扩展科研项目体系加以推进。其具体措施包括：由FWF组织实施的博士班项目计划（Doktoratskollegs，DKs）。该项目是培养本国和外籍旅奥青年研究人员相关体系的核心。截至2016年1月，该计划共组织实施46个项目，培养超过1 100名青年研究人员，项目总金额近1.4亿欧元。除此之外，奥地利技术研究所（Austrian Institute of Technology，IST）的研究生院开设博士生项目计划（PhD-Programm），目前该所超过300名科学家按全新的美式体系培养约120名青年研究人员。所有的博士研究生都参加跨学科的培训计划，并受到多名科学家的指导管理。

在系统博士生培养领域，根据奥联邦科研经济部与大学联盟联合讨论后新出台的2016~2018年高校绩效协议，博士生将与所在大学及研究机构确立雇佣关系（至少30个小时）。博士生作为"初期研究者"，其研究行为与个人的资助和社会保障被有机地结合起来。在目前绩效协议中，奥地利政府为此将支付 3 000 万欧元，第一笔资金拨付将自 2017 年始。在随后几年中该培养方式将得到实践扩展和检验。在参与博士生系统培养方面，除奥地利科研经济部以外，奥地利大学联盟、奥地利研究和技术发展委员会、奥地利科学委员会也是积极的推动者。

（二）社会培训体制

奥地利民间对人才的培训主要体现在两方面，一是双轨制的职业教育（见上文），二是走出校园后的继续教育。

根据相关工商管理条例，企业应当积极参与双轨制教育，根据企业能力开展相应的学徒培训。公司企业和职业学校共同培养专业型人才。企业把培训产业工人作为对未来的投资，为现代产业源源不断输送高素质的产业工人。双轨制教育的最大优势就是其教育准则随业界需求而不断发展，同时推动所属行业技术向前发展。其特点包括：①学徒工在真实的工作环境中接受培训，在受训完成后可以直接走上工作岗位成为一名专业技术合格的工人；②培训在实际生产中开展，一方面降低了工厂的运营成本，另一方面提升了学徒的学习积极性；③对于某些企业，可以借此建立自身的培训体系；对于某些行业，可以建立该领域跨企业的培训中心。

在具体培训中，企业不限规模大小，单人公司也可以开展培训。在单个公司无法对学徒进行全面培训时，可以通过培训联盟开展剩余培训。学徒培训结果的优劣取决于相应的培训人员的专业素质和培训能力。在这方面奥地利有对培训人员的业务培训和相应资质能力认定考试，借此保障教育质量。通常情况下，培训人员在培训中教授自己专门的技能知识。大企业拥有不同工种的专业培训人员。一个资质认定合格的培训人员通常拥有专业技能资格、职业教育能力、相关法律知识三方面的资格认定[1]。

---

[1] 奥地利联邦经济部："Die Lehre, Duale Berufsausbildung in Österreich"，2012 年。

另一方面随着科技进步，新兴产业的兴起，包括数字化带来的机遇挑战，在政府扶持和社会资本的参与下开展走出校门后的继续教育。2011年由奥地利政府出台"终身教育2020战略"（LLL:2020）[①]。该文件制定了十条行动路线，除学前教育、学校教育外，有八条涉及了继续教育：包括成人基本技能保障，青年进入职业生涯的过渡体系，出台具体措施重新定位工作、学习和二者之间的平衡。通过市政和民间机构加强社区教育，扶持构建学习友好型的工作环境，继续教育保障就业竞争力。通过业余学习提高生活质量，承认非官方机构的教育培训成果。该战略第一次整合了包括教育、科研、经济、社会等相关领域的部委政策资源，整合了联邦和地方州政府的教育资源，共同为奥地利培养高素质、高能力的人才队伍。

（三）国家培育体制

政府科技创新人才培育的战略意图分化在具体的蕴含人才培养和资助目的的科技项目中，具有很强的目的性。

2016年底，FWF公布了2017~2020年的战略规划，其重点举措中包括"未来教授计划"，在八年时间内为奥地利新增培养200年青年教授，筹谋国家未来创新发展高水平人才梯队培养。这是目前奥地利主要的尖端人才培育战略规划。

其他以创新人才培养为目的的科技计划有：基础项目计划（Basisprogramm，包含起步计划Start-up Förderung），实施单位除了得到项目资助外，还可以额外得到相关科研人员用于撰写论文和毕业报告的人事津贴。桥梁项目（BRIDGE-Programm）主要用于成果转化，资助有前景的基础研究的市场化应用。在项目加深学界和经济界的科研合作，协助中小企业加

---

① 奥地利教育科研部："LLL: 2020 Strategie zum lebensbegleitenden Lernen in Österreich"，2020年。

大研发等出发点以外，还包括促进科研人员从大学向经济界开展科研的转移。工业相关博士论文项目（Industrienahe Dissertationen），该项目用于资助撰写博士论文的科研人员在技术和自然科学领域开展技术攻关，并最终形成其博士论文。其不限定研发的具体行业领域，但每期的项目招标书会给出重点侧重领域。通过"经济界研发能力"（Forschungskompetenzen für die Wirtschaft），扶持企业（特别是中小企业）系统建设研发体系并提高现有科研和创新人员能力。其形式有新兴技术的短期研讨会、中短期的专题培训、长期的新兴领域的研发和创新教育。通过数字化提高训练营计划（Digital Pro Bootcamps），帮助企业建立信息技术领域的创新能力。主要方式是提高企业人员的信息化能力，进而提高参与企业的研发创新能力。同时建立校企之间长期的合作关系。

同时，奥地利充分利用欧盟资源，参与人才的国际化培养。积极推介参与 2020 计划中各项科研人员成长计划，如结构化博士培养项目（Strukturierte DoktorandInnen-Ausbildung），系统性培养欧盟卓越科学家；玛丽·居里奖学金（Marie Curie Fellowships），为科研人员提供广阔的具有吸引力的职业发展机会，可以跨行业、跨部门、跨区域；人员交流项目（Personalaustausch）对高校、科研机构和企业科研人员的跨地区、跨行业、跨部门的人员交流进行资助，其目的在于促进科研的市场化。联合资助项目（Ko-finanzierung）对已有的科研人员资助计划开展额外的补贴，目的是更好地协调各资助计划的顺利开展。欧洲研究理事会（European Research Council，ERC）开展对全球卓越科学家的资助计划。欧洲科研人员网络（Euraxess links），为赴欧盟内部开展科研的工作人员提供包括工作、服务、权利、交流四个方面的便利。

五、创新人才培育特色与优势

奥地利在创新人才培养上充分发挥了自身教育体制的优势，同时通过优化提升本国科研环境，使自身成为极具吸引力的研发基地，"筑巢引凤栖"一定程度上引进尖端人才充实本国研发队伍。

1. 在自身教育培训体制上。

奥地利大学教育具备培养尖端科研人员的实力和历史。例如著名的维也纳大学，历史上曾经培育出 27 位诺贝尔奖得主。其高校优质学科建设为高素养科学家的培养提供了基础条件。近期来，多部门在全球热点行业和前沿科技领域开展博士生培养计划，力求在原始创新和尖端技术领域保持一定的科技创新引领能力。

在职业教育方面，双轨制模式使能力与意愿相符合的人才提前进入职业生涯，在学中做，在做中学，使知识技能和实际工作能力紧密结合，培养出具有工匠精神和能力的职业人才。他们使创新在生产一线逐步展开，更加迅速地获得创新红利。

在继续教育方面，为应对就业和适应整体技术创新的背景，加强对现就业人员的再次培训，由政府出面联合各部委和地方的资源，整合推出终身教育 2020 战略规划，使社会人员素质能力处于不断更新状态，保障了人才竞争力。

2. 以良好的创新环境和完备的创新要素吸引人才聚集。

以 2009 年成立的奥地利科学技术研究院为例，该院是奥地利为建设世界顶尖基础研究和顶尖人才培养机构所做出的尝试。通过国际化、独立性、跨学科、富于竞争（全面采用"非升即离制度"（Tenure Track））的学术环境和优厚完备的项目资金、后勤保障招揽世界相关学科顶尖人才。该院已有员工 569 人，其中科研人员 306 人（2015 年），教授 45 人。现有学生均系博士以上，来自 45 个国家和地区。

此外在开放创新领域，以出台开放创新战略为契机，以创新创业为主题动员社会资金力量，激发全民创新热潮，发掘民间创新人才。

第十五节　挪威创新人才培育模式

一、国家科技创新能力总体评述

挪威位于斯堪的纳维亚半岛西部，东与瑞典接壤，西邻大西洋，与芬兰、俄罗斯接壤。国土面积约为38.5万平方千米，2017年人口528万人，GDP总量3 988.3亿美元（当年价，下同），人均GDP 75 505美元，为高收入国家。挪威是拥有现代化工业的国家。工业在国民经济中占有重要地位，海洋石油、化工、航运、水运、冶金等尤为发达。近年来，挪威虽然受到国际市场石油价格走低的影响，但在往年累积的财政运转良好的基础上，挪威经济、科技和创新活力仍然保持了平稳上升态势。

2018年挪威国家创新指数在全球排名第16位。2017年R&D经费投入84.3亿美元；R&D经费投入强度为2.11%；SCI收录论文1.5万篇；PCT专利申请数820件；高技术产业出口占制造业出口比重为18.43%。根据2019年国家创新指数报告，挪威在全球综合排名第16位，与上年持平。一级指标中，创新资源排名第12位，与上年持平；知识创造排名第22位，较上年下降4位；企业创新排名第24位，较上年提升2位；创新绩效排名第7位，与上年持平；创新环境排名第15位，较上年下降6位。二级指标中宏观经济稳定性排名第1位，劳动生产率排名第3位，研究与发展人力投入强度排名第5位。

总体来看，挪威R&D投入占GDP的比例低于OECD国家约2.3%的平均水平，但挪威政府对科研经费的投入始终保持平稳上升趋势，被主要国际智库列为"创新驱动的国家"。

二、创新文化背景

（一）自然地理条件和经济社会发展

挪威，位于欧洲的北部，斯堪的纳维亚半岛的西部，是北欧四国中海岸线最长、港口最多的一个国家。由于拥有漫长的海岸线，所以挪威拥有很多峡湾，也有条件优良的港口。气候方面，受北大西洋暖流影响，大部分沿海不结冰；矿产资源和石油资源丰富；有充足的能源供应（靠近水电站，有丰富的石油、天然气资源）；有河流流经，水源充足；临海，发达便捷的海运条件优越，便于产品输出。产业结构转型升级，发展电子信息工业；扩大规模效益；延长产业链，增加产业附加值；积极开拓国际市场。东部和瑞典隔着斯堪的那纳维亚山脉，南部和丹麦隔着丹麦海峡，地理条件比较封闭，隔绝性很强，加上挪威位置偏僻，在古代航运条件差。各国的争夺重点都集中在波罗的海的出海口，没人去争夺寒冷的北冰洋出海口，当时人们还没有领海的概念，也没有油气资源开发的利益驱动，所以造就了今日的挪威。

挪威是拥有现代化工业的发达国家。20 世纪 70 年代经济发展速度较快，80 年代有起有落，90 年代初因取消石油生产限额，收入剧增，外贸顺差大幅增加。在油气出口巨额收益的支撑下，近年来挪威经济状况良好，失业率和通胀率维持在较低水平。2008 年金融危机爆发后，挪威政府出台了一揽子应对方案，挪威经济未受明显冲击，在较短时间内恢复稳定并重新实现连续增长。2014 年以来，受油价下跌影响，挪威油气产业投资减少，经济增速放缓，但基本保持良好。2015 年主要经济指标如下：国内生产总值：约 3 877 亿美元；人均国内生产总值：约 7.4 万美元；国内生产总值增长率：1.6%；消费者价格指数增长率：2.1%；失业率：4.4%；挪威政府"石油基金"市值：7.48 万亿挪威克朗。

挪威有丰富的油气资源，水力、森林、渔业资源也十分丰富。截至 2014 年底，原油及天然气预计总储量为 141 亿立方米（石油当量），已开采 45%。水力资源丰富，可开发的水电资源约 2 140 亿度，已开发 62%。北部沿海是世界著名渔场。工业在国民经济中占有重要地位，海洋石油、化工、航运、水电、冶金等尤为发达。欧洲重要铝、镁生产国和出口国，硅铁合金产品大部分可供出口。20 世纪 70 年代，挪威近海石油工业兴起，成为国民经济重要支柱。挪威现为世界第十一大石油出口国。

（二）文化中的科技创新氛围

挪威是维京人的故乡，而一提起维京人就不禁会让人想起"海盗"的形象。在西方人看来，"海盗精神"和"海盗文化"是个"正能量爆棚"的概念。它意味着对未知领域的勇敢探索，执着追求梦想，不放弃最后一丝希望的信念。

在挪威你总能看见"海盗基因"的延续。这个国家在医疗护理、社会福利、可持续能源等方面的发展都有很多突破。因为电力基础设施发展完善，这里是特斯拉最大的欧洲市场。90%的能源已实现可持续。挪威人相信，在不久的将来可以成为世界上第一个实现全电力化的国家。

挪威创新署曾表示："变革无处不在，我们要做的就是帮助创新者，支持那些能让挪威的未来与众不同的人和想法。"

改变源于危机，挪威人的梦想不是凭空而来，一切都要从石油说起。这个斯堪的纳维亚半岛上只有 500 多万人口的国家，因为蕴藏丰富的石油和天然气，已经成为欧洲国家能源需求的主要供应者，也是全球最大的原油净销售商之一。挪威人还用石油带来的财富建立了全世界第二大主权基金——挪威国家主权财富基金。但石油资源是不可再生的，挪威议会经过评估后发现，未来石油给国家带来的利润将会慢慢减少，再加上人口老龄化问题的日益加重以及不靠谱的国际油价，挪威未来的经济状况很可能会陷入危机。

举例说来，中国的新能源汽车领域一直都是将挪威这一国家当作范本。在税费减免及高补贴、充电基础设施完善等背景下，挪威是人均拥有新能源汽车比例最高的国家，堪称世界新能源汽车的天堂。而挪威研究理事会对科研的投入也在不断加大，根据其国家 2018 年重点布局领域提交的计划来看，2018 财年国家预算中对科研的投入预算再增加 12 亿挪威克朗。而且为了鼓励科研创新，挪威政府对企业研发费用实施税收减免。

三、战略规划与政策体系

"二战"后，挪威形成了多元化的科研和创新体系，特别是在科研和创新活动的实施层面，大量的高等教育机构、独立研究机构和企业研究机构参与其中。不过，在战略决策和资金分配层面，国家的作用仍然非常突出。这主要通过挪威研究理事会（Research Council of Norway，RCN）和挪威创新署（Innovation Norway）两个机构来进行宏观协调。

此外，挪威工贸部下面还有一个叫"挪威工业发展集团"（Industrial Development Corporation of Norway，SIVA）的机构，实际上也有政府背景。SIVA 的资金来自政府各个部门，但在操作层面上商业色彩更浓一些，譬如，它可以向挪威的高科技创新企业提供部分风险资本。此外，SIVA 直接管理挪威境内 10 个科学研究区、15 个知识园区、24 个孵化器、14 个工业孵化器，以及 12 个贷款和风险基金。

挪威研究理事会、国家创新署、工业发展集团均属于中央政府部门下属的二级机构，虽然隶属政府各个部门，但它们在科研和创新战略规划以及资金分配上具有较大的话语权，特别是研究理事会和创新署。政府各部门一般都会认真听取或采纳它们的建议。挪威政府所有科研创新资金都必须经过挪威议会的审批。

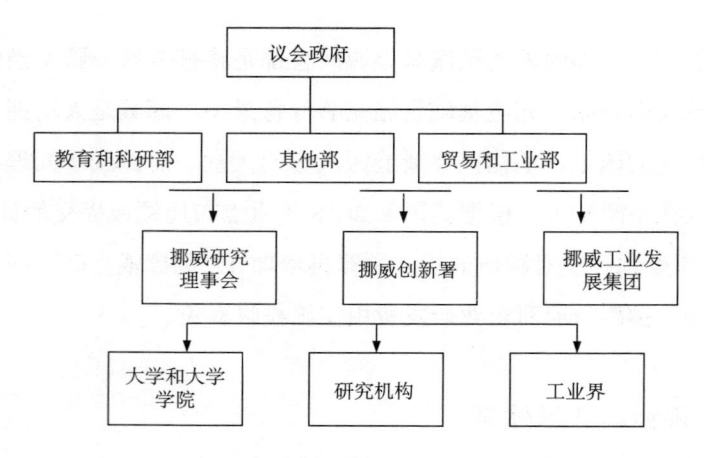

图 3-21　挪威科研创新体系的基本构架

挪威的科研体系是在战后和平年代中构建和发展起来的。基本架构是"议会—政府—各领域的研究理事会+高校及研究机构"。20世纪90年代以前，按照领域分工的原则，每个政府部门作为政策制定者负责自己管辖领域的科研工作，下属研究理事会负责具体执行科研计划。负责重大科研政策和经费调拨的部门主要是教育研究部、工业部、农业部、渔业部和环保部五个部委。其下根据国家优先领域成立的五个国有研究理事会，分别是科学和工业研究理事会、自然和社会人文科学理事会、农业研究理事会、渔业研究理事会、应用社会科学研究理事会。这五个研究理事会作为国家科技政策和全国科技管理的结合部，是实施政府科研部署最重要的环节。在形成这个构架的过程中，某些领域出现了一批"迷你型"研究理事会，组成了过分复杂的结构，出现了科研行程管理机构政出多门，管理分散，基础科学与应用科学过度分离的状况。这给国家级大型科研计划，基础研究和应用研究的协调，特别是交叉科学的研发协调带来了困难。

由于五个研究理事会之间很少合作，学科上也有重合，造成了资金调配重复，宏观缺乏协调。一些部门在这个结构中仍然找不到归属的位置，政府也很难全面掌握科研的成果。特别是到了1993年，挪威与欧洲自由贸易协会成员国成为欧洲共同体研究计划的正式成员之后，国际科技合作日益增多。这就要求挪威科研体系要有更好的协调机制来提高其与国际的接轨能力。为提高管理效率和研究质量，简化组织结构，改善资源利用，有效利用研究成果，增加对研究需求做出及时反应的灵活性，挪威开始着手大规模地进行科研管理和体系建设的再设计，将五个研究理事会合并为国家唯一的研究理事会。

《2015～2024年科研和高教长期发展规划》明确了挪威科技发展的战略目标，包括建设知识型社会、致力于成为世界一流科技体、提高挪威科技在世界版图上的可见度和影响力。挪威依托其丰富的自然资源、强大的工业集群和一流的人才队伍，设定了四个战略重点，包括：应对气候变化、实现绿色转型和增长；提高医疗保障水平；生产更加健康、安全的食品；促进挪威的社会发展。该计划的具体目标包括：持续加大研发投入力度，到2030年，挪威全社会的研发投入占GDP的比重达到3%；政府财政资金支持的研发投入占GDP的比重达到1%，刺激和推动产业界在研发方面加大投入。近期（2015～2018年），政府将财务的具体措施包括：增加500个新的高水平研究岗位；投入4亿克朗，加强研究基础设施建设，优先推动两个科研基础设施建设项目，其中包括建设奥斯陆大学生命科学、制药及化学新大楼，还有升级改造位于特龙海姆的海洋和空间中心；投入4亿克朗，推动挪威科技界积极参与欧盟科技框架计划——"地平线2020"计划。

四、人才培育教育体制与机制

挪威是一个人口稀少的国家，政府格外重视对基础教育的投入和男女教育平等。政府在2002～2014年，教育财政支出占GDP的比例均保持在6%～7%，在OECD国家中名列前茅。在高级人才培养方面，挪威每年博士毕业生保持在1 500人的稳定水平上，2014年妇女获得博士学位的比例首次超过了男士。由妇女主导的项目经理的比例由2010年的32%增加到2014年的37%。

（一）挪威的教育体系

挪威从1998年起实行十年制义务教育。学校大多数为公立，中央负责高等教育，地方负责中等和初等教育。1999年教育经费约占政府开支的13.6%。各类在校学生总数约116万，教师9.9万。有高等院校55所，学生约27万。1813年成立的奥斯陆大学是挪威最大的综合性大学，有学生4万人。此外，卑尔根大学、挪威科技大学、特罗姆瑟大学、挪威商学院、挪威农学院等也是挪威的著名高等学府。

在挪威，基本学制为6–3–2制，即小学6年、初中3年、高中2年。小学及初中教育都在基础学校中进行，没有明显的界限。高等教育中，攻读各级学位并没有严格的时间限制，一般学士学位为四年，要求学习2～3个学科；硕士学位一般为两年，要求集中学习一个学科；博士学位无时间限制，必须将一篇具有研究成果的论文提交给专门委员会，通过答辩后才可以获得博士学位。

同其他北欧国家一样，挪威十分重视国家教育事业。早在19世纪初便实行了义务教育制度。挪威实行从幼儿教育、义务教育直至大学教育终身免费的教育制度。这样完善的教育体系也得益于北欧国家高度发达的经济条件。在近50年以来，高等教育在挪威得到了极大的普及。根据联合国的资料显示，挪威的高等教育普及率已经达到了45%以上，位居世界前列。

（二）培养人才团队

挪威在《2015～2024年科研和高教长期发展规划》中，六个优先领域就是在研究机构和高等教育中打造挪威世界一流的研究团队。2014年，挪威科技大学的爱德华·莫泽（Edward Moser）和梅-布里特·莫泽（May-Britt Moser）夫妇荣获了2014年度诺贝尔生理学或医学奖。该荣誉进一步引发了政府和研究界对人才团队培养重要性的深刻认识。未来十年，挪威为使本国科研人员的创造知识、洞察力和技术方面在世界脱颖而出，将提供更佳的科研环境和机会，保证挪威在全球竞争力和应对社会挑战的能力。

打造研究团队的主要目的是吸引国内最优秀的研究人员和学生，建立机制保障他们顺利参与国际高水平的研发活动。为此，政府在以后四年将增加500个新岗位，增加4亿克朗的科研基础设施经费，另增加4亿克朗专门支持本国人员参与欧盟框架计划和"地平线2020"计划。

（三）奖励机制

挪威研究理事会2015年度最高奖授予了奥斯陆大学医学系的哈拉尔德·斯坦马克（Harald Stenmark）教授，他因在癌症生物医学研究中对细胞生长与分裂调节机制的发现而获得了奖金为100万克朗的"杰出研究奖"；50万奖金的"创新奖"授予了生产纸浆、纸产品和可再生环境友好生物化学品的鲍利葛（Borregaard）公司，以表彰其成功的长期科研、市场驱动和将创新融入企业文化的经营管理模式；"科普奖"25万奖金授予了奥斯陆大学"挪威人权研究中心"的律师与学者安恩·基夫（Anine Kieruif），她因高水平地将自由和人权概念向公众进行深入浅出的宣传而获奖。

挪威也通过设立国际科学大奖来提高国际影响力，并吸引国际顶尖科学家与其合作，进而提升挪威的科研水平。挪威政府设立的具有国际影响力的科学奖有：人文社科类霍尔堡国际奖（Holberg Prize）、自然科学类卡夫立奖（Kavli Prize）和数学阿贝尔奖（Abel Prize）。

2015年霍尔堡国际奖（Holberg Prize）授予了英国女作家玛丽娜·沃纳（Marina Warner），表彰她在解析反映时代和地域故事和神话方面的杰出工作，奖金为38万英镑。

2015年阿贝尔数学奖授予了美国数学家普林斯顿大学的约翰·纳什（John Forbes Nash Jr.）和纽约大学库朗研究所的路易斯·尼伦伯格（Louis Nirenberg），表彰他们在非线性偏微分方程理论及该理论在几何分析应用方面做出的卓越的开创性贡献。

五、创新人才培育特色与优势

（一）政府集成管理——分工明确、统筹协调的创新管理部门

挪威创新管理部门的典型特征是政府集成管理。各部门职能定位清晰，同时注重部门间的统筹协调。

由于挪威对教育与研究、资源型产业、金融和信息技术等行业均采用国有主导形式，挪威的科研体系建设对社会主义的中国具有一定的借鉴性。挪威20余年的教育与研究变革历程实际上是要解决国家政治、战略决策、组织实施和国家财政经费有效投入的问题。科研项目征集和资金发放均在研究理事会网站上公开实施，面向全国公平择优扶持，强化政府的引导性和民间的反馈。

在科学和创新政策制定方面，议会中的"教育、研究和教会事务委员会""工商委员会"和"能源与环境委员会"三个常设委员会分别负责审议相关领域的科学和创新政策议题，并将综合性的科学和创新政策议题，交由教育、研究和教会事务委员会负责。

在政策执行方面，挪威政府也相应设立三个部门：教育与研究部负责执行所有与研究相关的政策并负责协调各行业的研发工作；产业与贸易部负责制定和管理国家层面的创新政策；地方政府与区域发展部负责制定和管理各区域层面的创新政策。

为保障创新政策间的协调性，挪威政府设立了不同级别的协调委员会，如部长级的政府研究委员会（Government's Research Board）和各部委官员级的政府官员研究论坛（Research Forum for Government Officials）等。另外，政府为加强对创新的统筹管理，还成立了专门负责创新的政府管理机构；调整挪威研究理事会职能，增加科技创新职能。职能调整后，研究理事会成为

集科研战略定位、科研经费分配、科技人员管理和国际科技交流等职能于一身的综合创新管理部门。

（二）专业化、网络化的中介机构

挪威的中介机构大都属于国有企业，其董事会由学术界和私营部门共同组成。它们一方面为政府研究和创新政策的制定、管理与执行提供建议，另一方面为创新扩散和企业发展提供咨询和服务，凭借其专业化的服务和庞大的网络，这些中介机构有效地促进了公私之间的合作。目前，挪威科技中介机构主要有三个：挪威研究理事会（Research Council of Norway）、挪威创新署（Innovation Norway）和挪威工业发展集团（SIVA）。

挪威研究理事会隶属于教育与研究部，致力于提升科学领域中所有基础和应用研究。理事会为很多国家研究计划提供资助，并为研究机构提供机构基金，还负责了大约 1/3 公共研究基金的分配。同时，理事会还为政府提供科学与研究政策方面的战略建议，协助政府确定优先发展领域。

挪威创新署隶属于产业与贸易部，负责完善和管理以商业为导向的国家及区域创新政策。挪威创新署在国内各市镇设置了 70 多个办公网点，并通过与外交部合作，在世界各地建立了 40 多个"国际网"。借助这个网络，挪威企业的最新创意可以快速地传播到国际市场，而获得外国资本支持。同时，国际上最新的市场信息也可以快速地传入挪威国内。

挪威工业发展集团隶属于产业与贸易部，在研究和创新政策执行方面扮演着非常重要的角色，为中小微型企业提供投资资本、担保等服务，帮助企业搭建研发合作网络，并入股多家科学园区、孵化器和投资公司。

（三）注重公私合作的科研机构

挪威的科研机构主要由高等教育部门、科学与产业研究基金会（Foundation for Scientific and Industrial Research）和多个公、私研究组织构成。高等教育部门包括六所大学和大量专科学院，其中大部分都是在教育与研究部的资助下成立的，属于公共行政机构的一部分。所有大学和大部分专科学院都负责一个明确的研究主题，从事一些研究工作，国家从立法方面鼓励大学加强科技成果的利用，鼓励大学通过学校的技术转移办公室进行科技成果转化。科学与产业研究基金会是挪威在应用研究领域的一个主要公共研究机构，负责大规模研究设备的运作。基金会的外部研发合同及支持其他私营部门相关活动的总经费超过基金会总预算的90%。目前，挪威独立运营的公共和私营研究机构大概有60多个。它们在众多科技领域从事用户导向的研究工作。

（四）推行终身学习的人才培养机制

在人才培养方面，挪威推行终身学习的培养机制。为完善终身学习机制，挪威政府采取了以下三个主要措施：

通过1994年的高中教育改革和高等教育改革，以及1997年的义务教育改革，重构公共教育系统。新的教育系统更加重视学生个体的智力开发、教师作为协调者与指导者的作用、对运用知识的能力培养以及教育视野的扩展。

通过推行在校商业计划（Business at School Programmes）、开创挪威青年企业（Young Enterprise Norway）、创建挪威企业家学校（The Norway Enterpreneurship School），建立有效的学习与工作联系机制，缩短学校与企业之间的距离。

打造柔性的学习制度。1999年8月，议会出台新的《义务教育法》，规定成人有权参加中小学和大学入学考试。有了这一法律保障，挪威政府允许无学习动机、表现不好的高中生暂时离开学校，在需要学习的时候再返回学校。

同时，挪威努力使工作场所成为新的学习场所，除要求企业对内部员工进行技能培训外，还敦促雇主联盟为其成员建立一个"能力网络"。通过该网络帮助企业员工有效地获得高质量的教育，更好地开发企业员工的能力。

第十六节 爱尔兰创新人才培育模式

一、国家科技创新能力总体评述

爱尔兰是欧洲小国，国土面积约 7 万平方千米，人口有 481 万，却是世界上高度发达和最富裕的国家之一。20 世纪 50 年代之前，爱尔兰一直是以农牧业为主要产业的农业国，经济增长缓慢，人民生活水平低，人口外流严重，有"欧洲农村"之称。而近些年，以软件业为代表的高新产业在该国得到了迅猛发展。目前爱尔兰已超过美国和印度，一跃成为世界最大的软件出口国，并赢得了包括"欧洲软件之都""新硅谷"在内的诸多美誉，是欧洲最有代表性的新兴国家（刁炜，2007）。从以农业为基础的内向型经济成功转变成以知识为基础的高技术出口型经济，从农业国到软件开发世界第一国，"创新"正是其中那条贯穿始终的主线。

2018 年爱尔兰国家创新指数在全球排名第 15 位。2017 年 R&D 经费投入 34.8 亿美元；R&D 经费投入强度为 1.05%；SCI 收录论文 9 069 篇；PCT 专利申请数 486 件；高技术产业出口占制造业出口比重为 21.45%。根据 2019 年国家创新指数报告，爱尔兰在全球综合排名第 14 位，较上年提升 1 位。一级指标中，创新资源排名第 27 位，较上年下降 8 位；知识创造排名第 13 位，较上年提升 14 位；企业创新排名第 33 位，较上年提升 1 位；创新绩效排名第 2 位，较上年提升 1 位；创新环境排名第 14 位，与上年持平。二级指标中劳动生产率排名第 1 位，单位能源消耗的经济产出排名第 2 位，高技术产业出口占制造业出口比重、学术部门百万研究与发展经费科学论文被引次数排名第 4 位。

爱尔兰的"科教兴国"战略可谓四十年如一日，从未有过动摇。同时，爱尔兰运用后发优势，有计划地发展高附加值的技术密集型产业。科技和软件产业得到快速发展，很大程度上也得益于政府的产业倾斜政策和对教育投入的重视，以及海外爱尔兰人的大量回流。培养与吸引人才的战略起到了关键性作用。科教兴国和创新人才战略在爱尔兰的经济腾飞中得到了最充分的体现和最有力的验证。

随着经济的发展，爱尔兰政府和整个社会对创新重要性的认识不断加深。一直以来，爱尔兰政府通过国家发展计划有效地建立并不断完善了国家创新体系。爱尔兰现行的国家创新体系分为决策机构、咨询机构、行政管理机构和主要资助机构（见图 3–22）。简洁高效的国家创新体系为爱尔兰创新创业奠定了良好的基础，层次分明、职责清晰、相互协同、运行高效，产生了良好的效果。在该体系的推动下，爱尔兰以软件、生物工程等高新技术产业带动国民经济发展，培养了大批创新人才，并以良好的投资环境吸引了大量海外投资，实现了国家经济的腾飞（中华人民共和国驻爱尔兰大使馆，2018；王海涛，2006）。

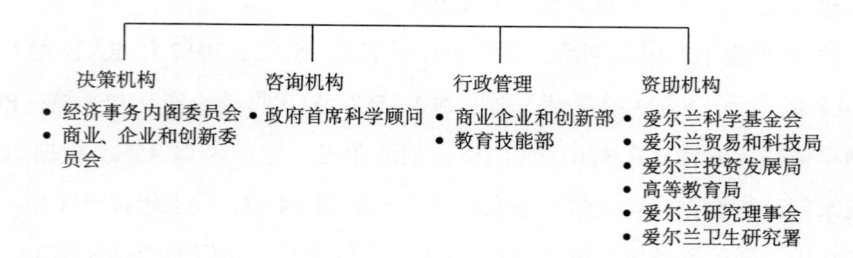

决策机构	咨询机构	行政管理	资助机构
• 经济事务内阁委员会 • 商业、企业和创新委员会	• 政府首席科学顾问	• 商业企业和创新部 • 教育技能部	• 爱尔兰科学基金会 • 爱尔兰贸易和科技局 • 爱尔兰投资发展局 • 高等教育局 • 爱尔兰研究理事会 • 爱尔兰卫生研究署

图 3–22　爱尔兰国家创新体系总览

二、创新文化背景

爱尔兰位于欧洲大陆西北海岸外一个岛屿的中南部，东靠爱尔兰海，与英国隔海相望，总面积 7 万多平方千米，人口仅为 4 813 608，可谓地广人稀。

爱尔兰面积不大，但自然环境保持得相当好，有"翡翠岛国"之称。而且，爱尔兰属于温带海洋性气候，夏无酷热，冬无严寒，四季常青。虽然是远离欧陆的岛国，但它已成为联结欧美两大洲各国的重要航空与海上通道。同时由于地理位置上更加毗邻美洲，爱尔兰还成为美资进入欧洲市场的首选登陆地。20世纪90年代爱尔兰抓住机遇成为首批欧元区加盟国以及2016年英国脱欧公投成功，更是进一步巩固了其作为"美资跳板"和"欧陆门户"的优越地位。爱尔兰将成为欧盟中唯一一个使用英文的国家，已经有一些英国公司开始向爱尔兰政府和投资机构咨询如何落户（王轶男和刘琴，2015）。

另外，爱尔兰的国徽图案是一架金色的竖琴，由此我们可以管窥到这个民族对音乐、诗歌和戏剧的挚爱与钟情。从这个岛国走出的诺贝尔文学奖获得者人数之多令人叹服：叶芝、萧伯纳、贝克特、希尼，当然还有乔伊斯和王尔德等名震寰球的文学巨匠。至于我们大家都耳熟能详、叹为观止的"爱尔兰大河之舞"，则更是将这个民族千百年来所锻造出的文化精粹，通过极富民族特色的踢踏舞表现得淋漓尽致。

三面环海的地缘优势，以及富有想象力的艺术积淀在一定程度上促生了爱尔兰人开放的观念和创新的思维，使爱尔兰从落后的农牧经济国跨越发展成为以高技术为主的知识经济国。在此期间，对外开放始终是爱尔兰各届政府奉行的基本政策。许多世界500强企业都将其欧洲总部设在爱尔兰。微软、亚马逊、谷歌和苹果等跨国公司都已经在爱尔兰落户。中国的华为、腾讯等企业也已经进驻爱尔兰。这些大型企业在爱尔兰开展研发和创新活动，同时也鼓励本土企业进行研发和创新，培养了大批创新人才（王轶男和刘琴，2015）。

三、战略规划与政策体系

（一）科技创新规划

为成为创新驱动的知识型国家并培育更多的创新人才，爱尔兰企业贸易就业部于 2006 年发布了《2006～2013 年科技与创新战略》。这是爱尔兰政府第一个全面部署的科技创新战略，也是政府各部门第一次联合制定的综合性科技创新战略。该战略将科技创新对经济发展和社会进步的重要性提升到国家战略高度，并制定了具体的措施和行动计划。

2015 年，爱尔兰科学基金会为了支持产业界开展前沿科学研究，促进产业界与学术界的合作，提升爱尔兰的竞争优势，新启动了《爱尔兰科学基金会产业计划》。该计划通过设立"伙伴计划"项目，为产业界和学术界的重大合作研究项目提供灵活的资助，采用风险共担的机制。爱尔兰科学基金会对产业界的投资匹配一定的资金，支持企业参与世界级的学术研究活动或使用研究设施和知识产权。该计划通过设立"研究中心项目"，对影响较大、在世界上领先、规模较大的爱尔兰研究中心予以 100～500 万欧元的直接费用支持。2015 年底，爱尔兰政府又发布了《创新 2020——科学技术研发战略》（以下简称《创新 2020 战略》），主要内容包括：在对经济和社会发展具有重要战略意义的领域形成卓越研究能力；具备实现强大创新和有国际竞争力企业的基础，不断增加就业、销售和出口；在公共研究系统和产业部门之间建立新的、能够最大限度地发挥人才和知识作用的人才库；建设链条完整的创新生态系统，捕捉新的机会，并通过知识创造和应用积极提升科技进步；建设具有国际竞争力的研发体系，使其成为吸引人才和企业的磁铁与催化剂。该战略首次在国家战略中将创新知识和创新人才相结合，旨在使爱尔兰成为全球创新的领导者，实现强劲的、可持续的经济增长和更好的社会发展。

2017 年，爱尔兰政府发布了一份跨部门小组撰写的规划实施第二份进展报告，认为总体实施情况良好。并按照《创新 2020 战略》规划加快布局，加大投入。为应对英国"脱欧"，爱尔兰主要从如何充分利用英国的科技实力和科研人才、如何提高欧盟科技计划项目的申报成功率，以及如何扮演好欧盟与域外国家科技合作的桥梁等方面提出了初步的应对措施，调整研发合作策略，实现重点伙伴的多样化。主要体现在：加入国际低频阵列天文望远镜合作计划，以便爱尔兰科学家开展太阳活动、恒星和行星的研究，发挥爱尔兰在大数据和数据分析方面的科技优势；加快建设国家级研究中心，在已建成的 12 个国家级研究中心的基础上，宣布再投入 7 000 万欧元组建智能制造、生物经济、神经系统疾病、先进制造四个研究中心，计划吸引企业投入 4 000 万欧元，组建超过 650 人的高水平研究人员队伍；加大技术转移体系建设，从 2007 年推进技术转移促进计划以来，爱尔兰成立了知识转移平台负责具体运作，至 2016 年共促进了 748 个合作研究协议，孵化了 31 个企业，达成了 206 个技术许可合同。此外，还将再投入 3 450 万欧元，重点支持技术转移办公室组织开展合作研究、咨询、许可新技术、创建新企业、培育新人才，促进国家科技计划成果的产业化，并希望爱尔兰成为人均注册技术经纪人最多的国家[①]。

由于特殊的历史因素，爱尔兰还非常重视与北爱尔兰进行全方位的科技合作，制订和实施爱尔兰全岛的科技与创新计划，也加强了与美国、印度、中国的研究合作。爱尔兰政府认为，这些合作研究使爱尔兰企业和大学的科学家受益匪浅，科学素质和研究能力大大提高。

另外，爱尔兰政府通过政策支持企业创新是爱尔兰科技创新规划的又一特色。为帮助企业提高技术引进和吸收能力，爱尔兰企业局实施了"技术搜索计划"。该计划与企业一起确定能够在其发展中起作用的地方，找到合适的合作伙伴，并指导其进行谈判和签订合同。爱尔兰商业、企业和创新委员会所属的企业局资助建立了企业技术中心。他们借助高校和研究机构的高质量研究人员，开展以市场为导向且能够使产业受益的战略研发工作。该项目由爱尔兰企业局与投资发展局共同组织实施，因此可以使得爱尔兰企业和跨国公司人员一起在这些技术中心工作。爱尔兰一共建立了 15 个企业技术中

---

① Department of Business, Enterprise and Innovation, 2018, available at: https://dbei.gov.ie/en/.

心：乳品技术加工中心、生物提炼与生物能源技术中心、信息技术创新中心、应用纳米技术中心、复合材料技术中心、微电子技术中心、食品技术中心、制造业研究中心、国际能源研究中心、创新学习技术中心、云计算技术中心、金融服务技术中心、互联医疗技术中心、数据分析技术中心、制药技术中心。每个技术中心可以连续五年每年获得 100 万欧元的经费支持。爱尔兰企业局通过"创新伙伴关系计划"，支持企业与高校或政府研究机构开展合作研发，帮助企业从全国研究机构获取最新的专业知识和技术，开发新的或改进的产品、工艺和服务，产生新的技术诀窍。单个项目经费可达到 25 万欧元，最高可支付 80%的研发项目成本。爱尔兰企业局还为企业内部研发活动提供资金支持，如技术可行性研究基金、小型研发项目基金（15 万欧元以下）、标准研发项目基金（不超过 65 万欧元）、创新创业基金、合作研发项目基金等。为支持小企业创新活动，帮助小企业从高校或政府研究机构获取专业化的知识服务，爱尔兰企业局引入了发放"创新券"的做法，每张创新券价值 5 000 欧元。小企业可以用创新券购买外部服务。现在，爱尔兰政府实施的"商业拓展计划"和"种子基金"等计划也已经成为科技创业型企业最重要的投资来源。政府投资风险基金成为初创企业的重要资金渠道，也为科研成果的商业化提供了催化剂，起到了四两拨千斤的作用。爱尔兰政府还对一些创业项目提供种子基金，如果初创企业最终失败，政府不会追讨投资；如果创业成功则可以壮大创业基金的规模，促生了爱尔兰人对创业的热情，一定程度上激发了他们的创新思维和创新能力。

（二）创新人才政策

近年来，爱尔兰以创新为发展源泉，一方面，大力扶植本土企业，为高科技创业提供资金保障；另一方面，积极促进大学与国家科技园的密切合作，注重创新人才培养和引进，确保科技创新的可持续性。2015 年《就业行动计划》强调了在科学、技术、工程和数学（STEM）领域保持和增加就业的重要性。爱尔兰计划到 2018 年将 STEM 高等教育毕业生数量增加到 13 800 人，以确保爱尔兰有足够的从事科学技术职业的劳动力资源，以及有足够的高层次人才能够持续开展科研活动。爱尔兰科学基金会实施"目标研究员吸引计划"，引进国际上一流的能源研究人员；通过"产业研究员"项目，培训能够符合产业就业需求的研究型人才；通过加强对科研团队的培训，使更多的人才能够开办自己的公司。同年，爱尔兰政府颁布了"创新 2020"计划，旨在未来五年里通过加大研发投入，继续提高本国创新水平。至 2020 年，爱尔兰每年在私营和公共领域的研发投入将超过 50 亿欧元。企业研发人员数量将增加 60%。全国研究型硕士和博士数量将增加 30%。此外，还在高等教育上大力提倡创新，将学术创新和企业实践完美结合。创新型经济带动高等教育的发展，而高等教育的创新成果则反哺经济，进一步推动国民经济的发展。这充分体现了爱尔兰高等教育在培养创新人才方面的优势，并随着国家整体创新政策的不断发展而不断完善。

在本土重视培育创新人才的同时，向全世界的创新人才敞开怀抱，吸引更多创新人才扎根爱尔兰也是爱尔兰创新人才培育政策的一个重要方面。任何企业在爱尔兰开展研发活动，爱尔兰的政府都会提供相当于研发投入 25% 的税收抵扣。谷歌的欧洲、中东和非洲总部选址爱尔兰，负责区域数据中心的开发与运营；脸书（Facebook）在此建立第六个数据中心，强化爱尔兰海外核心地位；英特尔推出的伽利略芯片（Galileo）和阿尔杜诺 101（Arduino 101）芯片都是爱尔兰制造；微软在爱尔兰建立了新销售中心，数字化销售变革一触即发；华为在爱尔兰坐拥四个研发中心，将核心研发任务——云技术创新交付爱尔兰；在爱尔兰还能看到九家全球排名前十的制药公司。它还是世界第三大投资基金管理中心，且同时拥有全球最大的飞机租赁市场和航空金融中心。起初，这些公司来爱尔兰是为了税收的目的，但现在他们在这里已经有 15 年了。由于这些国际化公司需要大量的员工，成功建立了"嫁接式"创新人才培育的优良生态系统，并起到了良性循环的作用（Chonaill，2018）。

四、人才培育教育体制与机制

（一）学校教育体制

创新离不开人才，人才的培育主要依靠教育。爱尔兰是纯正的英语国家，历来重视教育，拥有悠久的教育传统、杰出的教育声望，是世界人均教育水平最高的国家之一。爱尔兰的教育体制可分为四大阶段：早期教育、初等教育、中等教育和高等教育。

自2009年起，爱尔兰政府实行"儿童早期护理和教育规划"政策，在开始上小学之前，儿童有权享受一年（每天三小时）的学前教育，指导他们入读小学（前提是在9月份入学前结束时，他们不超过5岁半）。孩子们将可以在学年的三个不同时间段（9月、1月和4月）入学，以便进入该计划。学年通常从9月到次年6月。大多数爱尔兰儿童会在4~5岁进入小学，也就是初等教育阶段，学期六年，期间基本没有正式考试，强调以孩子为中心，提倡多样化教学、结合儿童自身身心发展阶段来实现个性化发展。主要课程有语言、数学、社会、环境和科学教育、艺术教育以及体育。

中等教育为六年，与中国相同初中三年，高中三年。最初的三年为义务教育。第一年叫过渡学年，课程设置以学生的兴趣爱好为主，没有正式的考试。并在课程中导入了一些社会福利活动、地区活动等。最后的两年，是以毕业考试为目的而进行的教育。科目设置除了传统的教学科目还有一些必要的关键技能，如历史、科学、生物、物理、化学、地理、会计、商务等。有的学校还要求学生学习世界宗教、体育（足球、划船、游泳等）、艺术、戏剧和音乐。爱尔兰中学过渡学年使其中等教育独具特色。课程与实践是由学校根据教育科学部的规定来设计和安排的。在这一年，一般来说学校会统一安排学生参加各种社会实践活动以及2~4个星期的工作实习（这些课程的内容由学校根据当地需求进行模拟）。因此，在这一年中，学生除了少量的文化课，其余大多时间都会被安排参加学校组织的活动，包括旅行交流和游览等活动。学生可以参加创意写作、帆船、电影制作、公开演讲等课程。通过这些活动促进学生全面发展，让学生更多地感受生活，提高人际交往能力，拓展知识面，开拓视野，强调发展学生的生活和职业技能，帮助学生认识世界，培养创新思维（刘泓，2018）。

爱尔兰的高等教育制度受英国的传统影响，一般三年可取得本科的文凭。个别专业如计算机是四年的时间。爱尔兰共有7所大学，14所理工学院和其他一系列独立的商务与职业培训科学院，其中有4所综合大学。在取得学士学位的基础上，攻读硕士学位还需一年的时间，攻读博士学位则至少要再学习三年。爱尔兰高等教育在创新人才培养、科学研究、社会服务、创新创业、国际合作等方面形成了鲜明的特色，为爱尔兰从一个落后封闭的农牧业为主的国家成功转型为一个基于知识经济的高度开放发达的工业化国家提供了坚实的人才支撑和智力保障，尤其在培养创新文化与鼓励创新人才方面起了关键作用。爱尔兰高校普遍重视创新精神的培育，把创新创业教育作为培养学生的重要内容，采取各种措施为学生创新创业提供帮助。高校都设有创新创业孵化园，让学生把创意转化为产品，进而进行市场化运作，孵化初创公司。学生创办的初创公司，可以申请国家提供的"创新发明代金券"，给予一定的经费支持。许多世界知名的跨国公司，如英特尔、甲骨文、惠普、华为等纷纷把研发中心设在这里，同高校结成伙伴关系，出资与高校联合开发新项目或设立大学生创新创业基金，极大地促进了学生创新创业能力的提升。与此同时，其高等教育产学研相结合的特色已经吸引了众多国际企业的注意。高等教育的应用型培养策略，创新型理念，促进这些高校在源源不断地向企业输送实用型高素质创新人才（姚远峰，2017；王辉耀，2012）。

（二）社会培训体制——政府和企业联合培养创新人才

1949年，爱尔兰颁布新法案，正式脱离英联邦而独立。此后，爱尔兰在经济社会各个领域进行了积极的变革，努力减弱英国原有体制对其发展的影响，积极向欧洲大陆国家靠近。在职业教育培训领域，爱尔兰积极借鉴欧洲大陆国家的现代学徒制模式，充分整合政府和社会力量，成立了一系列的社会中介组织作为企业、行业协会等社会主体（Social Partners）广泛参与的载体，对原有注重市场短期利益、市场主导的传统学徒制模式进行了积极变革。通过前后两次变革，逐渐形成了爱尔兰特色的现代学徒制体系，为本国的经济发展提供了坚实的人才支撑。

1991年，爱尔兰制定了第一个代表着社会合作伙伴关系的协议《经济与社会进步协议》（Programme for Economic and Social Progress，PESP），承诺要通过政府和社会力量的努力引入一个标准本位的学徒计划。同时，还通过建立"国家技能证书"（National Craft Certificate）制度，对学徒的培训技能给予强制性的要求。为了解决改良版计时学徒制的不足，满足爱尔兰自加入欧盟后的经济蓬勃发展对高水平技能劳动工需求快速增加的要求。1993年，爱尔兰政府正式颁布《学徒条例》（Apprenticeship Act），努力借鉴欧洲大陆的学徒管理机制和培养制度，充分培育相关的社会中介组织，积极构建各利益主体有效参与的现代学徒管理机制，推动本国标准本位现代学徒制的建立。

随着2008年金融危机的爆发对爱尔兰各行各业造成的冲击，标准本位的学徒体系内质量保障机制的不完善导致的学徒质量不高的缺陷暴露出来。爱尔兰学徒数量开始大规模下降。爱尔兰当局意识到必须对学徒制进行再次的反思和规划以重获竞争力。在对学徒制进行全面回顾和考察的基础上，爱尔兰当局发布了《总结报告书》，力图通过推动学徒制治理机制的调整，进一步提高行业企业等社会主体的参与程度，发挥行业企业在学徒质量保障中的作用，逐渐形成以保障学徒职业能力的获得为重点内容，注重学徒职业生涯发展的能力本位的学徒培养制度，不断提高学徒培养质量及学徒职业能力来应对劳动力市场的就业危机。

同时，为了加强行业企业在学徒培养过程中的作用，学徒培养的模式也由指定培训中心（AnCO）负责的单一模式调整为企业、培训中心以及教育机构三个场所紧密合作的培训模式。其中，在职培训在企业等工作场所进行，而脱产培训在就业管理局（Foras Aiseanna Saothair，FAS）的培训中心进行，并且规定脱产培训的课时要占到学徒培训总课时的 21% 以上。而教育机构或学校则负责提供通识教育。学徒接收通识教育的比例占到了脱产培训课时的 2%。学徒在三个场所交替完成相关学习。三个培训场所之间的沟通、协调主要由 FAS 负责。一方面，FAS 要与雇主保持密切合作，监督雇主兑现相关承诺，鼓励企业为学徒培训提供场所；另一方面，FAS 还要加强与教育机构的谈判和协议，以保证教育机构或学校在学徒培训中的地位与作用，确保学徒制与教育系统在一定程度上的链接。

从总体看，虽然爱尔兰这种基于标准的学徒培养制度距离德国典型的学徒培养和教育体系充分衔接的"双元制"模式还有一定距离，但与英国非法定、自由市场主义的学徒制相比，爱尔兰学徒制构建了较为完善的法律和制度保障，明确了行业企业等社会主体和学校等教育机构在学徒培养中的地位和作用，确保了强制性的通识教育内容和以工作实践为基础的培训的有机衔接，具有爱尔兰本国特色的标准本位的学徒培养制度逐步建立起来。

爱尔兰被公认拥有世界卓越的教育体系和完善的专业知识储备，特别是计算机、工程、医学等优势领域。相关人才备受世界顶尖科技企业认可，并由此吸引大量科技投资，其中不乏来自中国的科技巨头。华为进驻爱尔兰已超过十年。2011 年，华为在爱尔兰阿斯隆建立首个研发中心，并于 2012 年在科克建立用户体验中心。2015 年 7 月，华为收购 Amartus 旗下电子通信网络管理业务，进一步扩大其在爱尔兰的研发投资。目前，华为在爱研发机构投资超过 3 500 万欧元，员工逾百人。华为通过爱尔兰企业社会责任项目"未来种子"，开展更多针对 STEM（科学、技术、工程、数学）学科的教育活动，培养了大批创新人才。过去两年，来自都柏林大学、科克大学、都柏林理工学院等高校的数十名优秀爱尔兰学生参与其中。2017 年，有 12 名爱尔兰学生参加"未来种子",进一步支撑本地研发中心的核心业务——云技术创新(刘泓,2018)。

(三)国家培育体制

从 2000 年开始,爱尔兰政府开始通过"第三阶段教育机构研究计划",会同爱尔兰科学基金会一起,向爱尔兰大学基础研究提供资金支持,促进大学的研究开发。爱尔兰教育科学部主要通过高等教育局向各高等教育机构确定和划拨资金。通过为大学科研机构的自然科学和人文科学研究提供大量资助,大大改善了大学科研的基础设施建设。在其资金支持下,至 2004 年,各大学新扩建的研究面积达 9.7 万平方米,其中包括大约 2 万平方米,能容纳 1 600 个研究人员的新图书馆。通过第三阶段教育机构研究计划的投资,爱尔兰在大学中成立了 24 个主要研究中心,每个中心的投资都超过 500 万欧元。其中约 50%的投资集中在生物科学和医学领域,10%的在环境和海洋开发领域,8%的在信息通信技术和工程材料领域,7%的在社会科学和人文学科领域。

2015 年,爱尔兰科学基金会启动的《爱尔兰科学基金会产业计划》设立了"产业研究员"项目,目的是促进产业研究人员的替换,或者通过技术转移和培训激发学术人才智慧,使得研究人员能够接触到新的技术路径和标准,并培训他们使用专业研究基础设施。学术人员如果想到世界范围内的某个企业去工作一段时间,或者世界范围内的企业的研究人员希望到爱尔兰的研究机构工作一段时间,都可以申请该项目的经费支持,每人最高可获得 1.2 万欧元的直接费用支持。

2016 年布鲁顿部长启动了一项为期三年的计划,列出了在未来九年教育部门的五个主要目标。比如在初中阶段重点关注 STEM 科目,以及在高中阶段尝试新的评估方法。教育部通过更新《2005 年教育机会均等(Deis)学校计划》,来缩小教育机会均等和非教育机会均等学校在出勤率、成绩和留校率之间的差距，并为教育机会均等学校的学生制定更好的发展道路。该部门还将推出一个新的数据库系统，来帮助评估劣势的程度，并确定需要提供额外支持的学校。此外，该目标旨在解决高等教育的障碍，更好地关注学徒制、继续教育课程和高考后课程。该计划承认学生在初级阶段所进行的校外 STEM 科目学习。并将推出一个面向教师的关于 STEM 科目的全新的暑期课程和相关的工作实习。此次行动计划中的其他目标包括：改善学习体验和帮助学习者不止包括使受高等教育的大学生取得成功；帮助那些提供教育服务的人不断优化；在教育和更广泛的社区之间架起更牢固的桥梁；改善国家计划和支持服务。

2017 年，爱尔兰政府宣布开展一项人才培养计划，旨在使爱尔兰在 2026 年前拥有欧洲最佳教育培训服务，确保爱尔兰年轻人可以找到更多高薪工作。根据此项计划，编程于 2018 年开始纳入小学课程。计算机科学则成为毕业证书考试科目，还会在高等教育中加入新语言课程。爱尔兰教育和技能部长理查德·布鲁顿表示，用创新教育培养卓越人才是爱尔兰经济发展的核心内容。爱尔兰计划在 2018 年前满足 74%的高科技人才需求。2018 年 2 月 7 日，爱尔兰总理利奥·瓦拉德卡（Leo Varadkar）和教育部长理查德·布鲁顿（Richard Bruton）共同启动了《爱尔兰 2018 教育行动计划》。该计划的目标是到 2026 年，将爱尔兰的教育和培训体系建设成为欧洲最好的。

（四）案例分析

1. 都柏林大学

都柏林大学作为爱尔兰最大的大学，在培育创新人才方面有四大关键性主题：启发赋予创造性、创新性的毕业生，通过应用研究将知识运用于实践，与相关行业和公共部门合作，不断开拓和支持新业务，并专门成立创新与技术转移中心，目的在于借由提供支持性的环境与创业育成设备，协助学生以及创新者将创意点子商业化。该机构主要通过在校园里寻找、保护并开发知识产权，提供创业家、校园衍生新创事业创投基金，培养研究生的创新文化与创业家精神，提倡契约研究及其他各类型的产学合作，以此方式协助创新与技术转移。如今，创新与技术转移中心拥有一系列全面的支持计划和社区同行的支持系统，对全世界范围内的食品、医疗保健、信息通信技术和空间科学等领域产生了重大而深远的影响。同时，都柏林城市大学是欧洲唯一的"爱创家"（Ashoka U）项目进驻大学。艾琳·克拉姆佩茨（Erin Krampetz）和玛丽娜·金姆（Marina Kim）在 2008 年创办了"爱创家"，与学院和大学合作，通过采取结合课堂教学与实际工作经验的方式来教学，将诸如道德、团队合作、领导精神以及勇于改变的技能融入到校园文化和课程中，去营造一种社会创新的校风，从而将大学校园成功转化成国家创新人才的培育中心。同时，提出了一个创新的策略计划，及"改变生活与社会"，强调一种新的理念——企业大学，不仅要教授给学生们开拓性以及创新性思维，还要通过科研、创新以及实践活动，探索大学与企业之间的多种协作模式（刘泓，2018）。

2. 都柏林城市大学

都柏林城市大学商学系的本科生的毕业条件不再拘泥于传统的论文写作，而是加入了在商业管理领域下对与实际问题和情形延展的分析的实习项目。通过与企业合作，学生们学会了如何将自己在大学里学习的知识运用到工作环境中，而企业家也得益于这些富有才华、积极向上的学生，通过该实习项目来雇佣更多的理想职员，为企业的发展做出贡献。另外，都柏林城市大学的研究者也通过将知识产权技术推广到公司里，从而使自己一些有创造性的想法和发现转化为解决商业、科技和社会领域问题的新工具。为了激发创新型人才，提供奖励也是必要的手段。2013 年，都柏林城市大学校长布莱恩马克瑞创立了都柏林城市大学创新奖，以此来鼓励该大学的学生、研究者以及行政工作人员开启他们的头脑风暴（刘泓，2018）。

3. 沃特福德理工学院

沃特福德理工学院（Waterford Institute of technology，WIT）也十分强调自身与企业间是否有着很强的衔接关系。这些衔接可能来自形形色色的产业，包括金融服务、医药、生物科学、农产业、信息与通信技术，以及手机技术等领域都能够和学院的教学相结合。这些合作伙伴会给学生们展示他们的创新成果以及企业的发展变化，并将他们的创新成果以及企业的发展变化，直接用于学院的研究和课程发展。在全球金融信息系统专业方面，WIT 与在金融服务领域的企业家合作，由这些企业家获取第一手的企业需求以及企业正在发生的变化。除此之外，爱尔兰政府已经将金融服务新公摊确立为一个长足发展的领域。WIT 则通过政府的支持，使其调整政策议程来帮助 WIT 更好地发展此项目。通过这些方式，WIT 保证其各种学习项目与时俱进，富含创新性。除此之外，政府和民间也举办了一系列的奖项来支持和鼓励创新型人才的培养，如爱尔兰硅谷共和国际比赛、爱尔兰最佳年轻创业者等研究竞赛的举办（刘泓，2018）。

五、创新人才培育特色与优势

（一）创新人才培育模式与途径

创新是爱尔兰转型为高科技、知识型经济的主要驱动力，也是其高等教育的一大特色。受益于创新型经济的爱尔兰高等教育，已迅速成长为全球高等教育领域的创新模范圣地。爱尔兰，这个总面积约 7 万平方千米，人口仅 481 万左右的"翡翠岛国"，曾经是一个以农牧业为主的国家，饱受高通胀的困扰。然而，半个世纪后的今天，爱尔兰已成功实现了经济转型。2015 年，爱尔兰经济增长率达到 7.8%，稳居欧洲经济增长率第一的宝座。失业率也由 15%降至 8%以下。

综上所述，爱尔兰创新人才培育模式与途径主要包括以下几个方面：

1. 层次分明、运行高效的国家创新体系为创新人才培育提供了体制保障；简洁高效的国家创新体系为爱尔兰创新创业奠定了良好的基础，具有层次分明、职责清晰、相互协同、运行高效的特点，产生了良好的效果。在该体系的推动下，爱尔兰以软件、生物工程等高新技术产业带动国民经济发展，并以良好的投资环境吸引了大量海外投资，完成了从农牧经济向知识经济的过渡。

2. 与时俱进的国家科技政策及规划为培育创新人才奠定了政策基础；创新是爱尔兰转型为高科技、知识型经济的主要驱动力，同时也是近几年爱尔兰经济发展速度高居欧洲首位的主要原因。近些年，通过采取积极的科技创新政策，大力发展高新技术产业，爱尔兰已成为全球创新领域的佼佼者。爱尔兰科技和软件产业的快速发展，很大程度上得益于政府的产业倾斜政策、对教育投入的增加，以及海外爱尔兰人的大量回流。培养与吸引人才的战略起到了关键性作用。

3. 逐渐完善的教育体制是爱尔兰培育创新人才的法宝。爱尔兰的教育起源于英国传统英式教育。根据爱尔兰统计局数据，98%的爱尔兰人在18岁之前都接受过优秀的教育。从20世纪70年代起，爱尔兰政府大幅度增加教育经费，扩大高校招生规模。国家公共教育开支在国民收入中所占比例在西方国家中也名列前茅。目前，爱尔兰已经普及了大学教育。爱尔兰能够在世界技术发展的前沿占有一席之地，教育投入是关键。超高的平均受教育水平使爱尔兰成为欧洲技术人才增长最快的国家。爱尔兰的院校提倡产、学、研相结合，注重与企业间的交流合作，能将软件研发成果迅速转化成商品，且周期短。此外，爱尔兰的本科教育独树一帜，前两年学习基本教程，第三年去往第一线实习，第四年则根据自己的兴趣完成独立设计。这样的培养方式使得应届毕业生能够迅速融入企业环境，满足企业需求，大大节约了企业人力培育成本。

4. 以企业创新为特色以及政府、企业、高校合作的培育机制成为创新人才成长的摇篮。为了使政府资助的研发活动产生经济价值，爱尔兰商业、企业和创新委员会所属的企业局资助建立了企业技术中心。这些技术中心是由企业建立并运营的合作实体。他们借助高校和研究机构的高质量研究人员，开展以市场为导向且能够使产业受益的战略研发工作。该项目由爱尔兰企业局与投资发展局共同组织实施，因此可以使得爱尔兰企业和跨国公司一起在这些技术中心工作。爱尔兰以创新为发展源泉，一方面，大力扶植本土企业，为高科技创业提供资金保障；另一方面，积极促进大学与国家科技园的密切合作，注重创新人才培养和引进，确保科技创新的可持续性。创新型经济带动高等教育的发展，而高等教育的创新成果则反哺经济，进一步推动国民经济的发展。这充分体现了爱尔兰高等教育在培养创新人才方面的优势，并随着国家整体创新政策的不断发展而不断完善。

（二）创新人才培育优势

爱尔兰的飞速发展除了得天独厚的自然条件和历史积淀，还得益于拥有大批受过良好教育的年轻人力资源。爱尔兰政府意识到，作为一个小岛国，要想在世界上具有竞争力，必须大力培养高素质人才，兴办高技术企业，重视教育、发展科技、培养创新意识和实施创新人才政策才是爱尔兰创新人才培育的主要特色和优势。

爱尔兰科技和软件产业的快速发展，很大程度上得益于政府的产业倾斜政策、对教育投入的增加，以及海外爱尔兰人的大量回流。培养与吸引人才的战略起到了关键性作用。与此同时，爱尔兰非常重视政府在科技创新中的引领作用，在政府的主导下，通过产学研的有效结合，在各相关部门的分工合作下，建立了完整的国家级自主创新体系。除了提供研究、咨询和培训服务的国有机构，爱尔兰科学技术部、企业署、企业贸易就业部等也在爱尔兰技术创新过程中发挥着重要作用。稳定优惠的工商业政策、优越的地理位置、完善的基础设施、便利的交通条件，以及拥有大量受过良好教育的创新人才，使得爱尔兰成为外商理想的投资置业地。目前爱尔兰的外资公司多达上千家，其中电子信息、软件、工程、制药、金融等高附加值产业的世界顶尖公司大半在爱尔兰建有生产基地或研发中心。它们共同搭建起爱尔兰优良的产业结构，并为该国经济腾飞插上了强壮的双翼。

参 考 文 献

Charles, S., L.S. Anna, 2008. A fugitive Success: Finland'Economic Future. http://www2.law.columbia.edu/sabel/papers/Finland%20final%20report.pdf.

Chonaill, B.N., 2018. Interculturalism in higher education in Ireland: An analysis from a strategy, policy and practice perspective. *Studies in Health, Technology and informatics*, (256).

奥地利联邦教育科研部："数字化教学总体规划"（Masterplan für die Digitalisierung im Bildungswesen），2019 年。

奥地利政府："联邦政府研究技术创新战略"，2011 年。

陈强、左国存、李建邑："新加坡发展科技与创新能力的经验"，《中国科技论坛》，2012 年第 8 期。

陈雪芬、吴雪萍："瑞典终身学习政策分析"，《职教论坛》，2008 年第 11 期。

程家怡："瑞典科技与创新体系的现状与演进过程"，《全球科技经济瞭望》，2016 年第 7 期。

单芯茹："韩国现代化进程中的文化因素分析"，《科技视界》，2014 年第 35 期。

刁炜："凯尔特之虎的跃起——浅析爱尔兰发展模式"，《河北企业》，2007 年第 3 期。

杜德斌：《全球科技创新中心：动力与模式》，上海：上海人民出版社，2014 年。

樊良春："建立全球领先的科学技术创新体系——美国成为世界科技强国之路"，《中国科学院院刊》，2018 年第 5 期。

高昌林："爱尔兰推进创新创业的经验及启示"，《全球科技经济瞭望》，2016 年第 4 期。

高锡荣、罗琳、张红超："从全球创新指数看制约中国创新能力的关键因素"，《科技管理研究》，2017 年第 1 期。

高子洋："论国家创新系统的构建与调整"（硕士学位论文），华东师范大学，2018 年。

哈尔默、王景丽、卜荣露：《芬兰模式：创新政策和治理经验》，上海：上海交通大学出版社，2018 年。

哈罗德、埃文斯：《美国创新史》，北京：中信出版社，2011 年。

荷兰科学研究组织（NWO）："NWO 新战略 2018~2022：连接科学与社会"，2018 年。

荷兰内阁："《2025 科学愿景——未来的选择》报告"，2014 年。

胡海鹏、廖晓东、袁永等："芬兰创新驱动发展政策及对广东的启示建议"，《特区经济》，2017 年第 5 期。

黄卫等（中华人民共和国科学技术部）：《国际科学技术发展报告》，北京：科学技术文献出版社，2018 年。

蒋颖："芬兰国家技术创新局的发展历程与运行机制研究"（硕士学位论文），复旦大学，2013 年。

巨瑛梅、刘旭东：《当代国外教学理论》，北京：教育科学出版社，2005 年。

李丹："韩国科技创新体制机制的发展与启示"，《世界科技研究与发展》，2018 年第 4 期。

李宏伟、陈友力："新加坡南洋理工学院师资队伍建设探析"，《成人教育》，2010 年第 5 期。

李建伟："近二十年新加坡职业技术教育综述"，《继续教育研究》，2011 年第 3 期。

梁伟："美国科技创新体系中政府的作用"，《全球科技经济瞭望》，2008 年第 3 期。

刘泓："20 世纪后半叶北爱尔兰教育平等改革思路探析"，《黑龙江民族丛刊》，2018 年第 2 期。

毛才盛："新加坡'教学工厂'的育人特色及对中国的启示"，《宁波职业技术学院学报》，2006 年第 6 期。

欧盟："欧洲创新记分牌 2018（EIS）"，2018 年。

朴英娥、金辰镕、徐幸我等："韩国科技人力资源政策发展历程及未来走向"，《世界教育信息》，2014 年第 20 期。

曲婷："韩国创新人才经验及其对中国的启示"，《中国科技论坛》，2012 年第 3 期。

瑞士洛桑管理学院："2018 年 IMD 世界人才报告"，2018 年。

世界经济论坛："2018~2019 年全球竞争力报告"，2018 年。

世界知识产权组织："2018 年世界知识产权指标报告"，2018 年。

世界知识产权组织："2018 年全球创新指标"，美国康奈尔大学，2018 年。

孙昌育、王苹："实用主义与美国创新机制的形成和发展"，《华南理工大学学报》（社会科学版），2001 年第 2 期。

孙玉红、鲁毅："新加坡高职教育办学特色分析"，《辽宁高职学报》，2010 年第 3 期。

孙元政："考察新加坡高职教育的几点启示"，《辽宁高职学报》，2004 年第 3 期。

王海涛："爱尔兰的国家创新体系"，《全球科技经济瞭望》，2006 年第 2 期。

王海燕、梁洪力:"瑞典创新体系的特征及启示",《中国国情国力》,2014年第12期。
王辉耀:"爱尔兰的国际人才竞争战略",《国际人才交流》,2012年第1期。
王佳存:"美国政府促进中小企业创新的措施",《美国科技情况反映》,2009年第36期。
王轶男、刘琴:"印度、爱尔兰软件产业发展经验借鉴及启示",《环球经济》,2015年第2期。
王颖贤:"创新型城市产业发展研究"(硕士学位论文),暨南大学,2010年。
韦如意:"新加坡高等职业教育成功经验浅析",《青岛职业技术学院学报》,2011年第2期。
吴莲姬:"韩国人才培养政策及管理体制研究",《当代韩国》,2004年第3期。
夏炳军:"瑞典创新体系对中国建设创新型国家的启示",中国商务部网站,2008年。
薛文正:"试问国际分校的质量保证——新加坡环球校园计划出现的问题与对策",《世界教育信息》,2008年第8期。
延凤宇:"爱尔兰职业教育与培训制度改革及政策发展研究",《职教论坛》,2019年第3期。
姚远峰:"爱尔兰高等教育的特点与启示",《安阳师范学院学报》,2017年第6期。
于国文、曹一鸣:"跨学科教学研究:以芬兰现象教学为例",《外国中小学教育》,2017年第7期。
岳文厚、白津夫等:《增长的革命》,北京:机械工业出版社,2017年。
詹正茂、田蕾:"新加坡创新型城市建设经验及其对中国的启示",《科学学研究》,2011年第4期。
张昊民、郭敏、马君:"新加坡创业教育的国际化策略",《创新与创业教育》,2013年第1期。
张明龙、章亮:"新加坡促进创新活动的主要对策",《浙江师范大学学报》(社会科学版),2009年第6期。
张晓光:《走进芬兰基础教育》,重庆:西南师范大学出版社,2016年。
中国科学技术发展战略研究院:《国家创新指数2018》,北京:科学技术文献出版社,2018年。
中华人民共和国驻爱尔兰大使馆:"爱尔兰科技概况",https://www.fmprc.gov.cn/ce/ceie/chn/kjjl/t1405879.htm,2018年。
中华人民共和国驻芬兰共和国大使馆:芬兰发布《国家研究与创新政策指南2011~2015》https://www.fmprc.gov.cn/ce/cefi/chn/kxjs/t781228.htm,2010年。
仲平:"美国大型科研仪器设施共享的政策与做法",《美国科技情况反映》,2012年第46期。
周文玲、陈修焕:"新加坡高等职业教育校企合作的特点及启示",《青岛职业技术学院学报》，2011年第3期。

周阳敏、宋利真："美国政府推动集群协同创新的经验"，《创新科技》，2012年第2期。

朱春楠："高等教育国际化视阈下的韩国创新型人才培养分析"，《东北师大学报》（哲学社会科学版），2016年第3期。

驻旧金山总领事馆科技组："美国产业技术创新联盟实践"，《美国科技情况反映》，2008年。

第四章 中国创新人才培育现状与需求

第一节 中国创新人才培育条件和基础

一、中国创新能力总体情况

中国将创新作为战略层面的顶层设计,精心规划、自上而下地将创新置于中国经济核心地位的战略。自 2008 年开始,中国就发布了《国家知识产权战略纲要》,决定实施国家知识产权战略。2016 年,又发布了《国家创新驱动发展战略纲要》,明确了建设世界科技创新强国"三步走"的战略目标。中国经济结构逐渐向知识密集型产业转型,并以实践证明其创新能力完全能够支持高质量发展。

《2019 全球创新指数报告》中对 126 个经济体创新情况进行的量化评估显示:中国是唯一进入 20 强的中等收入经济体,排名第 14 位。从近十年的评估结果数据可以看出,中国创新指数排名不断进步,以其为表征的中国创新能力不断取得提升(图 4–1)。其中,中国在研究人员、专利、科技出版物数量、教育投资、研发支出转化为高质量创新成果的能力、创新效率比等方面的排名均位居世界前三。

除制度指标外,中国在相关指标体系中的排名均位于前 30(表 4–1)。中国的知识与技术产出指标排名一直稳居全球前 10 位;制度、创意产出、人力资本和研究三项指标排名均呈现出整体上升趋势;市场成熟度、基础设施、商业成熟度等指标呈现波动趋势。

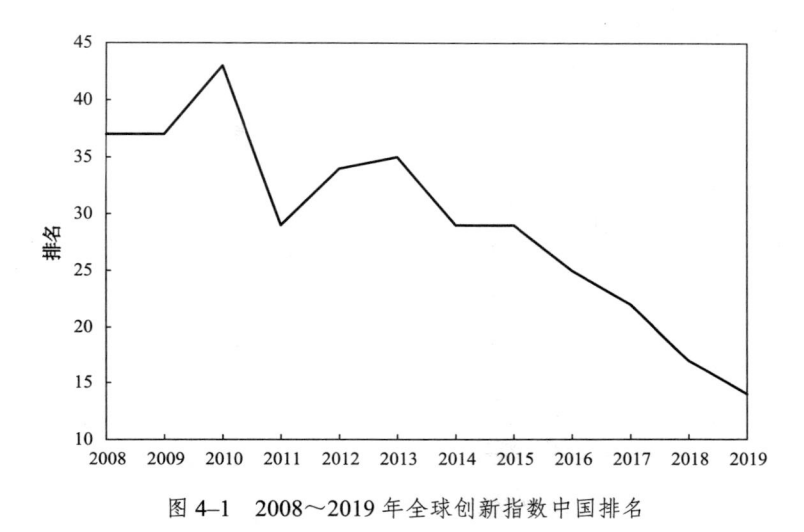

图 4-1　2008~2019 年全球创新指数中国排名

表 4-1　中国的指标排名

指标明细	排名
制度	68
人力资本与研究	24
基础设施	28
知识与技术产出	3
创意产出	18
市场成熟度	25
商业成熟度	7

二、中国创新文化背景

　　诗歌总集《诗经·大雅》说："周虽旧邦，其命维新。"还有汤之《盘铭》曰："苟日新，日日新，又日新。"这是古代帝王成汤的座右铭，咏唱的即是积极进取的创新精神，当然也是创新文化源远流长的体现。

纵观中国历史发展的不同社会形态，创新总是推动历史进程的强大动力。从战国时代的李悝变法、商鞅变法，到后来的王安石变法、张居正推行新法，再到清末的洋务运动、戊戌变法等都不断地创新改革，推进了中国经济的发展与社会进步。唐代韩愈倡导的古文运动、变革文体，不仅是文化的革新，更是思想的革新，还有五四时期的新文化运动，启发了人们的民主觉悟，推动了现代科学特别是自然科学在中国的发展。

中国历来追求"守正创新"，欲创新必须先守正，守住中国文化之根基。中国文化历经几千年的传承发展，其核心植根于国人血脉，也是一个民族一个国家强大最根本、最深沉的力量。如"修身齐家治国平天下"的人生理想，比如"仁义礼智信"的为人准则，如"四大发明"的科技底蕴，为中国的创新文化提供了充分的养分，为中国的发展打下了坚实的根基。

中国的创新文化一直是胸襟开放、兼容并蓄的。这与中国广阔的地域和悠久的历史密不可分，也使中国的创新发展具有强大的生命力。即便是在元朝，蒙古族的统治之下，中国文化也并未被异化或改旗易帜，反倒使中国文化更加丰富多彩。在当今中国，积极构建"引进来"和"走出去"相结合的文化发展格局，已经成为我们党和政府推动中外文化交流互动的基本主张。我们完全有理由对本民族的优秀传统文化充满自信。当然，在全球化这一背景下树立文化自信，绝不意味着我们要关上面向世界的大门，而是要以更加宽广的视野，更加博大的胸怀，开拓中华文化创新发展之路。

第二节 中国创新人才培育现状

一、中国创新人才培育的战略部署

（一）创新驱动发展战略

创新驱动发展战略是中国科技事业探索之路的最新实践，是中国特色自主创新道路的重要组成部分，为指导新时期科技创新发展提供了强大的理论基础。中国科技发展的方向就是创新，创新，再创新。实施创新驱动发展战略，必须紧紧抓住科技创新这个"牛鼻子"。要推动以科技创新为核心的全面创新，坚持需求导向和产业化方向，坚持企业在创新中的主体地位，发挥市场在资源配置中的决定性作用和社会主义制度优势，增强科技进步对经济增长的贡献度，形成新的增长动力源泉，推动经济持续健康发展（谭志敏，2018）。

2012年党的十八大报告提出：中国发展仍处于可以大有作为的重要战略机遇期，为实现全面建成小康社会和全面深化改革的战略目标，要加快完善社会主义市场经济体制和加快转变经济发展方式，实施创新驱动发展战略。党的十八大以来，以习近平同志为核心的党中央高度重视自主创新，围绕实施创新驱动发展战略，加快建设创新型国家，提出了一系列新论断、新要求，为新时代坚定不移走中国特色自主创新道路指明了方向。2013年党的十八届三中全会通过《中共中央关于全面深化改革若干重大问题的决定》，就深化科技体制改革提出了明确要求。2014年习近平同志分别在中科院和工程院院士大会上强调，要抓紧落实三中全会确定的科技体制改革任务。2015年党的十八届五中全会上习近平总书记提出要牢固树立创新、协调、绿色、开放、共享发展理念，并把创新摆在五大发展理念之首，强调必须抓住科技创新这个核心。实施创新驱动发展战略，推进以科技创新为核心的全面创新。2015年、2016年，中国又相继发布了《关于深化体制机制改革加快实施创新驱动发展战略的若干意见》《关于大力推进大众创业万众创新若干政策措施的意见》《深化科技体制改革实施方案》《促进科技成果转移转化行动方案》等一系列改革性文件，就消除制度壁垒、促进科技成果转化提出了解决之策。这一系列政策文件的发布标志着国家开始在实践层面全面系统地推进创新驱动发展战略。2016年5月，中共中央、国务院印发了《国家创新驱动发展战略纲要》（以下简称《纲要》）。《纲要》是国家对创新驱动发展做出顶层设计和整体部署的统领性文件,是首次将创新作为一个系统工程上升到国家战略进行部署,体现了中国特色社会发展理论和马克思主义创新理论的融合。《纲要》在分析战略背景的基础上,对指导思想、基本原则、战略目标、战略部署、组织实施做出具体安排,确立了11个国民经济发展的重点领域、8个前沿技术和4项重大科学研究计划。《纲要》的颁布标志着创新驱动发展战略思想体系走向成熟。

(二)人才强国战略

创新人才培养直接关系到创新驱动发展战略是否有人实施、能否得到实施的大问题,也关系到党的十九大确立的发展目标、发展战略能否实现的大问题,因此创新人才是创新事业的第一资源。中国高度重视,积极开展创新人才培养工作,将培养拔尖创新人才作为教育的重要任务。

"十二五"期间,国家颁布并实施了创新人才培养的若干重要战略和规划。2010年,《国家中长期人才发展规划纲要(2010~2020年)》发布,对创新人才培养的体制机制、目标、举措进行了规定;2011年,中国印发《创新人才推进计划实施方案》旨在通过创新体制机制等措施,加强高层次创新人才队伍建设,为建设创新型国家提供有力的人才支撑;2012年,中国开始实施"国家高层次人才特殊支持计划",旨在建设国内高层次创新创业人才队伍开发体系(赵峰等,2016)。2015年8月18日,习近平总书记任组长的中央全面深化改革领导小组第十五次会议审议通过了《统筹推进世界一流大学和一流学科建设总体方案》(以下简称《方案》)。《方案》将培养拔尖创新人才作为重要任务之一。《方案》指出"坚持立德树人,突出人才培养的核心地位,着力培养具有历史使命感和社会责任心,富有创新精神和实践能力的各类创新型、应用型、复合型优秀人才。加强创新创业教育,大力推进个性化培养,全面提升学生的综合素质、国际视野、科学精神、创业意识、创造能力"。2016年是"十三五"的开局之年,是中国全面建成小康社会的决胜阶段,也是进入创新型国家行列的冲刺阶段。习近平总书记关于人才的系列重要讲话、国家"十三五"规划纲要提出实施人才优先发展战略、中央下发《关于深化人才发展体制机制改革的意见》等，为推进人才发展体制改革和政策创新，形成具有国际竞争力的人才制度优势，聚天下英才而用之，为加快建设人才强国提供了正确方向。

此外，中国还出台了一系列人才培养促进政策，包括"拔尖计划""科教结合协同育人行动计划"等系列卓越人才计划，全面推广协同育人模式。地方教育行政部门也对有培养能力的学校进行教育教学试验给予特殊政策。一些学校也在探索小班化教学、选修走班、分层培养、提前培养等不断取得创新人才培养的成果。

（三）科教兴国战略

当前，以信息科学、信息技术为主要标志的世界科技革命正在形成新的高潮，"知识经济"已经进入人类文明发展的历史进程，科技进步成为经济发展的决定性因素，科学技术实力成为衡量国家综合国力强弱的重要标志。面对发达国家在经济与科技上占优势的压力，面对中国经济和社会发展中的突出问题，中国必须从社会主义事业兴旺发达和民族振兴的高度，充分认识实施科教兴国战略的重要性和紧迫性。

1977年，邓小平在科学和教育工作座谈会上明确把科教发展作为发展经济、建设现代化强国的先导，摆在中国发展战略的首位。20世纪70年代后期到90年代初期，邓小平同志坚持"实现四个现代化，科学技术是关键，基础是教育"的核心思想，为"科教兴国"发展战略的形成奠定了坚实的理论和实践基础。1995年5月，江泽民同志在全国科技大会上的讲话中提出了实施科教兴国的战略，确立科技和教育是兴国的手段和基础的方针。2013年10月23日，习近平主席在会见清华大学经济管理学院顾问委员会海外委员时表示，科教兴国已成为中国的基本国策。党的十八大中，习近平总书记把科教兴国、人才强国和创新驱动发展战略放在国家发展的核心位置，高度重视人才，重视科技。党的十九大报告更是将科教兴国战略确定为决胜全面建成小康社会需要坚定实施的七大战略之一，"科教兴国"被赋予新的时代内涵。

自1995年科教兴国战略提出以来，经过20多年的发展，"九五"计划、2010年远景目标等一系列重大决策部署不断赋予科教兴国战略新的内涵。总的来说，中国把科技创新和教育事业摆在重要位置，一大批重大原创成果领跑全球。经过长期努力，中国特色社会主义进入了新时代，"科学技术是第一生产力"的论断深入人心，全民科学意识觉醒，中国科教事业发展的良好环境成为国家发展、民族振兴永不枯竭的重要源泉。

二、中国创新人才培育的政策体系

（一）国家科技创新人才政策总体情况

改革开放以来，中国科技人才政策数量整体呈现阶段式上升趋势（见图4-2），在"十五""十一五""十二五"科技规划前后，人才政策数量有大幅度增加，体现出科技规划整体引领作用。根据拨乱反正、科技体制改革、科教兴国战略以及自主创新战略阶段性转变，可以将科技人才政策划分为四个时期，恢复调整时期（1978~1984年）、深入改革时期（1985~1994年）、战略导向时期（1995~2005年）以及创新发展时期（2006~2017年）。有学者采用共词分析法对1978~2017年的政策进行了文本分析，高频关键词统计结果显示，近十年来中国政府对人才培育政策的把握重心和基本走向正由提升科技人才待遇向体制改革、成果转化和创新驱动转变（李燕萍等，2019）。

中国的科技人才政策在2000年之前主要涉及：引进留学生；为回国定居专家提供便利；加强民营科技企业人员专业技术职称（资格）评定工作等。2001~2005年的政策主要涉及：中科院"百人计划"引进和培养高层次人才；通过多种形式吸引海外优秀人才回国创业；基础学科人才培养；青年人才培养；通过改进科学技术评价完善人才激励。2006~2010年的政策主要涉及：

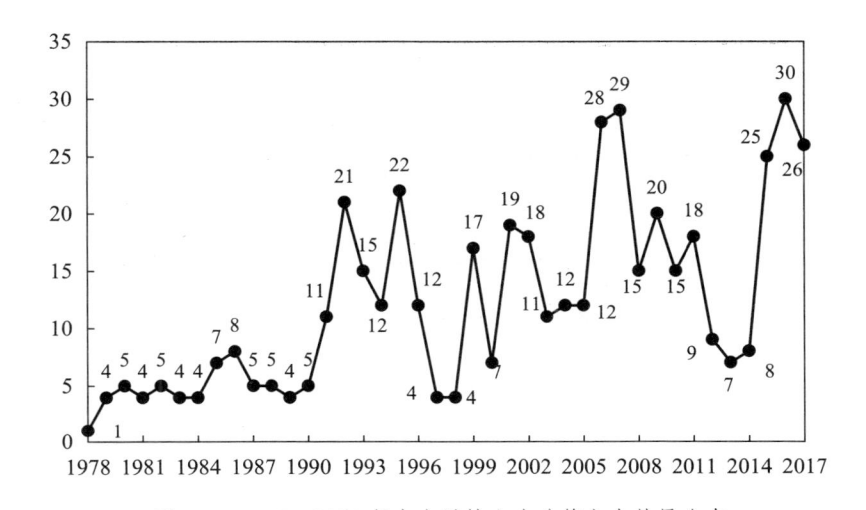

图 4–2　1978~2017 年中央科技人才政策文本数量分布

资料来源：李燕萍等，"我国改革开放 40 年来科技人才政策演变、趋势与展望——基于共词分析法"，《科技进步与对策》，2019 年第 10 期。

高端人才的引进与培养，包括"万人计划"等；以及各种人才的培养工作，包括博士后人才、高校人才、创新人才、国家重点领域紧缺人才、农村实用科技人才、国防科技人才，以及专业技术人才的继续教育等；在企事业单位进行收入分配制度改革，加强人才激励。2011~2017 年的政策主要涉及：继续加强高层次人才，尤其是外国专家人才的引进；注重国家高层次人才的选拔和培养，以及青年英才的培养；从税收、股权、分配制度等多方面加强人才激励。

2010 年，科技部联合六部委制定了《国家中长期科技人才发展规划（2010~2020 年）》，这是中国首个专门针对科技人才发展制定的中长期规划。《规划》以高层次创新型科技人才队伍建设为重点，提出建设六支科技人才队伍和七项具体政策措施。2016 年中共中央出台了《关于深化人才发展体制机制改革的意见》，重点针对当前人才发展体制机制存在的突出弊端提出改革举措。在改革人才管理体制方面，推动人才管理部门简政放权，保障和落实用人主体自主权；在改革人才评价、流动、激励等机制方面，健全人才顺畅流动机制，强化人才创新创业激励机制，构建具有国际竞争力的引才用才机制，建立人才优先发展保障机制。2017 年，科技部出台了《"十三五"国家科技人才发展规划》，对中国"十三五"科技人才工作进行了部署，提出了四项重点任务：加快科技人才队伍结构的战略性调整；大力培养优秀创新人才；重点引进高层次创新人才；营造激励科技人才创新创业的良好生态（申峥峥，2017）。

（二）北上广深创新人才政策①

1. 人才政策概况

北上广深四市的人才政策主要包括人才引进、人才培养与发展、人才激励、人才管理四个方面。其中各市面向海内外高层次人才的引进类政策都涵盖了奖励性、保障性和发展性政策三大类，旨在实现以物质奖励与荣誉表彰吸引人才、以生活工作优待条件留住人才、以扶持创新创业发展优惠政策发挥人才效能。各市的人才培育与发展政策占人才政策的比重相当大。政策涉及的扶持方式主要涵盖了资金、环境、机会三个方面，包括设立专项资金、持续科技经费支持、参与或主持重大项目及科技交流合作机会、知识产权服务保障、培养计划制订、团队发展支持等。各市的人才激励政策主要采取物质奖励及荣誉表彰两种方式。各市涉及人才管理方面的政策主要涉及人才评价、岗位聘用、人才流动、工作机制、工作绩效评估等；针对于引进人才，各市的政策还规定了人才所需在该地区服务的具体时长。

此外，北上广深四市的人才政策对象侧重高层次人才，政策制定紧贴产业发展需求。按照通用的分类，人才类型可分为高层次人才及普通人才，四市的人才政策体系中面向高层次人才的政策数量居多。从四市与具体产业相

---

① 黄怡淳："北上广深四市人才政策对比分析及广州市人才政策建议"，《科技管理研究》，2017 年第 20 期。

关的人才政策内容上看，为发挥"人才+产业+市场"的优势作用，四市相关政策紧贴的产业领域均与高新技术产业、战略性新兴产业相关，有相当高的一致性。

2. 人才政策强调流动机制变革

四市的人才政策均强调了人才流动机制的改革，鼓励各类组织探索建立灵活多样的创新型人才流动与聘用方式，主要表现在完善柔性引才机制、优化科技人才流动与配置机制。柔性引才是指突破地域、户籍、身份、档案、人事关系等限制，以不改变其户籍或国籍、不改变人事关系为前提的人才引进和使用方式。柔性引才主要采取才智并进、智力兼职、人才租赁、短期服务、项目承包、技术入股等方式。在优化人才的流动与配置方面，四市的人才政策都强调了高校、科研机构与企业之间的人才流动，同时强调了引导人才向重点关键领域岗位倾斜的分配机制。

3. 人才政策强调促进科技成果转化

除了深圳市外，北京、上海、广州市均单独就促进科技成果转化推出相关政策条例，以进一步激励创新人才。相关政策主要从以下几方面实施：第一，科技成果的处置权和收益权下放；第二，改革科技成果的收益分配制度，如建立科技成果的市场定价机制、以科技成果和知识产权作价入股；第三，鼓励高等学校、科研院所、企业之间的科技成果转化活动；第四，将科技成果转化列入人才评价考核机制中。

4. 深入推进人才政策创新

在顶层设计方面，广东先后出台了《关于加快吸引培养高层次人才的意见》《广东省中长期人才发展规划纲要（2010~2020年）》《关于广东深化人才发展体制机制改革的实施意见》等重要文件，明确了人才发展的思路、目标、任务和政策举措，同时在重点领域、重点工作出台了一系列制度和规定。省内各地市也相继出台了配套政策，形成了上下衔接、多层次、立体化的人才政策体系，并在人才引进、培养、评价、激励、服务等各个环节大胆突破创新。例如，2015年广东开展高水平大学建设人事制度改革试点，在全国率先下放岗位设置权、公开招聘权、职称评审权、薪酬分配权、人员调配权，放权范围和力度全国领先；2017年深圳在全国率先颁布实施了《深圳经济特区人才工作条例》，将人才工作实践上升到法律层面（陈建新等，2018）。

（三）高端人才政策体系的建设现状

2016年是"十三五"的开局之年，是中国全面建成小康社会的决胜阶段，也是进入创新型国家行列的冲刺阶段。这一时期的高层次人才政策具有两个显著特点：一是人才政策更为关注"高端引领"，强化人才结构优化和区域布局；二是强调高端人才工作的系统部署和谋划，使之与国家急需解决的战略任务相匹配。针对这一特殊时期，中国出台了许多针对高端人才的政策，主要涉及高端人才培育政策、国际化政策、奖励政策、回流政策、使用政策、居留政策六大类。对高端人才环流带来的利益共享机制的共识，逐渐形成了一个以吸引高端人才回流和环流的公共政策领域。高端人才政策体系，其目标是吸引、培育、挽留海内外高端人才，并建立与海外高技能人才群体的合作与交流网络。

这一时期高层次人才政策及其发文机构间的关系，呈现了一些新的特点，例如出现了15个部门联合发文的情况，且发文层级和集中度都更高，同时对高端人才和科技创新的界定更为清晰。在政策话语方面，"一带一路""全球价值链""人工智能"等概念也频繁出现在人才政策文本中。1978～2017年中国高端人才政策的文本显示出中国高端人才政策的形成与变革呈现政府主导性和变革渐进性。在人才战略中，政府利用公共资源为高端人才的吸引、引进、培养和使用提供经济激励与社会服务。变革渐进性特征则体现在政策目标的日渐清晰、精准，政策体系化程度逐渐加强。

三、中国创新人才培育的模式构建

（一）产教融合模式①

中华人民共和国成立以来，经过近 70 年的建设和积累，中国已经基本形成了层次分明、横向衔接、纵向贯通的职业教育格局。《2019 年全国教育事业发展统计公报》数据显示，"全国共有中等职业学校 1.01 万所，在校生约 1 576.47 万人，占高中阶段在校生总数的 39.46%；高职（专科）院校 1 423 所，在校生约 1 106.53 万人，占高等教育阶段在校生总数的 27.64%"。中国的职业教育发展正处于从外延式规模扩张向内涵式提质增效转变的新阶段，产教融合也从过去的初创萌芽阶段、恢复重建阶段、改革探索阶段进入新时代深化创新阶段。

现在职业教育产教融合的深化创新主要体现在三个方面。首先，是着重突出了企业的育人主体地位，推进了校企合作的制度化。2014 年颁布的《现代职业教育体系建设规划（2014~2020 年）》首次提出"要发挥企业的办学主体作用"，标志着企业在职业教育领域的地位发生了重大变化，从"配角"变成了"主角"，也意味着校企合作已经超越了教学方法和教学模式创新的具体工作层面，而进入校企协同育人、共同治理的制度化层面。其次，是建立了校企共建"双师型"教师队伍的机制，推进了师资力量的专业化。2014 年颁布的《国务院关于加快发展现代职业教育的决定》提出"推动校企共建'双师型'教师培养培训基地"。同年 8 月，教育部印发了《关于开展现代学徒制试点工作的意见》，明确了校企共建师资队伍的方式方法。校企共同培育专业化师资成为职业教育产教融合向纵深发展的新切入点。最后，是促进了教育

---

① 彭莉洁："职业教育产教融合的历史演进、逻辑起点与战略要点"，《教育与职业》，2019 年第 6 期。

与产业的资源共享，推进了职业教育办学的开放化。2017年12月，国务院办公厅印发了《关于深化产教融合的若干意见》，要求"完善教育资源布局，促进教育和产业联动发展，强调构建教育和产业统筹融合发展格局"。教育与产业、学校与企业的协同联动得到进一步加强。中国开始形成职业学校与行业企业共同办学、主体联动、协同育人、多元治理的多层次、立体化的产教融合格局。

（二）产学研合作技术创新典型模式[①]

面对科技成果转化率不高的现状，中国开启了以企业为主体、市场为导向、技术创新为目标的产学研合作的培养模式，培养应用型拔尖创新人才。高校拥有科研平台，企业拥有实训基地，高校与企业通过科研课题、科研攻关项目为中介进行合作。尤其是研究型高校凭借其雄厚的科研资金和师资力量，对拔尖学生提供全面的素质教育，让掌握先进科研技术成果的教师给这些优秀学子传授更系统的理论知识，提供参与课题研究的机会，指导拔尖学生创造出新的科技成果。同时，学校积极与一些行业内的知名企业商议，遵照"工学交替，双向参与"的原则，制定出切实可行的人才实训方案，让其进入企业投入实际工作及企业项目，企业对这些学子进行职业培训，派工作能力较强的员工进行一对一的指导，随时解决他们在工作中遇到的问题。

产学研合作技术创新主要涉及新知识和新技术的供应方即高校和科研机构以及应用方即企业，按照供应方和应用方在合作过程中发挥的作用不同和技术转移的特点不同，可以将产学研合作技术创新模式进一步分类，形成四类典型的产学研合作技术创新模式。

第一类模式是创新创业。它是指一旦高校和科研机构的研发工作实现了比较大甚至重大原理性、原创性技术突破，开发出新产品或新工艺，研发人

[①] 仲伟俊、梅姝娥、谢园园："产学研合作技术创新模式分析"，《中国软科学》，2009年第8期。

员带着自己开发的新产品或新工艺，在风险投资公司及相关企业等多方的支持下，创办新企业，共建创新实体，将科技成果转化为现实生产力。这类模式的创新驱动力主要是技术推动。它充分利用高校和科研机构已开发出的科技成果，通过产学研合作实现新知识、新技术和人才向企业的共同转移。

第二类模式是成果转化。它是高校和科研机构研发人员研发形成的新技术、新产品或新工艺等科技成果，通过专利许可或技术转让等技术交易方式转让给企业，由企业为主体进行产业化和市场开发，将科技成果转化为现实生产力。这类模式的创新驱动力也主要是技术推动。它充分利用高校和科研机构已开发出的科技成果，实现新知识和新技术向企业和产业的转移。

第三类模式是高校和科研机构服务于企业的技术创新需求。这类模式是企业首先根据增强竞争力的需要及其自身具备的技术创新能力提出技术创新需求，确定需要利用的外部技术和技术创新能力，然后寻找拥有相关技术和技术创新能力的高校或科研机构，帮助企业开发需要的新技术、新产品或新工艺，并增强其技术创新能力。对这类模式，按照技术创新过程中企业与高校和科研机构发挥的作用不同，又可以细分为三种具体模式，包括企业与高校和科研机构在技术创新过程中组成联合开发小组进行联合开发。企业提出明确的技术创新需求后直接委托给高校或科研机构进行开发，并以企业为主进行技术创新。高校和科研机构提供咨询服务。这类模式的创新驱动力主要是市场拉动，它不但利用高校和科研机构已经开发出的科技成果，还可利用其形成的技术创新能力，实现新知识和新技术向企业和产业的转移。

第四类模式是企业配套于科研机构进行的公共产品技术创新。科技发展不仅极大地促进了企业和产业的技术创新，也极大地促进了公共产品技术创新。目前中国存在大量从事军工、环保等新的公共产品开发的公益类科研机构。在这些科研机构从事公共产品技术创新的过程中，完全可以让有条件的企业配套于公共产品技术创新，既提高了公共产品技术创新的效率和水平，又支持了企业的技术创新活动，为企业创造了新市场，带来了新利润。这类模式的创新驱动力主要是公共产品技术创新需求的拉动。它是企业利用科研机构的公共产品技术创新需求，来实现技术和利润向企业的转移。

（三）高校创新培养模式

中国高校拔尖创新人才主流培养模式是"宽口径、交叉性、重基础"的复合型培养模式。复合型拔尖创新人才培养是以满足社会需求和自我需求为导向，以实现人才培养目标为基准，通过人才选拔进入培养体系，将学校现有的教学资源和师资力量进行合理配置，制定符合现代化教育要求的科学管理机制，开始分流培养和小班授课，最终培养出"基础扎实、知识面广、能力高、素质强"的复合型人才。该培养模式最初的发起高校是浙江大学。浙江大学早在1984年就开始创办混合班，因材施教、淡化专业、实施工科人才理科培养，2000年又在混合班的基础上成立了竺可桢学院，为资质优异的本科学生实施"特别培养"。把"宽口径、交叉性、重基础"的复合型培养模式进行了很大程度的完善与扩展。与此同时，浙江大学作为一个拔尖人才试验学校，为学生们创建了一个宽广的学习平台，与其他学院共同建立起交叉复合型本科人才培养平台，有利于学生们实现学科之间的知识性交融，开拓知识面，培养学生宽辐射的思维模式，从多方面、多角度去思考问题。交叉复合型人才的培养有益于开阔创新人才的视野和拓宽知识面。

除学校自身培养模式外，校际合作的培养模式也在中国高校创新人才培育领域发挥着重要作用。校际合作的培养模式是指高校之间通过签订协议建立的合作关系，其目的在于通过科研、教学等方面的合作，实现资源共享、共同培养拔尖创新人才。校际合作培养拔尖创新人才的方式主要呈现在教学共同体、联合授课、教学协作、第二校园经历等。校际合作培养拔尖创新人才的形式主要有联合培养学生、跨校学习、师资交流与培训、部分教学设施等资源共享、科研合作等。这些途径让不同学校的拔尖学生能够一起相互交流学习和进行思想碰撞，有利于学生进行创新性思维的培养，进而提高综合素质和能力。校际合作培养拔尖创新人才依然保持高校独立身份。拔尖学生以交换生的形式到异校自由选修课程学习并且学分互认。除了国内高校间进行校际合作，中国一些研究型大学也开始搭建了与国外高校联合培养拔尖创新人才的平台。哈尔滨工业大学的"英才班"就是典型的与国外高校合作的事例。前面两年在本校学习基础课程和外语，初步接受国际多元的创新人才教学模式，为国外交流夯实基础。后面两年便可申请留学，在国外接触最先进的学习方法与思维方式，与国外一流高校导师团队成员交流，参与科研项目，实际体验国际拔尖创新人才培养的过程。校际合作的培养模式有利于拔尖学生在不同学术背景与学习环境中培养发散思维，创新性学习，这为后续的拔尖创新人才接受更高层次的培养奠定了基础。但是受地域影响，跨区域与跨国界的合作交流在当前仍然存在很多不便，而区域内的高校合作是目前校际合作的主要形式，因为更容易开展科研、服务方面的活动，师生之间学术交流也方便。

四、地方创新人才培育的创新举措

各省市、各部门结合自身实际，积极出台政策推动地方人才体制机制改革，在人才的"引、育、用、留"等各环节形成政策合力。对几个典型省市的人才培育创新举措的梳理如下。

（一）深圳/珠海：强化区域人才立法工作

深圳市早在 2002 年就出台了《深圳经济特区人才市场条例》，主要针对人力资源市场中的人才流动问题。为了完善人才工作法制建设，深圳市自2017年 11 月 1 日起施行《深圳经济特区人才工作条例》（以下简称《条例》），以立法引领和推动人才工作改革创新。该《条例》立足深圳实际，坚持问题导向，在人才引进、培养与流动等方面有很多突破和亮点。首先，明确提出实行最严格的知识产权保护,并鼓励知识产权证券化,促进知识产权价值实现;其次,加大简政放权力度,突破国家和省相关规定,取消非学历教育办学机构、职业培训机构设立和人力资源服务两项行政许可事项,改为登记备案制;最后,加大对用人单位和人才的物质奖励与精神激励,充分体现人才价值,激发人才活力,营造尊重人才的社会氛围。值得一提的是,该《条例》打破了户籍、年龄、身份、人事关系、职称体系等影响人才合理流动的壁垒,鼓励事业单位科研人员离岗创业,并为在规定期内返岗的科研人员接续计算工龄,同时所聘岗位等级不降低。珠海市于2013年颁布实施中国首部人才开发促进条例——《珠海经济特区人才开发促进条例》,以立法的形式保障人才事业发展,形成了人才投入刚性约束、人才开发法定职责、人才权益优先保障,在全国起到了较好的示范引领效应。实施四年来,珠海市在人才的引进、培养、评价、流动、激励、保障及人才开发区域合作等方面取得较好成效,为深化人才体制机制改革创新夯实了法制基础,为特区人才创新创业营造了良好的法制环境。

(二)武汉:创新地方招才引智工作

武汉市将招才引智列为"一把手工程",于2017年成立招才引智工作领导小组,并下设"招才局"强化全市招才工作的牵头抓总、综合协调和督促检查职能。武汉市招才局按照"虚拟机构、实体运作"的模式开展工作,把以往分散在组织、人社、科技、经信等部门的人才项目、人才资金、人才政策等涉才工作统筹整合起来,减少职能交叉,形成工作合力。在设立招才局之后,武汉市又挂牌成立了"武汉开发区上海人才工作站",以上海市为"桥头堡",通过建立重点产业高端专业人才数据库,在全球广揽英才。在武汉市的引领下,西安市成立"招才引智委员会"负责统筹全市招才引智工作;宜昌市设立"人才工作站"并依托举贤网科技(北京)股份有限公司的全球人才资源优势开展全方位人才工作。

在聘任"招才大使"方面，武汉市首批聘请泰康保险集团股份有限公司董事长兼首席执行官陈东升、小米科技董事长兼 CEO 雷军等六名知名企业家担任"招才顾问"，聘请武汉大学校友企业家联谊会秘书长蹇宏、美国加利福尼亚州湖北同乡会会长喻鹏等十人担任"招才大使"。引进一名高端人才，就能集聚一个创新团队，培育一个创新企业，甚至带动一个创新产业。武汉市通过聘请"招才顾问""招才大使"的方式聚集了一批世界顶级产业专家、创新创业领军人才、知名投资人和优秀青年创新创业，打造"人才雁阵"，并与更多的海内外高层次人才结为"城市合伙人"。随后，黄冈市、泰州市、莱芜市等纷纷开始聘请高校及科研院所的专家人才、在相关行业领域内具有广泛知名度和影响力的企业家及其他高层次人才担任"招才大使"，通过以才引才助力本区域的招才引智工作。

在创新引才模式方面，武汉市着力推进"百万校友资智回汉工程"和"百万大学生留武汉行动计划"两大载体，创新提出"大学+"引才模式。通过与武汉大学、华中科技大学等在汉高校合作，搭建全球武汉校友智力回归、资本回归的平台，推动武汉市赶超发展。当前，武汉市共在八所高校举办了九场"百万校友资智回汉"专场活动，聚集了校友 5 000 多名，签约项目 294 个，总投资达 13 014 亿元，占今年全市招商签约总额的五成多，开创城市"校友经济"新模式。在武汉市的带领下，沈阳市通过与东北大学的校友会合作搭建平台"引校友回沈阳"，在全球范围内招才引智。咸宁市借助北京大学湖北校友会平台的人才、项目资源优势，积极组织开展市情推介、项目合作、考察参观等活动。

（三）苏州：推进职业资格国际接轨

国内现行的职称制度不能对海外专业技术工作积累进行认可，同时国内也缺乏针对海外人才的职称评审渠道和能够对国际职业资格水平进行认定的权威机构。2017 年 11 月，为了拓宽海外人才在华的职业发展空间，苏州市率先以国际职业资格与职称资格的比照认定为切入点，出台《苏州市国际职业资格比照认定职称资格办法（试行）》（以下简称《办法》），对职称资格与国际职业资格的有效衔接进行探索研究。《办法》明确规定："凡取得国际职业资格证书，且在苏州从事相关专业技术及管理工作的人员，在符合学历、资历等申报条件的情况下，不用再参加逐级评审，可直接认定相应的职称资格。"此外，《办法》还提出"研究生毕业后从事相关专业技术工作满七年，并取得相应的国际职业资格证书，可以直接认定为高级工程师"。苏州市通过采取这一创新举措，把职称工作和国际通行的职业资格制度相衔接，把人才评价体系进一步推向国际化。今后，职称资格认定问题将不再成为海外人才来华工作发展的阻碍。

苏州市人社部门在对 184 个国际职业资格进行搜索和整理后，首批选取了 79 个工程技术类国际职业资格，并比照认定对应的职称资格目录。首批国际职业资格认定范围主要集中在美、英、加等国。此后，该目录将进一步扩大认定范围，比照日本、德国等世界制造业先进国家的国际职业资格，持续推动国内职称体系与国际接轨，吸引更多高层次人才落户。

（四）北京：实施更开放的人才政策

继 2016 年出台"北京人才 20 条"开通外籍人才永居"直通车"、设立审批服务窗口、推行外籍人才在华永久居留积分评估政策后，于 2017 年又提出将为外籍人才办理最高期限为五年的"外国人工作许可证"，并研究设立外国人才类"北京市工作居住证"。发布十项出入境便利政策，放宽了外籍高层次人才认定标准，设立外籍高层次人才申请永久居留"直通车"，建立市场认定人才机制，并在全国率先推出为外国人服务的"五合一窗口"，合并了分属招才、公安、外专、商务、出入境检验检疫五部门的外国人证件业务，提高了办事效率。全面推行七项出入境便利政策，为外籍高层次人才开通了永久居留申请"直通车"，拓展了出入境优惠政策，同时也给予外籍华人最大便利，既扩大了他们直接申请永居便利的范围,又放宽了他们出入境和停留居留条件的设置。在支持外籍人才创新创业方面,作为国家级人才特区,聚集了大量的海外归国人员和外籍高端人才。为加强对外籍人才的服务,中关村管委会在中关村创业大街上挂牌设立"中关村外籍人才服务窗口",旨在打造一个快捷、高效、优质的"一站式"外籍人才创新创业服务平台,并通过对人才的"一条龙"服务,更好地发挥外籍人才的价值。"中关村外籍人才服务窗口"采取"政府公共服务+市场专业服务"的协同模式,为外籍人才提供出入境咨询受理,中关村高端领军人才聚集工程及雏鹰人才计划等政策咨询和服务。同时,服务窗口还为外国人才提供包括企业注册、财务服务、税务服务、法律服务、投融资服务、孵化服务等保障创新创业的服务。

2017年,根据公安部印发的《关于复制推广有关出入境政策措施的通知》,天津市、重庆市、浙江省、安徽省、河南省等地陆续复制推广北京市、上海市、广东省、福建省实施效果较好的七项出入境政策措施,进一步完善外籍人才出入境和居留政策、支持外籍人才创新创业、健全高层次人才引进配套政策体系。在健全高层次人才引进配套政策体系方面,部分省市围绕海外高层次人才在税收、保险、住房、子女入学、配偶安置、担任领导职务、承担重大科技项目以及享受国家特聘专家等保障方面出台了一系列配套政策。为前来参与城市开发的海外高端人才提供"双15%"的特殊财税扶持政策,助力境外高端人才和紧缺人才的引进;对于国际杰出人才实行"一人一策、一事一议";为外籍高层次人才及其外籍配偶、子女申请办理多次签证或者居留证件提供便利。

(五)沈阳:深化双元制职业教育改革

2017年1月,为落实"双元制"试点任务,沈阳市教育局与中德新松教育科技集团开展深度合作,共同开设中德学院,并成立了"沈阳智能制造公共实训基地""沈阳职业教育教师培训基地",同时"中德学院新松班"也在沈阳市的多所职业教育院校中正式开班。中德学院引进德国"双元制"职业教育模式,促进企业和院校成为高端应用型技术技能人才培养的"双主体",并通过"双教师""双教材""双证书"等方式着力解决人才培养、人才就业、企业用人等诸多现实问题,为实现"中国制造2025"战略目标和振兴东北老工业基地输送高素质人才。沈阳市在全国率先以一个城市为主体实施了"双元制"教育改革,通过政府与企业合作办教育的方式,有效地为职业教育注入新力量和新元素,深入推进产教融合、校企合作,积极助力东北地区职业教育的改革与发展。在此之前,北京市、深圳市、天津市、中山市、江苏省、四川省、福建省等都在探索以职校为主体引入了德国人才培养模式和标准,开展德国"双元制"教育本土化实践,在推进职业教育向高质量发展、深化"校企合作"与"产教融合"等方面取得了不错的成效。

(六)广东:推动青年人才有序流动

广东省于2017年12月出台的《关于加快新时代博士和博士后人才创新发展的若干意见》明确提出,对引进或毕业(出站)后留在粤东西北地区及惠州市、肇庆市享受财政转移支付县(市)工作的40岁以下博士、45岁以下博士后,分别给予每人20万元、30万元生活补贴。同时,在粤东西北地区工作成绩突出的博士和博士后,不受工作年限和资历限制,可直接申报正高职称。该《意见》聚焦均衡发展,强化人才向粤东西北流动的政策导向,对引进到粤东西北地区的博士和博士后人才予以倾斜,在资金资助上省财政给予大力支持,在职称评聘上给予特殊优惠。为了推动博士和博士后人才交流选拔,广东省还通过选派优秀博士、博士后参加中组部"博士服务团"到西部地区服务,面向省内外选派优秀博士和博士后参加"科技专家服务团"活动并到粤东西北地区开展一至两年的挂职服务,组织一批优秀博士和博士后到粤东西北地区柔性服务并对接粤东西北的产业发展需求,鼓励支持专业性较强的机关及参公事业单位从紧缺急需专业的优秀博士和博士后人员中选拔考录公务员等方式，推动更多的博士、博士后等青年人才向粤东西北地区有序流向。

五、中国创新人才培育案例分析

（一）创新人才推进计划①

创新型人才的培养是中国建设创新型国家的关键。2010年6月，国务院印发《国家中长期人才发展规划纲要（2010~2020年）》，成为中国第一个中长期人才发展规划，指导全国人才工作的开展。《国家中长期人才发展规划纲要（2010~2020年）》提出计划由国家八个部委分别组织实施12项重大人才工程，其中国家科技部牵头组织实施创新人才推进计划。经过前期深入论证、充分借鉴典型做法和成功经验，2011年10月，《创新人才推进计划实施方案》正式印发，由科技部、人社部、财政部、教育部、中科院、工程院、基金委、中国科协等八个部门共同组织实施。《创新人才推进计划》突出面向未来、高端引领，系统布局、分类推进、长远部署、分段实施，以人为本、创新管理等特点，支持科学家工作室、中青年科技创新领军人才、科技创新创业人才、重点领域创新团队、创新人才培养示范基地等建设，旨在通过创新体制机制、优化政策环境、强化保障措施，培养和造就一批具有世界水平的科学家、高水平的科技领军人才和工程师、优秀创新团队和创业人才，打造一批创新人才培养示范基地，加强高层次创新型科技人才队伍建设，引领和带动各类科技人才的发展，为提高自主创新能力、建设创新型国家提供有力的人才支撑。

到2020年，推进计划的主要任务是：①设立科学家工作室。为积极应对国际科技竞争，提高自主创新能力，重点在中国具有相对优势的科研领域设立100个科学家工作室，支持其潜心开展探索性、原创性研究，努力造就世

---

① 杨河清、陈怡安："海外高层次人才引进政策实施效果评价——以中央'千人计划'为例"，《科技进步与对策》，2013年第16期。

界级科技大师及创新团队。②造就中青年科技创新领军人才。瞄准世界科技前沿和战略性新兴产业，重点培养和支持 3 000 名中青年科技创新人才，使其成为引领相关行业和领域科技创新发展方向，组织完成重大科技任务的领军人才。③扶持科技创新创业人才。着眼于推动企业成为技术创新主体，加快科技成果转移转化，面向科技型企业，每年重点扶持 1 000 名运用自主知识产权或核心技术创新创业的优秀创业人才，培养造就一批具有创新精神的企业家。④建设重点领域创新团队。依托国家重大科研项目、国家重点工程和重大建设项目，建设 500 个重点领域创新团队，通过给予持续稳定支持，确保更好地完成国家重大科研和工程任务，保持和提升中国在若干重点领域的科技创新能力。⑤建设创新人才培养示范基地。以高等学校、科研院所和科技园区为依托，建设 300 个创新人才培养示范基地，营造培养科技创新人才的政策环境，突破人才培养体制机制难点，形成各具特色的人才培养模式，打造人才培养政策和体制机制"先行先试"的人才特区。

自 2012 年计划实施以来，截至 2018 年底，全国累计入选中青年科技创新领军人才 1 718 人、科技创新创业人才 1 148 人、重点领域创新团队 376 个、创新人才培养示范基地 186 个，分别占计划目标的 57.3%、57.4%、75.2%、62.0%（潘荣翠等，2019）。其中，就安徽省而言，安徽省全省共入选推进计划 105 人（项）（2012 年度 7 项，2013 年度 15 项，2014 年度 16 项，2015 年度 18 项，2016 年度 15 项，2017 年度 13 项，2018 年度 21 项），其中中青年科技创新领军人才 50 人，科技创新创业人才 40 人，重点领域创新团队 8 个，创新人才培养示范基地 7 个（卞晓庆，2019）。就云南省而言，云南省全省入选中青年科技创新领军人才 18 人、科技创新创业人才 30 人、重点领域创新团队 3 个、创新人才培养示范基地 1 个。

在即将到来的 2020 收官之年，创新人才推动计划将继续在培养高层次创新型人才、创新体制机制、优化政策环境、建设人才培养基地等方面扎实推动，确保高质高量落实推进计划总体目标，于新时代中带动和引领各类创新型科技人才队伍继续蓬勃发展。

（二）竺可桢学院

浙江大学竺可桢学院成立于 2000 年 5 月，是 21 世纪以来中国"985"高校中以"荣誉学院"培养模式的实践与探索来回应"钱学森之问"的典型代表。

学生进入竺可桢学院后，不分专业，通过文、理、工三大类平台进行通识课程和基础课程的前期培养。在第二学年，根据个人兴趣、特长确认主修专业，并进入后期培养阶段，同时实行本科生专业导师制。2006 年起，为优秀本科学生专门制定了"本科生教育特别培养基本框架"。学生既可以按各专业普通通道进行后期培养，亦可按照长学制及双专业、双学位等多通道多规格发展途径进行后期培养。竺可桢学院除设有文、理、工三大类平台外，还设有外语双学位班、计算机与竺可桢学院共建班、巴德年医学班（临床医学八年制）等同兄弟学院联合培养的班级，以及创新与创业管理强化班、公共管理强化班、工程教育高级班、神农精英班暨涉农国际管理人才培养项目四个专业外辅修方式的交叉复合型本科人才培养平台。学院现共有学生 1 800 余人（其中辅修班学生 420 人）。同时，竺可桢学院也为学生提供众多跨文化的交流机会和国际化的实践机会，现有"卓越人才培养计划"、"爱因斯特项目"（IAESTE）、"梅尔顿基金会"和"中国企业体验实习奖励计划"等项目，资助和派遣优秀本科学生前往欧、美、澳、亚洲等国家和中国香港地区进行为期一周至一年的交流学习。并建有多学科讨论组、灵韵艺术团、法语社、CEO 英语挑战者联盟等 16 个社团。这些社团既推动了学院学术文化氛围建设，又丰富了学生课余生活。本科阶段学业优秀且完成竺可桢学院特别培养计划的学生可申请成为学校荣誉学生。荣誉学生可获得学校颁发的浙江大学竺可桢荣誉证书。学院毕业生前景广阔，国内外读研率达 90%，其中出国读研率在 40% 以上，一大批毕业生已在国内外研究或工作领域崭露头角。

作为浙江大学教学改革的试点，竺可桢学院自成立以来，便成为实施英才教育、培养优秀本科生的重要地。学院在拔尖创新人才培养方面不断进行探索与总结，坚持求是与创新相结合的核心理念，遵循多元化的办学思路，从"教"与"学"两方面需求出发，坚持以学生为本，不断尝试创新培养模式，逐步形成了一个容纳各类特色班级和荣誉项目的大项目池。在探索各类创新培养模式的实践中，敢于投入、用心培育，选择优质项目全校推广，对于不良项目则主动淘汰，始终保持求是的严谨和创新的活力。经过多年的探索与实践，竺可桢学院在创新中国道路的拔尖创新人才培养模式方面取得了一系列标志性成果，包括：一整套荣誉课程体系与授课模式；以提高实际学习成效为目标的国际交流与合作模式；一套行之有效、特色鲜明的优秀学生选拔方法等。并在不断的探索和实践中总结当前拔尖创新人才培养的制约因素及面临的教学难题，凝练拔尖创新人才培养的核心要素，为开展进一步的研究和实践奠定坚实的基础（叶景佳，2016）。

竺可桢学院成立至今，注重对于创新人才的选拔与培养，在坚持浙大求是的传统中，不断开拓创新，在延续继承已有的成功基础之上，于新时代中不断更新创新人才培养模式，不断刷新空白，向更新领域迈进和挖掘新知，并在全校、全省，以至全国范围内推广宣传其理念与方法。"为杰出人才的成长奠定坚实的基础"的宗旨渗透在竺可桢学院每一次革新中，为中国培养了大批学科基础深厚，知识、能力、素质、精神俱佳，在专业及相关领域具有国际视野和持久竞争力的高素质创新人才和未来领导者。创新多元的办学思路，为浙大和全国高校的育人培养提供了全面的参考与借鉴，发挥了带头效应和示范作用。但在创新人才不断拔尖的今天，我们也应注意到竺可桢学院在人才培育方面的限制因素：①当前高校传统人事行政管理体制易打击学院内部师生自主创新的积极性和主观能动性；②传统的教学培育模式仍在创新人才课程培育方面具有天然的结构性制约；③社会及家庭对于竺可桢模式的认可等因素尚需要建立完善的配套的后续评估机制加以及时跟进和反馈，从而使得学院在发展过程中能够不断根据实际需要调整方向、提高质量；④创新人才的学科基础知识与实践动手能力不平衡，易出现理论与实际难结合的困境。

作为不断培育出具有家国情怀与国际视野创新人才的摇篮，竺可桢学院在新时期仍需在不断总结之前的经验积累中，巩固已有优势，寻找新的增长领域，德智并重、教学相长、探求学术、国际交融、提升实践、自主创新、传播优良学风与模式，为国家输出更多通才式的社会精英，推动国内高校自制度设计层面重思高等教育新方向，取长补短、为中国创新人才的齐头并进创造机会，以便早日形成百舸争流之势。

第三节 中国创新人才培育进展分析与评价

一、中国创新人才培育的概况

近20年来，中国通过组织实施长江学者奖励计划、国家高层次人才特殊支持计划（"万人计划"）等一系列高层次人才计划项目，吸引和培养了一大批领军人才和学术技术带头人，取得许多重大原创成果和关键技术突破，促进了创新队伍建设，实现了新兴交叉学科的前瞻布局。"长江学者奖励计划"实施十余年来，已在全国高校聘任长江学者共计3 481人；"万人计划"累计已有1 357名教育系统专家入选，占创新类人才入选总数的63.6%（吴爱华等，2017）。

二、中国创新人才培育的成效

（一）人才培育成绩[①]

"十二五"期间，全国人才投入和人才工作投入大幅增加，一系列重大

---

① 孙锐、黄梅："人才优先发展战略背景下我国政府人才工作路径分析"，《中国行政管理》，2016年第9期。

人才工程启动实施，重要政策措施集中出台，体制机制和制度改革取得长足进展，政府公共服务职能逐步强化，人才市场服务体系逐步完善，人才统计制度初步建立。其中：中央财政对国家十二大重点人才工程投入预算达到 1 066 亿元。据不完全统计，各省区市、新疆生产建设兵团对地方人才工程投入预算达到 1 200 亿元。全国省级和市级人才工作专项经费分别超过 80 亿元。中国人才总量持续增加，人才素质明显提升，每万名劳动力中研发人员已达 45.9 人/年。高技能人才占技能劳动者比例为 26%，国民平均受教育年限达 9.3 年，主要劳动年龄人口受高等教育比例达 14.2%。人力资本投资占国内生产总值的 14.5%。人才作用效能进一步提升，人才贡献率达到 31.9%。人才队伍建设和人才工作对经济社会发展产生了重要助推作用，带来了显著的正向贡献。

（二）人才发展体制机制改革持续深化[①]

党的十八大以来，党和国家一直高度重视人才评价体制机制改革创新。2016 年 3 月中共中央印发《关于深化人才发展体制机制改革的意见》（以下简称《意见》），全面发力加快推进人才培养、评价、流动、激励、引进等重点领域和关键环节的改革，为人才发展注入强大动能。2018 年，全国各地各部门坚持不懈地抓好《意见》任务落实。中央和国家机关部委全年出台十余项改革政策。各地出台综合性人才政策近 100 项。《关于分类推进人才评价机制改革的指导意见》《关于深化项目评审、人才评价、机构评估改革的意见》《关于提高技术工人待遇的意见》《人力资源市场暂行条例》等一系列重大改革文件的相继出台，推动人才评价体制机制改革不断走向深化，顺应了自下而上的变革诉求，符合广大人才的期待，极大地激发和释放了人才发展活力。各地各部门积极推动人才工作领域改革，以政策突破带动体制机制创新，不

[①] "筑牢民族伟大复兴的人才之基——2018 年中国人才事业发展年度报告"，《光明日报》，2019 年 1 月 13 日。http://news.gmw.cn/2019-01/13/content_32341911.htm。

断优化人才发展环境，使得人才创新能力明显增强，创新成果从量的增长转向质的提升，涌现出体细胞克隆猴、人造单条染色体真核细胞、散裂中子源等一批基础研究重大原创性成果，大型水陆两栖飞机、"松科二井"入地7 018米、超分辨光刻装备、鹊桥中继星、嫦娥四号探测器等一系列战略高技术领域实现重大突破，北斗系统、高铁、杂交水稻等重大创新成果也在加速应用、引领世界潮流。

（三）国家重大战略人才支持显著加强

2018年，以习近平同志为核心的党中央集体重视加快人才强国建设步伐，着力推动中国人才事业蓬勃发展，不断开创人才工作新局面，加强国家重大战略和区域协调发展人才支持，包括根据"一带一路"倡议，加快对于重大基础设施建设人才、企业经营管理人才、非通用语种人才和国别区域研究人才的培养；支持上海、北京建设具有全球影响力的科技创新中心，为创新驱动发展战略、自贸区建设以及国家重大项目和重大科技工程量身打造人才政策；深入落实《京津冀人才一体化发展规划（2017~2030年）》，着手研究制定支持雄安新区建设人才举措；鼓励各类优秀人才投身国防事业，促进军民深度融合发展。其中，实施区域协调发展战略是新时代国家重大发展战略之一。人才支撑是其贯彻落实的前提与保障。2018年，中央组织部着手制定相关政策，鼓励引导人才向艰苦边远地区和基层一线流动，支持海南开展人才体制机制创新。同时，"三区人才计划""西部之光"访问学者计划和博士服务团项目也在全力实施。在各项目中，"三区人才计划"全年选派培养教师2.4万名、科技人员2.2万名、文化工作者1.87万名、医生4 800名、社会工作者1 500名，促进三区发展。343名"西部之光"访问学者被接收到有关研究机构、重点院校、医疗卫生机构和国有企业学习研修。298名博士服务团成员被选派到西部地区服务锻炼。

围绕服务国家发展重大战略，在创新实践中发现、培育、凝聚人才，使得中国创新硕果频出。2018 年 10 月 20 日，湖北荆门漳河机场，中国自主研制的首款大型水陆两栖飞机"鲲龙"AG600 水上首飞成功。AG600 的陆上、水上成功首飞，是中国继自主研制大型运输机运-20 实现交付列装、C919 大型客机实现首飞之后，在大飞机领域取得的又一个重大突破。2018 年 12 月 22 日，在中国铁路科技创新成就展上，时速 350 千米的 17 辆长编组、时速 250 千米的 8 辆编组、时速 160 千米的动力集中等多款"复兴号"新型动车组首次公开亮相。这些铁路装备均由中国自主研发设计，技术性能达到世界先进水平，彰显了大国重器的崭新形象。2018 年 12 月 27 日，在国务院新闻办发布会上，北斗卫星导航系统新闻发言人冉承其宣布，北斗三号基本系统完成建设，并于当日开始提供全球服务，标志着北斗系统正式迈入全球时代。这些成就的取得是中国人才驱动创新发展的一个缩影。中国人才优势正在更多、更好、更快地转化为创新发展优势。

（四）各类人才队伍建设统筹推进①

中国青年英才教育培养积累初步经验，也在高校一流人才队伍建设进行多样化探索。《国家中长期人才发展规划纲要（2010～2020 年）》和《国家中长期教育改革和发展规划纲要（2010～2020 年）》实施以来，中国着眼于人才基础性培养和战略性开发，为提升未来人才竞争力，重点培养扶持青年拔尖人才做出了长足努力。一方面，鼓励高校联合培养拔尖创新人才，支持有条件的高中与大学、科研院所合作开展创新人才培养试验。在前期国家基础科学研究和教学人才培养基地建设的基础上，实施了基础学科拔尖学生培养试验计划、中学生英才计划等。"拔尖计划"自 2009 年实施以来，到 2018 年累计已有 8 700 名优秀学生获得支持。首批 500 名毕业生中有 95%进入国内外

---

① "筑牢民族伟大复兴的人才之基——2018 年中国人才事业发展年度报告"，《光明日报》，2019 年 1 月 13 日。http://news.gmw.cn/2019-01/13/content_32341911.htm。

高水平大学继续深造,部分学生已在学术领域崭露头角。"拔尖计划"在选拔拔尖学生、开展因材施教、吸引学术大师参与以及加强国际化培养等方面初步形成了一套有效机制。另一方面,推进科教结合,实施"科教结合协同育人行动计划"。该计划2012年起开始实施,到2018年每年受益学生已超过16万人次。计划促进高校与科研院所搭建起深度合作的战略平台和沟通桥梁,培育跨学科、跨领域、跨系统的教学科研团队,实现强强联合、资源共享,推动人才培养水平和创新能力的同步提升。同时,加强产学合作协同育人,创立高校与行业企业联合培养人才的新机制。实施卓越工程师、医生、农林、法律、新闻传播人才教育培养计划。自培养计划实施到2018年以来,全国先后已有208所高校的1 257个本科专业点、514个研究生层次学科点作为改革试点。22个行业部门和7个行业协会共同参与实施计划,1万多家企业与高校签约共同开展工程人才培养。学生的工程实践能力、工程创新能力、工程设计能力均得到大幅提升。

在人才建设多样化探索方面,中国高水平大学依托国家人才计划和"211工程""985工程"等项目,在一流人才队伍和创新团队建设上进行了多样化的探索。通过建立"人才特区"、创立"大师+团队"的队伍培养模式、一流学科建设汇聚人才等方式,取得显著成效。

北京大学建立了一批与国际人才管理和科研管理体制相接轨的新机制"人才特区"。通过引进国际著名学者、专家担任负责人,赋予"特区"较大灵活性和更多自主权,促进学科交叉,使不同研究领域碰撞、交融,产生更多创新思想和创新成果。南京大学面向重大科学问题和国家重大需求,以学术大师为核心、创新团队为主力,将团队式科研与自由探索式科研有机结合,培养了一批又一批自主创新的骨干力量,实现了科研创新与人才培养的紧密结合。兰州大学依托西部地区特有的地貌特征、生态环境、历史人文积淀和能源资源背景,加强重点学科、特色学科建设,形成了一批优秀的学科群体,将学科建设与队伍建设有机结合,通过对重点、特色学科的持续投入带动人才队伍的不断发展。

三、中国创新人才培育的问题

（一）产学研合作背景下应用型人才教育存在的问题①

1. 当前中国高校人才培养模式较为单一，高校人才培养模式与产学研合作创新人才需求脱节

当前中国高校在应用型人才培养方面，缺少针对学生实践能力的培养，现有的培养模式也很难与产学研合作创新的需求相吻合。其主要原因在于，一方面中国高校延续了计划经济时代"重学术、轻实践"的办学理念，难以适应社会主义市场经济发展对人才的需求；另一方面各类高校人才培养模式在尝试由学术型向应用型转变的过程中，由于师资力量匮乏，对市场应用型人才的需求把握不准，开展的应用型人才培养工作难以真正与市场需求对接。

在传统的人才培养结构中，普通高校主要负责学术型人才培养，而应用型人才的培养任务主要由高职院校承担，这使得普通高校教师对于应用型人才的培养不仅在思想上一时难以扭转，在师资力量和考核机制方面也存在诸多短板。从思想上来说，普通高校教师在人才培养结构中相对于高职院校具有较强的优越感，转变需要时间过渡；从师资力量方面来说，当前在职的普通高校教师大部分靠学术研究起家，社会实践能力相对不足，对于应用型人才培养工作存在本领恐慌；从高校应用型人才培养考核激励机制角度来说，产学研合作背景下，高校应用型创新人才培养目标虚化，考核激励机制缺位，导致高校教师对应用型创新人才培养动力不足。

2. 人才培养目标与培养机制方面存在的问题

高校与企业在应用型人才培养方面目标不一致。企业的营利性和高校的

---

① 杨乐："产学研合作背景下应用型人才培养研究"，《中国高校科技》，2018 年第 8 期。

非营利性，决定了两者对于产学研合作背景下应用型人才培养的初衷不同，利益很难调和。能否统一高校与企业对于应用型人才培养的目标，涉及能否将校内外产学研资源进行有效整合的问题。若高校与企业间对于人才培养的目标难以统一，有可能出现两类问题，一是以高校为主导，延续之前的学术型人才培养模式；二是以企业需求为主导，普通高校人才培养模式出现向高职院校方向发展的趋势。不论上述何种现象的出现，都对培养理论与实践相结合的应用型创新人才不利。

此外，当前中国应用型创新人才培养机制发展滞后。产学研合作创新机制的建立，在提高科研成果产业化进程的同时，还可以建立有效的应用型创新人才培养机制。产学研合作创新体系中的各类主体均应高度重视应用型创新人才的培养，从科研院所和高校角度来说，重视应用型创新人才的培养，可以使科研人员充分理解科研成果的产业化方向，在科研过程中始终能够做到把握重点。从企业角度来说，重视应用型创新人才的培养，能更好理解科研成果与产业化之间的结合点，推动科研成果的产业化进程并及时占领市场，实现产学研合作机制下组织整体利益的最大化。

3. 资源集聚与经费支持力度方面存在困境

这一问题主要表现为资源集聚对应用型创新人才的培养难以实现有力支撑。产学研合作创新背景下，应用型创新人才的培养需要高校、科研院所和企业等平台的支撑，更需要较为宽松包容的外部环境。就产学研合作创新主体的地理环境集聚角度而言，由于中国经济区域间发展不平衡，高校、科研院所和大型企业的分布也呈现东部较多而中西部较少的特征，这在一定程度上导致中西部地区应用型创新人才的培养缺乏相应的平台，反过来也对中西部地区产学研合作创新体系绩效的提升造成不利影响。就人文环境而言，当前中国社会整体的创新创业意识不强，社会整体对应用型创新人才的认可度不高。大多数父母宁肯自己的子女从普通高校毕业面临就业困难，也不愿引导孩子从事具体的应用型工作。社会整体对应用型创新人才培养的态度亟待扭转。

其次表现为各类社会主体对应用型创新人才培养的经费支持力度不足。产学研合作背景下,不论是科研院所主导的研究,还是企业主导的科研成果产业化,都离不开资本的支持。但是,当前中国各类社会主体对应用型创新人才的培养力度仍显不足,突出体现为培养经费短缺。一方面,纵向的财政资金对高校应用型人才培养的支持力度不足。当前教育体制下,中央财政对中央高校与地方高校的财政资金投入存在较大差异,应用型人才培养力度越大的高校反而得到国家财政资金支持力度越弱。另一方面,企业对应用型创新人才培养的投入不足。大部分企业经营者缺乏战略眼光,尚未真正意识到应用型创新人才的培养对实现科研成果产业化的重要作用。同时,由于传统体制下高职院校培养的应用型人才成本较低,而普通高等院校应用型创新人才的培养又处于初级阶段,其毕业生与高职院校相比难以真正体现比较优势,也导致企业对普通高等院校应用型创新人才的培养兴趣不足。

（二）高层次创新型人才培养的体制机制障碍[①]

1. 后备人才教育培养改革有待突破

目前,中国缺乏鼓励学生个性发展的整体教育环境,贯通基础教育和高等教育创新人才培养的通道不畅。在基础教育阶段,根据每位儿童的兴趣领域与能力擅长进行引导与培养的制度有待建立。对于有特殊才能的儿童,尚未对其开放特殊教育通道,未使其潜能得到充分发展。在本科教育阶段,针对拔尖学生的精英教育需要进一步探索。高校学科专业壁垒影响交叉学科人才培养。功利目标和就业导向的现实要求影响了学生的科学兴趣和创新文化建设。在研究生教育阶段,对研究生的批判精神、发现问题和提出问题的能力培养重视不够。博士生在开辟新研究领域、运用新视角新方法、提出独创

---

① 吴爱华、侯永峰、郝杰:"完善高层次创新型人才培养机制",《中国高教研究》, 2017 年第 12 期。

性见解等原始创新方面也存在不足。

2. 高层次人才引进和使用的配套政策有待完善

现有的人才计划项目缺乏整体统筹规划，从国家到地方的各类人才计划项目繁多，碎片化现象突出，"帽子"多、层次多。青年人才为追逐"帽子"分散精力，内在发展变成了外界逼迫，无法静下心来。高层次创新型人才引进的质量标准制度建设滞后。高校进人偏重于其"出身"和"门槛"，非"211工程""985工程"高校的毕业生不进，非博士不招，难以做到以真才实学和实际用人需求引进人才。对于海外引进人才的永久居留、子女入学、国民待遇、退休等方面的特殊政策仍需完善。

3. 创新型人才评价激励机制有待健全

在人才评价方面，存在重短期评价轻长期评价、重个人评价轻团队评价、重论文评价轻项目合作评价、重成果数量评价轻实际贡献评价、重科研评价轻教学评价等现象。在科技评价方面，以论文数量、经费多少、项目层次、奖励规格为标准，无法真正评价研究工作的质量和贡献。在教师评价方面，以发表索引论文、申请专利和到账科研经费作为评价教师的重要指标，教师难以潜心研究和潜心育人。

4. 高层次人才协同创新的合力不足

科研组织模式比较传统，人才资源难以重组，条件配置难以优化，学科之间的交叉融合和特色研究群的建立存在困难。协同创新的组织形式不到位，没有实质性体制机制改革，缺乏人才、学科、科研之间的有机衔接。团队式科研与自由探索式科研尚不能有机结合。单打独斗、一枝独秀的局面始终存在。

（三）软环境的不足

创新生态环境特别是软环境仍不完善。创新的环境包括法律法规、体制机制、政策环境、文化氛围、舆论导向等多方面，然而长期以来软环境发展滞后成为制约创新驱动发展的重要原因。如，中国知识产权"侵权易、维权难"、判赔额度偏低等问题突出；针对行业垄断惩罚、信息泄露及环境破坏等方面的执法不严现象比较常见；长期缺失数据公开立法等有利于数字经济等新经济形态发展的制度；国有企业、地方政府等激励创新的考核体制不完善、不健全；政府创新资源过多倾向于大学、研究机构；政策扶持方向侧重于前沿科学领域；现有创新管理部门分散，缺乏统筹协调；商事环境、投融资制度不利于中小微科技型企业发展，部分行业监管制度制约跨界型的新技术、新模式、新产业发展；风险投资、小额信贷等各类金融机构数量庞杂，结构不合理，难以有效支持创新发展（姜江，2017）。

（四）只依靠引进海外人才，供给不足[①]

与本土人才相比，海外引进人才出现"水土不服"，融入本土环境周期太长等问题也屡见不鲜，影响了引进人才的使用效益。其次，与中国作为世界第二大经济体的国际地位、庞大的人口基数以及创新驱动发展战略对创新人才急剧增长的需求相比，海外引才计划显得杯水车薪。如果把研发人员作为创新人才的代表群体的话，中国每万名劳动力拥有研发人员的数量仅为38人，远低于韩国的135人、日本的133人、德国的132人和俄罗斯的111人，高端创新人才依旧匮乏。

随着国内创新人才需求的急剧增长，创新人才的支付价格持续走高，创新人才的供求关系也发生了深刻的变化。一方面，根据刘易斯的拐点理论，创新人才需求的增长预示着经济社会发展进入一个新的阶段，意味着"创新人才"已成为稀缺的发展要素；另一方面，对海外引才力度的加大也折射出中国创新人才自主供给不足、自主培养乏力的现实困境。因此，引进海外人

---

① 秦炜炜："中国创新人才的自主供给及其提升对策"，《苏州大学学报》（教育科学版），2017年第2期。

才对于改善中国创新人才的供给状况是非常有限的，而且随着创新驱动发展战略的全面实施，国内创新人才需求将呈现出增长更快、领域更广、要求更高等特点。从这个意义上讲，只有不断增加创新人才的自主供给才能从根本上满足这一需求。

第四节　中国创新人才培育的需求与差距

一、中国创新人才培育的未来需求

（一）创新人才的数量需求

中国经济社会仍处于转型发展关键期，创新驱动成为促进产业转型升级的关键，对高层次人才的需求也更显迫切。然而现阶段中国的高层次人才数量、质量并不乐观，如中国国际化工程师占全国工程师比例不到8%，而印度为25%；中国工程技术人才人均所创造的产值仅为美国的1/16、德国的1/13。创新人才总量不足和结构矛盾的问题始终并存，在省市地方更为明显，因此，地方高水平大学实施拔尖创新人才培养，积极回应《国家中长期教育改革和发展规划纲要（2010～2020年）》所提出的培养造就"数以千万计的专门人才和一大批拔尖创新人才"的要求，支撑经济社会发展对高层次人才的数量需求，是十分必要的。同时，地方高水平大学也应秉持拔尖创新人才培养的内涵特点，着力培养一批与地方经济社会发展适配、满足不同领域不同行业需求、符合人才结构中不同层次要求的高层次研发、技术、管理等人才，以破解高层次人才需求的结构性矛盾。

(二)创新人才的发展方向与所需设备需求[①]

一方面,创新人才培育需要重视科技与经济紧密结合的发展方向,实现科技成果产业化,是实现创新驱动转型发展的关键环节。但从中国实际情况看,科技成果转移转化效率显著低于发达国家。一方面是目前高校、科研院所从事的绝大多数研发活动,并不是以市场为导向;另一方面,高校、科研院所普遍缺乏科技成果产业化的能力,能够将科技成果推向市场的专业人才、复合型人才不足。目前,科技成果转化奖励机制虽然在不断改革,但仍有很多问题未能解决,导致高等院校、科研院所在职人员缺乏技术转移、科技成果产业化的动力。此外,技术市场不完善、专利制度不合理、科技成果转移转化获利空间小等也是制约科技与经济结合的重要原因。

另一方面,创新人才培育需要保证所需的基础设施完备,得以支撑创新的发展要求。创新驱动发展战略的基石是多方面的,既包括创新型人才储备,也包括科学基础设施、信息基础设施等。中国高校的教育课程设计专业壁垒高,学科交叉融合不够,课程培养模式比较单一;同时,有利于培养动手能力、工匠精神、创新思维的职业教育体系不完善,社会公认度不高,这些都严重掣肘创新型人才队伍的培养壮大。此外,有利于扩大创新成果应用、提升创新效率的信息基础设施等公共设施先进程度不够;向公众普及应用的效率有待提升;国家投入较大的重大科学基础设施与社会公众的互动性不强,这些都不利于科技成果及时向社会转移转化。

[①] 姜江:"加快实施创新驱动发展战略的思路和举措",《经济纵横》,2018年第4期。

二、中国创新人才培育的国际差距

（一）创新培育投入的差距[①]

自 1995 年中国推出科教兴国战略，到 2006 年中国提出创新型国家建设，再到党的十八大、党的十九大对于创新驱动发展战略的整体规划，可以看出国家对于科技创新的高度重视。这种重视不仅体现在国家层面的人才政策和创新人才培养的投入上，也体现在企业对于创新技术的研发和创新人才的培养以及个人对于自身创新能力的投入上。以科技规划明确创新型国家建设的四个指标为例：一是全社会研究开发投入占国内生产总值的比重提高到 2.5% 以上；二是对外技术依存度降低到 30% 以下；三是本国人发明专利年度授权量和国际科学论文被引用数均进入世界前五位；四是力争科技进步贡献率达到 60% 以上。根据此标准，将从 R&D 支出、政府教育投入、企业 GERD 占比三个方面阐述中国创新培育投入方面的差距。以 2018 年为例，中国研发投入总量为 19 677.93 亿元，居世界第二位，研发支出投入占 GDP 的比重为 2.14%，基本接近 2.5% 的目标，其中，基础研发经费 1 090.37 亿元，占研发经费投入的 5.54%。2018 年中国科学技术贡献率为 58.5%，与 2017 年相比增加了 10 个百分点（中国科技统计年鉴，2019）。国际科技论文总量 227.2 万篇和被引用量 2 272.4 万次均跃居世界第二位，发明专利申请量和授权量居世界第一位，有效发明专利保有量居世界第三位。以 2018 年中国企业研发投入为例，从执行部门上看，2018 年企业研究经费支出 15 079.3 亿元，较上年增长 12%，是 2004 年的 12 倍；研究与开发机构经费支出 2 691.7 亿元，较上年增长 10.5%，是 2000 年的 10.39 倍，高等院校研究经费支出 1 457.88 亿元，

[①] 金晓梅、张幼文：" 中国创新型国家建设的成就与问题建议 "，《当代经济管理》，2019 年第 7 期。

较上年增长15.2%，是2000年的16.93倍。

以上分析表明，无论是研发经费的投入、产出规模还是扩张速度中国都实现了较快的增长。但从国际比较上看，中国创新科技投入与其他发达国家相比也存在较大的差距。2018年，美国依旧是全球最大的科技投入者。中国的科技研发投入规模虽已位居世界第二位，但是研发投入强度不高。根据科技部的统计数据，2018年，韩国的研发投入占GDP的比重就已超过4.55%；日本的研发投入占GDP的比重是3.21%；中国仅仅占到2.15%，且科技进步贡献率远滞后于科技投入，二者不成比例。尽管在教育投入总额上看，美国和中国排在绝对第一、二位，远远高于其他主要创新国家的教育投入总额，但中国由于人口众多，人均教育投入排在17个主要创新国家的最后一位，是排在第一位挪威的14.62%，未来仍需加大全民教育的投入。中国企业部门占国家总研发投入的比重在2018年达到了77.42%，在以色列、日本和韩国之后排第四位。但由于区域间研发资源配置的差异，严重影响到了各个地区的经济增长、产业结构以及收入分配。就不同产业而言，又以金融业、房地产业、建筑业为主占有大量科技研发人员和资金资源，制造业以及其他关乎国计民生的产业创新资源投入（人才、资金等）相对不足。

总体而言，相比于其他的发展中国家，中国在研发经费投入上的力度具有微弱规模优势。作为后进的发展中大国，中国更需要在新时期注重转变技术创新的方式，向自主创新和合作创新的道路上转变。

（二）创新成果的差距[①]

自国家创新驱动发展战略实施以来，国家的科技创新实力、产业升级、创新人才培养等方面都取得了很大的进步，同时国家的创新评价指标与创新

---

① 姜江：“加快实施创新驱动发展战略的思路和举措"，《经济纵横》，2018年第4期。

激励政策也发展得更加具体和完善，但与引领和适应经济发展新常态的紧迫要求相比，仍然存在较大差距，突出表现为以下几个方面：

1. 中国当前科技成果有效供给不足

中国创新实力主要表现为总量规模优势，在创新竞争力方面与科技创新大国地位尚不相称，科技基础仍然薄弱，在关键领域和新技术方面仍受制于人，并没有从根本上发生改变，适应、引领经济发展新常态的科技储备仍然不足。据 2018 年《美国科学工程技术指标》报告显示，2016 年，美国专利商标局授予专利数量超过 30 万件，其中，授予美国、欧盟、日本的专利数量占比约 80%，中国仅占 4%；知识产权跨境许可收入也主要集中在美国、欧盟和日本，占全球总收入的比重达 84%。中国很多领域与主要发达国家相比仍然有较大差距。目前，中国正在大力发展战略性新兴产业高新技术产业和资金、技术、人才密集型产业，但是目前中国企业的创新能力只适用于这些产业的劳动密集环节，而高新技术设备则大多依靠进口。如关键高端材料尚未实现自主供给；绝大多数专利药物市场被国外公司垄断，高端医疗装备还主要依赖进口。随着生产人力成本的提高和人工智能技术的发展，这部分集聚在劳动密集环节的企业若不能实现创新转型向价值链高端攀升，则很快将被机器和成本更低的国家代替。

2. 企业产品和服务的创新不能满足经济结构优化和动力转换的新需求

伴随中国工业化、城镇化进程加快，居民收入和消费水平持续提高，企业产品和服务的创新速度滞后于市场需求的问题日益凸显。主要原因是中国企业创新能力不强，绝大多数企业没有实力、精力和动力从事开创性的技术开发与商业模式创新活动。2016 年，中国进行研发活动的规模以上工业企业比重达 19.2%，研发经费支出占主营业务收入的比重为 0.9%，远低于主要发达国家水平。企业研发支出中用于基础研究、应用研究的比例长期不足。而在发达国家，大量科技产业前沿领域的原创性研究都是由企业承担的。此外，中国大多数企业以"追赶型"创新、商业模式创新为主，原创性、首创性的重大创新产品和服务不多。这些现状与经济新常态背景下加快推进产业转型升级、促进产业结构优化、发展动力转换的要求相比差距较大。

3. 中国创新成果国际影响力有待提升

"十三五"时期是中国全面建成小康社会的决胜阶段。以习近平同志为核心的党中央高度重视科技创新工作，广大科技工作者深入贯彻新发展理念，全面落实创新驱动发展战略，为建设创新型国家不懈奋斗。习近平总书记在科学家座谈会上指出："我国科技事业取得历史性成就、发生历史性变革。"虽然中国在创新科技发展上取得了很大的进步，但是中国创新发展的质量还有很大的进步潜力，尤其是在创新成果影响力上面。目前中国在创新成果影响力上面主要存在以下几点不足：单位 GDP 的研发投入为 2.15%，与韩国，日本等（4.03%，3.21%）发达国家相比仍有很大差距；专利科技论文数量和被引数量为世界第二位，但中国论文引用文献 H 指数仅排在第九位，且中国与韩国的 H 指数下降速度最快，年均下降速度分别达到 3.00%以及 2.35%，这说明中国在发表论文数保持增长的同时，要重视发文的质量。此外，专利拥有数量为全球第二，但每万人专利拥有量在世界排名中处于较低水平，与日本、美国等发达国家相比差距仍然很大。

（三）创新人才教育水平差距

当今世界各国之间激烈的经济竞争和科技竞争，归根到底也是教育和人才的竞争。教育决定一个国家和民族的未来，是民族振兴和社会进步的基石。中国教育水平在选取的 17 个主要创新国家中排最后一位，仍有很长一段路要走。从义务教育年限来看，前四个国家均为 13 年，而中国（排在第 13 位）只有 9 年，并且中国人均受教育年限要小于义务教育年限。中国在初等教育普及度上还需要加强。从高等教育来看，中国在高等教育毛入学率、完成学士学位或同等学力的百分比、完成硕士学位或同等学力的百分比以及高等教育生师比方面仍与国际主要创新国家有一定差距。具体而言，尽管中国的高等教育毛入学率正在快速提升，但与选取的主要创新国家相比，仍排在最后一位。在完成学士学位或同等学力的百分比方面，中国位列 17 个国家的最后一名，仅为 3.58%。同学士学位类似，在完成硕士学位或同等学力的百分比方面，中国位列 17 个国家的最后一名，仅为 0.38%。中国高等教育生师比排在第三位，为 19.49%，是日本的 2.83 倍。中国今后应继续重视普及高等教育，在高学历人才培养方面应进一步加强，增强师资力量，提升高等教育质量。

（四）创新人才产出水平差距

中国是世界上人口最多的国家，也是世界上在校学生最多的国家。据《2019 年全国教育事业发展统计公报》，2019 年中国共有各级各类学校 53.01 万所，各级各类学历教育在校生 2.82 亿人，专任教师 1 732.03 万人。相对于中国巨大的人口规模和受教育群体规模，无论是科学技术成就、人文艺术贡献，还是新产品新品牌新商业模式，创新人才还是显得太少。创新人才产出水平与选取的 17 个主要创新国家仍有一定差距，尚不能满足中国日益增长的创新人才需求。具体而言，中国在人才产出方面的实力排在 17 个主要创新国家的第 10 位，且低于 17 个国家的平均水平。中国 2018 年的高等教育入境留学生占比排在 17 个国家的最后一名，仅为 0.40%，中国高等教育声望在国际上仍有很大进步空间。科学和工程专业毕业生占比是未来从事科学和技术研究的人员比例的重要指标，其年均增长率呈下降趋势。中国在研发人员的总量上排在主要创新国家的第一位，但是从均量上看，中国每百万居民研发人员数量排在 17 个国家的最后一位，每百万人中有 1 307 人从事研发工作，分别是排名第一位以色列的 15.84%，倒数第二位美国的 27.58%。中国人均研发人员数量与其他主要创新国家的差距较大。作为国家科技人才实力的象征，截至目前中国国籍的诺贝尔奖获得者仅有两人，与发达国家相差甚远。

参 考 文 献

卞晓庆:"安徽省 21 人（项）入选 2018 年国家创新人才推进计划",《安徽科技》,2019 年第 1 期。
陈建新、陈杰、刘佐菁:"国内外创新人才最新政策分析及对广东的启示",《科技管理研究》,2018 年第 15 期。
黄怡淳:"北上广深四市人才政策对比分析及广州市人才政策建议",《科技管理研究》,2017 年第 20 期。
姜江:"加快实施创新驱动发展战略的思路和举措",《经济纵横》,2018 年第 4 期。
金晓梅、张幼文:"中国创新型国家建设的成就与问题建议",《当代经济管理》,2019 年第 7 期。
李燕萍、刘金璐、洪江鹏等:"中国改革开放 40 年来科技人才政策演变、趋势与展望——基于共词分析法",《科技进步与对策》,2019 年第 1 期。
李祖超、梁春晓:"协同创新运行机制探析——基于高校创新主体的视角",《中国高教研究》,2012 年第 7 期。
潘荣翠、杨文玲、杨亚娟:"提升创新人才推进计划组织推荐成效的思考",《云南科技管理》,2019 年第 2 期。
彭莉洁:"职业教育产教融合的历史演进、逻辑起点与战略要点",《教育与职业》,2019 年第 6 期。
秦炜炜:"中国创新人才的自主供给及其提升对策",《苏州大学学报》（教育科学版）,2017 年第 2 期。
申峥峥:"中国科技人才政策分析",《2017 年北京科学技术情报学会年会——"科技情报发展助力科技创新中心建设"论坛论文集》,北京:北京科学技术情报学会,2017 年。.
孙锐、黄梅:"人才优先发展战略背景下中国政府人才工作路径分析",《中国行政管理》,2016 年第 9 期。
谭志敏:"中国创新驱动发展战略思想体系研究"（博士学位论文）,广州:华南理工大学,2018 年。
吴爱华、侯永峰、郝杰:"完善高层次创新型人才培养机制",《中国高教研究》,2017 年第 12 期。
杨河清、陈怡安:"海外高层次人才引进政策实施效果评价——以中央'千人计划'为例",《科技进步与对策》,2013 年第 16 期。

杨乐:"产学研合作背景下应用型人才培养研究",《中国高校科技》,2018年第8期。
叶景佳:"拔尖创新人才培养模式与核心要素的研究——以浙江大学竺可桢学院为例",《教育教学论坛》,2016年第34期。
袁旦:"地方高水平大学拔尖创新人才培养的路径探析",《中国大学教学》,2017年第11期。
赵峰、徐晓雯、孙震:"创新人才培养的体制机制建设研究",《科学管理研究》,2016年第2期。
仲伟俊、梅姝娥、谢园园:"产学研合作技术创新模式分析",《中国软科学》,2009年第8期。

第五章　中国创新人才培育启示与建议

第一节　深化改革人才创新服务体系，完善人才创新环境

创新服务体系是政府引导、社会参与、企业合作的社会合作体系。创新服务体系致力于解决创新力不足、创新发展不平衡、不充分等问题。目前中国的创新服务体系严重缺失，在计划经济体制下，政府部门习惯于抓项目，这一惯性仍在延续。政府推动创新的手段（钱、政策、牌子、帽子）需要调整。从项目管理到创新服务的转变则成为实现创新驱动的关键软实力建设，代表一个国家的创新集聚效益和长远潜力。目前，一些地方对创新环境建设的理解有局限，有些是流于形式；创新环节所需人才（如成本核算、专利维护、技术经纪人、技术价值评估、创新导师等）空缺；创新"母设备"（核心制作、检测设备）严重依赖进口；利用国际资源与市场，超前部署和储备的方式方法单一等。因此我们应借鉴发达国家经验，建设创新服务体系，提高国家创新实力。

中国政府应重视创新服务平台体系的建设。在创新服务体系中，要将实际工作中的创新视为各个机构之间相互联系的过程，可借鉴英国的经验，以"大学、研究所和产业之间知识的再分配""竞争者、供应者与使用者之间知识的再分配"和"建立相互支持、合作的运作机构体系"这三方面相互融

会贯通。通过控制相关专业服务机构从业人员的市场准入，规范、监管专业人员的行为和行业自律。同时，采用简化并加速专利申请程序等手段间接地为企业创新服务。基于"服务于创新过程"的基本文化理念，建立一个覆盖全国的"企业联系网"。具体的平台体系建设中，应该在平台上建立人才的进入和退出机制，让能够发挥作用的人才进入这个平台；要着力解决科技发展过程中遇到的困境，让既懂得技术，又懂得企业发展的人才策划企业商业发展模式；在创新服务体系建设过程中，对其不断进行测试，以做好应对竞争的准备。

中国目前正处于转型发展的关键时期。创新驱动是促进产业转型升级的关键，对高层次人才的需求也更显迫切。但中国创新人才的培育环境较其他主要创新国家来说尚有较大差距，基础设施建设还不够完善。因此，中国应为创新人才提供一个更加良好的创新环境，例如，在教育领域构建鼓励创新的基础教育体系、实施双轨职业的高等教育模式；在研究领域建立并发展一批高精尖的研究机构和团队，创建高效的成果推广和开拓多元化融资途径。除此之外，其他配套条件也应重点关注，如建立开放的劳动力市场、完善现代化的基础设施、巩固加强税收制度，以及提升国家安全水平和生活质量等。为创新人才提供一些优惠减免政策，从而使其能全身心的投入在自己的本职工作当中。

另一方面，中国也应该将"创新人才"作为整个国家共同的价值观，对人才教育、培养、使用、引进等各方面均高度重视，积极培育创新型人才，发展创新型产业，鼓励创新人才探索发现新的事物，鼓励和支持企业设立研究开发基金，支持高校和科研机构的创新人才开展基础性研究和创新型的研究工作，支持非营利机构的人才开展基础研究、应用基础研究和尖端技术研究，即使失败也可以当作经验，宽容对待各创新人才的发展。

第二节 优化人才培育结构,着力培养高端智力资本

创新人才培养模式,应以需求为导向,建立全面多元的人才培养体系。在中央人才工作协调小组的领导下,整合现有的多人才计划,选择优秀单位、团队和个人,给予稳定支持,并注重对稳定支持对象的考核。加大对青年和女性科技人才的支持。科技奖励向青年科技人才倾斜,提高基金委青年和面上项目的经费资助比例,由青年承担的项目,提高间接经费和绩效支出比例。

一、建立多元化的人才培养体系

应继续推动科教兴国、人才强国和创新驱动发展战略,从多方位全面培养不同类型的人才。包括党政管理人才、企业经营管理人才、专业技术人才、高技能人才、农村实用人才以及社会工作人才。

建议政府将"培育创新型企业家"纳入中组部和人社部人才规划和政策体系。组织实施"国内创新型企业家培养计划",以政府购买服务等方式为科技型中小企业的企业家开设专门培训计划和培训班,定期组织"创新型企业家"评奖。优化"海归"及外籍创新型企业家服务体系。

不断完善并优化创新人才政策,深入贯彻落实《国家中长期人才发展规划要(2010~2020年)》,改进完善人才工作管理体制,加强创新人才培养开发、评价发现、选拔任用、流动配置、激励保障五大机制的建设;进一步深化《关于深化人才发展体制机制改革的意见》《"十三五"国家科技人才发展规划》,加快科技人才队伍结构的战略性调整,大力培养优秀创新人才,重点引进高层次创新人才,营造激励科技人才创新创业的良好生态等四大重点任务的进度,进一步改进科技人才选拔使用机制,健全科技人才评价激励机制,

完善科技人才流动配置机制、创新科技人才服务保障机制等。着力培养一批站在学科前沿、善于创新的学术和技术带头人。

二、调整和优化创新人才队伍区域结构

当前，西部和东北部地区技术工人与高素质创业人才的外流已经引起人才结构性短缺，这对于实现转型发展的地区而言，带来了较大的人才压力，应当引起重视。为此，当务之急是要根据不同类型人才的特点，聚焦地区发展所急缺的人才制定更加精准和有吸引力的政策，重点盘活人才存量，积极吸引人才增量。应结合省内发展实际，实施不同类型人才分类引导策略；加大改革力度，创造更好的用人环境和氛围，提供更好的待遇和更高的平台；同时国家应给予这些人才在结构性短缺的地区人才政策上的适当倾斜，包括工资待遇、住房医疗、科研项目、职称评定等方面，使更多优秀人才能够来到这些地区耕耘，推动地区振兴发展或转型升级。

加大对西部地区、边远地区、民族地区的财政转移支付力度，通过国家科技计划（专项、基金等）统筹支持符合条件的、在中西部开展的相关科研工作；鼓励和支持这些地区科技人才申报国家科技人才计划；完善人才到西部地区、边远地区、民族地区创业的后补偿机制和奖励政策。进一步完善中西部与东部对口支援等制度，支持发达地区与欠发达地区开展多种形式的科技合作，提高欠发达地区人才的开放性和流动性。按照中央财政科技计划（专项、基金等）管理改革的统一部署，加强中西部地区科研基地建设，引导和支持中西部地区建设高水平的区域性产业技术研发组织，吸引更多科技人才集聚，缓解科技人才区域分布不平衡和欠发达地区人才匮乏的问题。

三、加强高端创新人才基地平台建设

国家应加强支持和保障创新人才的措施，鼓励与支持高校与企业申报各项政府人才计划，并基于自己的优势研究领域设立国家重点实验室和国家工程实验室，促进领军人才向高校和企业流动与集聚。加强基地平台建设，构建和完善各具特色与优势的区域创新体系，建立工程化基础设施和有利于技术创新、成果转化的机制，加快科研成果向现实生产力转化，满足国家创新型城市、国家高技术产业基地建设的迫切需求，为实现区域和国家经济持续发展提供技术支撑。

研究制定"一带一路"建设、京津冀协同发展、长江经济带建设、"中国制造2025"、自贸区建设以及国家重大项目和重大科技工程等人才支持措施。加强创新人才工作服务发展政策的制定，鼓励和支持地方开展人才管理改革试验探索。围绕实施国家"十四五"规划，编制地区、行业系统以及重点领域人才发展规划。

四、让智力资本占领竞争和价值链高端

世界经济发展的进程已从自然资本、货币资本，向智力资本倾斜，带动市场格局再"洗牌"。智力资本是一个企业、组织、国家最有价值的资产；智力资本是流动过程中的无形资产，形成有效的价值增值，包括核心技术、人才结构、运营模式和经济融合。经济发展靠产业，产业发展靠创新，创新则要靠人才。人才的核心是智力资本的产出。中国是人力资源大国，但还不是智力资本强国。中国的发展阶段决定了我们必须高度重视智力资本作用，营造良好的发展环境，发挥智力要素对经济社会发展的带动作用，让将才、帅才、领军人物发挥更大的创造力。我们要确立由市场决定资源配置的理念，

强化智力劳动成果具有交换价值的理念，建立智力劳动成果价值补偿机制。

在新的时代，对"无形"资源的占有和掌控，竞争已渐显激烈。全球性"无形资源"的圈地运动正在悄然展开。无形资产是国家实力和竞争力的体现。如计算机网际协议地址（Internet Protocol Address，IP 地址）根目录、通信的频道、空间轨道、排放空间分配、功能基因注册等，这些无形资源的所有权具有独占性、唯一性，同时处于价值链分配的高端，市场分配中也具有很高分配额和话语权。因此我们就需要在前沿高科技的国际制度安排中占有一定的地位，在国家层面上进行部署安排，在国际事务中获得主动。

第三节　改革人才培育模式，推进基础教育现代化建设

中华民族正处于伟大复兴的关键阶段。中国到 2035 年要基本实现社会主义现代化，到 2050 年要建成社会主义现代化强国，需要大批的高素质现代化人才。习近平总书记指出，要实现民族振兴、赢得国际竞争主动权，必须发挥领军人物、拔尖人才、高水平团队在现代化进程中的巨大作用。到 2035 年和 2050 年时，支撑中国创新发展、参与国际竞争的各类现代化人才，相当一部分目前正在校园里接受着教育。其中，基础教育是人才成长的起点，培育现代化人才就必须要有现代化的基础教育作为支撑。

一、健全创新人才基础教育体系

基础教育是创新人才培育的根基，是激发青少年创新潜力的关键时期。中国的基础教育体系通过多次改革已在不断完善，但机制体制与普及度和发达国家相比尚存在较大差距。加强创新创造理念的树立，充分释放人才的创

新活力，应加快提高基础教育的普及度，保障每一位适龄青少年，尤其是偏远地区学生受教育的基本权利；进一步丰富拓展基础教育课程与教学内容，为学生提供多元化的选择权利，拓宽学生视野和兴趣点的同时，帮助学生在探索中形成适合自己的学习方式和发展方向，激发学生学习的主观能动性；坚持以学生为主体，通过家校合作共同为学生营造轻松自由的学习环境，通过师生互动共同发现、分析和解决问题，使学生成为教学中的参与者、讲授者、表演者和创造者；加强不同学段之间教学理念、课程及内容等方面的衔接，为学生提供完整的教育生活和体验，激发学生潜能，实现学生的个性发展；培养学生的责任意识和担当精神，加强学生的文化和民族认同感，促使学生成为能够适应社会经济发展并积极参与社会事务的合格公民。

二、从知识学习为主转换到能力培育为主

中国在基础教育阶段虽然进行了诸多改革，但依然还是偏重知识的学习与考核，人才选拔也主要以针对知识的考试为主。改革创新基础教育，最根本的一点是要培育学生的能力，尤其是具备未来竞争力的能力素质。因此，基础教育要从知识培育向能力培育转变，注重提高青少年人才的六大核心能力素质：

1. 运用信息技术自学习的能力。在新的时代，通过网络获取知识已成为常识（如搜索）；通过网络的信息加工而成为新知识已被许多创新工作所认同（如大数据）；通过网络让优质资源惠及偏远地区已有了一些经验（如远程教育）等，将成为现代化学习的必要手段。这一切让自学增加了必要性和可能性。每个人都要学会利用信息技术手段不断学习才能跟上时代发展。

2. 潜质发挥和自信的能力。领军人才、拔尖人才、卓越人才之所以能够取得巨大成就，关键在于他具备不同于一般人的独到之处，在于他具备特别的能力和素质。如果用条条框框管理教育、用千篇一律的模式实施人才培养，

就会使得许多孩子的潜质被浪费，自信被损耗。现代化教育的要义在于因材施教，让每一个孩子在其擅长的方面得到发挥，在其感兴趣的专长中得到自信，而潜质发挥和自信是现代化人才产生创新成果的关键能力之一。

3. 高效表达与交流的能力。在信息化时代，在非面对面沟通的情况下，高效表达与交流的能力变得更为重要。善于将自己的所思所想所做清楚明了地进行口头与书面表达，也善于理解对方所表达的内容和情绪等，是青少年早期需要培育的重要素质。

4. 创造性地提出问题和解决问题的能力。培育学生提出问题、解决问题的能力和习惯是基础教育阶段的重要目标。面对快捷发展的现实和未来，需要青少年能以独特的视角和方式创造性地提出问题和解决问题，这也是中国基础教育特别需要进行改革创新的方面。

5. 领导力和团队合作能力。人才之所以出众，凭借的是其具备不可替代的才干和号召力。以听话、顺从为目标的人才培育只能生产批量的"绵羊"，以独立性、敢担当为目标的教育会造就千千万万的领军人物和拔尖人才。未来社会，几乎任何一个项目都不可能靠单打独斗就能完成。领导力和团队合作能力是做出伟大成就所必需的能力。

6. 追求卓越和坚韧不拔的能力。成就伟业并做出创造性的成果，需要有远大的理想和为追求理想而不懈奋斗的精神。我们的基础教育要培育学生追求卓越和坚韧不拔的能力，让每个孩子都拒绝平庸，努力发挥出各自最大的潜能。

三、依托现代化技术推动教育现代化

加快现代化人才培育，必须以现代化技术为依托，推动教育现代化。基础教育 1.0 时代是课堂、书本、师生面对面的传授模式。2.0 时代是优质教育资源通过网络传输（慕课、远程、网校等）。当前，基础教育 3.0 时代正在酝酿发展之中，即把知识、网络、人工智能、个性化融为一体，以信息科学、脑科学、生理学等最先进的成果融入现代化教育。

根据中国国情，基础教育现代化可从以下三方面入手：

1. 支撑现代化教育理念。现代化教育理念强调教育的普及化、终身化和个性化。通过把信息技术、人工智能等现代科技手段融入到教育之中，可以大大促进现代化教育理念的落地实施。如：互联网线上学习可以让优质教育资源最大化普及，即使是偏远地区的孩子，也能透过网络感受到教育的普及化；AI 智能教学，以游戏式、知识点的学习手段，提供个性化教育辅导，让有能力的孩子更快进步，让落后的孩子尽快补上迷惑的知识点。

2. 充实现代化教育内容。一方面，应着眼于充分反映当代科学成就，普及新兴科技常识和动向，以科学的方法设计具有"现代化"内涵的课程。另一方面，应结合新时期对人才需求，研究设立综合素质教育课程，按年龄分层次开设知识挖掘、知识加工、记忆方法、快速阅读、表达、交流、心算、思维导图、思辨、特长培养、想象能力、专注、动手等课程，使素质教育规范化、普及化，提高学生的学习绩效，减轻家庭的经济负担。

3. 丰富现代化教育手段。以信息技术、认知科学为代表的现代高技术已经极大地丰富了教育的手段和方式。未来这种趋势还将继续发展，并可能出现颠覆式、爆发式的增长。例如：虚拟现实（Virtual Reality，VR）教学与实地情景的多维显示，使教学更生动，学习引向深刻；自动化技术用于认知能力提高，以大数据和脑科学为基础，采取人机互动模式，指导脑功能的开发，起到认知能力放大器作用；电子化教学和笔记，使学生可以随时查阅和复习知识，学习更加专注和高效。

四、基础教育现代化改革的未来方向

1. 将基础教育现代化作为中长期教育规划和人才规划的重要内容。由教育部牵头，组织召开基础教育现代化研讨会进行专题研究，总结经验，提出方向；并组建"中国基础教育现代化领导小组"，以培育学生的六大能力素质为目标，改革创新教育教学手段、办学体制机制、学生评价体系，推动基础教育的根本性改革。

2. 积极开展基础教育现代化试点探索。请教育部支持和指导，委托创新人才教育研究会、创新方法研究会和中国发明协会联合推动，以中国人民大学附属中学联合学校总校为基地，试点现代教育，探索经验，强化素质教育，组织编写教材，培育特色学校。逐步扩大试点，运用现代化技术，在全国各地展开基础教育现代化试点探索。加强资源统筹和对口帮扶，由教育部组织有关大学、科研院所，对实施基础教育现代化试点的学校给予帮扶，提供技术支撑和人才支持。

3. 加强跨部门协调和支撑保障。由教育部会商科技部、中科院、中国科协和工程院等，建立联合推动机制，为运用现代化技术培育现代化人才提供宏观指导和技术支撑。

第四节　全面提升教育水平和质量，使全民教育理念深入人心

一、加快高中与高等教育的普及程度

高中教育是在基础教育后进一步聚焦学生的兴趣和志向，为学生接受更高层次教育做准备的关键阶段。中国当前高中教育仍以应试教育为主，遏制学生创造的主动性和积极性，且与高等教育存在明显的阶段性空隙。因此应通过课程设置、教学内容和方式的完善帮助学生将自我兴趣、发展的志向与社会责任、理想信念相结合，促进学生兴趣聚焦、个性化知识体系建立，并

形成创新素养培养的重点领域，最终将兴趣个性化地发展为创新潜能；提升学生的社会责任感、社会活动能力和人文素养，提高学生未来发展和创新的高度，引导学生主动迎接挑战，利用多元平台机理，自己突破迷茫期与高原期，塑造创新人才的关键品质特征；加强中学与高校的主动衔接，通过中学开发大学先修课程、大学参与中学教学改革等特色举措，加强不同学段间的连接，夯实创新人才培养基础，切实提高创新人才培育质量。

二、加强科教融合的教学手段，激发大学生创新创业热情

以创新人才培养为前提，使科研与教学在教学和内容上相互渗透而形成新模式、新路径，是新时代教育体系对"科教融合"提出的新诉求。中国教育体系仍存在知识与实践脱节、教育与科研脱节的明显弊端。因此我们应注重高等教育体制变革，扩大高校自主权，使科技类专业的专业设置、学生招生等更加适应市场变化需要。深化高校学科布局改革，进一步推进产学合作协同育人，科教结合协同育人，深入实施"卓越工程师教育培养计划"和"基础学科拔尖学生培养试验计划"等。其次可以参考借鉴美国的经验，实施中国的STEM教育战略。制定STEM教育法律法规，加大在科学、技术、工程和数学领域的教育投入，引导企业、个体和基金会通过捐助等方式加入到STEM教育中来。培养STEM教师，提高学生数学、编程等能力。

另一方面，应该提高学生的国际化素质和审美能力。增进各级学生对其他国家和文化的了解，促进本科生和研究生的海外教育，加强各级学生的艺术教育，培养具有全球视野、创新思维、审美能力的科技人才。应通过实践活动加强学生对知识的感性认识，培养学生的专业技能，鼓励学生积极参与科研活动，并从中汲取经验反哺学习成果。加大重点实验室、基础研究平台对学生的开放程度，激发学生的科研兴趣和创新活力，加强国

家科研创新人才供给；鼓励高校学生积极参与创新训练、创业训练和创业实践，增强社会责任感、创新精神和实践能力，积极推动将学生的研究成果直接应用于实际；激发学生的创新创业热情，营造大胆实践、敢为人先、敢冒风险、宽容失败的氛围环境；用创新和发展的眼光认识中国，了解世界，紧跟时代变化，厚植创新创业型人才培养的基础，鼓励学生在创新基础上追逐创业梦想。

对于西部和东北等专业技术人才流失严重的地区，加强对高质量毕业生的留用和培养工作，比向全国招贤纳士更具备可行性和长远的价值。通过促进高新技术产业化，鼓励科技人员创办科技型企业，并大力推动大学生创新创业，来激发地区发展活力，打造事业发展平台，吸引和留住人才。

三、职业教育：紧密贴合市场需求，培养多元化专业技术人才

在创新人才培育的新思路下，要求加大对职业教育的改革和创新，探索具有中国特色、本土化的职业教育发展道路，着力培养服务于中国特色社会主义现代化建设需要的高素质劳动者和技能人才，既能够满足城乡居民对职业教育的多样化需求，实现教育公平，同时与生产劳动、产业结构调整和社会实践紧密结合。应坚持知识能力和职业素质综合提高，既包括自然科学、人文社会科学在内的基础知识和基本技能，也包括职业道德、诚信、规划和理想；坚持以市场为导向、以就业为目标，根据社会和个体发展的客观规律，安排教学内容、选择教学方法，并按照行业或岗位的就业要求培养学生；坚持工学结合、学以致用，将专业和课程内容与职业岗位群相结合，将教学内容与实际操作相结合，通过岗位训练使学生得到充分的锻炼，最终达到岗位群的要求；坚持以能力为本位、以技能为特长，使学生不但具备某一专业领域的基础理论知识，同时具有某一岗位群所需的生产操作、业务协调、组织管理和解决现场实际问题的能力，善于将技术意图或工程图纸转化为物质实

体,将科学转化为生产力。

对于专业技术人才有效供给不足的地区可以积极实施高技能人才培养工程,并出台相关政策意见。比如结合地区重点产业对高技能人才的需求,实施急需紧缺高技能人才培养项目,对参训人才给予培训补贴。支持规模以上企业全职引进技能人才,并给予企业一定补贴等。

四、注重全民教育,使创新人才观念深入人心

教育是培育人才的关键。人才之所以为人才,一个很重要的因素就是受过良好的教育。一个人若没有受教育的机会,虽然具有丰富的潜能,结果会是无从发挥,对国家、社会的贡献必然会十分有限。中国应注重全民教育,加大在教育方面的投资,做到让每一位公民都有机会受教育,使全民具备掌握高技术的能力。

此外,要使创新精神成为中国民族精神的重要支柱,这也是培育创新人才民族优势的重要方式。要以科学普及为主要手段,在弘扬科学精神、传播科学思想、激励创新创造等方面开展诸多创新文化教育活动,面向未来提高全民科学素质,使全员创新观念深入人心。

要为全体公民营造终身学习的社会教育环境,鼓励创新的同时注重个人价值的实现。政府应该发展并完善适合中国国情的教育体系。在人才培养中注重独立思考和动手能力的提升,从学前教育阶段开始,就应该鼓励孩子们积极参与和自己相关事务的决策;中小学阶段可以根据兴趣、学科设置学习小组,引导学生有分工、有合作地动手参与实用性、综合性强的计划项目。政府也应不断完善成人教育和职业教育体系,促使每一位公民都能够找到最适合自己的岗位。

第五节　拓展国际人才交流合作，提高人才资本积累存量

　　全球化背景下教育资源的整合逐渐深入，人才竞争愈加激烈，对国际化的创新人才培养提出了更高的要求。因此，充分利用国际交流合作平台，吸收国际创新人才培育实践经验，健全符合中国国情、具有中国特色的创新人才培育体系，是提高中国创新能力和教育核心竞争力的关键。

　　一是要改革人才引进制度。实施更加开放的科技人才引进政策，吸引海外人才来华工作，更多引进高层次人才、工程应用人才和"卡脖子"人才。建立健全技术移民制度。移民局应与国家急需紧缺专门人才的行业和单位联系，建立移民职业清单制度，建设全球高精尖紧缺专门人才联系库。在高水平大学和研究机构，提高外籍聘用人员占比，完善外国人在华工作制度，通过吸引外国人来华留学、访学、技术培训等方式，择优留用发展中及落后国家有潜力的优秀青年科技人才。依托国家重大科技工程和重大创新基地聚集全球顶尖人才团队，打造人才特区。加强外国人永久居留服务管理，全面实施外国人来华工作许可制度。推荐优秀人才到国际组织任职，支持引进人才深度参与国家计划项目，有序推进国家科技计划向海外人才开放。支持企业、高校、科研院所及社会组织等用人主体大力引进海外高层次人才。人才管理部门负责对各单位人才引进情况开展监督评估，并据此给予财政资金补贴或奖励，对顶尖人才实行"特事特办"机制。通过精神和物质奖励方式引导用人单位更多引进掌握关键核心技术的科技人才。除此之外，还应完善外籍人员社会保障机制，加大重点领域和行业战略型人才的引进，利用"一带一路"等重大战略实施的契机，促进中国人才与海外人才开展多样化知识交流，提升中国人才创新实力。

二是推进科技人才的国际化。通过"走出去"与"引进来"相结合的手段，加强中国教育师资队伍建设，加强国内教师与国外教师交流，学习国外先进的教育经验，使教师树立终身学习观，优化教师知识结构和技能储备，为创新人才培育提供支撑；除此之外，还应大力发展海外交流项目，深化拓宽人才培养的国际化途径。通过学生出国留学、与海外高校联合办学或设立实验室等途径，搭建学生交流学习长效平台。加强课程体系与国外高校教学内容的衔接，设置聚焦国际热点问题的教学内容，培养学生的全球视野、国际意识和国际知识。

三是完善有利于人才横向和纵向流动的机制。加快制约人才合理流动的户籍、档案管理、薪酬福利和社会保障等制度改革，促进人才在政府、事业单位、企业间顺畅流动。允许科研人员离岗创业和兼职兼薪，促进科技人才向企业流动。优化完善现有鼓励人才向欠发达地区流动的政策体系。

第六节　创新绩效综合评价和激励机制，建立创新贡献评价机制

为进一步完善多层次人才的培育体系，加强对科研成果的转化推广，政府应不断推进创新人才选拔任用方式和评价制度改革的监督与落实，建立健全创新绩效综合评价和激励机制，突出分配和奖励中的创新贡献，从而促进各类创新人才产出高质量的科技成果。

一、建立以人才资本价值实现为导向的分配激励机制

应建立并完善科学、社会化的人才评价机制，实行以增加知识价值为导向的收入分配制度，贯彻落实《关于深化项目评审、人才评价、机构评估改

革的意见》，实行以品德、能力、业绩、贡献等为核心的评价机制，强化人才评价结果应用，建立人才评价结果价值与市场价值转换机制，深入推进科技人才分类评价，强化团队评价。明确人才头衔仅具有荣誉性，不与科研项目评审、职称评定、学科评估、机构评估挂钩。创新人才评价方式，建立国家层面的统一的科研信息管理系统，更多借助信息化手段，以科研成果为主要标准开展科研机构和学科评估，克服专家评估存在的数人才"帽子"、数论文、人情评审等弊端。进一步明确全体教师参与创新教育的职责，深入改进绩效及职称评价体系，在专业技术职称评审中施行教学工作考评一票否决制，从制度上确保教学与科研是同等重要的评价依据。破除唯学历、唯论文、唯头衔的惯性，推行代表作评价制度，精简人才"帽子"，改革完善职称制度及院士制度，综合考量人才的创新潜质。基于地方、高校和科研机构在人才培养、学位授予、奖励评价等方面更多的自主权利，将科技成果处置、收益、分配权下放给科技成果完成单位，深化科技奖励制度改革。

另外，应处理好科研创新与行政事务之间的关系，帮助高层次创新人才从日常行政事务中解脱出来，提高科研管理机构服务水平和质量，充分释放科研人员的创新活力；探索民间要素培养创新人才的市场机制，保护民间人才创新创造的积极性，拓宽高层次创新人才培养的经费渠道。通过众筹融资、风险投资等多种方式为民间创新人才或创新群体提供舞台和政策空间。

应改革科研事业单位薪酬制度。在分类定位的基础上给不同类型的科研事业单位予以不同程度的稳定支持。加强对科研事业单位的绩效评估，将评估结果与科研事业单位获得的事业费拨款和绩效工资总额挂钩。建立工资调查制度，健全工资调整与增长机制。推广年薪制和协议工资制，激励科研机构负责人和高层次科研人才。在高校进一步推进实施长聘制，进一步激发科研人员特别是基础研究人员的创新创业活力。

二、鼓励人才逆向创新

创新过程中，不同的创新方式，不同的创新思维，会造就不同的结果。逆向创新是根据市场或未来的需求，通过对用户的量身制作，对已有知识的集成加工，使研发成果快速进入生产和市场。

近几十年来，全球约80%左右的创新产生于逆向创新。人才创新如果处于劳动力输送层面，虽然会产生效益，但是创造的价值小。而如果以市场需求和未来需求来进行创意引导，创造消费，超前储备，注重想象、辨别、判断、捕捉机会等就可以实现差异化发展，实现长足进步。因此我们应该鼓励人才逆向创新，从需求端出发，应追求面向市场的高价值成功，发挥市场的主观能动性，疏通各个创新环节，提高创新效率，为科技与经济之间搭建桥梁。

三、大力实施知识产权战略，打造自主知识产权高地

知识产权制度是开发和利用知识资源的基本制度。经过多年发展，中国知识产权法律法规体系逐步健全，知识产权拥有量快速增长，市场主体运用知识产权能力逐步提高，知识产权领域的国际交往日益增多，国际影响力逐渐增强。但是，从总体上看，中国知识产权制度仍不完善，自主知识产权水平和拥有量尚不能满足经济社会发展需要，社会公众知识产权意识仍较薄弱，市场主体运用知识产权能力不强，侵犯知识产权现象还比较突出，知识产权滥用行为时有发生，知识产权服务支撑体系和人才队伍建设滞后，知识产权制度对经济社会发展的促进作用尚未得到充分发挥。因此我们应该大力实施"全社会、全过程、全方位"的知识产权战略，以加大知识产权保护为核心，建立以专利、商标、版权、商业秘密等为主要内容的知识产权体系。支持企业创造、使用、保护知识产权，支持建立以行业协会为主导的国际知识产权

维权援助机制，有效保护企业的创新权益。完善知识产权地方法规政策体系，强化知识产权保护执法，加大对侵犯知识产权行为的打击力度，充分发挥知识产权法律制度激励创新、保护创新的作用。

中国政府应确立短、中、长期发展目标和战略思路，形成有自主知识产权的技术和标准。鼓励企业结成技术标准联盟，推动自主知识产权与技术标准的结合，形成优势产业事实标准。充分发挥科研机构、行业协会、中介组织在标准化战略中的作用，大力推进标准化研究和服务的市场化、产业化经营。以自主品牌创新为着眼点，完善有利于企业品牌培育发展的政策环境和市场环境，形成"共担投入、共享利益、协调运作"的品牌培育市场化机制。采取各种措施，引导、鼓励、支持企业积极开展自主品牌经营，打造更多具有自主知识产权和国际竞争力的名牌。

第七节 改革"小作坊"式的创新活动，向协同创新方向转变

目前中国还存在着一些创新瓶颈，其中"小作坊"式的知识生产方式造成了创新资源重复和浪费。中国科技研究的方式还基本保持原来以研究室、课题组为单元的"作坊式"操作方法，许多研究处于自我运行、成果拼盘状态。有些大型科技项目总经费很多，但最终通过层层分解，把经费拆分成碎块，拨付到各个参与单位的课题单元分别运作。这种"游击式"和"农耕式"的知识生产方式，需要向工业化进程转化。另外，中国的创新人才培育模式尽管在近年来发展迅速，但仍存在高层次科技创新人才缺乏、科技创新人才流失严重、科技研究成果数量优势高于质量、企业科研技术人员占比少等问题，严重影响着中国创新活动的开展。为加强培养适应社会发展需要，能够解决科学或技术创新领域重大需求和关键问题，以及工程领域重大实践问题

的创新型人才，中国迫切需要对当前的人才培育模式和制度进行改革与创新。

我们要打破这种"小作坊"式的知识生产方式，将科技成果与大家共享，集思广益，才能发挥各个系统的作用。创新的主攻方向是未来的产业和市场竞争。我们需要瞄准的是新兴经济的市场份额及其延长投资的利润周期。另外，还需要提高组织的管理效率，包括技术、管理、体制机制等。我们要重视各学科之间的交叉和跨界融合，比如将智能社会、生物信息、先进制造等结合起来。在功能集成方面，手机可以涵盖通话、照相、录音、文字处理、绘图、剪辑等内容；而在现代化工程方面，高铁和飞机的跨界融合，深海和深空的跨界融合都是值得提倡的。各个学科之间相互依存、不可替代，只有实行"合伙人制"，才能实现互利共赢的局面。

在全球化与现代化背景下，企业逐渐成为了创新的主体，产学研合作有利于将教育内容、课程体系、教学方式、师资队伍、社会实践、科研平台等分散的教育资源要素有机整合，并成为创新人才培养的有效载体。因此，中国应从以下几个方面采取措施：第一，应加大对产学研合作发展的政策支持力度，开展试点与经验推广，完善相关监督、评估与激励机制；第二，要鼓励高校和科研院所根据自身的培养目标，着重选择具有较强科研实力和创新能力的企业展开合作，搭建高水平、高起点的科学研究和创新实践平台；第三，设立政府、高校、研究机构和企业间合作领导与协调机构，并将人才培养作为产学研合作的重要内容；第四，加强对学科建设资源、教育资源和科研资源的配置优化，激发学生参与科技创新活动的积极性，建立利于成果转化的孵化器，加速科研成果推广应用；第五，应该进一步完善教师考核与评价制度，鼓励教师将人才培养与科学研究相结合；第六，要鼓励高校和科研院所的科研人员到企业兼职从事研发活动，并允许和鼓励具有创新实践经验的企业家、科技人才到高校和科研院所兼职，推动产学研协同创新。

附录1：中共中央、国务院文件

1	中共中央、国务院《关于深化体制机制改革加快实施创新驱动发展战略的若干意见》
2	国务院《关于改进加强中央财政科研项目和资金管理的若干意见》
3	国务院印发《关于深化中央财政科技计划（专项、基金等）管理改革方案》的通知
4	国务院《关于国家重大科研基础设施和大型科研仪器向社会开放的意见》
5	中共中央办公厅、国务院办公厅印发《深化科技体制改革实施方案》
6	国务院办公厅《关于强化企业技术创新主体地位 全面提升企业创新能力的意见》
7	国务院办公厅转发科技部《关于加快建立国家科技报告制度指导意见》的通知
8	国务院关于印发《统筹推进世界一流大学和一流学科建设总体方案》的通知
9	国务院办公厅《关于改革完善博士后制度的意见》
10	国务院批转国家发展改革委等部门《关于深化收入分配制度改革若干意见》的通知
11	中共中央办公厅印发《事业单位领导人员管理暂行规定》
12	国务院《关于进一步做好新形势下就业创业工作的意见》
13	国务院《关于大力推进大众创业万众创新若干政策措施的意见》
14	国务院《关于加快构建大众创业万众创新支撑平台的指导意见》
15	国务院办公厅《关于发展众创空间推进大众创新创业的指导意见》
16	国务院办公厅《关于深化高等学校创新创业教育改革的实施意见》
17	国务院《关于加快科技服务业发展的若干意见》
18	国务院《关于促进云计算创新发展培育信息产业新业态的意见》
19	国务院关于印发《中国制造2025》的通知
20	国务院《关于推进国际产能和装备制造合作的指导意见》
21	国务院《关于积极推进"互联网＋"行动的指导意见》

续表

22	国务院关于印发《促进大数据发展行动纲要》的通知
23	中共中央、国务院印发《国家创新驱动发展战略纲要》
24	中共中央印发《关于深化人才发展体制机制改革的意见》
25	中共中央、国务院印发《中长期青年发展规划（2016～2025年）》
26	国务院关于印发实施《中华人民共和国促进科技成果转化法》若干规定的通知
27	国务院关于印发上海系统推进全面创新改革试验加快建设具有全球影响力科技创新中心方案的通知
28	国务院关于印发"十三五"国家科技创新规划的通知
29	国务院关于印发北京加强全国科技创新中心建设总体方案的通知
30	国务院关于印发"十三五"促进就业规划的通知
31	中共中央办公厅、国务院办公厅印发《关于加强外国人永久居留服务管理的意见》
32	中共中央办公厅、国务院办公厅印发《关于实行以增加知识价值为导向分配政策的若干意见》
33	中共中央办公厅、国务院办公厅印发《关于深化职称制度改革的意见》
34	中共中央办公厅、国务院办公厅印发《专业技术类公务员管理规定（试行）》
35	中共中央办公厅、国务院办公厅印发《关于进一步完善中央财政科研项目资金管理等政策的若干意见》
36	国务院办公厅关于加快众创空间发展服务实体经济转型升级的指导意见
37	国务院办公厅关于印发《促进科技成果转移转化行动方案》的通知
38	国务院办公厅关于建设大众创业万众创新示范基地的实施意见
39	国务院办公厅关于深入推行科技特派员制度的若干意见
40	国务院办公厅关于支持返乡下乡人员创业创新促进农村一二三产业融合发展的意见
41	中共中央、国务院关于营造企业家健康成长环境弘扬优秀企业家精神更好发挥企业家作用的意见
42	国务院关于印发"十三五"促进就业规划的通知
43	国务院关于强化实施创新驱动发展战略进一步推进大众创业万众创新深入发展的意见
44	中共中央办公厅、国务院办公厅印发《关于深化教育体制机制改革的意见》
45	中共中央办公厅、国务院办公厅印发《聘任制公务员管理规定（试行）》
46	中共中央办公厅印发《关于进一步加强党委联系服务专家工作的意见》
47	国务院办公厅印发关于深化科技奖励制度改革方案的通知

续表

48	国务院办公厅关于深化产教融合的若干意见
49	中共中央、国务院关于全面深化新时代教师队伍建设改革的意见
50	中共中央印发《2018~2022年全国干部教育培训规划》
51	国务院关于印发积极牵头组织国际大科学计划和大科学工程方案的通知
52	中华人民共和国国务院令第700号《人力资源市场暂行条例》
53	国务院关于优化科研管理提升科研绩效若干措施的通知
54	国务院关于推动创新创业高质量发展打造"双创"升级版的意见
55	中共中央办公厅、国务院办公厅印发《关于分类推进人才评价机制改革的指导意见》
56	中共中央办公厅、国务院办公厅印发《关于提高技术工人待遇的意见》
57	中共中央办公厅、国务院办公厅印发《关于进一步加强科研诚信建设的若干意见》
58	中共中央办公厅、国务院办公厅印发《关于深化项目评审、人才评价、机构评估改革的意见》
59	中共中央办公厅印发《关于进一步激励广大干部新时代新担当新作为的意见》
60	中共中央办公厅印发《干部人事档案工作条例》
61	国务院办公厅关于改革完善全科医生培养与使用激励机制的意见
62	国务院办公厅关于印发《知识产权对外转让有关工作办法(试行)》的通知
63	国务院办公厅关于推广第二批支持创新相关改革举措的通知
64	国务院办公厅关于抓好赋予科研机构和人员更大自主权有关文件贯彻落实工作的通知

附录 2：部门政策文件汇编

1	财政部、科技部关于印发《国家科技计划及专项资金后补助管理规定》的通知
2	教育部、国家发展改革委、财政部关于印发《中西部高等教育振兴计划（2012～2020 年）》的通知
3	教育部、中国工程院关于印发《卓越工程师教育培养计划通用标准》的通知
4	教育部关于印发《国际合作联合实验室计划》的通知
5	科技部、中共中央组织部、财政部、人力资源社会保障部、国务院扶贫办关于印发《边远贫困地区、边疆民族地区和革命老区人才支持计划科技人员专项计划实施方案》的通知
6	财政部、人力资源社会保障部关于印发《专业技术人才知识更新工程国家级继续教育基地补助经费管理办法》的通知
7	人力资源社会保障部印发《国家百千万人才工程实施方案》
8	人力资源社会保障部办公厅关于印发《国家级高技能人才培训基地建设项目实施管理办法（试行）》的通知
9	人力资源社会保障部办公厅关于印发《专业技术人才知识更新工程高级研修项目管理的办法》的通知
10	人力资源社会保障部办公厅关于印发《专家服务基地建设管理办法》的通知
11	中国科学院关于印发《中国科学院外籍青年科学家计划管理办法》的通知
12	中国科学院《关于深入实施"中国科学院人才培养引进系统工程"的意见》
13	中国科学院关于印发《中国科学院青年创新促进会管理办法》的通知
14	中国科学院关于印发《中国科学院创新交叉团队管理办法》的通知
15	中国科学院关于印发《中国科学院王宽诚率先人才计划管理办法》的通知
16	中国科学院关于印发《中国科学院关键技术人才管理办法》的通知

续表

17	中国科学院关于印发《中国科学院率先行动"百人计划"管理办法》的通知
18	中国科学院关于印发《中国科学院青年科学家奖管理办法》的通知
19	中国科学院关于印发《中国科学院"千人计划"配套管理办法》的通知
20	中国科学院关于印发《中国科学院"西部之光"人才培养引进计划管理办法》的通知
21	中国科学院关于印发《中国科学院特聘研究员计划管理办法》的通知
22	国家自然科学基金委员会关于印发《国家自然科学基金创新研究群体项目管理办法》的通知
23	国家自然科学基金委员会关于印发《国家自然科学基金国际（地区）合作交流项目管理办法》的通知
24	国家自然科学基金委员会关于印发《国家自然科学基金优秀青年科学基金项目管理办法》的通知
25	国家海洋局、教育部关于联合印发《海洋人才港访问学者项目管理办法（试行）》的通知
26	中共中央组织部、人力资源社会保障部等九部门《关于做好2015年高校毕业生"三支一扶"计划实施工作的通知》
27	国家发展改革委、教育部、人力资源社会保障部、国家开发银行关于印发《老工业基地产业转型技术技能人才双元培育改革试点方案》的通知
28	教育部、国家发展改革委、财政部《关于深化研究生教育改革的意见》
29	教育部、人力资源社会保障部《关于深入推进专业学位研究生培养模式改革的意见》
30	教育部等六部门《关于医教协同深化临床医学人才培养改革的意见》
31	教育部印发《关于深化职业教育教学改革 全面提高人才培养质量的若干意见》
32	教育部关于印发《高等职业教育创新发展行动计划（2015~2018年）》的通知
33	人力资源社会保障部办公厅、财政部办公厅《关于开展企业新型学徒制试点工作的通知》
34	国务院学位委员会、教育部、卫生计生委、人力资源社会保障部、中医药管理局《关于做好临床医学（全科）硕士专业学位授予和人才培养工作的意见（试行）》
35	教育部《关于深化高等学校科技评价改革的意见》
36	教育部关于《高等学校科技分类评价指标体系及评价要点》的函
37	教育部办公厅关于开展《高等学校科技评价改革试点》的通知
38	财政部、国家税务总局《关于中关村、东湖、张江国家自主创新示范区和合芜蚌自主创新综合试验区有关股权奖励个人所得税试点政策的通知》

续表

39	财政部《关于扩大中央级事业单位科技成果处置权和收益权管理改革试点范围和延长试点期限》的通知
40	财政部、国家税务总局、科技部《关于中关村国家自主创新示范区有关股权奖励个人所得税试点政策》的通知
41	财政部、科技部、国家知识产权局《关于开展深化中央级事业单位科技成果使用、处置和收益管理改革试点》的通知
42	财政部、国家税务总局《关于推广中关村国家自主创新示范区税收试点政策有关问题的通知》
43	中国科学院印发《中国科学院院士章程（修订稿）》
44	中国工程院印发《中国工程院院士增选工作实施办法》
45	中国工程院印发《中国工程院外籍院士增选工作实施办法》
46	中共中央组织部、人力资源社会保障部等五部门办公厅（室）《关于为外籍高层次人才办理签证及居留手续有关事项的通知》
47	中共中央组织部办公厅、人力资源社会保障部办公厅、国家外专局办公室《关于为外籍高层次引进人才提供签证及居留便利备案工作有关问题的通知》
48	国家外国专家局办公室关于印发《关于外国文教专家在华工作工资发放有关问题的指导意见》的通知
49	中共中央编制办、科技部《关于进一步完善科研事业单位机构设置审批的通知》
50	人力资源社会保障部办公厅、农业部办公厅《关于鼓励事业单位种业骨干科技人员到种子企业开展技术服务的指导意见》
51	国家发展改革委、科技部、人力资源社会保障部、中科院《关于促进东北老工业基地创新创业发展打造竞争新优势的实施意见》
52	科技部关于印发《发展众创空间工作指引》的通知
53	人民银行、科技部、银监会、证监会、保监会、知识产权局《关于大力推进体制机制创新扎实做好科技金融服务的意见》
54	教育部、商务部《关于创新服务外包人才培养机制提升服务外包产业发展能力的意见》
55	中组部、科技部印发《科研事业单位领导人员管理暂行办法》
56	中组部印发《国家海外高层次人才引进计划管理办法》
57	中组部印发《国家高层次人才特殊支持计划管理办法》
58	教育部办公厅关于做好 2016 年"三区"人才支持计划教师专项计划有关实施工作的通知

续表

59	教育部关于深化高校教师考核评价制度改革的指导意见
60	教育部、人力资源社会保障部、工业和信息化部关于印发《制造业人才发展规划指南》的通知
61	教育部、国务院学位委员会关于印发《学位与研究生教育发展"十三五"规划》的通知
62	教育部、财政部、国家发展改革委关于印发《统筹推进世界一流大学和一流学科建设实施办法（暂行）》的通知
63	教育部办公厅关于坚持正确导向促进高校高层次人才合理有序流动的通知
64	科技部、国家发展改革委、教育部等关于印发《国家科技计划（专项、基金等）严重失信行为记录暂行规定》的通知
65	科技部、中央宣传部关于印发《中国公民科学素质基准》的通知
66	科技部、财政部、国家发展改革委关于印发《科技评估工作规定（试行）》的通知
67	科技部关于印发《中央财政科技计划（专项、基金等）科技报告管理暂行办法》的通知
68	科技部、财政部关于发布国家科技资源共享服务平台绩效考核与评估结果的通知
69	科技部关于印发《"十三五"国家科技人才发展规划》的通知
70	科技部办公厅关于印发《国家科技专家库管理办法（试行）》的通知
71	人力资源社会保障部、全国博士后管委会关于印发《博士后创新人才支持计划》的通知
72	人力资源社会保障部关于加强基层专业技术人才队伍建设的意见
73	人力资源社会保障部关于印发《人力资源和社会保障事业发展"十三五"规划纲要》的通知
74	人力资源社会保障部关于支持和鼓励事业单位专业技术人员创新创业的指导意见
75	财政部、科技部、国资委关于印发《国有科技型企业股权和分红激励暂行办法》的通知
76	财政部、科技部关于印发《中央引导地方科技发展专项资金管理办法》的通知
77	财政部关于印发《中央级公益性科研院所基本科研业务费专项资金管理办法》的通知
78	财政部、国家税务总局关于完善股权激励和技术入股有关所得税政策的通知
79	财政部、教育部关于印发《高等学校哲学社会科学繁荣计划专项资金管理办法》的通知
80	财政部印发关于完善中央单位政府采购预算管理和中央高校、科研院所科研仪器设备采购管理有关事项的通知
81	财政部、科技部、教育部等印发关于进一步做好中央财政科研项目资金管理等政策贯彻落实工作的通知
82	中国科学院、科技部关于印发《中国科学院关于新时期加快促进科技成果转移转化指导意见》的通知

续表

83	国家外国专家局关于进一步完善外国专家短期来华相关办理程序的通知
84	国家外国专家局关于印发《外国专家短期来华相关办理程序实施细则（试行）》的通知
85	国家外国专家局关于印发《外国文教专家经费管理暂行办法》的通知
86	国家外国专家局关于印发《地方所属高等学校聘请外国专家项目管理办法》的通知
87	中组部、科技部印发《科研事业单位领导人员管理暂行办法》
88	中共中央组织部、人力资源社会保障部等五部门关于印发高校毕业生基层成长计划的通知
89	中组部印发《国家海外高层次人才引进计划管理办法》
90	中组部印发《国家高层次人才特殊支持计划管理办法》
91	教育部、国务院学位委员会关于印发《学位与研究生教育发展"十三五"规划》的通知
92	教育部、人力资源社会保障部关于印发《高校教师职称评审监管暂行办法》的通知
93	中共教育部党组关于加快直属高校高层次人才发展的指导意见
94	科技部、财政部关于发布国家科技资源共享服务平台绩效考核与评估结果的通知
95	科技部、财政部、国家税务总局关于印发《科技型中小企业评价办法》的通知
96	科技部、中央宣传部关于印发《"十三五"国家科普与创新文化建设规划》的通知
97	科技部、教育部、中国科学院、国家自然科学基金委员会关于印发"十三五"国家基础研究专项规划的通知
98	科技部、财政部关于印发《国家重点研发计划管理暂行办法》的通知
99	科技部、财政部、国家税务总局关于进一步做好企业研发费用加计扣除政策落实工作的通知
100	科技部、财政部、国家发展改革委关于印发《国家科技创新基地优化整合方案》的通知
101	科技部、中央编办、人力资源社会保障部关于印发中央级科研事业单位章程制定工作指导意见的通知
102	科技部、财政部、人力资源社会保障部关于印发《中央级科研事业单位绩效评价暂行办法》的通知
103	科技部、国家发展改革委、财政部关于印发《"十三五"国家科技创新基地与条件保障能力建设专项规划》的通知
104	科技部关于印发《"十三五"国家科技人才发展规划》的通知
105	科技部关于印发《"十三五"国际科技创新合作专项规划》的通知
106	科技部关于进一步鼓励和规范社会力量设立科学技术奖的指导意见

续表

107	科技部关于印发国家科技成果转移转化示范区建设指引的通知
108	科技部关于印发国家技术创新中心建设工作指引的通知
109	科技部办公厅关于印发《国家科技专家库管理办法（试行）》的通知
110	科技部办公厅关于印发《落实〈中长期青年发展规划（2016~2025年）〉实施方案》的通知
111	财政部、科技部、教育部、国家发展改革委关于进一步做好中央财政科研项目资金管理等政策贯彻落实工作的通知
112	人力资源社会保障部关于支持和鼓励事业单位专业技术人员创新创业的指导意见
113	人力资源社会保障部关于印发人力资源服务业发展行动计划的通知
114	人力资源社会保障部办公厅关于在部分职称系列设置正高级职称有关问题的通知
115	国家外国专家局、公安部关于为境外非政府组织外籍工作人员办理工作许可等有关问题的通知
116	国家外国专家局、外交部、公安部关于印发《外国人才签证制度实施办法》的通知
117	国家外国专家局关于推进落实外国人才引进改革创新重要举措的通知
118	中共中央组织部、人力资源社会保障部关于印发《事业单位工作人员奖励规定》的通知
119	国家发展改革委、人民银行、科技部、中央组织部等41个部门印发《关于对科研领域相关失信责任主体实施联合惩戒的合作备忘录》的通知
120	教育部关于全面落实研究生导师立德树人职责的意见
121	教育部关于加快建设高水平本科教育全面提高人才培养能力的意见
122	中共教育部党组关于印发《"长江学者奖励计划"管理办法》的通知
123	科技部、教育部、人力资源社会保障部、中科院、工程院关于开展清理"唯论文、唯职称、唯学历、唯奖项"专项行动的通知
124	科技部关于印发《关于技术市场发展的若干意见》的通知
125	工业和信息化部、国防科工局联合印发《国防科学技术奖励制度改革方案》
126	财政部、税务总局、科技部关于科技人员取得职务科技成果转化现金奖励有关个人所得税政策的通知
127	财政部、科技部、国资委印发《关于扩大国有科技型企业股权和分红激励暂行办法实施范围等有关事项的通知》
128	财政部印发《关于进一步完善中央财政科技和教育资金预算执行管理有关事宜的通知》
129	人力资源社会保障部关于印发《支持海南人力资源和社会保障事业全面深化改革开放的实施意见》的通知

续表

130	人力资源社会保障部关于在工程技术领域实现高技能人才与工程技术人才职业发展贯通的意见（试行）
131	国家发展改革委办公厅、教育部办公厅、科技部办公厅、财政部办公厅国资委办公厅、中科院办公厅、国防科工局综合司印发《关于支持中央单位深入参与所在区域全面创新改革试验的通知》
132	科技部、财政部关于印发《关于鼓励香港特别行政区、澳门特别行政区高等院校和科研机构参与中央财政科技计划（专项、基金等）组织实施的若干规定（试行）》的通知
133	科技部、国资委印发《关于进一步推进中央企业创新发展的意见》的通知
134	科技部、全国工商联印发《关于推动民营企业创新发展的指导意见》的通知
135	科技部、财政部关于加强国家重点实验室建设发展的若干意见
136	科技部、国家发展改革委、财政部关于印发《进一步深化管理改革 激发创新活力确保完成国家科技重大专项既定目标的十项措施》的通知